"设计"论丛

丛书主编
乔洪

敦煌魏晋南北朝

壁画艺术中的

文化交流与视知觉研究

兰兰◎著

2018年度教育部人文社会科学研究一般项目：
"丝绸之路上莫高窟南北朝（公元420年—589年）壁画的艺术风格流变与文化交流研究"
（项目编号：18YJC760036）

中国纺织出版社有限公司

内 容 提 要

本书主要运用跨学科的方法将敦煌魏晋南北朝时期的壁画样本与阿恩海姆视知觉理论相结合，探索敦煌艺术如何通过不同的知觉样式调动观者视觉主动性，从而使其参与艺术意义的整体构建过程。本书分别从形式架构规律、空间设计方法、色彩搭配原则、张力与运动的体现及象征与表现的意图等方面分析敦煌魏晋南北朝时期壁画的视知觉特征；同时在对该期中外文化碰撞、交流与整合的研究基础上，展现出敦煌魏晋南北朝时期壁画的风格流变历程。希望本书秉承的"总体空间"研究框架及跨学科视野能够为敦煌壁画艺术的研究带来新的价值与启示。

图书在版编目（CIP）数据

敦煌魏晋南北朝壁画艺术中的文化交流与视知觉研究 / 兰兰著. -- 北京：中国纺织出版社有限公司，2023.8

（"设计"论丛 / 乔洪主编）

ISBN 978-7-5229-0915-8

Ⅰ. ①敦… Ⅱ. ①兰… Ⅲ. ①敦煌壁画—研究—魏晋南北朝时代 Ⅳ. ① K879.214

中国国家版本馆 CIP 数据核字（2023）第 165455 号

责任编辑：华长印 李淑敏 责任校对：江思飞
责任印制：王艳丽

中国纺织出版社有限公司出版发行

地址：北京市朝阳区百子湾东里 A407 号楼 邮政编码：100124

销售电话：010—67004422 传真：010—87155801

http://www.c-textilep.com

中国纺织出版社天猫旗舰店

官方微博 http://weibo.com/2119887771

北京华联印刷有限公司印刷 各地新华书店经销

2023 年 8 月第 1 版第 1 次印刷

开本：710×1000 1/16 印张：15.75

字数：180 千字 定价：128.00 元

敦煌魏晋南北朝
壁画艺术中的
文化交流与视知觉

研究

———

前 言

　　众所周知，从20世纪初开始，国内外就已经开展了对敦煌文化艺术的系统性研究，使其逐渐成为一门国际显学。由于大量壁画、雕塑及文献资料流失海外，曾一度造成"敦煌在中国，敦煌学在海外"的尴尬局面。所幸20世纪末我国在敦煌学研究中投入了大量人力、物力，才使国内敦煌学开始稳步发展，逐渐完善敦煌学学术体系。早期的敦煌研究主要集中于敦煌历史研究、敦煌遗书的整理与图像学分析；当下学者在对传统论题深挖的基础上，将敦煌研究拓展至敦煌语言学、敦煌文学、敦煌音乐舞蹈、敦煌天文历法、敦煌环境保护及"一带一路"文化交流等诸多方面，不断以新的视角切入，使其成为一门兼容并蓄的综合性学科。

　　过去，在敦煌艺术的研究层面，学者们较多采用的是图像学、人类学与民族志等基本方法，探寻其艺术形式演变规律和人文内涵，较少有人从心理学角度分析敦煌艺术如何影响观者对其图像的知觉。然而，有过切身经历的人都知道，当我们穿过古朴的门廊踏入莫高窟内部的瞬间，直击心灵的并不是某幅壁画或雕塑的历史考证和图像渊源，而是一种原初的生命体验，它作为"在直观中原本被给予的东西"，使我们把握了敦煌艺术中最为核心的内容。尤其是当其作为宣传文化观念的载体将理想的生活方式形象化时，更多需要的其实是主体在对现象进行直观把握的同时领会其背后的意义整体。因此，本书将从格式塔心理学的角度，尤其是鲁道夫·阿恩海姆（Rudolf Arnheim）的视知觉原理出发，探索敦煌艺术家如何通过不同的知觉样式调动观者的视觉主动性，从而使其参与艺术意义的整体构建过程。希望能够身体力行，将国外优秀的研究方法与本土艺术材料紧密结合，在一定程度上拓宽当代敦煌艺术研究的外延，为后续研究提供一些方法论层面上的启发。

本书除前言和导论部分，一共分为六章。导论部分主要从视知觉原理在敦煌魏晋南北朝壁画艺术中研究的可行性和实践性进行系统论证，并对其应用性加以详细说明。首先，梳理了敦煌魏晋南北朝石窟壁画艺术风格的流变历程，概述了阿恩海姆视知觉理论研究的内涵及其在中国本土的发展，探寻了其与中国古典美学思想的切近之处，并以此论证其在中国古代艺术作品分析中的可行性；其次，梳理了宿白和韦正等学者对莫高窟魏晋南北朝时期的壁画进行的分期及其依据，并引入了巫鸿在《空间的敦煌——走近莫高窟》一书中将与阿恩海姆视知觉原理一脉相承的"总体论"思想引入莫高窟艺术分析的具体操作实例，以此佐证阿恩海姆视知觉原理对敦煌魏晋南北朝壁画艺术研究具有较强的可行性；最后，阐明了敦煌石窟作为历代文化观念的载体对受众心理的高度重视及其经历时代风化后残破不全的现状，论证作为艺术美学和心理学嫁接的视知觉理论给敦煌壁画这一传统视觉资料的研究带来了新的视角。

第一章梳理了敦煌魏晋南北朝壁画艺术中文化交流及对其进行跨学科研究的视域价值。首先，将敦煌魏晋南北朝壁画艺术研究的范围界定为220—589年修建的洞窟，并采用敦煌研究院的分类方法将其分为北凉石窟、北魏石窟、西魏石窟和北周石窟这4个前后相继的类别；并对敦煌壁画的概念进行清晰的阐述，厘清了敦煌魏晋南北朝石窟壁画的主要技法及其优点。其次，以历时性为基准探寻了敦煌魏晋南北朝时期的文化交流生态及其在敦煌石窟壁画中的具体表现。最后，梳理了过往敦煌壁画艺术中的跨学科研究及其价值，阐明研究将以阿恩海姆的视知觉原理为出发点，结合图像学、文献学、艺术心理学与文化人类学等方法对魏晋南北朝时期的敦煌壁画进行系统性分析，这不仅能够促进中西材料与理论的共融，还可以拓展敦煌壁画研究的外延，为人文社会科学的发展带来新的启示。

第二章罗列了敦煌魏晋南北朝壁画样本的选择，同时梳理了西方思想史上从古希腊的视觉中心主义到具有主观能动性的视知觉观看方式的演变过程，进而提出了格式塔心理学中最为重要的力、场等基本概念，并以敦煌魏晋南北朝时期壁画中的具体图像为研究对象，对其中力、场的分布进行细致探究，阐明画师如何利用事物之间的位置关系激发观者视知觉感知的活跃性，从而达到信息准确传达和赋予作品生命活力的目的。其次，结合众多敦煌魏晋南北朝壁画范例分析画师如何利用重力和方向等形式要素获得画面平衡及其所具有的心理学意义，由此论及视知觉不仅具有在直接观看中把握事物的本质的直觉性，还具有能够凸显事物局部特征调动观者知觉参与的主动性。最后，结合莫高窟壁画《观无量寿经变》剖析画师在绘画过程中如何运用视知觉简化律使意义结构与视觉式样相匹配，从而让观者通过简化后的形式快速获取样式背后的深刻内涵。

第三章主要从视知觉原理切入分析了敦煌魏晋南北朝壁画艺术中的空间设计。首先，概述了空间概念在西方思想史中的发展脉络及其对心理学领域产生的影响。指明阿恩海姆对视知觉空间的定义主要源自心理学的认知模式，它有赖于主体的知觉经验。其次，该章节在中外文化交融嬗变的基础上讨论了敦煌壁画从最初沿袭西域"凹凸法"制造空间过渡到通过线条的虚实对比、强弱关系来暗示画面空间结构。还结合具体的图像分析了敦煌艺术中画师如何利用图—底的双重呈现、质地与色彩的图—底关系、凸起与凹进的图—底关系、图—底互换式设计、重叠和变形6种常见的手段来获得画面的深度空间样式，以期对当代艺术设计创作产生一定的指导作用。最后，阐述了敦煌壁画中常用的几种用于制造空间感的透视方法，并以净土图为蓝本着重分析了具有强烈本土特色的散点透视如何能够极大程度地调动观者视知觉主动性，引领其在空间的推移中渐次概观图像全貌。

第四章主要讲述了敦煌魏晋南北朝壁画艺术中的色彩。首先，分析了形状与色彩的关系，以及不同时期敦煌壁画色彩所具有的浪漫主义或古典主义视觉特征。其次，谈及色彩对知觉的影响在于其能够激起观者的心理反馈，并结合不同时期莫高窟壁画的色彩分析探寻其由生理刺激带来的视觉及美学效应。再次，讨论了色彩的表现性，并结合具体壁画图像分析了敦煌魏晋南北朝时期壁画画师如何利用色彩的表现性传达出意蕴深厚的文化内涵。从次，在色彩偏好论的基础上梳理了敦煌壁画配色方案如何在经历了中西艺术碰撞之后逐渐走向本土化的全过程。最后，论述了敦煌壁画中色彩的对比与调和规律，以及画师如何广泛地运用互补色对比来实现画面的对立与统一。

第五章主要涉及敦煌魏晋南北朝壁画艺术中的张力与运动。开篇首先梳理了西方哲学史、物理学中"运动"范畴的内涵及其在近代心理学中的意义。阐明视知觉沿袭了心理学对于"运动"的认知，认为一个视觉对象即一个动态事件，优秀的敦煌壁画中图式的平衡往往是由各种活动的力构建起来的。其次，阐释了视觉感知运动的基本方式，结合莫高窟魏晋南北朝时期壁画，论证在一个具有等级关系的视域系统中，体量更大的物体往往作为框架倾向于静止状态，而其他物品依附于该框架倾向于运动状态。阐述了在敦煌壁画中观者虽不能现实地看到物理力对形体的驱动，但由于图像的刻意聚集或者倾斜，也能够让视觉体会到作品中存在的张力和动势。然而，一旦这一倾向性张力不再能够相互抵消保持平衡的时候，它就会产生朝某方向运动的特性。在敦煌壁画中，画师就常运用这一视知觉原理改变事物惯常形体比例或利用形体倾斜和变形的手法来加强画面倾向性张力和运动性。

第六章探讨了敦煌魏晋南北朝壁画艺术中的表现与象征。开篇首先追溯了西方艺术理论中模仿论和表现论的纷争，第一种观点源自古希腊并长期统治着西方美学的发展方向，而艺术的表现论虽然兴起不足两百年，却由于哲学认识论的兴起及浪漫派的激发而逐渐取代前者掌握主动权。但阿恩海姆视知觉原理中谈及的艺术作品的表现力与西方美学史中一度流行的"移情说"完全不同，他认为视觉艺术作品之所以能够让人产生美感，并不是因为观者将自己的生活经验代入视觉形式，而是因为视觉形式具有的力的结构与主体内心张力结构产生了"异质同构"效应。其次，谈及在卡西尔符号美学和潘诺夫斯基图像学中所指称的艺术象征与视知觉中的艺术象征存在的差异。结合敦煌魏晋南北朝时期壁画论证视知觉中的艺术象征是对潘氏图像学方法进行的必要补充。正是由于作品本身的知觉特性能够对其内涵进行辅佐，敦煌壁画才能更好地使其表达的精神为大众所熟知。

诚然，研究还存在很多不足之处，尤其是第六章中关于视知觉原理与图像学相结合的探讨及其在莫高窟魏晋南北朝时期壁画艺术分析中的应用尝试还较为粗浅。在未来的研究中应注入更多的毅力与勤奋，可以此为主题进行更为深入的探索。与此同时，研究在某种程度上还无法摆脱主观偏见，因此也异常渴慕得到各位读者的批评与指正！

兰兰

2023 年 4 月于四川成都

目 录

导

论

敦煌魏晋南北朝壁画无论在中国古代美术史、历史考古学还是中外文化交流史上都是一项非常重要的研究内容。敦煌研究院整理编号的三十余座该期洞窟中包含了丰富的视觉图像，依照年代排序能够清晰反映中外文化交融影响下魏晋南北朝石窟壁画样式及风格的嬗变轨迹。这不仅能够加深我们对佛教文化艺术本土化过程的理解，而且能够进一步辅助我们认识中国魏晋南北朝时期整体美术生态。此前，已有众多学者对此相关研究议题进行过广泛的探讨，但在方法层面依然具有很多新的探索空间。研究将反思以往仅从历时性角度进行研究的不足，运用跨学科的方法将敦煌魏晋南北朝壁画与阿恩海姆视知觉原理相结合，在对该期中外文化碰撞、交流与整合进行研究的基础上，展现敦煌魏晋南北朝壁画艺术的视知觉特征和流变的历程。在进入正式讨论之前，首先对研究方法的可行性、实践性进行论证，并对其应用性加以说明。

第一节　视知觉在敦煌魏晋南北朝壁画艺术研究中的可行性

壁画是敦煌艺术中至关重要的组成部分。过去的研究表明敦煌最早的石窟开凿于北凉时期，由于该时期系佛教艺术传入初期，因此在洞窟形制及艺术表现方式上都还处于初步探索阶段。这一时期有 3 个具有代表性的洞窟：莫高窟第 268 窟、第 272 窟和第 275 窟。其中第 268 窟为禅窟，此窟呈狭长式平顶布局，南北两壁共开 4 个小型禅室。窟内西面开凿一圆拱形小龛，内置彩绘人物雕塑，窟内空间虽小，但窟顶及四壁绘有大量人物及装饰纹样，依其比重成为窟内的主要视觉对象。而第 272 窟采用的是方形覆斗顶形制，除了西壁圆拱形龛内塑有的坐佛一身，窟顶及四壁全是饱满的壁画图像：窟顶藻井为莲花火焰及飞天图案，四披绘制飞天与千佛。南、北两壁则是大面积千佛与《说法图》，西龛外壁绘制供养菩萨，东壁两侧绘制千佛。从壁画在石窟中所占比重来看，第272窟比第268窟更胜一筹。第275窟则是一个长方形盝顶窟，内部空间较上述两窟更为庞大。西壁塑有交脚弥勒菩萨一座，两侧绘制胁侍菩萨和供养菩萨，南壁绘制佛传故事《出游四门》，北壁绘制《毗楞竭梨王身钉千钉》《尸毗王割肉贸鸽》《虔阇尼婆梨王剜身燃千灯》《快目王施眼》和《月光王施头》5幅佛本生故事画。显而易见，在该洞穴中壁画的说教及宣传意义比上述两窟更浓厚。到了北魏时期，敦煌开始采用中心塔柱式形制，壁画内容较前代无论规模还是内容上都愈加丰富，窟内不同空间位置的壁画内容安排也逐渐形成一定的规范性。例如，在莫高窟第254窟中，能够看出壁画完全依照这一较为复杂的中心塔柱式形制进行设计与安排。洞窟前端的人字披模仿了汉式木质建筑结构，上面绘制有数量众多的持莲花与忍冬的天人图像。中心塔柱四面均开有拱形龛，龛内不仅塑有彩绘菩萨，并以壁画的形式表现其头光与身光，而且绘制有供养菩萨、婆薮仙人以及鹿头梵志等代表人物。龛楣和龛顶绘制有飞天与化生童子，中心塔柱四面均绘有带状连续的药叉图像，体现出较强的装饰意味。洞窟四壁呈典型的四段式布局：最顶层绘制天宫伎乐，第二层绘制大量千佛图像，第三层绘制说法图或者佛本生及佛传故事画，底层则用菱格纹等几何纹样及缠枝植物纹样隔开连续放置的药叉图像。总体来看，北魏时期的敦煌壁画较前代人物数量激增，场面也更加壮丽多姿、气势恢宏。西魏时期，敦煌艺术逐渐开始受到中原南朝风格的影响，呈现出中西合璧的艺术新面貌。该期的石窟壁画艺术中不仅涉及佛教文化，还囊括本土及希腊神话题材，除此之外，还有道家和世俗生活的内容。赵声良曾指出：北魏晚期至西魏时期的莫高窟壁画中开始出现南朝人物风格，尤其是在第285窟中，人物造型已经贴近中原人物面貌。谢成水论及，敦煌莫高窟西魏壁画中开始出现中国本土神话和道教的题材，造型和笔法也逐渐体现出汉魏传统。在第285窟中出现了南朝"秀骨清像"的绘画风格 ❶。该时期壁画在主题上比前代更加多元，表现形式也比前代

❶ 赵声良. 敦煌早期壁画中中原式人物造型 [J]. 敦煌研究，2008（3）：15.

更加丰裕。以莫高窟第285窟为例，四披上已经开始出现雷公、伏羲、女娲及乌获等中国传统神话人物形象，其下还绘制有36身于草庐中坐禅修行的僧侣。西壁以中间一大龛，左右各一对称小龛的形式构成。除彩塑人物外，绘制有日天、月天、诸星辰、婆薮仙人、四天王及忍冬等纹饰。北壁分为上下两个部分，上部绘制说法图，下部绘制供养人及发愿文，大部分人物具有秀骨清像的视觉特征。南壁由上至下分为三段，上段绘制伎乐飞天，中段绘制《五百强盗成佛因缘图》。在该幅壁画中，以往仅作为故事情节间隔的树木山石被着重刻画，树木的式样繁多，山石位置的安排也越发自由。修竹翠柳、池塘野鸭，豺狼、野鹿灵动地穿梭于群山之间。僧侣们席地而坐，沐浴着自然之光，他们或修禅，或清谈，以此颐养身心、陶冶性情。这种杳离尘世、忘情山水之举，即南朝风气的真实写照。在其下端龛外绘制有《化跋提长者姊缘》《度恶牛缘》《沙弥守戒自杀缘》和《婆罗门施身闻偈》4幅故事画，其中部分人物造型依然保留浓郁的西域风格。由此可见，在敦煌西魏壁画中，中西合璧已成为一个基本的创作趋势。北周时期，敦煌的统治者开始大量任用儒生，儒家思想也开始影响敦煌壁画艺术创作。在沿袭之前佛教人物画、本土古代传说故事画、佛经故事画及大量供养人故事画的基础上，北周敦煌壁画中开始夹杂宣传儒家孝忠等伦理思想的内容，以此实现儒释精神的融合，并为佛教文化艺术的本土化起到奠基作用。例如，北周第428窟东壁以长卷式构图描绘了萨埵那太子本生，虽然题材依然出自佛经，但是在表现手法上一改北魏时期大悲大喜的现实主义风格，而是以儒家"乐而不淫，哀而不伤"❶的思想，淡化悲剧情节，强化美好的结果。同时，该窟中还有1200身供养人画像，在人物造型与服饰穿搭上也体现出温柔敦厚的儒生特征。综上所述，魏晋南北朝敦煌壁画题材与表现形式受历朝社会、政治影响颇深，能够直接反映出封建统治阶级的文化宣传意图。

---

❶ 出自《论语·八佾》，意指快乐和悲伤都应该有所节制。

　　学者能够依据图像学与民族志等基本方法阐释敦煌壁画的深刻意蕴，而普通民众对敦煌壁画的理解却不能脱离视觉心理学。因此，若要探究敦煌壁画艺术以及其的传播有效性，还应当更为切实地从观者的角度出发，探究其视觉图像引起的心理机理反应。其中，阿恩海姆的视知觉理论就是以心理学为基准探讨观者视知觉的复杂过程。他异常重视对实验的观测，也始终保持将观者的亲身经验放在首要位置。以其理论为基石对敦煌魏晋南北朝壁画进行讨论，能够从源头厘清其形式架构规律、空间设计特征和色彩构成安排的缘由。他的视知觉理论在20世纪80年代被引入中国，首先由滕守尧先生翻译了他的《艺术与视知觉》《视觉思维》，后又有丁宁、宁海林等人翻译了他的《走向艺术心理学》《建筑形式的视觉动力》《电影作为艺术》以及《中心的力量——视觉艺术构图研究》等著作。其理论不仅引发了国内艺术界的激烈讨论，为艺术美学领域的研究带来了新的启迪，而且对高校艺术、设计教育产生了重要的影响。总体而言，阿恩海姆的视知觉理论研究脱胎于德国的格式塔心理学，在驳斥西方既往感性和理性二分的视觉中心主义观看方式和否认视觉观察只是一种简单复制感性材料的生理行为的基础上，强调了视知觉的发生过程本来就具有思维与创造特性，通过视觉判断观者能够对原有知觉样式进行积极的改造，并对其深层意义结构进行整体性把握。较多学者在西方思想演变的历史基础上指出了阿恩海姆视知觉理论对胡塞尔现象学的承袭，阐明后者对西方形而上学的激烈反驳，认为只有将所有"超越之物"，即历史上遗留下来的种种对世界的看法及有关外部世界的判断加上括号悬置起来，才能"回到事情本身"❶，让事物的本质以纯粹的现象对主体显现出来。同时还倡导对事物进行直接观察，主张排除一切前见而对经验到的现象做直接描述；反对将被观测对象拆分为各个孤立的感觉元素，并始终坚持将其作为一个整体来认识。

---

❶ 胡塞尔现象学的基本逻辑，主张悬置经验对事物现象进行直观描述。

　　然而，却鲜有学者注意到中国古典哲学，尤其道家思想对阿恩海姆视知觉理论的建构作用。在其专著《走向艺术心理学》《视觉思维》，以及论文《中国古代美学与它的现代性》中，其实已经非常明确地体现出其视知觉理论对中国传统思想的吸收。在名为《对于一个处于相互作用中的象征的知觉分析》的文章中，阿恩海姆就以太极图为视觉样本，从异质同构的角度阐释了其背后阴阳两极互生互动最终归为同一的道家思想。首先，他承认了语言对知觉力描述的匮乏，它难以表达出一个视觉样式中各部分的互相作用过程，而太极图不仅能够以简洁的视觉样式缔造出知觉的含混性，从而唤醒大脑中力的涌动，还很好地象征了道家思想中整体与部分互不支配，阴阳两极交通和合走向同一的中心思想。其次，他详尽地剖析了太极图的视觉特征，认为其阴阳两极潜在的对称性能够使各部分既保持独立自足，又使其具有能够平滑进入彼此的整体性，这种结构使图像整体和部分之间能够产生含混与振荡，并在对峙中创造出再生性的视觉张力。于是这种交替振荡模型就为道家"有无相生"的思想主张及视知觉的发生逻辑提供了双重的象征作用。在《园林设计中的秩序及复杂性》一文中，阿恩海姆在视知觉的视域中比较了受中国道家思想影响的15世纪日本禅宗花园与欧洲园林的差异。他认为日本园林偏爱无条理的格局，而欧洲花园倾向于有条理的格局。换言之，日本园林常运用不规则的物象和不成数理关系的韵律传递出道家最高的宇宙秩序，展示出人与自然的精妙和谐；而欧洲花园时常采用能够被视觉简化为等量关系的图形和能被肉眼辨识的相等比例，彰显人对于自然的主宰，并以此视觉整体象征权力的威信和荣耀。在论文《中国古代美学与它的现代性》中，他指出，中国古代绘画自南朝起就保持着不变的艺术法则，即谢赫提出的"六法"，并将此"六法"分别和西方艺术理论相比较，寻找其共性并以此论证"六法"所具有的现代活力。他认为第一法"气韵生动"与英文中的"spirit"意思相近，表达在艺术创作中将精神贯注到作品中；第二法"骨法用笔"可比拟视知觉中所谈到的"结构骨架"；第三法"应物象形"类似于西方艺术中的逼真再现；第四法"随类赋彩"即色彩的搭配应用，谢赫将其放于这一较为次要的位置也与西方美术史上长期看重造型相一致；第五法"经营位置"可等同于视知觉中的"形式架构"；第六法"传移模写"，即对前人优秀艺术作品的模仿，这在西方艺术传统中也较为常见。在《艺术与视知觉》中，他又深入分析了现藏于波士顿美术博物馆的由宋徽宗摹绘的《捣练图》，从视知觉原理阐释了这一整体性构图中平面和三维布局的相互作用及其传递出的深层意义。在《视觉思维》一书中，他又将中国书法作为体现视知觉力的极佳范例，同时还提出中国汉字是最能够体现动态知觉特性的符号这一观点。

从上述例证不难看出视知觉原理与中国古典美学思想的切近之处，也能够充分证明将其用于中国古代艺术作品分析的可行性。显而易见，视知觉的中国图式分析不仅在一定程度上弥补了西方理论和样本的不足，而且为中国现代美学及艺术理论的发展带来了方法论层面的真实启示。然而，阿恩海姆对中国传统艺术的分析仍存在一定的弊端：首先，他终其一生其实都未曾踏上中国这片热土，各文本中选取的中国艺术作品样本还大都基于二手材料。在《中国古代美学与它的现代性》中他曾坦言自己对谢赫"六法"的分析是建立于奥斯瓦尔德·西伦所著《中国人论绘画艺术》和苏珊·布什的《中国文人论绘画》对中国古籍评论的基础上。对唐代《捣练图》的视知觉分析也未能直接选取唐代张萱的原版，而是采用了宋徽宗的摹版；其次，他对道家思想的了解主要通过来自中国的留学生易广元，其人将"无为"及"天人合一"的哲学思想在西方进行了传播。然而，他对于儒、释两家思想及其视觉艺术作品少有涉猎，甚至误将儒家学说归于道家的大框架之下；最后，为期一年的日本访学也为其透过日本艺术现象窥探中国美学提供了捷径，但这一方式不可避免地使他面临将整个东方古典文明混为一谈的危险。研究经历中对中国古典美学、敦煌魏晋南北朝艺术的关注，以及对格式塔心理学及视知觉原理的熟练掌握，有助于合理地挑选敦煌魏晋南北朝壁画艺术作品作为分析样本。对其进行的视知觉研究也将更具有直接性和有效性，还能够在阿恩海姆的研究基础上进一步将本土文化艺术宝藏与西方现代艺术理论相结合，从而实现真正意义上的跨文化交流。

第二节　视知觉在敦煌魏晋南北朝壁画艺术中的实践性

国内对敦煌魏晋南北朝壁画艺术的专门性研究较少，大多数学者将其作为西北地区的一个考古遗存，宏观地讨论该期的总体美术特征。其中，宿白在《中国石窟寺研究》文集中对两汉及魏晋南北朝时期的敦煌及莫高窟早期洞窟进行了系统性的考证，在《敦煌莫高窟早期洞窟杂考》一文中，他依据文献资料和石窟造像风格推断出前秦至北魏晚期以前，莫高窟受东方影响的必然性；到了东阳王和建平公时代，莫高窟褒衣博带的服饰风格开始流行起来，这一现象也进一步显示出东方艺术对西北石窟影响的确凿性；北周时期莫高窟中衣摆宽大的人物造型与北朝晚期中原兴起的新型佛教艺术有极大关联，这又一次从图像上佐证了中原对西北文化艺术的巨大影响。通过对比发现，1965年出土的北魏绣佛在图像上与云冈第9窟、第10窟和第11窟类似，由此可推知敦煌莫高窟最早的洞窟与云冈二期石窟在年代上相近。在《莫高窟现存早期洞窟的年代问题》中，他认为莫高窟现存最早的几座洞窟第268窟、第272窟与第275窟在内涵上与中原北方石窟系统联系较为紧密，无论是洞窟形制、题材造像，还是壁画构图等方面均与云冈二期石窟接近。其原因主要在于平城系魏都百年余久，汇集了大量财富和人口，佛教建制在该地已有深厚的历史基础。而敦煌地处绿洲、商贸繁荣，北魏前就已经有大批人户移居敦煌附近；为了防御柔然，北魏亦在敦煌设置军事基地，因此云冈模式向西影响敦煌属于情理之中。在书中他还对西魏第285窟进行了颇为深入的探讨，他首先谈到西魏第285窟是敦煌少见的僧房群，其华丽的莲瓣式龛楣正是对苦修者修行的草庐正面形象进行的象征性描绘。窟顶以4条下垂的流苏表现宝盖悬空的景象，下缘安置本土化的天人及中国神话传说人物，这两类人物不仅不相互矛盾，反而相互促进，扩大文化宣传效果。据其北壁发愿文记载，该窟成于538—539年，而依据图像材料分析得知，内部壁画并非短期内同时期完成的，但从开凿至完工大致可以锁定在东阳王统治瓜州时期。西魏第285窟可靠的年代记载也对莫高窟魏窟的编年起到了重要的参考作用。在参照比较中可将早于西魏第285窟的第259窟、第272窟、第257窟与第275窟等7窟归为早期；将与西魏第285窟风格相近的第263窟、第249窟、第288窟、第286窟、第248窟和第431窟等12窟归为中期；而晚于西魏第285窟的第432窟、第428窟与第296窟等10窟归为晚期（表1）。

表1　宿白莫高窟早期洞窟分期及图例

洞窟时期	具体洞窟编号	图例
莫高窟早期石窟	第268窟	
	第272窟	

续表

洞窟时期	具体洞窟编号	图例
莫高窟早期石窟	第 275 窟	
	第 257 窟	
	第 259 窟	
	第 263 窟	

洞窟时期	具体洞窟编号	图例
莫高窟中期石窟	第 249 窟	
	第 285 窟	
	第 288 窟	

续表

洞窟时期	具体洞窟编号	图例
莫高窟中期石窟	第 248 窟	
	第 431 窟	

洞窟时期	具体洞窟编号	图例
莫高窟晚期石窟	第 428 窟	
	第 432 窟	
	第 296 窟	

　　韦正编著的《魏晋南北朝考古》将魏晋南北朝时期的文化遗存主要划分为三期：魏晋至十六国中期、十六国晚期、北朝早期及中晚期。其中第一个时期考古遗存的系统性不强，石窟寺庙主要集中于新疆地区，文化面貌有典

型的西域特色；第二个时期的石窟寺遍及新疆及河西地区，该期也开凿了敦煌莫高窟第一座禅窟——第268窟；第三个时期南方、北方、西南及西北地区均兴建了大批石窟寺，其中敦煌莫高窟开凿的洞窟按时间顺序又可分为3个时期：第一个时期为北魏中期，洞窟包括第272窟、第275窟、第259窟、第254窟、第251窟、第257窟、第263窟、第260窟、第487窟和第265窟。其石窟形制充分吸收了当地传统建筑样式，在题材、人物造像及服饰等方面都呈现出不断探索和变化的景象。第二个时期是北魏晚期至西魏早期，这一时期石窟包括第437窟、第435窟、第431窟、第248窟、第249窟、第288窟、第285窟、第286窟和第247窟。洞窟形制沿袭上一时期，人物造像开始逐渐体现出褒衣博带、秀骨清像的南朝特征。色彩晕染方式也由西域凹凸法转换为中原式的平涂技巧。尤其在第249窟、第288窟、第285窟、第286窟和第247窟中出现了更多新形象和新的表现方式，从中不难看出中原文化艺术向西传播，而这种风格的变迁与汉晋以来大批中原人士的流入有着直接的关系。第三个时期是西魏晚期至隋朝初期，主要有第432窟、第261窟、第438窟、第439窟、第440窟、第428窟、第430窟、第290窟、第442窟、第294窟、第296窟、第297窟、第299窟、第301窟这14窟。洞窟形制基本沿袭上一时期，人物形象仍为褒衣博带式样，壁画题材中开始融入儒家孝养思想，艺术表现方式也更加细致入微。其他一些学者运用图像学、文献学、符号学和艺术风格学对敦煌魏晋南北朝的具体图像源流、意义及其传播进行了研究。例如，王楠楠在《魏晋南北朝至隋唐过去七佛图像源与流》中主要分析了过去七佛图像的起源、传播情况，并结合莫高窟等现存的图像材料与文化思想内核展示其从魏晋南北朝到隋唐时期的图像演变过程及原因。曹暇在《魏晋至隋唐时期莫高窟经变画的世俗化》中探讨了该时期经变画由中心位置走入世俗社会的过程，不仅在内容上日趋丰富，而且世俗元素不断增多，这一过程正好显示出佛教世俗化的整体趋势（表2）。

表2　韦正莫高窟北朝石窟分期及图像

洞窟时期	具体洞窟编号	图例
莫高窟北魏中期石窟	第 272 窟	
	第 275 窟	
	第 259 窟	
	第 254 窟	

续表

洞窟时期	具体洞窟编号	图例
莫高窟北魏中期石窟	第 251 窟	
	第 257 窟	
	第 263 窟	

续表

洞窟时期	具体洞窟编号	图例
莫高窟北魏中期石窟	第 260 窟	
	第 265 窟	
莫高窟北魏晚期 西魏早期石窟	第 437 窟	

洞窟时期	具体洞窟编号	图例
莫高窟北魏晚期 西魏早期石窟	第 435 窟	
	第 431 窟	
	第 248 窟	

洞窟时期	具体洞窟编号	图例
莫高窟北魏晚期西魏早期石窟	第 249 窟	
	第 288 窟	
	第 285 窟	

续表

洞窟时期	具体洞窟编号	图例
莫高窟北魏晚期 西魏早期石窟	第 247 窟	
莫高窟西魏晚期 至隋朝初期石窟	第 432 窟	
	第 438 窟	

续表

洞窟时期	具体洞窟编号	图例
莫高窟西魏晚期 至隋朝初期石窟	第 439 窟	
	第 428 窟	
	第 430 窟	
	第 290 窟	

续表

洞窟时期	具体洞窟编号	图例
莫高窟西魏晚期至隋朝初期石窟	第 296 窟	
	第 297 窟	
	第 299 窟	
	第 301 窟	

　　然而，巫鸿先生早在《"空间"的美术史》中就提出以往的学者大多将敦煌壁画或者雕塑等艺术形态直接等同于敦煌文化艺术，这其实是一种概念上的危险跳跃。这种研究模式既忽略了敦煌文化艺术协同构成的丰富的空间性结构，也影响我们深入理解敦煌文化艺术的特殊功能。莫高窟并不只是敦煌文化艺术空间中的一个重要组成部分，除此之外，其城内城外还有多处礼仪建筑及文化艺术衍生品与之交相辉映。因此，我们不应将莫高窟及其内的任何一件艺术作品看作一种孤立的艺术形态，而需要将其放在与其同时同地发展起来的文化艺术语境中进行全面的理解。巫鸿先生呼吁研究者们能够用"总体性"艺术的方法对敦煌文化艺术进行研究探索，保持总体空间中不同艺术与视觉文化之间的多元互动，而不是像以往一样，只以时间性为基本框架对莫高窟中某一艺术形式的线性历史进行陈述，这样才能够在当代敦煌莫高窟的研究中不断发掘出能够拓展研究视域的新问题。在《空间的敦煌——走近莫高窟》中，巫鸿先生延续了之前的提议，从人自身的身体尺度出发去感受莫高窟的空间、功能和性质，亲身参与感知洞窟中不同艺术形式之间的微妙关系，从新的研究视角展示了敦煌原始材料的当代意义。总而言之，巫鸿先生的"总体空间"更加注重将特定历史境遇作为一个能够综合呈现不同艺术形式的完整单元结构，在这个总体空间中不仅包括视觉与感知对象之间的互动空间，而且包括其他四感与材料之间构成的知觉空间及主体体验的"经验空间"。上文已撰述阿恩海姆的视知觉原理立足于格式塔心理学，而格式塔（Gestalt）通常具有两种含义，第一种意指形状或者形式，带有一般性；第二种指某一实体形象对知觉所呈现出的整体特征，带有特殊性。就以上两种含义可以推知，格式塔指的是物体及其形式（configuration），即完形。因此，从整体性意义来看，阿恩海姆的视知觉原理与巫鸿先生提出的"总体空间"具有共通性。虽然后者关注的重心是空间的图像学含义，而前者更为关注视觉对艺术作品感知的模式，但在方法论层面，两者均强调任何视觉样式都不能脱离整个空间结构被孤立地观看这一重要立论。在《空间的敦煌——走近莫高窟》中，巫鸿先生甚至引用了阿恩海姆于1978年发表的一篇名为《对空间和时间的限制》的文章中的经典语录，"时间维度不具有自身的感官触媒……空间则直接体现于视觉世界之中"❶以此强调在研究中不应忽略访问者的实际经验对洞窟意义构建的重要作用。从中能够看出巫鸿先生所强调的"经验空间"与视知觉中将空间定义为人对客观世界感知的集合具有一脉相承的特性。后者异常重视对实验的观测及对现象的直接描述，认为个体生命经历和心理情感千差万别，因此视知觉也具有个体独创性。它不仅能够通过局部突出特征把握视觉对象全貌，而且能够对知觉样式进行积极的改造，使其更易于被识别和理解。综上所述，虽然阿恩海姆的视知觉原理与巫鸿先生提出的"总体空间"理论有一定的差异，但是在方法论上有着极强的共鸣，因此将阿恩海姆的视知觉原理应用于敦煌魏晋南北朝壁画艺术研究具有较强的可行性。

第三节　视知觉在敦煌魏晋南北朝壁画艺术中的应用性

敦煌艺术的发展历时千年，自开窟到式微依次经历了北凉、北魏、西魏、北周、隋朝、唐朝、五代、宋朝、西夏、元代等多个朝代。在敦煌文物研究所（今敦煌研究所）进行整理编号的492个石窟中，总共保存有45000多平方米的壁画及2400多件敷彩泥塑。它们不仅凝练了古代画师高超的艺术技巧，而且蕴含了丰富的历史、社会及民俗文化内涵。著名的敦煌学者季羡林先生就曾经指出敦煌和新疆是中国、印度、伊斯兰和希腊四大文明体系的唯一交汇之处。而敦煌石窟群作为敦煌一地最具代表性的历史文化遗产，不仅为我们展示了中国文化艺术的演化进程，而且使我们见证了中外文化艺术的往来互鉴。首先，从视觉传达功能上看，敦煌石窟作为文化观念载体势必以观者为核心，通过生动的艺术形象对其进行宣教。凭借艺术美感对良好的生活方式进行形象化

---

❶ Rudolf Arnheim. A stricture on space and time [J]. Critical Inquiry1978, 4(4):653.

处理，能够让不同文化层次的受众群体更为便捷地把握其深邃的思想价值。因此，敦煌艺术的存在就不仅仅是自在自为的，而是在艺术创作的同时就已经融入了对受众心理的审慎考量。石窟内建筑形制、壁画及彩塑中的任何一个空间形态、任何一种构图形式、任何一笔线条勾勒和任何一组色彩搭配都是为了达到文化义理的准确输出。将视知觉理论作为敦煌艺术分析的基点，能够更好地理解敦煌艺术如何通过特殊的艺术形式调动观者的视觉主动性，并能够通过视知觉的作用快速获取其样式背后深刻的人文内涵。其次，许多敦煌壁画在历经岁月风蚀及人为破坏后已不复完整，而视知觉即使在面对有缺口的图像时，也能使之呈现出连贯的完善形式以利于知觉者把握其原本特性。再次，陈丹青先生在《局部·伟大的工匠》中曾提及社会审美文化的变迁给敦煌北魏壁画的赏析带来了重重困难，而阿恩海姆的视知觉理论早已间接论证了这类早期艺术作品所具有的深刻美学含义。他认为早期艺术作品所具有的拙稚外观，并不是因为创作者的运动觉不成熟且缺乏熟练的绘画技巧，相反，这些作品中凝聚着创作者相当敏锐的观察能力，他们能够在作品中极力描绘自己所想所见，以创造性的手法展现出事物一般的特性。从次，作为丝绸之路上最为重要的交通枢纽，敦煌莫高窟艺术在魏晋南北朝时期体现出清晰的文化碰撞和艺术形象演变特征。阿恩海姆的视知觉理论在撰写时就已经囊括了对世界视觉艺术范例的广泛解释，在艺术创作者和欣赏者之间已经架设起一条有效交流的通路。最后，陈寅恪先生谈道："一时代之学术，必有其新材料与新问题"，这句话曾数次被国内外学者引用。众所周知，敦煌的壁画、雕塑和遗书早已经过详尽的整理出版于卷帙浩繁的书籍之中，敦煌研究院甚至对各代经典洞窟进行了数字化处理，使人能够身临其境地欣赏到其内部的璀璨视觉形象。如此一来，在敦煌艺术研究中依靠新材料的发掘来带动其发展的希望就已经较为渺茫，唯一可行的方法即以新视角与新问题去挖掘原始材料的新维度。因此，将视知觉原理与敦煌魏晋南北朝艺术与文化交流研究进行深度融合，能够使中外艺术理论兼容并蓄，从新的视角展示出原始材料的新价值。此外，正如法国社会学家埃德加·莫兰（Edgar Morin）所言，无论是自然科学还是社会科学的研究体系都如同分段的红肠一般，每一个专业领域只可能对其中的一段进行深入的了解。敦煌艺术中早已不再缺乏对其中各门类进行的高度专业化研究，然而在充分认识到其复杂性和深刻性的基础上，对其进行的整体性研究往往更需要多个学科的协同运作。因此，将艺术美学和心理学进行学科嫁接，能够为敦煌南北朝壁画艺术的研究带来新的价值与启示，为后世学者进行敦煌艺术的跨学科研究奠定一定的理论基础。

敦煌魏晋南北朝壁画艺术的
文化交流与跨学科研究

　　自西汉张骞开拓丝绸之路以来，汉地就利用招诱及军事征服建立起与西域各国的质子关系。这些西域质子常年留住敦煌，对中西文化的交流与传播起到了异常重要的作用。2世纪以来，敦煌又接连成为连接中原并统辖西域的军事重镇和商贸中心。尤其是仓慈在出任敦煌太守以后，遏制地方豪强，庇护往来于中、西两地的胡商，促使中外商贸日益走向繁盛。东汉时期，印度佛教经丝绸之路传入中国，敦煌由于其特殊的地理位置而率先受到了佛教的洗礼。为了弘扬佛教文化教义、举办大规模的佛事活动，该地的佛教石窟群也得到了蓬勃的发展。北凉、北魏时期是敦煌莫高窟开凿的初期，由于该时期系佛教传入初期，因此，窟内壁画在内容题材与表现技法等方面都普遍沿袭了印度和西域的传统样式。然而，在经历了北魏孝文帝汉化运动及东阳王元荣任职敦煌等政治事件之后，南北之间的文化交流进一步深化。南方所秉持的六朝审美标准远被西陲，被灌注于敦煌莫高窟的壁画艺术创作中。西魏时期的莫高窟壁画艺术开始脱离浓郁的域外风格，逐渐绽出本土崇尚的那种清新雅致和芙蓉出水般的美。到了北周时期，建平公于义继元荣后出任瓜州刺史，随即采取了一系列充满儒家思想的封建改革，敦煌石窟壁画中也开始出现宣扬儒家忠孝思想的题材与内容。过去的学者较多以敦煌壁画为参考样本，对中国古代某一门类传统文化艺术进行复原。他们在一定程度上拓宽了敦煌壁画的研究范围，然而较少有学者从方法论层面探讨敦煌艺术跨学科研究的可能性。本书将以阿恩海姆视知觉原理为基本方法，在中西文化交流的基础上剖析敦煌魏晋南北朝壁画内容与形式的建构基准，进一步促进中西材料及理论融会贯通，并在方法论层面实现跨学科交流与共融。

第一节　敦煌魏晋南北朝壁画艺术研究的范围与概念界定

唐长孺先生在《魏晋南北朝隋唐史三论》一书中开篇即谈道："魏晋南北朝时期是一个充满变革的时期，它在政治、经济、军事和文化等方面都体现出有别于两汉的特征"❶。中国虽然依然采用的是专制主义中央集中制，但社会制度已经开始由奴隶制转变为封建制。与此同时，门阀制度兴起、九品中正制得到确立，东汉末年衰亡的名教再度兴盛，玄学也进入鼎盛时期。永嘉之乱以后南北进入长时间的分裂，南朝继承了汉魏以来的发展传统，北方却历经了数个少数民族政权。由于政治上的南北对立，其在学术上也产生了显著的差异。南方重视义理，儒释道兼综，并以玄学为枢纽；北方则重视佛道修持，积极开窟造像。两汉时期，佛教由印度经丝绸之路传入中国，势必率先经过西北并对其属地文化产生巨大影响。南北朝时期，地处丝绸之路要冲的敦煌开始了长达千年的开窟运动，经考古断代，隶属这一时期的石窟有三十余窟。对这些石窟中的建筑形制、雕塑设计和壁画样式归类和分析能够透视其艺术风格在中外及南北文化交流影响下发生的诸种变化。

一、敦煌魏晋南北朝壁画艺术研究的范围

研究将集中于敦煌魏晋南北朝即220—589年的洞窟。不同学者和研究机构对这一时期的石窟进行过较为细致的分类，例如，宿白主要依据石窟内造像及壁画艺术风格的嬗变，在历史考古学的基础上将其分为早期——北魏石窟，中期——西魏石窟和晚期——北周石窟3个前后相继的类别。首先，他在《参观敦煌第285号窟札记》中提出第285窟在内容题材和表现手法上均较为特殊，且其北壁的发愿文中有"大代大魏四年（538年）岁次戊午八月中旬造"和"大代大魏大统五年（539年）五月二十六日造"等可靠纪年，因此可以以其

---

❶ 唐长孺. 魏晋南北朝隋唐史三论[M]. 武汉：武汉大学出版社，1992：1.

为尺度对魏晋南北朝洞窟进行历时性分类。虽然该窟中壁画不一定是同期完成的，但将其与其他魏窟相比，能够得知其绘制的时间跨度不会太长，最长不会超过东阳王元荣统治瓜州的时期。其西壁龛外壁画在表现形式上与第263窟下层壁画较为接近。据莫高窟第332窟前室发现的《李君修莫高窟佛龛碑》、莫高窟碑铭抄件及敦煌手稿等文献资料，再结合洞窟规模和所处位置综合判断，东阳王元荣所修的大窟有可能是第263窟、第265窟或第246窟；而第285窟窟顶、南壁、北壁和东壁壁画艺术风貌又与第249窟、第288窟和第248窟相似；由此可将以上与第285窟在时间和艺术风格上相近的第263窟、第265窟、第246窟、第249窟、第288窟、第248窟及第431窟等11~12座石窟归纳为敦煌中期——西魏石窟。其次，他结合历史考古学，将开凿时间早于莫高窟第285窟的早期——北魏石窟与20世纪60年代莫高窟出土的一件北魏绣佛图像进行比较研究，并以此为基点对该期石窟进行了大致的时间排序。他发现绣佛上的《一佛二菩萨式说法图》、佛的露脚结跏趺坐和菩萨裹长裙踩覆莲式造型与莫高窟第251窟和第260窟内图像基本相同；绣佛上鲜卑族女供养人服饰上的忍冬连珠龟背嵌套式纹样，在莫高窟第259窟和第248窟中均有体现；同在其女供养人服饰上呈现的桃形忍冬纹样在莫高窟第251窟和第260窟中也都有发现。由于此绣佛上绣制有清晰的年代——太和十一年（487年）以及广阳王的发愿文内容。由此可大致推测其产于平城后被人带至敦煌，又考虑到太和十一年平城为北魏佛教文化艺术的中心，于是可初步推测莫高窟中出现与此绣佛相似图像的洞窟在开凿时间上应该略晚于绣佛的绣制时间。于是根据以上逻辑就能够对莫高窟早期——北魏石窟开凿的时间先后顺序进行整理：第268窟、第272窟和第275窟是莫高窟最早开凿的三窟；接下来是第257窟、第254窟、第251窟和第259窟；而第260窟和第248窟在开凿年代上则略晚。最后，依据《李君修莫高窟佛龛碑》中建平公修一大窟的相关文字记载，以及洞窟的规模和表现风格，大致可推断这一大窟为莫高窟第428窟，它在时间上晚于第285窟，且图式和风格产生了较大变化，因此将与其类型相似的第432窟、第428

窟、第296窟等10窟归纳为晚期——北周石窟。这一分类方式虽然紧贴艺术风格学，但是夸大了风格嬗变与朝代更迭之间的绝对关系。研究将采用敦煌研究院的分类方式，它大致上沿用了宿白对魏晋南北朝敦煌石窟进行的分类，但将早期——北魏石窟细分为两个前后相继的部分：北凉石窟和北魏石窟。这一分类虽然依旧看似笼统地以朝代更迭为唯一的线索，但其实更加关注的是文化交流为各时期敦煌石窟艺术风格的嬗变带来的决定性意义（表1-1）。

表1-1 敦煌研究院魏晋南北朝石窟分期及图像

洞窟时期	具体洞窟编号	图例
莫高窟北凉石窟	第268窟	
	第272窟	

续表

洞窟时期	具体洞窟编号	图例
莫高窟北凉石窟	第 275 窟	
莫高窟北魏石窟	第 259 窟	
	第 254 窟	
	第 251 窟	

续表

洞窟时期	具体洞窟编号	图例
莫高窟北魏石窟	第 257 窟	
	第 263 窟	
	第 260 窟	

续表

洞窟时期	具体洞窟编号	图例
莫高窟北魏石窟	第 265 窟	
莫高窟西魏石窟	第 285 窟	
	第 435 窟	
	第 431 窟	

续表

洞窟时期	具体洞窟编号	图例
莫高窟西魏石窟	第 437 窟	
	第 246 窟	
	第 247 窟	
	第 248 窟	

续表

洞窟时期	具体洞窟编号	图例
莫高窟西魏石窟	第 249 窟	
	第 288 窟	
莫高窟北周石窟	第 428 窟	

续表

洞窟时期	具体洞窟编号	图例
莫高窟北周石窟	第 430 窟	
	第 438 窟	
	第 302 窟	
	第 305 窟	

洞窟时期	具体洞窟编号	图例
莫高窟北周石窟	第 290 窟	
	第 296 窟	
	第 299 窟	
	第 301 窟	

敦煌研究院的分类认为北凉是敦煌石窟开凿的初期，这一时期开凿的洞窟包括莫高窟第268窟、第272窟和第275窟。其石窟的艺术风格主要受外来佛教文化的影响，并未形成高度统一且规范的艺术风貌。北魏灭北凉之后，敦煌常年战火荼毒、民不聊生，洞窟的开凿也出现了较长时间的断层。直到北魏后期经济复苏，敦煌石窟才在云冈石窟创作的影响下再续前缘。这一时期的敦煌石窟被敦煌研究院统称为北魏石窟，其中包括莫高窟第259窟、第254窟、第251窟、第257窟、第263窟、第260窟、第487窟和第265窟，它们无论在表现形式还是艺术风格上均带有浓厚的域外风格。其后，北魏孝文帝推崇的汉化运动使中原南朝的艺术风格逐渐远被西陲，尤其是在东阳王元荣家族统治敦煌的三十余载（525—557年），敦煌石窟艺术开始呈现出中西合璧的视觉艺术特征，人物造型开始体现出典型的秀骨清像、褒衣博带的中原—南朝风格。敦煌研究院将这一时期，即北魏晚期至西魏时期与此风格相近的石窟群统称为西魏石窟，其中包括莫高窟第285窟、第435窟、第431窟、第437窟、第246窟、第247窟、第248窟、第249窟、第286窟与第288窟。557年宇文泰之子宇文觉建立了北周政权，在其统治的二十五年间广泛招用汉地儒生，并对政治体制进行了诸多富含儒家精神内涵的改革。该期敦煌艺术创作中开始出现表现儒家忠孝思想的题材，人物造型也一改过去俊秀单薄的面貌而呈现头大面圆、衣摆宽阔的敦厚儒生形象。该时期的敦煌石窟包括莫高窟第428窟、第430窟、第442窟、第438窟、第302窟、第305窟、第290窟、第294窟、第296窟、第299窟和第301窟。

二、敦煌壁画概念的界定

"壁画"原指的是直接以图画或粘贴的方式在墙壁、天花板及其他永久性基材上赋予的任何图像艺术形式，因此它也是一种最为原始的绘画方式。李化吉先生在《壁画》中根据制作方式的不同，将壁画分为绘画型壁画和工艺型壁画两类。第一类主要以手绘的形式完成，其下又包括湿壁画和干壁画这两个不同呈现方式；第二类则需要借助特殊的工艺制作手段来体现，其中包括画像石、画像砖、模印拼镶砖画、马赛克以及线刻画等。莫高窟中的壁画主要采用的是绘画型壁画。其中湿壁画是一种在刚铺设好的还未干涸的石灰泥上进行的绘画艺术创作。人类史上第一幅湿壁画的产生要追溯至公元前三千多年的古埃及时期，这是一幅在希拉康波利斯第100号墓发现的表现人与两狮搏斗场面的湿壁画。另一幅古代的湿壁画则出自公元前18世纪初的美索不达米亚，由法国考古学家安德烈·帕罗（André Parreaux）于1935—1936年发现于现代叙利亚东部古城马里皇宫之中，它描绘了马里国王从女神伊什塔尔手中接过象征权力权杖的场景。除此之外，考古学家在爱琴海、古希腊、古罗马、古印度及斯里兰卡都发现过湿壁画的痕迹。然而，湿壁画运用最为广泛且突出的时期还是西方中世纪晚期和文艺复兴时期，那时意大利许多教堂和市政大楼都采用了湿壁画作为装饰。众所周知的达·芬奇（da Vinci）的《最后的晚餐》、米开朗基罗（Michelangelo）的西斯廷天顶壁画与拉斐尔（Raffaello）的《雅典学院》都是湿壁画的经典范例。它们的优点在于在墙壁还未抹平干燥时画师就已经开始起笔作画，此时颜料立即被墙壁吸收并与载体紧密结合，使之形成坚固的整体以抵御岁月的侵蚀。敦煌魏晋南北朝的大部分石窟壁画都采用的是湿壁画技法，具有代表性的是北魏第254窟南壁中的《萨埵那太子舍身饲虎图》（图1-1）和西魏第249窟北披的《狩猎图》（图1-2）。结合考古分析，从现存魏晋南北朝时期敦煌壁画的剥落遗痕可推知当时画师技巧娴熟，大都能直接运用毛笔或者红土在墙面绘制草图，随即再勾线上色。湿壁画的技法虽然对画师技艺要求很高，但却能使魏晋南北朝时期的敦煌壁画穿越千年依然散发着多彩的光辉。

干壁画主要指的是用颜料在已经干透的基地上进行绘画艺术创作。现存的华北等地的寺观壁画以及唐代以后的敦煌石窟壁画中较多地采用了此种方法。在干壁画绘制之前首先需要对墙面进行特殊处理，刘凌沧在《传统壁画的制作和技法》一文中就曾谈到过干壁画墙面的处理过程，首先需要在墙壁上钉木橛，使橛头垂联麻穗与涂于墙面的泥土紧密相连。其次在首层用麻刀抹粗

图1-1　莫高窟北魏第254窟《萨埵那太子舍身饲虎图》

图1-2　莫高窟西魏第249窟北披《狩猎图》

泥，在二层上细泥抹平，再用工具轧平壁画后刷白浆。最后刷矾水固色完成墙壁的制作。向达在《莫高窟·榆林二窟杂考》中则对莫高窟壁画的制作方法进行了如下总结："敦煌千佛洞具先以厚约半寸之泥涂窟内壁上使平……泥内以锉碎之麦草及麻筋以为骨骼。使泥上更涂一层薄如卵壳之石灰，亦有极薄如纸者。彩色之施于干燥之石灰面上，初未透入石灰面下之泥层"[1]。描述了干壁画

---

❶ 向达.莫高窟·榆林二窟杂考［C］//敦煌研究院.榆林窟研究论文集.上海：上海辞书出版社，2011：324.

以泥土作为基底的创作优势：由于其材质中含有石质颗粒，因此使色彩更易于附着并能够经久不衰地保持鲜艳程度。干壁画创作技法在中国唐代以后广泛流行，例如，莫高窟初唐第220窟、中唐第112窟以及盛唐第45窟中的壁画都采用的是这种绘画技法。然而，由于敦煌地势特殊，窟内墙面材质也和普通寺观有较大差别，因此通常会先在石壁上抹泥、刷白垩，待材质干燥以后才开始从事绘画工作。敦煌初期石窟中的壁画构图较为简单，画师能够凭借经验和记忆直接用毛笔和红土在壁面上勾勒大致的线稿，而到了盛唐以后敦煌壁画构图逐渐朝繁缛绵密的方向发展，例如，莫高窟盛唐第172窟南北两壁的大幅《观无量寿经变》中有重重亭台楼阁，露台、池水与小桥交相辉映；人稠物穰、松茂竹苞，场面庄严恢宏（图1-3、图1-4）。

画师首先需要做的是精确地在壁面勾勒出底稿，确定好所有人及物的位置安排后，才能利用颜料进行上色处理。

另一种需要借助工艺制作手段来表现内容的壁画，在中国最具代表性的例

图1-3　莫高窟盛唐第172窟北壁《观无量寿经变》

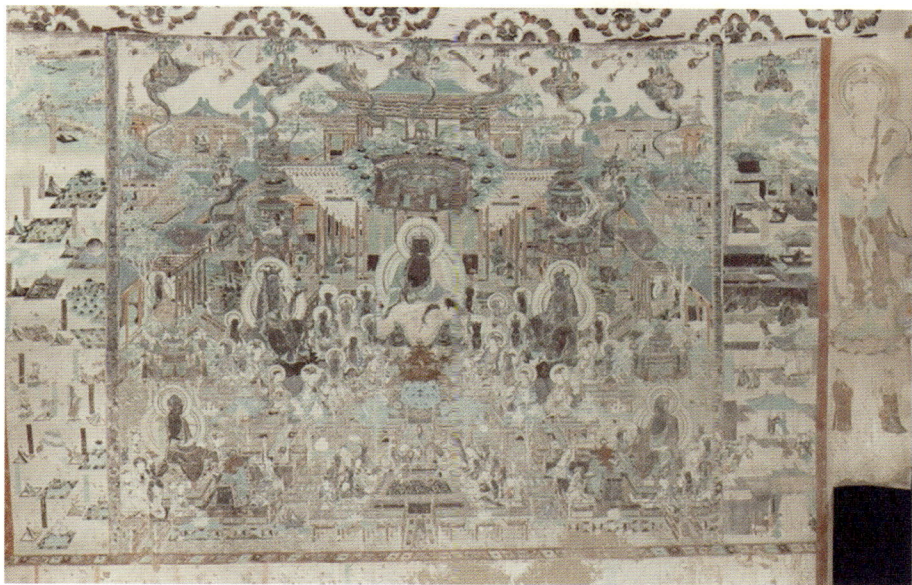

图1-4 莫高窟盛唐第172窟南壁《观无量寿经变》

子是画像砖、画像石和线刻画等，但其表面也经常施有彩绘而使其难以完全从材料的层面与绘画型壁画区分开来。这些艺术形式较多地出现于中国古代墓葬艺术中，在敦煌艺术中则少有出现，因此并不包括在研究的讨论范围内。

第二节 敦煌魏晋南北朝壁画艺术中文化交流研究的历史生态

河南安阳殷墟妇好墓出土的商代和田玉和阿尔泰山巴泽雷克地区出土的春秋战国时期的丝绸及铜镜等考古遗存，揭示出早在先秦时期就已经建立中原与西域的商贸交往。至西汉时期，汉武帝派张骞率军前往河西试图笼络月氏人一同击溃匈奴。他们此行虽未能与月氏交好，但却无意间开辟了中原与西域交往的丝绸之路。此后，中国盛产的丝绸开始作为时尚且尊贵的面料运往西域各国，具有西域特色的工艺品及宗教文化思想也经由此路传入中原。地处河西走廊西端及中原王朝西北边境的敦煌刚好位于丝绸之路的主干线上，因此它在中西文化交往中起到了异常重要的中转作用。然而，东汉末年中原战火荼毒，敦煌一地则豪强称霸、民不聊生。直至曹魏太和年间由仓慈出任敦煌太守，该地才再次成为中西往来和文化交流的中心。魏晋南北朝时期中原动荡，匈奴、鲜卑、氐、羯、羌这5个少数民族先后在中原建立政权，形成了广泛的民族交融和文化杂糅局面。大批名流文士迁居河西及敦煌一地躲避战乱，他们不仅为此地带来了中原的道家文化，还从整体上提升了该地域的文化水平，为印度佛教文化的接收与滋长奠定了必要的知识条件。少数民族与汉族之间在制度、经济、生活习俗及艺术等诸多方面发生碰撞，并最终在双向交流中互相认同，走向整合。西晋时期，敦煌的月氏高僧竺法护与其弟子竺法乘开始在故乡立寺传道，让佛教文化艺术在西北地区得到长足的发展。据698年《李君莫高窟佛龛碑》记载莫高窟第一座石窟由沙门乐僔于前秦建元二年（366年）开凿，从此以后莫高窟石窟创作就在历朝统治阶级和当地大族的支持之下如雨后春笋般不断涌现，并以物质与非物质文化遗产的形式不断展现出中西文明的交融脉络。据《魏书·释老志》记载，前秦至北凉时期，敦煌就已经"村坞相属，多有塔寺。"但历时久远仅有少量石窟和小型佛塔被保留下来，这其中包括了莫高窟北凉第268窟、第272窟和第275窟。此三窟在文化主题和洞窟形制上均有所不同：其中第268窟是一个内附千佛、供养菩萨与飞天组合而成的壁画的小型禅窟，而第272窟与第275窟则分别是方形覆斗顶和长方形盝顶佛窟，其壁画中开始出现一佛二菩萨式小型说法图与佛教文化故事画。窟内装饰纹样较为单薄，常采用莲花、忍冬和火焰纹样，少量出现几何纹样和三角形垂帐纹样。就艺术表现风格来看，此三窟带有异常强烈的域外气息，较少通过合理的艺术改造使其适应本土的文化审美需求。

魏晋南北朝时期，虽然北朝在军事、经济和人力上均胜南朝一等，但由于其内部民族文化冲突未能得到化解而迟迟未能走向统一。《陈寅恪魏晋南北朝史讲演录》一书中曾谈及文化在统一中的重要地位，他认为历史上文化低的种群总是倾向于服从文化高的种群，而魏晋南北朝时期文化阶层最高的当属南朝士族。因此，386年拓跋鲜卑建立北魏政权以后，就开始广泛吸纳士人参与治国理政。然而拓跋鲜卑汉化并非出自景仰本意，而是受形势所迫致孤立政敌。拓跋珪与其继承人拓跋嗣看似重用汉族士人，但却心怀戒备动辄杀戮，因此北投南士数量有限，并未实现真正的汉化。408年拓跋焘统一了包括敦煌在内的北方，他深切认识到汉化的意义并有意识笼络文化世家，使该期南人北迁频率增高，汉化进程加快。到了孝文帝时期，北魏开始推行全面汉化，汉族士人的地位不断提高，并最终实现了"齐整人伦，分明姓族"❶的政治理想。由于北魏早、中期战争频发，敦煌也被牵连，导致了石窟的开凿一度出现断层。直到北魏末期经济逐步复苏，石窟的开凿才复又从作为政治、文化中心的平城影响到敦煌。北魏时期的敦煌石窟与云冈二期石窟在艺术风格上相近，较常采用模仿印度塔庙窟的中心塔柱样式，窟内壁画依照主题的殊异安放在不同的位置。窟前的人字披模仿了中原传统的木构建筑形式，其下是绕窟一周的圆拱形天宫伎乐，相较北凉时期其手持的乐器中增加了筚篥、排箫、阮咸与担鼓；壁画中段绘有大量身着通肩袈裟或双领下垂式袈裟的千佛，色彩交错，呈现出五光十色的艺术效果；下段常绘制包含众多人物的大规模说法图，具有气象非凡的视觉艺术效果。该期壁画中开始出现大量长卷式构图的佛本生故事和佛传故事，其中包括《毗楞竭梨王身钉千钉》《萨埵舍身饲虎本生》《尸毗王本生》《出游四门》等故事，主要用于佛教传入初期文化教义的传播，同时也反映出外来佛教艺术对汉晋以来本土审美的适应。北魏时期敦煌石窟内的装饰纹样较北凉有所增补，佛背光中的组合纹样也变得更加丰富。此时的人物虽然常用外来的"铁线描"进行勾勒，晕染方式也往往采用西域传入的凹凸技法，但是在造型上却远并不及印度艺术那般浑圆丰腴，而是具有一种符合中国传统审美标准的灵秀与含蓄。此时的飞天形象也明显不像北凉时期那般粗短僵直，上下身

---

❶ 李延寿.北史（卷十八）[M].北京：中华书局，2003：456.

之间的夹角也由之前的"V"字形逐渐柔化为"U"字形，使石窟整体更富动感与生机。525年，魏明元帝第四代孙元荣出任瓜州刺史，为了稳定局势，其家族利用佛教对敦煌进行了长达三十余载的统治。加之，元荣本人羸弱多病，自身及家人都笃信佛教，他们在敦煌一地做了大量功德，也使敦煌石窟的开凿进入了新纪元。该期敦煌石窟逐渐摆脱了浓重的域外风格，开始具有清新雅致的中原—南朝特征。虽然元荣及家族统治敦煌的时期横跨了北魏后期和西魏时期，但为了便于研究，学术上统一将该时期的敦煌石窟称为西魏石窟。西魏时期的敦煌石窟大部分采用了北魏以来的中心塔柱式形制，但在规模上略小于前者。其内部空间结构也发生了一定的变化，例如，北朝洞窟对传统的木构建筑形式的模仿已不复存在，且中心塔柱的四面开始出现沿用至北周时期的单层圆券形龛。另外一些石窟则受南朝追求义理修行之风的影响而采用了方形覆斗顶形制，窟顶结构更为稳固，窟内空间也更为开阔。该期的敦煌壁画在内容上更为多元，既包括印度传入的佛教题材，又有道家及中国传统神话题材，还有少量希腊诸神形象。佛传故事和因缘故事画较北魏时期增加了《乘象入胎》《夜半逾城》，以及大幅《五百强盗成佛因缘图》等，还出现了西方净土变的雏形——《无量寿佛说法图》和集儒、释、道精神于一体的《维摩诘经变图》。石窟壁画中还出现了伏羲、女娲、东王公、西王母、朱雀和玄武等中国传统神灵形象，综合反映出中西文化的交汇与共融。除此之外，还有表现自然山水的精微刻画。当然，这种对自然进行审美观照的思维方式是汉晋以来士大夫生活之中必不可少的一部分。南朝画家宗炳在《画山水叙》中曾提到"澄怀味象"，即将"万趣融于神思"从而能够激起"畅神"的精神作用，观者也因这一对自然的审美观照而产生不带功利性的愉悦之情。六朝时期，自然景物更是成为文人诗赋中常见的题材，并逐渐在绘画之中占有一席之地。该时期著名的画家顾恺之、戴逵、戴勃等人的绘画真迹虽已湮灭于浩瀚时空，不复相见，但《历代名画记》中的文字记载却充分佐证了其均有以山水作为题材的绘画作品。顾恺之甚至还在其文章《画云台山记》中为山水画的创作方法总结出具体的理论要求。在其著名的绘画作品《洛神赋图》中，虽然山林、河水仍作为故事的分隔而存在，但对其描绘却异常细腻当实。画中树木形式多样，山石虽不见明显的皴法，但均以墨色的深浅区分出阴阳向背。河中水花翻腾、回波暗涌，笔触流畅而富于灵动之美，可见画家平素对自然山石、树木流水都进行过良久而深入的审美观照。六朝美学中，"澄怀味象"这一范畴不仅指导着该时期的绘画艺术实践，还由南至北影响着佛教石窟壁画的艺术创作。自北魏以来，莫高窟壁画中虽已出现山石的形态，但面积较小且形制较为单一，对自然之中树木花草的刻画也异常罕见。而随着南北文化艺术交流的不断深化，西魏时期莫高窟壁画中开始涌现出大量描绘自然界的内容。此时的树木山林、飞禽走兽不再只充当故事情节的间隔而存在，更重要的是它们综合塑造了佛教文化故事演绎的审美环境。对于山林动物和中国传统神灵形象的表现几乎完全应用中原式的勾勒加平涂，追随南朝"传神写照"这一美学理念，偏重内在精神和个体生活情调的表现。西魏敦煌石窟的人物造型也开始出现南朝的褒衣博带、秀骨清像艺术特征，这种艺术风格经由两条途径传入敦煌。第一条途径是北魏孝文帝改革之后经由中原传入敦煌，第二条途径则是由元荣家族从洛阳带入的绘画粉本，这一艺术风格的嬗变也标志着佛教文化艺术的本土化进程。557年宇文泰之子宇文觉推翻西魏建立北周政权，与东魏被推翻后所立的北齐两相对峙。565年建平公于义继元荣出任瓜州刺史，在其任职期间敦煌也大肆开窟。在其家族任职期间，因军事力量不具优势，故采取了一系列充满儒家思想的封建改革。这一改革也深入影响了敦煌艺术创作，其壁画中也开始出现宣扬儒家忠孝思想的题材与内容。北魏流传下来的中心塔柱式窟形在北周时期还少量存在，但是塔柱结构却不断简化并最终走向式微。此时的敦煌石窟主要采用的是西魏兴起的方室单龛窟，这一窟形则一直流行到隋唐时期。北周时期敦煌壁画的内容较前代有所变化，新增了卢舍那佛等母题，但前代流行的天宫伎乐数量却锐减，取而代之的是奏乐、舞蹈的飞天形象。该期壁画中依然存在中国传统神话题材，但佛经故事画却是时代的主题，出现了《须达拏太子本生》《睒子本生》《须阇提太子本生》《善事太子本生》《微妙比丘尼故事》等新题材，并开始着重突出其中蕴含的儒家忠孝观念，使佛教文化艺术在思想层面进一步本土化。该期壁画中供养人的数量明显增多，画师不吝重彩对其生活画面进行入微刻画。此时的人物造型也不似西魏时那般修长、清瘦，变成粗短壮硕、面庞浑圆的谦谦儒生形象。色彩晕染则结合了西域传来的凹凸法以及"染高不染低"**❶**的中原式晕染法。线描方式不再仅采用西域式的均匀勾勒，而是善于利用线条转折与变化表现人物的精神气韵。这一时期的敦煌壁画更多地采用中式长卷的构图形式，人与物造型写实、用色凝练，充分体现出"简易标美"**❷**的艺术特征。总体而言，北凉和北魏时期的敦煌石窟较多地沿袭了域外风格，西魏时期敦煌石窟则是中原—南朝风貌与西域风格平分秋色，而到了北周时期则是符合儒家审美的中原气象占据着主导地位。

第三节　敦煌壁画艺术研究中的跨学科视域价值

对敦煌壁画艺术进行的跨学科研究由来已久，学者常以此为本位将音乐研究、歌舞戏剧研究、建筑研究、家居家具研究、服饰研究、民俗研究、农业生态研究、体育文化研究等与之相结合，不仅从新颖的角度拓宽了敦煌壁画的研究范围，也为人文社会科学的发展带来了有价值的启示。例如，朱晓峰在《唐代莫高窟壁画音乐图像研究》一书中以莫高窟唐代壁画中的音乐图像为研究对象，结合同期敦煌画稿中遗存的音乐图像及文献中对敦煌乐舞的记载，对唐代敦煌地区音乐文化的发生与发展进行了复原。吴洁在《从丝绸之路上的乐器、乐舞看我国汉唐时期胡、俗乐的融合》中以历史音乐学为基点，将汉唐敦煌壁画等材料中的乐器和乐舞作为考察对象，结合图像学和文献学等方法对

---

❶ 与西域"凹凸法"相对的一种晕染方式，在人的颧骨、额角等高处渲染淡红色，低处则不做处理。
❷ 唐代画家阎立本对北齐画家杨子华画作的评价，原文为："自像人以来，曲尽其妙，简易标美，多不可减，少不可逾，其唯子华乎！"

汉唐时期经丝绸之路传入中国的不同层次的乐器和乐舞进行系统考察，探索了其变迁规律和时代特征，并分析了这些外来的音乐文化如何为中国所接纳并最终形成共融的。刘岩在《手之舞之——中国古典舞手舞研究》一书中首先对敦煌壁画等图像中的手舞进行了历时性追溯，厘清了中国古典舞手舞的文化脉络；其次，阐述了中国古典舞手舞的文化基础和生活依据，探索了印度佛教手印、中国手语以及中国戏曲艺术三个重要流派对中国古典舞手舞产生的影响；最后则延展探讨了中国古典舞手舞在现代舞台表现中的具体应用方式。汪雪在《敦煌壁画中的吐蕃乐舞元素考论——以翻领袍服的长袖舞为中心》一文中以青海出土的吐蕃时期墓葬棺板画上绘制的翻领袍服长袖舞图像为基点，阐释其在苯教丧葬仪式中的"降魂"意义，并横向对比了该图像在敦煌壁画中的表现殊异——舞者服饰嬗变为袒右圆领式样，最后提出该图式在敦煌的发展与演变主要源于佛教往生思想对苯教救赎思想的融合。

王巧雯与张加万在《"数字壁画建筑"敦煌壁画中建筑的数字化构建——以敦煌莫高窟第361窟南壁西起第一铺壁画图像中佛寺建筑为例》一文中以敦煌唐代壁画中古典建筑为研究样本，通过建筑信息模型构建技术将二维建筑图像转换为三维建筑信息，希望以此方法为古代绘画作品中建筑的复原提供可靠的实现路径。孟祥武、张琪和裴强强等在《敦煌壁画廊庑建筑历史演进分期研究》一文中以敦煌壁画中的廊庑为中心，利用历史考古学探析了从北魏至宋代廊庑建筑经历的5个重要演变过程。杨森在《敦煌壁画僧人所坐榻形高座和椅形高座》一文中通过对敦煌壁画中高僧坐具的研究，阐明了其从箱形榻式高座发展到椅式高座背后的文化交流逻辑，说明了佛教在本土化的进程中自身也在不断地吸纳中国传统家具特征，以最大限度地提高其普及效应。邵晓峰和李汇龙在《敦煌壁画与中国本土家具图式的拓展》一文中以敦煌壁画中出现过的榻、几与屏风等家具图式为中心，通过其在各代壁画中的嬗变轨迹来管窥中国汉代以来本土家具在造型上的不断变化，深究其背后的文化交流事件对中国传统起居方式产生的重大影响，并进一步探索中国传统家具创造性转化和创新性发展在当代的可能性。祁晓庆在《敦煌壁画婚礼图中的镜》一文中整理了敦煌壁画中出现过的多幅带有镜子的图像，认为它们是古代婚礼习俗中的常见用品，供新人在婚庆中进行展拜。但它们不仅具有喜庆之意，象征夫妻白头偕老，还具有辟邪驱鬼的封建迷信意味。

曹喆在其博士论文《以敦煌壁画为主要材料的唐代服饰史研究》中以敦煌唐代壁画为主要材料，结合唐代其他图文资料详尽地考证了唐代的服饰及其制度。论文中，他重点从敦煌唐代壁画中的人物服饰图像角度，探究了唐代服饰的特征与规律，对此前学者考证的不足做出了修正与补充，并以实践的眼光充分将服饰史与图像研究结合起来。沈雁在《回鹘服饰文化研究》一文中提出回鹘曾在我国的统一中做出过重要的军事贡献，因此他们在少数民族文化史上具有非同一般的地位。然而，其服饰却从未引起过学者们的广泛关注。因此文章对敦煌莫高窟和榆林窟壁画中的回鹘服饰图像进行了归纳和整理，并结合其他相关文献资料和考古遗存对其进行系统的分类和研究，以期对中国古代少数民族服饰研究提出方法论层面的启示。董晓荣在《敦煌壁画中的蒙古族供养人云肩研究》一文中以敦煌元代壁画中供养人所穿着的云肩作为分析样本，将其与文献资料、文物考古相结合，阐明了元代云肩虽源自金代，但在制作工艺和应用场合中均发生了一系列的变化。

从振在《敦煌壁画中的儿童游戏》一文中以敦煌壁画中的儿童游戏图像为中心，结合相关文献资料探讨了以椅竹马、木偶戏以及翻筋斗等中国古代儿童游戏的娱乐方式及世俗特征。胡同庆在《试探敦煌壁画中的佛教洗浴文化》一文中以敦煌壁画、文献中表现和提及的洗浴方法、所需物品与设施为出发点，论证了中国传统文化中洗浴与健康、人际交往与季节时令以及天气饮食之间的密切关系。该学者还在《初探敦煌壁画中的环境保护意识》一文中以敦煌壁画为中心，从图像学的角度分析了古代敦煌人民所具有的环保意识，丰富了古代环保历史的研究，并对当代环境保护提出可借鉴的方法。

海梦楠在《跨区域体育文化的比较研究——以高句丽与敦煌壁画中的角

抵、射猎为例》一文中，对比了高句丽与敦煌壁画中角抵与涉猎这两种体育运动中人物在服饰、发饰与竞技姿态等方面的异同，目的在于更深刻地认识中华民族多元一体的博大格局，并以学术研究为契机构建中华民族的共同体意识。从振在《先秦至唐五代角抵与相扑名实考辨——兼论敦煌壁画、文献中的相扑文化》一文中以敦煌壁画与相关文献为材料作为出发点，首先，梳理了从先秦到唐五代相扑文化及其竞技特征的嬗变轨迹；其次，考证了角抵与相扑的重要区分在于各自不同的服饰穿戴；最后，提出了敦煌壁画中表现的相扑文化带有娱乐性，并以此成为佛教世俗活动中的重要组成部分。谢智学和耿彬在《敦煌壁画步打球考察》一文中以敦煌榆林窟中唐第15窟南壁的《童子打球图》为中心，追溯了步打球运动的发生与发展；同时将其与现代曲棍球运动进行横向比较，厘清两者背后文化内核的差别。刘铮、郝凤霞和王志鹏在《敦煌壁画体育述要》一文中选取了历代敦煌壁画中具有代表性的角抵、射箭、拓关、举鼎、赛马和击鞠等图像，结合相关文献资料勾画出中国古代体育运动发展的脉络，为古代体育文化的研究提供了参考范例。

以上学者较多采用图像学和文献学的方法，以敦煌壁画为参考样本，对中国古代传统文化艺术进行复原。而敦煌研究院副研究员胡同庆先生的一系列文章，如《论敦煌壁画中的格式塔优化现象》《敦煌北朝洞窟的视觉心理效果分析》《佛教石窟造像的视觉心理艺术效灵》等，引起了研究者的关注，他运用了格式塔心理学的研究方法，剖析敦煌壁画中的视觉优化现象，同时开始从观者层面探讨敦煌石窟艺术所具有的视觉心理效应。然而，文章却受篇幅所限，导致对敦煌壁画的视觉心理学分析不够详尽。因此，本书将在其基础上以阿恩海姆视知觉原理为出发点，同时结合图像学、文献学、艺术心理学与文化人类学等方法对魏晋南北朝时期的敦煌壁画进行系统性分析。从观者的角度考察该期壁画的形式结构与内容表现，同时深挖其图式嬗变背后的中外文化交流渊源。希望能够促进中西材料与理论的融会贯通，并在方法论层面实现多门学科之间的深度交流与共融。

敦煌魏晋南北朝壁画
艺术中的形式架构规律

阿恩海姆视知觉理论看似是对西方主客二元分的视觉中心主义的有力反驳，实则在观看方式与视觉经验层面与中国古典美学不谋而合。它们都否认将视觉观察作为一种简单的复制行为，而是认为视觉能够调动观者的深层知觉，从而使其产生心灵上的审美愉悦。敦煌魏晋南北朝壁画在图式上符合视知觉中形式架构的基本规律，画师很好地应用构图的平衡来引领观者的视线流动，实现文化义理的精确传达。同时他们也很好地利用了视知觉的直觉性与主动性，在敦煌壁画中充分调动起观者的深层情感，使其能够在视知觉的活跃状态之中感悟到作品的蓬勃生命力。最后，他们还能够在繁复的构图中充分运用视知觉的简化定律，使敦煌壁画艺术作品既展现出统一的文化价值，又表现出丰富多样的艺术特质。

第一节　敦煌魏晋南北朝壁画研究样本的选择

本书主要以魏晋南北朝时期（220—589年）的敦煌壁画为样本，其中包括最早开凿的北凉第268窟、第275窟和第272窟中的壁画，北魏第259窟、第254窟、第251窟、第257窟、第263窟、第260窟、第487窟和第265窟中的壁画，西魏第285窟、第435窟、第431窟、第437窟、第246窟、第247窟、第248窟、第249窟、第286窟和第288窟中的壁画，以及北周第428窟、第430窟、第442窟、第438窟、第302窟、第305窟、第290窟、第294窟、第296窟、第299窟和第301窟中的壁画。同时还附带选择了部分隋、唐、宋、元及西夏时期的敦煌洞窟壁画，如隋代第420窟，初唐第321窟和第57窟，中唐第159窟和第112窟，盛唐第148窟、第172窟、第217窟、第45窟、第103窟和第320窟，晚唐第85窟、第474窟和第156窟，宋代第108窟以及榆林窟西夏第003窟中的壁画（表2-1）。

表2-1　魏晋南北朝石窟壁画研究样本

洞窟时期	具体洞窟
莫高窟北凉石窟	第 268 窟
	第 275 窟
	第 272 窟
莫高窟北魏石窟	第 259 窟
	第 254 窟
	第 251 窟
	第 257 窟
	第 263 窟
	第 260 窟
	第 487 窟
	第 265 窟
莫高窟西魏石窟	第 285 窟
	第 435 窟
	第 431 窟
	第 437 窟
	第 246 窟
	第 247 窟
	第 248 窟
	第 249 窟
	第 286 窟
	第 288 窟
莫高窟北周石窟	第 428 窟
	第 430 窟
	第 442 窟
	第 438 窟
	第 302 窟
	第 305 窟
	第 290 窟
	第 294 窟

洞窟时期	具体洞窟
莫高窟北周石窟	第 296 窟
	第 299 窟
	第 301 窟
莫高窟隋代石窟	第 420 窟
莫高窟初唐石窟	第 321 窟
	第 57 窟
莫高窟中唐石窟	第 159 窟
	第 112 窟
莫高窟盛唐石窟	第 148 窟
	第 172 窟
	第 217 窟
	第 45 窟
	第 103 窟
	第 320 窟
莫高窟晚唐石窟	第 85 窟
	第 474 窟
	第 156 窟
莫高窟宋代石窟	第 108 窟
莫高窟西夏石窟	榆林窟第 003 窟

此 11 个时期的 48 座石窟中蕴含着丰富的壁画艺术资料，利用视知觉的基本原理对其进行整合分析，能够在图式嬗变的基础上厘清敦煌魏晋南北朝以及后世壁画艺术风格流变背后的多元文化交流脉络。

第二节　视知觉观看方式的发展脉络

西方自柏拉图（Plato）以降，视觉中心主义就统治着人类观看世界的基本方式。在《理想国》中，他更是借用了洞穴的隐喻，在理念与现实世界之间做出了等级排序。洞穴内的囚徒由于被铁镣禁锢身体无法位移，他们只能看到经火光投射的器物阴影而将其误以为存在者本身。然而当其中一名囚徒挣脱了桎梏，开始环绕四周看见火光时，他随即明白之前看到的阴影不过只是虚无而已，它们并不比火光更具存在者特性。而当他更进一步离开洞穴绕小道上至高点，将火光与阴影一并甩在身后时，他才恍然明白耀眼的阳光才是一切可见事物的原因。在洞穴外的世界，存在者就其外观（είδος）显示自身成为理念，它是以心灵之眼观看且与真理相连的可知世界。而洞穴内的世界充其量只能算作理念的投影，它只是通过肉眼观看到的现实世界。在此意义之上，太阳就被理解为一切理念之理念，太阳光则意味着理性，因此只有在理性的照耀之下事物才能够首先为人所见，进而能够为人所认识。于是，柏拉图就将理性置于感性之上，并使理性作为观看的首要条件。

柏拉图以后，理性主导观看的视觉中心主义愈演愈烈。文艺复兴时期，透视法的发明正是一种以数学作为理论基础的理性观看方式。在艺术作品中，艺术家首先为观者设置一个不动的观测定点，并使画面中各条平行线都汇聚到远处的同一个灭点之上，以此方式表现出画面的空间感和各物象的立体感。虽然这种观看方法看似充满了科学的精密特性，但它仅关注物象的比例、空间关系与现实逼真性，在无形之中限制了人视知觉的主动性。阿恩海姆就曾经提出西方透视法是一个危险的时刻，它"为正确模仿自然提供了一套新的合乎科学的标准，但同时却又排除了人的一切自由和任性。这就使那些以这种方法完成的图画变成对客观现实的准确复制"❶。正是在这种科学理性的观看中，图形的生命意志遭到了无情的忽视。

其后笛卡尔（Descartes）开启的近代哲学更是以二元论确立了理性在求知乃至观看等方方面面中的绝对权威。在《光学论》中他坦言，视觉在五感之中具有至关重要的作用，并阐明了光仅仅是一种发光传导媒介，与神权及心灵

---

❶ 鲁道夫·阿恩海姆.艺术与视知觉［M］.滕守尧，朱疆源，译.成都：四川人民出版社，1998：389.

无关。但在其名言"我思故我在"❶中，他又将思考和观看的主体归结于"我"的灵魂，在观看行为发生时是心灵而非肉体在引领整个过程。因此，他认为只有智性判断的介入才能完成对事物的认识，观看不应仅将视网膜上的图像视为图像，而应对组成事物的位置及形状做出智性判断。这种以数学模型为基点的观看方式最大的益处就是能够避免视错觉的干扰，从而能够更为准确地辨识观看对象。依此，视觉就被纳入了科学与理性的视野，观看也逐渐成为一种纯粹的知觉判断和技术化手段。至康德（Kant），对事物的观看殊不论能够深入何种层次，最多只能抵达其表象。换句话说，即对象仅仅是知性范畴借助想象力在直观杂多中构造的结果，然而提供经验材料的物自身却始终是幽暗且难以捕捉的。由此可见，理性主导的视觉霸权不仅使感性与知性形成对立，彻底贬抑了观看行为中的感性经验，也带来了哲学上的不可知论。当然，更为极端的是，这种二元对立的逻各斯还逐渐刻印于社会生活的方方面面，即主体与客体、心灵与物质、表象与本质、男与女……它们"布局严谨，层层衔接，结构紧凑，井然有序，最终形成一个等级分明的巨型系统"❷。在这一二元对立的形而上学桎梏下，主体逐渐与自然形成对立并最终成为万物的尺度，他们之间的关系也简单化约为认识与被认识、征服与被征服的关系，而作为主体对其他客体具有支配权的人自身最终也将在技术性的迷思之中沦为物。

　　自20世纪以来，西方思想开始对二分法带来的割裂及后果进行了深切的反思。首先由胡塞尔提出"回到事情本身"的观看方法，希望借用现象学消弭主体与客体之间的裂隙；主张悬置一切非直接经验，用本质直观主导视觉。他认为意识始终有其意向性对象，它既基于感性材料又超越感性材料。因此，意象对象和现实对象之间从来就不存在清晰的界限。其后，梅洛–庞蒂（Merleau-Ponty）对笛卡尔"我思"的二元论进行了批判，突出了知觉经验在"我"与世

❶ 笛卡尔.谈谈方法［M］.王太庆，译.北京：商务印书馆，2000：27. 意指在思考和怀疑的时候，这个执行的主体——"我"是不容怀疑存在的。

❷ 汪明安，陈永国，马海良.后现代性的哲学话语·从福柯到赛义德［M］.杭州：浙江人民出版社，2001：212.

界之间的媒介作用。另外，他还集中探讨了"联想"和"记忆"在知觉判断中的重要功能，为被贬抑的感性经验正名并将其与观看联系起来。杜夫海纳（Dufrenne）则异常重视知觉对审美活动的建构，他认为物体首先是为肉体之眼而存在的，一改过去理性思维在观看中的统摄作用。海德格尔（Heidegger）也认为对象性的观看脱离了最为原初的生命体验，并不能够使我们把握住被观看的物中最为核心的东西。不仅使其一直在存在者层次上被经历着，不再能以其本质与此在际会，同时也很难让此再领会到观看之物的物之所是，以及它们的存在方式。

　　在对主客二元对立和视觉中心主义普遍质疑和反驳的趋势之下，格式塔心理学家阿恩海姆也在其论著中驳斥了既往将感性经验与理性经验截然分离，并由后者统率前者的视觉中心主义观看方式。他在《艺术与视知觉》一书中强调："人的诸种心理能力无论何时何地都作为一个完整的整体而运作，一切知觉中都包含着思维，一切推理中都包含着直觉，一切观测中都包含着创造"❶ "观看世界的活动是外部客观事物本身的性质与观看主体的本性之间的相互作用"❷。视知觉本身就具有类似思维般的处理问题的能力，它不仅能够通过调节视觉机制来把握及识别观测之物的全貌，还能够对事物的知觉样式进行创造性改造。同时，通过观看所获取的信息也不由情感能力所生，反之，观看活动才是情感生发的先决条件。他还认为每一次观看中都凝结着一次完整的视觉判断。这种视觉判断并不像过去所认为的那样，即先由肉体之眼获取感性材料，再交由大脑进行理性处理从而完成认识活动。因而，在视觉判断中感性与理性活动之间并没有严格的时间界限，它们与观看活动同时发生。阿恩海姆还指出通过视觉判断，我们不仅能够洞悉事物的大小比例与空间位置关系，我们还能够通过视知觉活动洞察到事物的内在张力即心理"力"。举例来说，在画面中通常会有一个或多个视觉不可见的力的中心点，例如，画布的几何中心或

❶ 鲁道夫·阿恩海姆. 艺术与视知觉［M］. 滕守尧，朱疆源，译. 成都：四川人民出版社，1998：49.
❷ 同❶。

者透视的焦点等。它们虽然并未在视网膜上成像，却能够为视知觉所感知。与力的中心点相重合的物象往往在画面中具有最高的稳定性，而与其有一定距离的物象却往往有为其所吸引而朝向其运动的趋势。然而，画面中并非只有这些力的中心点对事物能够有吸引作用，以正方形画框为例，其边线、对角线、水平及垂直平分线对事物也具有次于力的中心点的吸引作用。以上的这些视觉式样构成了整幅画面中的力场，它作为画面的"内在结构"影响着画面中的各个组成部分。事物在画面中要想取得视觉上的稳定则需"作用"于其上的诸多吸引力之间达到平衡；反之，它就始终有着朝吸引力占优势一方运动的趋势。依此，画面中往往也会存在着一些诸方力量相平衡的"死点"，但它们并非真正僵死，反倒是充满活的张力。这就好似海德格尔在《艺术作品的本源》中提及的艺术作品的自立，它意指作品在世界与大地的不断争执和对抗之中抵达自身持守的宁静。该宁静并非排除了自身的一切运动，而是一种发生，是运动的极限情景及运动的内在聚合。所有的知觉式样都是由力的活动来构建的，也正是这些力的存在才赋予知觉对象以生命特质。而这种力的产生主要由于大脑视皮层本身就是一个电化学力场，只要该区域任意一点受到刺激，这种刺激就会扩散到周遭区域之中，从而产生能量的转移和力的相互作用。虽然这些力并不是真实发生于物理世界中的事件，而是大脑神经系统中的活动；但它们是大脑皮层中生理力的心理对应物，因此它们在视知觉层面也是真实存在的。并且，这一知觉力的作用在物象与物象之间则更为明晰：大小、形状与主次性趋同的两个物象往往易于被看作对称的一组，然而当改变其中某一物象的位置，将其放置于画面的"内在结构"线之上时，两个物象之间的主要关系就会由对称走向冲突。这一事例也充分说明任意一个视觉式样都不能被孤立地观看，而是应置于其所在的空间结构中加以权衡。然而还有一种较为特殊的情况就是，画面中事物所处位置其各方拉力摇曳不定，导致视知觉无法感知其明确的运行趋势，从而干扰了视觉信息的精准传达。但这种方式又常为西方现代主义绘画所采用，以此方式刻意营造出一种争执涌动、暧昧不清的视觉艺术效果。

在敦煌壁画艺术中处处充斥着力场的分布，画师擅于利用事物之间的位置关系激发观者视知觉感知的活跃，这一方式不仅使作品的内在信息得到确切的传递，同时能够赋予作品更为丰盈的生命活力。尤其是在唐代以后，随着壁画内容的日趋丰富，这种利用力场效应实现信息传播的范例也日渐增多。例如，莫高窟盛唐第148窟东壁的《药师经变》，首先，画师采用了《观无量寿经变》中常见的构图形式，使药师佛大致位于两条对角线、水平分割线与垂直平分线的交汇点上（图2-1）。

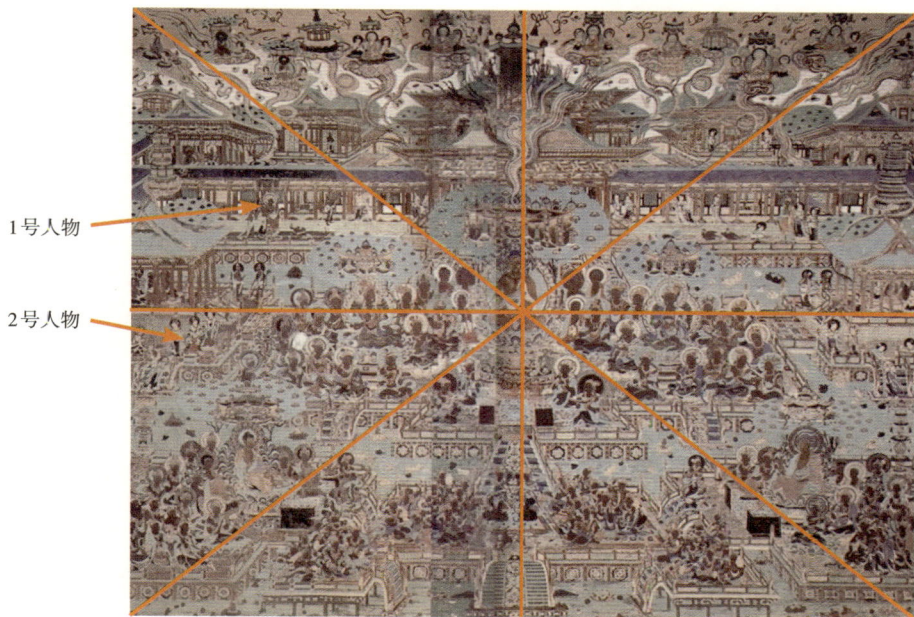

图2-1　莫高窟盛唐第148窟东壁《药师经变》

据视知觉原理，该点作为画面的中心点具有最大的吸引力以及最高的稳定性。画师将药师佛安放于该点，既能够彰显其在画面中的绝对权威性，又能够体现出其内在张力抵达平衡的最高宁静状态。其身旁两侧的日光菩萨、月光菩萨，以及眷属团体大致均匀地分布于水平分割线两边，因此他们既具有一定程度的稳定性，又具有朝向中心点药师佛聚拢的运动趋势。水平分割线两端的单层佛殿虽然距离中心点较远，但却由于其为边框所切割而具有从边线退却朝向中心运动的力。其次，在画面的垂直平分线上，药师佛下方依次排列着琉璃平台与虹桥，画师将平台及其上的乐舞团置于离中心稍远、距边线较近的位置，希望通过距离的增加抵消中心过强的吸引力，而让乐舞团整体处于一个较为独立且稳定的空间。药师佛上方的殿堂建筑及旁边群落建筑则大致被安排在位于中心点与边线距离的1/2处，呈水平状一字排开。由于其形态较为规则，且较多由水平、垂直及斜45°线段构成，因此其整体呈现出稳固的势态。两对角线下部靠近画面边角位置各放置一尊坐佛及胁侍菩萨和众眷属，同样依据视知觉原理之中"中心点所具有的力量优势，只能通过增加它与平衡点之间的距离而削弱"这一原则进行构建。这两处位置能部分消减中心力的巨大吸引力，从而使坐佛、菩萨及众眷属在视觉上保持极大的平衡。与此同时，垂直平分线两边的几对人物组合在数量、外轮廓及位置上势均力敌，因此它们也为画面带来了高度的对称性，使画面"内在结构"更为稳固、传递的情绪更为庄严肃穆。最后，画面中还有许多未被安排在几条主要线段交汇形成的"山脊"之上的物象，例如，画面顶端乘祥云而下的一佛二菩萨群以及楼宇中分散的天人们，他们均有向中心点药师佛靠拢聚合的运动趋势，为静态稳固的画面增添了几许人文活性。综上所述，在莫高窟盛唐第148窟的《药师经变》图中，画师充分利用了视知觉原理，契合画面的力场分布与"内在结构"来细致安放各人物与建筑的位置，最终营造出一个以药师佛为视觉中心，诸佛与菩萨、供养及天人环绕的壮丽生动、庄严而又富饶的宏大场面。

第三节 视知觉与中国式观看的共融

中国传统艺术中的观看方式及视觉体验和西方有着巨大的差异。西方自文艺复兴起艺术作品就被理解为一种作为主体的人的表达方式。正如艾美利亚·琼斯（Amelia Jones）在《自我与图像》一书中提及的卡拉瓦乔在表现美杜莎时对自身"大丈夫粗野之美"❶的投射。布克哈特（Burckhardt）在《意大利文艺复兴时期的文化》中也曾将艺术家概括为"全面的男人"——"能够对人类知识的、智力的和创造性的者多领域已经有了全面的掌握"❷。正是在这种思想场域的蔓延中，艺术家逐渐成为集创作和观看于一体的中心，而艺术作品则逐渐沦为受外部凝视所奴役和被主观体验的客体。在此意义之上，西方传统绘画艺术追求的是一套刻实的视觉系统，希望建立让观者信以为真的视觉幻象，从而将其目光汇聚于画面中心完成凝视体验。

相比之下，中国传统绘画从来不追求"形似"，而是以写意的笔法让形象达到最低限度的可识别功能。更为重要的是，它们能够在"神似"的旨趣中引导观者进入某种想象中的神游。众所周知，"道""气""象"是先秦老子哲学的核心范畴。首先，"道"是能够生万物的原始混沌，它运动不止且无目的、无形象；其次，"气""象"为"道"所包含，即所谓的"道之为物，惟恍惟惚。惚兮恍兮，其中有象；恍兮惚兮，其中有物；窈兮冥兮，其中有精。其精甚真，其中有信"。"万物负阴而抱阳，冲气以为和"，因此，"道"与"气"相通作为万物万象的本体和生命。最后，"象"不能孤立存在而必须作为"道"与"气"的载体才具有审美意义。《老子·道德经》第十章还讲到"涤除玄览，能无疵乎？"其中"涤除玄览"阐明了老子哲学中视觉审美的两重含义：第一，应当突破有限的象抵达对于"道"的认识；第二，观者需要保持内心的虚静，排除一切前见完成视觉体验并由此参悟宇宙的本体和生命。

春秋时期，孔子充分肯定了艺术与审美在生活中的积极作用，认为它们有助于推动人类达到"仁"的精神境界。在《论语·雍也》中孔子谈到对于自然美的视觉欣赏："知者乐水，仁者乐山；知者动，仁者静；知者乐，仁者寿。""知者乐水"是因为他们能够在水的形象中看到与自身德性中"动"相通的特征；而仁者则能够从山的形象中看到与自身品德中"静"类似的特点。

❶ 艾美利亚·琼斯. 自我与图像［M］. 刘凡，谷光曙，译. 南京：江苏美术出版社，2013：22.
❷ 雅各布·布克哈特. 意大利文艺复兴时期的文化［M］. 何新，译. 北京：商务印书馆，2015：336.

孔子这种将视觉欣赏与人类道德属性相联系的做法，在战国以后则被管子、孟子等人继续发扬并最终形成"比德"的审美理念。在老庄美学的基础上，南朝画家宗炳在《画山水序》中提炼出："圣人含道暎物，贤者澄怀味像。至于山水质有而趣灵，是以轩辕、尧、孔、广成、大隗、许由、孤竹之流，必有崆峒、具茨、藐姑、箕、首、大蒙之游焉。又称仁智之乐焉。"揭示出山水本身具有生动的灵韵，人们能够通过对其欣赏体会"道"的深邃。在后面的文字中，他还写道："今张绡素以远暎，则昆、阆之形，可围于方寸之内。竖划三寸，当千仞之高；横墨数尺，体百里之迥。"强调了古典山水画虽成画于方寸之间，但却能带给人咫尺千里的视觉想象。文章最后又以"圣贤暎于绝代，万趣融其神思。余复何为哉，畅神而已。神之所畅，孰有先焉"作结，指出了审美活动由生理到心理的全过程，首先由视觉触及物象达到"应目"，其次是心领，最后则达到畅神的终极效应。《宋书·宗炳传》对宗炳其人有下列描述："（宗炳）有疾，还江陵，叹曰：'老疾俱至，名山恐难遍睹，唯当澄怀观道，卧以游之'"❶。以"卧以游之"阐明了宗炳所提出的中国传统山水画和观者之间特殊的视觉关系。观者首先通过视觉功能观看绘画艺术作品中的山水图像，进而又被这一图像整体引领"游入"这一依画而生的想象境界。在此，中国传统绘画中的视觉体验就与西方拉开了距离，不似西方绘画试图营造一个逼真幻象，而是借助笔墨韵味将观者进一步引入这一可游可居的视觉情景中。

奥地利艺术心理学家埃伦茨维希（Ehrenzweig）甄别了具象形象和非具象形象与人类知觉之间的关系。他认为具象的形象能够为人类的表层知觉所把握；反之，对非具象形象的认知则需要调动人类的深层知觉。西方自文艺复兴以来的绘画艺术，希望通过空间透视创造一个令观者信服的空间，但这一方式实则在某种程度上抑制了人类的深层知觉活动。而中国传统绘画却常在似与不似之间摇曳，通过具象形式和具有趣味性的非具象形式之间的张力激发观者的

---

❶ 沈约.宋书（卷九十三）[M].北京：中华书局，1974.

深层知觉及情感。早在先秦时期，庄子就在《天地》中提出"象罔"这一美学范畴，指出了形象是有形与无形的交合，它比言辞更为优越。至魏晋南北朝时期，王弼又在《周易略例·明象》中谈道："得意在忘象，得象在忘言。"揭示出审美活动并不仅是对具体物象的观照，而是需要透过它们获得对宇宙及人生的美感。艺术创作也不再局限于对对象的再现，而是需要透过形式使观者仰观宇宙之奥秘，俯察品类之繁盛。简而言之，即艺术的形式美不应该仅仅突出自己，而是需要经过不断否定自身以达到对有限形象的超越。东晋画家顾恺之在绘画中所遵从的"传神写照"秉承了魏晋玄学中对人物品藻的推崇，他们均认同在艺术作品中人与物内在的生活情调和个性甚至比外在视觉特征的展现更为重要。其后，刘勰在《文心雕龙》里列出了"隐"与"秀"这一对美学概念。"秀"指审美形象鲜明、生动，可被观者直接感知，类似于埃伦茨维希提出的具象形象；而"隐"则指审美意象具有多义性和复杂性，能够引发观者的想象从而提供更为持久的美感，这个概念则类似于埃伦茨维希提出的非具象形象。"隐处即秀处"❶，这两个美学范畴在中国古典艺术作品中常以对立统一的形式出现，成为判断艺术作品是否具有生命力的关键。到了唐代，中国古典美学最为重要的"意境说"诞生，它总结并提炼了自先秦以来的美学理念——艺术作品中不仅需要表现孤立的物象，最重要的是需要通过物象展现出虚实相生的"境"，以此体现出宇宙的本体和生命的本质。综观中国古典美学中的视觉经验，能够发现其与阿恩海姆视知觉理论有异曲同工之妙。后者曾否认视觉观察只是一种简单复制感性材料的生理行为，认为视知觉的发生过程本身就带有思维与创造特性，观者能够通过视觉判断对意义结构进行整体把握。在面对视觉对象时，观者的脑海中常会自动映射与客体相对应的心理镜像，从而构建生理与心理的双向互动。无独有偶，在中国传统写意绘画的欣赏中其实早已经包含着阿恩海姆论及的这种视知觉的复杂加工过程。它使观者不仅能够通过局部

---

❶ 刘永济. 文心雕龙校释［M］. 北京：中华书局，1962：157.

突出特征把握视觉对象全貌，还能够对知觉样式进行积极地改造，使其更易于被识别和理解，以更为积极的方式参与到图像整体的建构之中，激发深层知觉及情感，并持久地保持对画面的兴致。

第四节　敦煌壁画艺术中平衡的视知觉阐释及两种实践策略

阿恩海姆视知觉原理认为，艺术作品中的平衡能够使其整体呈现出必然的特征；反之，那些不平衡的构图则容易让画面看起来偶然和短暂，也不利于内在意义的传达。而重力与方向是影响画面平衡的两个重要因素，这两者在敦煌壁画的构图中也起到了举足轻重的作用。

一、敦煌壁画艺术中重力对平衡的影响

在视知觉中，也有类似物理学中的平衡范畴，它指的是"当外物刺激使大脑皮层中的生理力的分布达到相互抵消的状态。"[1] 然而，不同的是，物理学中的平衡能够通过实验去求证，而视知觉中的平衡往往只能通过直觉观察来获悉。并且，在物理世界中一旦某物力学达到平衡，该物理力就隐而不显；而在视知觉中，获得平衡的视觉样式中依然能够"看到"力的涌动。将物理世界中平衡的样式挪移到艺术表现中不一定能够取得视觉上的平衡，因为视知觉上的平衡往往还会受到形体大小、运动方向、色彩光影等诸多方面的影响。一件艺术作品若在视觉上取得了平衡，其图式整体就具有一种恒定的必然性，其每一个组成部分都各得其所，并共同为主题的表现而服务。反之，那些在视觉上不平衡的图式，其各个部分都逃离着自身的形状和位置，使图式整体呈现出偶然和不安的因素，不利于艺术作品内在意义的传达。

视知觉中的平衡最常受到两个因素的影响，其一是重力，其二是方向。在

---

❶ 鲁道夫·阿恩海姆.艺术与视知觉 [M].滕守尧，朱疆源，译.成都：四川人民出版社，1998：18.

绘画艺术作品中，构图中心和主轴线——垂直平分线、水平分割线和对角线上的事物的重力往往比位于其他位置的事物小。因此在艺术创作中，画师时常将位于构图中心的人物画得更大，以此方式维持整幅绘画的视觉平衡，第二节中莫高窟第148窟东壁《药师经变》图就是一个很好的例证（图2-1）。在该作品中，画师将药师佛放置于画面的中心，并使其在体量上胜过其他人物。这一设计手法不仅能使壁画更具偶像崇拜的意味，也能够通过视觉平衡模拟出药师净土的超时间永恒特性。位于画面上方及右边的事物往往具有较大的重力，因此在绘画艺术创作中画师常常将下方和左边的事物画得更大一些，以维持整个画面的平衡关系。在图2-1中，虽然画面中垂直平分线两侧诸物象均大致呈对称排列，但通过缜密观察可知，画面最下方的大型琉璃平台上左右两侧的坐佛、菩萨及眷属在整体的体量上却稍有区别。左侧坐佛的背光面积明显大于右侧坐佛；同时左侧坐佛前方的长条形供桌、菩萨、药叉及毗邻的乐团在形制安排上均较右侧更为松散，因此在视觉上体量感更强。另外，画面顶部的殿堂、回廊及后殿虽然宏大精美，但其部分为祥云、佛与菩萨所遮挡，因此整体体量比下方突出的坐佛、菩萨及乐团显得要弱。因此，画师通过控制增加画面下方及左边整体物象的体量感，使画面维持了更为稳定的平衡关系。

在视觉空间中距离观者观测点位置越远的事物，重力往往越大，这也将使它们看起来比实际上更大一些。图2-1中的一号人物与二号人物在月色和大小比例上都相仿，但一号人物却因其将观者目光导向了纵深空间而使之看起来更大。此外，色彩对事物的重力也有一定的影响，通常来说波长越长及明度越高的色彩会在视觉上显得更重一些。例如，在莫高窟西魏第249窟口的飞天图中，画面上方与下方各安置一具飞天，上方的飞天身着红服披蓝色披肩，姿态婀娜妖娆，更显女性魅力；下方飞天黑色披帛萦绕半裸躯体，其身形健壮挺拔，更具男性阳刚之气。画师刻意将上面的飞天形体处理得更为纤巧；而下方飞天不仅绘制得更大，且在其左侧添加了山峦作为点缀，增大了下方物象的体量感，以此方式获得了画面极佳的视觉平衡效果（图2-2）。

随后，观者自身的内在兴趣也将影响视觉空间中不同事物的重力：某一些能够激发观者偏爱的视觉样式，往往具有比画面中其他事物更大的重力。例如，在莫高窟西魏第249窟窟顶北披中，靠近山峦处有一白描公牛，以其气韵生动之势吸引了观者的注意力。画面中公牛一边奔跑，一边转头仰视天空中飞翔的千秋神鸟。在公牛的身首的转折处，画者用两条部分重叠且富有力度的线条将其扭转的趋势表现得恰到好处。其后脑与身体的连线则用刚毅遒劲的粗线概括，传达出因头部大幅转折为后颈带来的牵拉与僵直感。画师又用松弛且具有弹性的双曲线表现公牛后背的起伏

图2-2 莫高窟西魏第249窟
北壁飞天

及因扭转产生的皮肤褶皱，使其活灵活现、动感十足。公牛头部的描绘相当简练，画者弃置对眼睑与眼珠的表现，仅用一根上挑的曲线概括出向上看时眼睛的结构，并将之与下垂的嘴角相互映衬，显示出公牛凛冽威严之气。综上所述，画师对公牛特殊的艺术处理方式，能够激发观者的偏爱，从而弥补其由于未着色且体量单薄导致的重力不足（图2-3）。

孤立独处并与周遭事物拉开距离的那些形象通常具有较大重力。例如，莫高窟西魏第285窟南壁描绘的《五百强盗成佛因缘图》，其中，呈"V"字形排列的强盗团体其战马或首尾相接或前后相叠，呈现出极大的连贯性。而右上方胯下战马以正面形象与观者相会的强盗和"V"字形强盗序列之间却尚有一段明显的距离。他就好像被强盗群体孤立了一般，却又因此获得了极大的重力和明晰性（图2-4）。

形状与方向对事物的重力也有所影响：规则、简单的几何形以及集中性更强

图2-3　莫高窟西魏第249窟窟顶北披白描公牛

图2-4　莫高窟西魏第285窟南壁《五百强盗成佛因缘图》

的形体往往比其他形体具有更大的重力；垂直走向的形体往往比水平方向和倾斜
方向衍生的形体具有更大的重力。列如，莫高窟初唐第321窟的《宝雨经变图》，
主要通过对尘世生活、地狱乱象和净土世界这三个不同空间的细致描画，展现

出佛教的经典教义，并以此经变主题衬托武则天是弥勒化生的说法（图2-5）。

图2-5　莫高窟初唐第321窟《宝雨经变图》

　　《宝雨经变图》画面上方绘有农夫劳作、耕牛犁地的凡间田园景观以及教徒修葺佛塔、诵经燃灯、供养三宝等行为；画面的中部左端绘有伽耶山说法场景，右端绘制地狱灾难及乱象，下部绘制商贾往来穿梭于中西交通枢纽，展现出唐代敦煌商贸的繁荣特征。画面中，从上到下有青绿色群山由疏至密交叠贯穿，使画面基调统一的同时又富有灵韵生气。而山间穿插的房舍却均以简练且色彩凝重的几何形态进行归纳表现，借其较大的重力特征将观者的视线拉入一个又一个的故事场景之中。

二、敦煌壁画艺术中方向对平衡的作用

　　除重力而外，方向也是影响视觉平衡的一大要素。在任意视觉图像中，各形体都会对周遭其他形体具有吸引力，因此也会对其力的方向性产生一定程度的影响。而当形体中不同方向的力之间能够相互抵消，画面也就取得了视觉

上的平衡。在莫高窟西魏第285窟南壁的《五百强盗成佛因缘图》局部我们能够看到战马扬起双蹄向前奔腾，该动作让其拥有了一个朝前的驱动力；而马背上的强盗则展开肩膀并向后挥动着左臂，因此在该人马结合的图式中，向前的驱动力与向后的驱动力就得到了相互抵消，从而使形体自身达成了视觉上的平衡（图2-6）。而当某一视觉样式稍微偏离水平、纵深轴或对角线时，该形体自身也具有一种向轴线方向回归的力的倾向。例如，在莫高窟盛唐第85窟《西方净土变》局部中，伎乐天的身躯随着右手的探出，微微向右方倾斜；其头部也随着韵律倒向下沉的左肩。通过观察发现，无论是其手臂、身躯还是头颅，均有着朝人体中轴线回拉的引力的趋势。因此，其运动方向的力与中轴线的吸引力大小相仿且方向相反，最终相互抵消使形体本身趋于视觉平衡（图2-7）。又如，在莫高窟晚唐第85窟《弥勒兜率天宫图》局部中，佛陀及身边的菩萨眷属群体形成了一个以莲花宝座为水平框架的三角形构图形式。由于三角形的底边在水平方向上得到了固定，因此图像整体就具有了沿中轴线向上的驱动力。莲花宝座下方是黑白二色组成的"X"形台柱，它既有朝水平方向延伸的张力，又有向下拉动上方三角形人物群体的吸引力。以此方式，画师就使佛陀及身边的菩萨眷属群体与壁画下部形成了较为紧密的关联，既让其具有十足的动态张力，又令其能够在视觉上保持平衡（图2-8）。

在视觉艺术作品中，往往具有各种不同类型的平衡图式。第一类型图式

图2-6　莫高窟西魏第285窟南壁的
《五百强盗成佛因缘图》局部

图2-7　莫高窟晚唐第85窟《西方净土变》局部

图2-8　莫高窟晚唐第85窟
《弥勒兜率天宫图》局部

有时具有不止一个平衡中心，其多个平衡中心又时常具有等级关系，在以此进行画面设定时，画师就蓄意引领了观者视线的基本走向，从而优化了视觉艺术作品的意义传达。莫高窟壁画中为数众多的西方净土变，通常都是利用画面中平衡中心的等级排序来引导观者的观看顺序。例如，在莫高窟盛唐第172窟南壁的《观无量寿经变》（图2-9）中，首先采用的是中堂偶像型极乐净土图与两侧横卷式"十六观"相结合的基本模式。正面端坐的阿弥陀佛位于几条轴线的交汇点上，成为画面中最强而有力的视觉中心。它向外凝视着往来观者，观者的目光也不断被其四周放射状展开的华盖、大殿、菩萨、宝树、伎乐、莲池等图像汇聚于主尊身上，它以复数性的观者为前提，用开放性的空间构图来实现观者与主尊之间的交流与互动。在其两旁分别是左胁侍大势至菩萨和右胁侍观音菩萨，他们成为画面对称的次级平衡中心，引领观者视线在水平分割线上来回移动，并将周遭净土美妙景致尽收眼底。随两条对角线往下是再次一级的视觉平衡中心，他们是坐佛、菩萨及众眷属组成的视觉团体，通过不同平衡中心等级的安排，画师使观者观看的目光首先由自身站点逐级而上，最终落在阿弥陀佛身上，进而关注其身旁的两胁侍，最后再到达画面底部两对角线上的坐

图2-9　莫高窟盛唐第172窟南壁《观无量寿经变》

佛、菩萨及众眷属组成的视觉团体。

　　第二类型图式中没有具有等级序列的多个平衡中心，而是由多个平等的平衡中心构成。它们具有等同的重力，在画面中分布得也相当均匀。它们可以是现代主义画家作品中熵的构成形态，也可以是连环画中不同时空的有序叠加。净土盛景两侧采用的是连环画式的情节性构图表现十六观，以多个平等的视觉平衡点表现不同的观想方法，从而让图像成为沟通现世和理想彼岸的桥梁（图2-10）。

　　画面中的人物多以非对称式的侧面动态形象出现，一个人物场景表现一种观想方法，并以平衡点的渐次转移带动观者视线的变迁，让其逐渐领会《观无量寿经变》传递的精深奥义。与净土庄严图像不同，它们是自足内向

图2-10　莫高窟盛唐第172窟
南壁十六观局部

的，并不需要与观者进行直线互动，所隐含的观者也是个体性的，他们既是旁观者又是参与者。

第五节　敦煌壁画艺术中平衡的心理学意义及传达

阿恩海姆批判了以往两种对于艺术家在作品中追求平衡原因的解释。一种解释认为：平衡能够使人产生愉悦。这种认知建立在康德美学的基础之上，其认为美在形式，它是那种能够在主体心中激起愉悦的纯然表相。在此意义之上，平衡就是那种能够让人感到舒适快乐的纯粹形式，是艺术家为了激发观者的喜悦之情而在艺术作品之中构建起来的一种视觉组织结构。虽然这种解释看上去颇有见地，然而它却并不能够诠释究竟为什么平衡的视觉样式能够让人感到愉悦；另一种解释认为：由于平衡是维持人的活动的基本要求之一，因此人类往往会将艺术作品的形式与自身的内在经验相比较，从此方面考察其是否平衡而符合人的生命体征。于是艺术家常常在艺术表现中竭尽全力追求平衡的视觉效果，以此形式契合人类生活的基本经验。但阿恩海姆认为这种解释缺乏细致的观察和试验佐证，从中很难找到可靠的证据支持平衡或非平衡图式的视觉经验与人生理反馈之间的必然关系。他认为以上两种对人类喜好平衡缘由的解释往往都只注重肌体的某一类特殊倾向，并未结合人类的普遍经验。因此他从动机心理学层面提出了一种更为新颖的见解，他谈道："视觉平衡是人体大脑皮层中的生理力追求平衡状态时所造成的一种心理上的对应性经验。"类似于物理学中熵的基本原理，宇宙中的全部运动都朝向一种总体平衡的状态发展。将其定律运用于格式塔心理学中，也能得到类似的结论："人的心理活动总是趋向最简单、最平衡和最规则的组织状态"[1]。按照格式塔原理，人的视知觉总有着使带有缺陷的视觉经验回归到平衡、稳定与和谐的"优格式塔"的内驱

---

[1] 鲁道夫·阿恩海姆. 艺术与视知觉 [M]. 滕守尧，朱疆源，译. 成都：四川人民出版社，1998：88.

力。这一概念来源于格式塔心理学家考夫卡（**Kurt Koffka**），他指出"优格式塔"不仅使自己的各部分组成了一种层序统一，而且使这种统一有自己的独特性质。对一个优格式塔做任何改动势必改变它的性质，而如果这种变动属于次要的方面，则格式塔势必退化。也就是说一个平衡的视觉整体，不能够对其任何组成部分做出改变，只有在此条件之下其格式塔才能够持守自身的稳定。相反，所有不平衡的视觉形式其内部都是涌动不安的，因此也将呈现出一定的视觉张力。而当人的视知觉在面对这些紧张关系时，就会努力调整自身的状态，以使其知觉经验能够抵达平衡的舒适状态。但值得注意的是，上述观点并不意味着在平衡的视觉图式中缺少力的丰富性，恰恰相反，在其中可能会有彼此对抗的诸多力之间的持续抗争，最终在总体上相互抵消而达成稳定。

艺术作品并不只是追求静态的、死寂的平衡与统一，而是追求其形式中诸多张力抵达平衡的最高的宁静的样式。同时，作品的整体视觉平衡也非艺术表现的终极追求与目标，而是作为传达作品内在含义的桥梁。换言之，是作品传达的内容决定其形式的架构和安排，而不是相反。正如伟大的艺术家达·芬奇在《艺术笔记》中谈到的那样："人物的分布和排列，应该与你希望这些行动所要代表的意义相一致。"❶正如在莫高窟西魏第285窟《五百强盗成佛因缘图》局部中，就很好地体现了视觉平衡对意义传达的先与作用（图2-11）。

首先，画面采用的是正方形

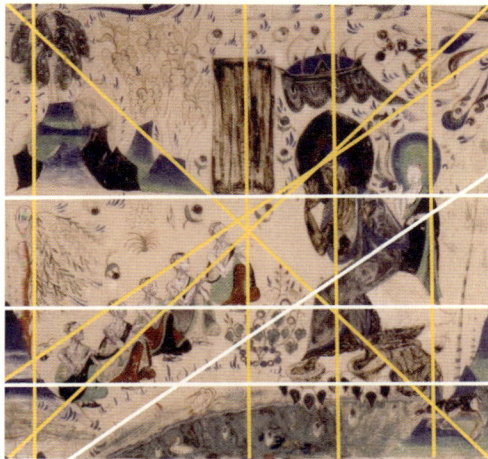

图2-11　莫高窟西魏第285窟《五百强盗成佛因缘图》局部视觉平衡图式

---

❶ 贡布里希. 艺术的故事［M］. 范景中，译. 天津：天津人民美术出版社，1991：165.

构图，表现了佛陀对皈依后的强盗说法的场景。皈依后的五个强盗依对角线方向重叠排列，由左至右前四人大致呈等距排列，而第五人却稍稍与之隔离并端坐于画面的几何中心处。以上五人均托起手掌向右舒展，表达出尊重与聆听之意，恰与对角线右端身体前倾的佛陀形成交流与呼应。依此，沿对角线方向的人物就形成了一个在间距上逐渐加强的运动序列。该序列既层层递进将故事情节推至高潮，同时又展现了佛陀与人之间的等级关系。然而，画师不仅在画面中心安插了较为孤立的皈依强盗，同时还在五个皈依强盗的左下方放置了山峦，并在佛陀右方安插了佛弟子。他们在中心处以及运动的对角线两端形成了三具稳固的磐石，恰好有效地消减了对角线方向强大的运动张力；其次，画面中部的群山与榜题墨痕下方齐平的水平线，以及画面最下方的鸭群池塘边缘又在竖直方向上将画面分为了上、中、下三个部分，其比例从上至下大致为5∶5∶2。"由于观者的视线总是顺着事物之间的间隔距离递减的方向移动"❶，因此观者将在画师的带领之下由上至下进行观看。上方山峦与榜题以及下方鸭群池塘主要以蓝、绿与黑色为主，中部的五个皈依强盗身着大面积红色袈裟，画师以色彩的前进与后退特性使人物序列在画面中部向外突起，也为视觉造成了一种阶梯式的前倾运动。同时，皈依强盗与佛陀弟子之间的交互活动产生的沿对角线向上的运动驱力，以及为底边所切的不完整的鸭群池塘向外辐射的力量均能够缓解画面在竖直方向上不断向下的强劲张力；最后，在水平方向上，左侧随风向右侧摆动的垂柳、五个皈依强盗右侧四分之三的侧脸及向右的手势动作暗示出画面左侧向右的张力；而右方佛陀华盖、其左四分之三侧脸与肢体动态及周遭的流云又具有明显向左运动的趋势。如此一来，在水平方向上，左右两方向的力在中心处汇聚并彼此消解。综上所述，在诸多力的充沛运动以及其最终的对立统一之中，画面获得了视觉上的平衡。以该图为例也能够清晰论证，无论画面中的构成元素多么纷乱繁杂，只要画面整体

❶ 鲁道夫·阿恩海姆.艺术与视知觉［M］.滕守尧，朱疆源，译.成都：四川人民出版社，1998：38.

实现了视觉上的平衡，佛陀对皈依强盗说法这一主题就能够得到清晰明了的传达。

第六节　敦煌壁画艺术中视知觉的直觉性与主动性

物理学家在解释视觉发生过程时谈到，当光线照射到某物时，其反射的光线将事物形象通过晶状体的调节作用投射到视网膜上，最后传递到大脑构成可被识别的信息。然而，在心理经验层面，人的视觉却并不像照相机那样被动地接受光线的投射，而是有选择地进行观看。美术史家海因里希沃尔夫林（沃夫林，Heinrich Wolfflin）在《艺术史的基本原理》中说道："我们只能看到我们所寻找的，但我们只会寻找我们所看到的。"[1] 视觉常常对能够吸引它的事物进行关注，然后通过捕捉其突出特征来管窥事物的全貌，并对其意义进行理解。因此视知觉并不是从特殊到一般的概况活动，而是在观看发生伊始就带有深刻的直觉意味。它不仅在直接观看中把握住了事物的本质，还摄入了心灵对该事物的理解。在古代西方哲学史上，直觉一直因其"非理性""主观性"的标签被贬抑，但它却成为美学史上亘古不衰的话题。就连将理性作为观看首要条件的柏拉图，也无法否认感性直观的基础作用。他认为："直觉是人类智慧的最高层次，因为它达到了对先验本质的直接把握。而我们经验中一切事物之呈现正是由于这些先验本质。"[2] 至康德，直觉在美学中的作用得到了更进一步的重视，他认为审美活动只涉及主体对于对象之意象的喜恶，而不与对象的本质发生关联。换句话说，就是直觉首先给予了我们特殊事物的表象，后又通过想象力以综合的方式将其图式交付于知性形或可供主体之间交流的概念。如此一来，反思判断就是从特殊物中推演出普遍规则，而审美判断则与之不同，是从特殊之物中直觉出的某种普遍之物。但最终康德还是将审美直觉交付于主体之

---

[1] 沃夫林.艺术史的基本原理［M］.杨蓬勃，译.北京：金城出版社，2011：294.

[2] 鲁道夫·阿恩海姆.艺术与视知觉.滕守尧，朱疆源，译.成都：四川人民出版社，1998：50.

间情感的共通性，并在此意义之上提出了自己的政治哲学主张：他表明只有通过审美的不断提高，认识的、感性的人才能逐渐转变为道德的、理性的人，也只有当他们将道德诉求贯彻于社会生活之中，才有希望使全人类获得永久的和平。阿恩海姆首先肯定了想象力在审美过程中的重要作用，但是他并不同意康德的将想象力作为沟通直觉与知性的桥梁，而是认为想象力只能内在于主体自身，它仅能够对观赏对象的形态加以补充与完善。他反对那种认为想象力在审美过程中能够唤起主体过往经验的美学体验，转而强调视知觉在审美鉴赏中对事物的直接把握能力。他认为连接对象和心理的并不是想象力而是视知觉，它能够对感性经验进行抽象而组成意象。而当对象、视知觉和心理三者之间达成协调合作的时候，主体就能够在审美直觉中获得美感。他提出："视知觉并不是对刺激物的被动复制，而是一种积极的理性活动。"❶强调视知觉在生理层面的积极作用，以及其本身就包含的对事物的理解能力、对本质的把握能力以及对刺激经验的构建能力。

艺术家常在作品中挑选复杂事物的局部特征进行重点突出，从而调动起观者视知觉的主动性，使其不仅能够通过主动捕捉辨识出事物的本质属性，同时能够在视知觉的活跃状态之中感悟到作品蓬勃的生命活力。类似于中国六朝美学中重神轻形的审美观念，艺术家常常利用事物外观激发观者主动去把握其内在的个性与情调。例如，在南朝文学家刘义庆撰写的《世说新语·巧艺》中就曾有这样的记述："顾长康画人，或数年不点目精。人问其故，顾曰：'四体妍蚩，本无关于妙处；传神写照，正在阿堵中。'"顾恺之认为，人物画要做到传神，切忌局限于对自然形体的肖实描绘，而是需要通过表现人的典型特征来调动观者的视知觉活动，从而让其主动构建对象的完整个性与生活情调。在该书中还有这样的记述：一次，顾恺之受邀为名士裴楷画像，为了恰到好处地体现出其"俊朗有识具"的人格特征，着重表现了其脸颊上特有的三根毫毛。从

---

❶ 鲁道夫·阿恩海姆.艺术与视知觉［M］.滕守尧，朱疆源，译.成都：四川人民出版社，1998：3.

视知觉原理层面考量，这种重神轻形的美学观主张在艺术创作中仅保留那些能够传达主体风韵与个性的特征，省去对艺术形象整体的细致刻画，一则是为了极大程度地调动观者视知觉的能动作用，使其能够在审美活动中获寻极大的愉悦性和满足感。莫高窟西魏第249窟窟顶北披的《乘龙仙人图》就是一个很好的例证（图2-12），仙人头部微微前倾，下颌略收，表现出刚定坚毅的性格；其右手扶龙背，"飘飘兮若流风之回雪"，身形姿态灵动神妙，富有蓬勃生气。

图2-12　莫高窟西魏第249窟窟顶北披《乘龙仙人图》

画师虽然并未翔实地刻画人物颜面与肢体细节，或者龙的鳞片肌理与结构转折，而是仅仅通过大而简约的廓形将人物御龙的情态表现得自然连贯，既突出了仙人翩若惊鸿的轻盈身姿，又彰显出龙的矫健与顺从，引发观者无限丰富的联想。让人不禁将其与庄子笔下姑射山上那御驾飞龙、穿梭于云汉之间的神人相比拟。

第七节　敦煌壁画艺术中的视知觉简化律及其意义

阿恩海姆认为简化通常具有两种含义。第一种含义内化于现象—观者的作用，类似于斯宾诺莎（Baruch de Spinoza）对秩序的定义，即认为秩序存在于事物本身。当人的感官将这些按秩序排列的事物呈现给我们时，我们很容易就将其想象出来并加以记忆。因此，事物的秩序性意味着简化；第二种含义链接于主体对现象的主观反应，描述的是现象在观者心里造成的经验以及与之相关的大脑生理活动的紧张程度。然而，以上两种解释并不能穷尽简化的本质，要正确地理解简化，不仅需要关注主体对现象产生的经验图式，同时还要顾及引起经验图式的刺激物本身。只有将简化视作刺激物本身所具有的客观属性，不再将其局限于个别主体的主观经验之中，简化的本质才能被正确理解。

在实际运用之中，简化则具有两种常见的含义。第一种含义常存在于自然界之中，对应于我们常说的"简单"，它与"复杂"相对，指的是式样中包含的成分较少，且成分之间的相互关系也较为单纯。例如，一棵树木，其有着比人体更为简单的结构。但总体来说，自然界的各物种均有着向简化状态演进的基本趋势：受内在的力的驱动，树木向一个方向生长，且截面始终保持圆形；人体也大致沿着中轴线两边形成对称，且各组成部分外观也都呈现出较为规则的形体状态。这是因为"物理学家曾向我们证明过，在任何一个场之中，力的运动及分布最终会抵达一种最具规律、最为简化的结构。而该场越孤立，场中包含的力的活动越自由，而力的活动也越自由，最后得到的力的分布图式越简化"❶第二种含义则常出现在艺术领域之中，它对立于普遍理解的"简单"。因为如果用简单的形式传递出简单的含义，则会导致一种简单的结果，这一状况在艺术创作中只会导致单调和倦怠感。因此在艺术作品中形式往往需要传达出超越形式的意义来。由此可见，具有简化意味的艺术作品往往有着最低限度的复杂性却不乏最高限度的丰富性。"其丰富的意蕴和多样的形式都有机地统一在一个结构之中，所有的组成细节都各得其所、各有分工。"❷艺术家在进行艺术创作时，常依循简化律，用最完美的组织手段将事物最为本质的面貌表现

❶ 鲁道夫·阿恩海姆. 艺术与视知觉［M］. 滕守尧，朱疆源，译. 成都：四川人民出版社，1998：6.
❷ 同❶：10.

出来，他们常常采用最为凝练的工序、最为协调的色彩以及一致的媒介，使作品达到最高程度的简化。然而他们却并未遮盖作品中不同事物的本质，而是在统一性中将这些不同事物以新奇的方式表现出来，从而体现出作品的简化性和世界的无限丰富性。

　　观者的视知觉具有简化性，它能够在观看活动中弃置事物的非本质特征，直接抓住事物的首要结构特征，并用最精简的视觉形式将其核心价值展现出来。通过视知觉作用被简化后的知觉经验，更容易从背景中脱颖而出成为观者的视觉中心，观者也更容易通过简化过后的形式获取该样式背后的深刻内涵。和自然界相仿，人的大脑皮层区域也是一个力场，每当刺激物投射到该区域之中，就会干扰原本力场的平衡状态。因此，视知觉就会对其进行竭力改造以使被打乱的力场恢复到原先的平衡状态，主动剔除那些偶然且非必要的组成部分，将其简化为最易为主体把握的持恒的形式。但是那些刺激力度很强、式样非常清晰的视觉样式往往不容易被视知觉改造为简单的形状，相反在面对那些刺激性较弱的式样时，视知觉的简化趋势则较为明显。它能够将刺激性较弱的视觉样式改造为一个富有秩序、平稳和谐的构造形式，一个优格式塔，从而使其具有更好的闭合性，并因此而激起观者更为明晰的知觉经验。在视知觉的简化作用下，最终意义结构与视觉式样两相匹配，从而实现格式塔心理学家提出的同形性。然而，值得关注的是，不同观者在不同的精神状态下，其视知觉的简化的力度不尽相同。例如，视觉形态本身是正方形的，当一名观者内心恰好对正方形充满更多期望时，他的视知觉就能通过简化更快地辨认出该图像；相反，当另一名观者怀揣着对圆形的期待与此正方形视觉样式相遇时，他将用比前者更长的时间辨识出该图像。

　　"实验研究表明视觉活动中已经包含着解决问题、创造富有秩序的整体的活动。"❶在优秀的艺术作品中，我们随处可见以相似的几何形体加强画面的统

❶ 鲁道夫·阿恩海姆.艺术与视知觉［M］.滕守尧，朱疆源，译.成都：四川人民出版社，1998：17.

一性，以及利用形体和色彩的差异制造出图像与背景的分离。而形、色运动方向等组成部分按照一定的原则和规律进行架构，从而使构成单位之间产生分离，这就是简化律在艺术作品中的具体应用。随着图式的丰富和画艺的精进，莫高窟唐代壁画集中体现出画师对艺术简化律及形色安排的娴熟掌控。例如，在莫高窟中唐第159窟南壁《观无量寿经变》中（图2-13），画师首先在人物与景致上均选用了红、绿、蓝三色进行着重处理，加强了图像与浅褐色背景之间的分离。在被分离出的前景中，露台、桥阶、供案、香炉、莲花台、楼阁殿宇与人物之间又发生了第二个层次上的分离。在这个分离的层次之中，首先发生的是上方两侧楼阁殿宇与人物群体之间的分离——以红、绿为主色，肉白色为辅色的七宝严饰的殿宇与楼阁自成一组；而以表现裸露肌肤的肉白色为主色，红、绿、蓝为衣饰辅色的人物群体分离为另一组。这种分离通过配色比例的相异将人物与景物分离开来，也刚好能够将位于两者之间的红色袈裟裹身、少量绿色及褐色点衬头光及背光的阿弥陀佛突显出来。

为了使多个分离的视觉形象统一起来，画师运用了巧妙的技巧构建了画幅整体配色上的相似性，如此一来，就很好地将彼此分离的人物群体与净土景致完美地结合在一起，使其既不必服从

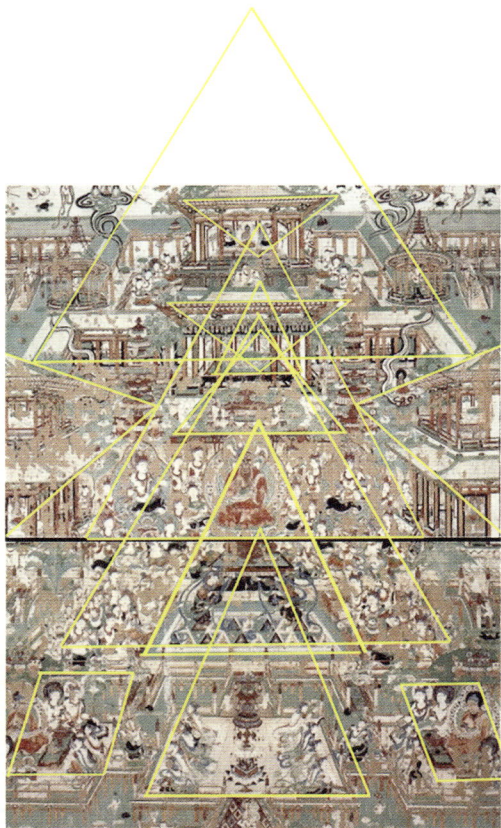

图2-13 莫高窟中唐第159窟南壁《观无量寿经变》

严苛的色彩规律，又具有可为视知觉感知的丰富节奏韵律。再从壁画的表现内容上看，其从下至上依次是舞伎露台、乐团露台、阿弥陀佛及众眷属、上方大殿及顶部内有主尊的大殿。每个集合群体外轮廓都呈锐角三角形，其中位于画面中部的乐团所在三角形与延伸至顶部大殿的三角形大小相当、形态相似。这两个三角形相互交叠，而阿弥陀佛则刚好位于其交集的等腰三角形中心处。最下方舞伎露台的三角形构图与上方阿弥陀佛、宝座与胡旋舞伎组成的三角形构图也在大小与体量上形同相似，若将其视作一个集合，则阿弥陀佛则刚好位于上方三角形与下方三角形所构成的相对补集之中，此种构图形式能够让主尊所在位置更有向上突破与飞升的气势，为观者带来审美中的崇高感。阿弥陀佛上方的屋宇、大殿也呈三角形构图，与下方构图在几何形状上力求相似，从而达到画面的简化与统一，更便于观者理解。而该层层向上的三角形嵌套模式不仅建立了坚如磐石且蓬勃向上的画面组织结构，积极引导了观者的视觉走向；同时通过简化且相似的几何构图结构加强了观者对缤纷画面中各个物象的识别能力。上方两大殿的仰视结构也为其带来了两个比例一致、大小呈递进关系的倒三角形构图模式，它们均以向下的力指向阿弥陀佛所在的视觉中心；左右两边的屋舍也以三角形构图的形式将内驱力导向画面中心。如此一来，阿弥陀佛就在多重嵌套以及各种力的指向上牢牢地占据了最佳的观赏位置，该设置也很好地契合了偶像式构图所具有的视觉文化功能。在该幅壁画中，虽然组成部分如星宿般繁多，但各个部分自身均保持着较高的独立性与完整性，并以此特征参与到整体的有机建构之中，从而使该视觉作品能够具有耐人寻味的艺术多样性。

敦煌魏晋南北朝壁画艺术中的空间设计

　　本书所谈到的敦煌艺术的空间设计主要以阿恩海姆的视知觉原理为基石，从主体的观看经验出发，研究敦煌艺术中空间营造的基本方法和历史意义。首先，在横向比较中西方思想史中空间意识异同的基础上，找寻前者与阿恩海姆视知觉空间理论的切近之处，为敦煌南北朝壁画空间表现的视知觉分析建立合法性；其次，列举了敦煌壁画中空间感获取的具体方式，深入剖析文化交流对深度层次样式嬗变产生的影响，追溯敦煌壁画由最初西域传来的凹凸技法缔造空间幻象逐渐过渡到利用多变的线条暗示出画面空间结构的本土化历程；最后，详细分析了不同时期敦煌壁画中的常见的几种透视方法，并分别对其造就的空间意义和文化审美功能进行了系统的阐释。

第一节　中西方思想史中的"空间"概念区分

　　空间问题一直是人类探讨的重要问题，这一概念在中西方思想史中也有着不同的定义。厘清它们之间的本质差别，对于理解超越主客二分的阿恩海姆空间观具有积极的意义。简而言之，在西方思想中，空间概念主要是从物理学的角度进行探讨；而在中国思想中，对"空间"的探索则始终在"天人合一"这一基础逻辑上进行演进。

一、西方空间概念的演变

　　古希腊诗人赫西俄德（Hesiod）是西方第一个提出"虚空"概念的人。在《神谱》中他谈到"在万物之前就已存在着深邃的虚空"❶，意指事物的存在皆以虚空为前提，它作为物体的处所必先于物质而存在。毕达哥拉斯学派认为虚

---

❶ 亚里士多德. 物理学［M］. 张竹明，译. 北京：商务印书馆，1982：109.

空是区分自然物的必要要素，它们是物体之间的空余部分，为物体的存在和运动提供了空间。但巴门尼德（Parmenices of Elea）却认为宇宙之间并没有虚空而只有空间，空间完全充实且无隙可尘。德谟克利特（Democritus）则认为宇宙本源由原子和虚空共同构成，虚空既为原子运动的场所，又是其构成物质时存在的间隙。柏拉图认为空间是自发生成的，它是一种作为自足实体而存在的虚无，即使其内部不存在任何物体，它依然作为一种有限或无限的容器存在，并允纳一切进入它之中的事物且不改变自身的性状。由此可见，古希腊早期的学者大多承认虚空的存在，并将其认定为一种为物质提供处所及运动的空间。

亚里士多德（Aristotle）在前人对空间概念的不同理解上归纳出空间既重要又难解的特质。在《物理学》中，他对空间进行了更为深入的探讨。首先，他认为事物总有其处所，占据一方空间，因此空间是客观存在的。同理，有物体的地方才有空间，无物之地则无空间。因此空间并非一种可以不依托于物而独立存在的实在物；其次，运动最一般的形式是空间层面上的运动，包括物体的位移、转向及张弛等，因此空间是物体运动不可脱离的基本形式；再次，空间作为物体的包裹物具有长、宽、高的三维属性，它更像是一个自身不能移动的容器；最后，他认为空间本身是有限的，但其内部却可以被无限地划分。由此可见，亚里士多德的空间观念为近代物理学的空间理论奠定了研究基础。16世纪，牛顿（Isaac Newton）提出了绝对时空观，即时间与空间两者是独立的：空间平直而又均匀，而时间则一如既往匀速流逝且并不与空间发生关联。同时，物体的运动并不会影响绝对的时间和空间，而绝对的时间与空间也不会干扰到任何物体的运动状态。其后，爱因斯坦（Albert Einstein）却通过数学演算与推导推翻了牛顿的绝对时空理论，并提出了狭义相对论，即时间与空间不仅有联系且相互影响，时间实质上是一种描述物体运动和变化的范畴，它并非绝对之物，而是对不同的观测者有长短之分。

19世纪中叶，西方心理学诞生，其对空间的定义也有了新的拓展。并认为空间依赖于主体的知觉经验，只有当主体感知到事物的存在时，其对周遭空间的感知才得以发生。如此一来，爱因斯坦以前的时空观就不仅否定了空间的相对特性及其与物质运动的不可分割性，同时还背离了主体的实际观察经验。因此，近代心理学在糅合了爱因斯坦时空相对论的基础上，将空间作为具体事物的组成部分和物体间的一种关系感知系统，着重突出了主体对空间的连续心理体验。阿恩海姆在《形式建筑的视觉动力》一书中谈到，艺术作品中的空间主要源自心理学的认知模式，观者通过视觉感知将作品中各独立特征如形状、比例、色彩、材质等归入一种连续的空间经验，进而探讨这种由人的视觉机制引发的总体心理效应。而作品中空间感的产生又主要源于格式塔心理学的简化原则，以保罗·克利（Paul Klee）的一幅绘制于1937年的油画为例（图3-1），只有当观者将黑色的粗线条看作浮于纸面上方的空间之中，并将基底视作一个连续且完整的平面时，人眼感知到的样式才达到了最大程度的简化。这是因为黑色线条在第三度上的分离远比对二维平面形成割裂或在其表面产生镂空在式样上更为简单。利用色彩与亮度的区别，以及重叠、变形和透视等基本手段也能够在艺术作品中营造出不同于现实世界的空间效果。

图3-1 （瑞士）保罗·克利油画 1937年

二、"空间"概念在中国传统思想和视知觉理论中的共性

中国古典思想史中，最早提到"空间"概念的人是老子。《老子》第十一章："三十辐共一毂，当其无，有车之用。埏埴以为器，当其无，有器之用。

凿户牖以为室，当其无，有室之用。故有之以为利，无之以为用。"指出了空间在车轮、器皿及房屋中的决定性意义。正是因为车轮中有空的孔洞，它们才能够转动；器皿中有空间才能够盛装物品；住房的门窗通透，内部具有空间，其才能够为人所居住。因此老子认为的空间——"虚空"并不是绝对的虚无，而是充满着气体的流动和运化，它们与"实在"一起构成事物的辩证两面性。《庄子·人间世》中也有对空间的阐述，其文中写有："瞻彼阕者，虚室生白，吉祥止止""若一志，无听之以耳而听之以心，无听之以心而听之以气！听止于耳，心止于符。气也者，虚而待物者也。唯道集虚。虚者，心斋也。"指出人只有清空过往一切杂念，使内心虚无空明，才能够生发出智慧，从而参悟宇宙、生命的真理。由此可见，老庄美学中强调的"有无相生"的基本逻辑以及画面中有空间、有荡漾的审美情调也逐渐为艺术品所接纳，这种传统与西方绘画填满画底的创作手法截然不同，常需通过蓄意留白强调"超以象外，得其环中"与"无画之处皆成妙境"的空灵之美。

中国历代画论中也不乏对画面空间设计的思考，这既要求画面按审美规律安排画面构成形态，又需要在艺术作品中体现出空间的无限性。早在南朝时期，画家宗炳在《画山水序》中就提到过"身所盘桓，目所绸缪。以形写形，以色貌色"的空间理论，它指的是画家应当以曲折的目光萦绕各形各色的事物。其后南齐绘画理论家谢赫也在《古画品录》中强调了"经营位置"这一画面空间设计方法在艺术创作中的重要地位，这种空间设计并不严苛于科学的透视规律，而是像后世沈括在《梦溪笔谈》中倡导的"折高、折远、自有妙理"的理念，在流动变换的焦点之中体现出大自然的节奏和韵律。至宋代，画家郭熙在《林泉高致》中系统归纳出山水画空间表现的具体方元："山有三远：自山下而仰山颠，谓之'高远'；目山前而窥山后，谓之'深远'；自近山而望远山，谓之'平远'。"其中，"高远"指的是画者位于低处，其视平线往往处于画面的下端，因此从下往上仰才能够画出山峰的高大雄伟和飞瀑的气势磅礴。北宋画家范宽的《溪山行旅图》是典型的采用"高远"透视技法的山水画艺术作品（图3-2）。"深远"指的是由视觉前端向内层层深入，而其程度则由前后距离的对比进行表现，或是利用墨色的浓淡与虚实营造由前向后推远的空间感。视线常处于画面上端类似于"鸟瞰"，能够将万水千山凝聚于画面的方寸之间，营造出深邃的空间感觉。元代画家王蒙《具区林屋图》就使用这种透视，将溪谷的深幽用层层透视的技法表现出来，使画面整体极富纵深之意（图3-3）。"平远"则常用于表现前后左右辽阔的空间，在此类透视中，平原、丘陵和江河此起彼伏，能够带来简约淡泊的视觉感受。元四家中的黄公望所绘的《富春山居图》（图3-4）和倪瓒绘制的《渔庄秋霁图》（图3-5）是"平远"透视技法的重要代表。"三远"看似是一种绘画空间设计的基本方法，实际

图3-2（北宋）范宽《溪山行旅图》

图3-3（元代）王蒙《具区林屋图》

图3-4 （元代）黄公望《富春山居图》

上，背后蕴含着中国古典美学"俯仰自得""游心太玄"的人生感和宇宙观，所代表的是《易经》之中"无往不复，天地际也"的音乐性空间意境。中国传统绘画空间和西方不同，不是从观者的立足点向画作看去，而是引导观者跃入画内，一边行进一边观看。同样，与西方科学性、几何化的焦点透视不同，中国传统绘画追求的并不是严谨的视觉观测空间，而是富有诗意的创造性艺术空间。

阿恩海姆的空间观与中国古典美学在知觉性、整体性和时空性中都有较强共性。首先，他认为"空间"并不仅仅是一种物质实体，更重要的属性是人们心理上对物体之间相互关系的感知。换句话说，空间是在知觉经验中作为一种关系被物体构建出来的。因此空间并不

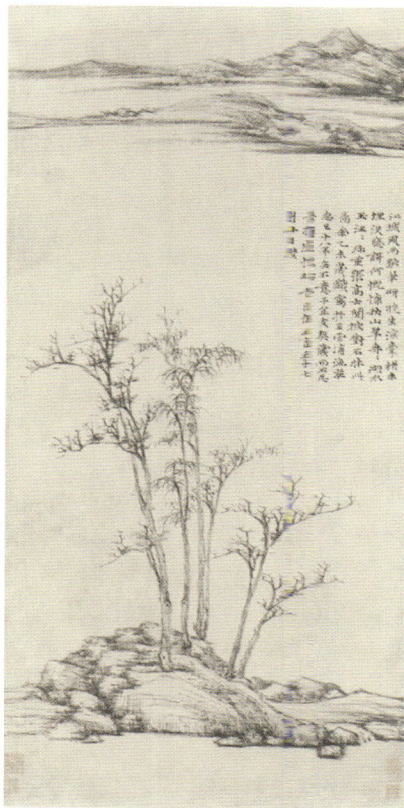

图3-5 （元代）倪瓒《渔庄秋霁图》

是自发生成的，而是在感受者的心理情景与自然物的"异质同构"性中衍生出来的一种框架。这与中国传统绘画"可行、可望、可游、可居"的宗旨一脉相承，它们都异常重视欣赏者与"空间"之间的互动关系，以及其对"空间"的心理体验；其次，阿恩海姆的空间观中还有格式塔心理学整体性的烙印，他主张将艺术作品中的空间作为一个有秩序的整体来看待。纸面上的几个点并不是无意义的个体，人的视觉能够将其连接为可识别的几何形。同样，在建筑中，几个分散的个体往往也并非孤立地存在，而是能够在无意间形成一个广场空间。无独有偶，中国美学家宗白华先生在《中国诗画中所表现的空间意识》中也提出过相似的理论，他认为中国绘画艺术作品是"阴阳明暗高下起伏所构成的节奏化的空间"❶，它们并不像西方绘画中那般无穷无尽，需要画家努力争取，而是主动向自我靠近和汇聚的深邃天地宇宙；最后，阿恩海姆的"空间"本来就是生成而非绝对的概念，观者对其产生的知觉体验也往往伴随时间的流逝。在中国传统美学之中，时与空也是向来不可分离的。战国时期的思想家尸佼在《尸子》一书中最早提出"宇宙"一词，其中"宇"指"四方上下"的空间性，而"宙"则指"往古来今"的时间观。在中国传统艺术作品的欣赏中，从卷轴的展开到观者"游入"其中"仰观俯察"，也只能是时空合力的作用。然而，不得不承认的是中国古代对于艺术作品之中"空间"的认识还不够系统化，因此研究将与中国古典美学空间观具有殊途同归之势的阿恩海姆视知觉空间理论作为基石，试图从观者的角度对敦煌壁画的空间构成方式及美学特征进行深入剖析。与此同时，敦煌是古代中西文明交汇的重镇，因此，我们也不能忽略文化艺术的交流对敦煌壁画中艺术空间设置产生的影响。

第二节　敦煌壁画艺术中的文化交流与空间格式塔

敦煌自西汉建郡以来，一直作为丝绸之路上的重镇连接着中西的交通，见

---

❶ 宗白华. 美学散步［M］. 上海：上海人民出版社，2015：99.

证了丝路沿途各地之间的商贸往来与文化互鉴。东汉时期，印度佛教经丝绸之路传入中国，而敦煌又因地处其要冲，率先受到了佛教的洗礼。为了弘扬佛教的精神教义、举办大规模的佛事活动，该地的佛教石窟群——敦煌莫高窟也得到了蓬勃的发展。北凉、北魏时期是敦煌莫高窟开凿的初期，由于该时期系佛教传入初期，因此，窟内壁画在题材、构图、人物造型与绘画技法等方面都普遍沿袭了印度和西域的传统样式。现在我们能够看到，该时期壁画中的人物往往使用较粗的褐色线条勾勒头部、躯干及四肢的外轮廓，用同样粗细的线条勾画上下眼眶骨，并将其从鼻骨两侧向下顺延至颧骨下缘。人物颈部以弧线勾出与头部的分界线，并从中间向下延伸至两侧胸部下沿，腹部位置则绘制一条向上隆起的曲线。诸轮廓线内部的单位宽阔而又平整，且色彩相较背景区域更为明亮，这使得轮廓线本身看上去就像与内部平面无关的独立线条。由于轮廓线对内部诸面的影响很小，因此画面整体结构看上去较为疏松，三度空间效果也显得较弱。人物面中眼窝和鼻梁处点缀的粉白色颜料却因其与基底的明度差异，呈现出一种具有立体感的"小字脸"特征（图3-6）。这样一来，人物头部的坚固性就与躯体的平面性形成了某种程度的张力。然而，多项研究却表明上述人物造型在莫高窟壁画创作的初期并非如此，而是色料经过数千年风蚀以后留

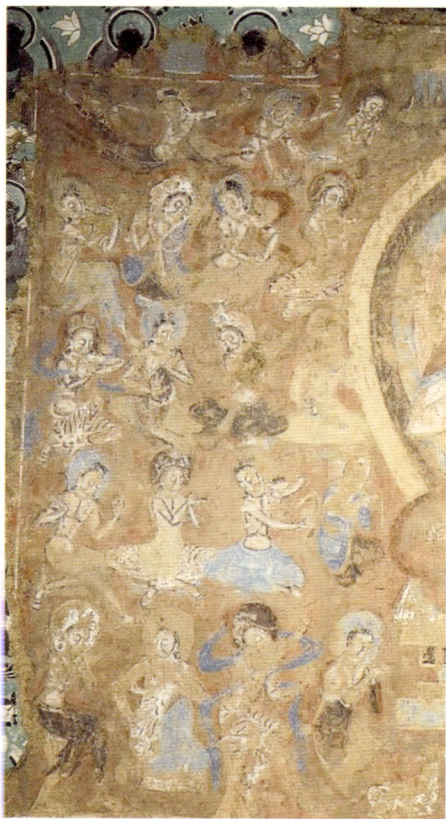

图3-6　莫高窟北魏第263窟北壁《说法图》局部

下的一种独特视觉效果。在壁画的绘制时期，画师实际上采用的是西域式的"凹凸"技法：在泥墙表层未干时先平涂朱红打底，再用深浅不一的颜料层层晕染，使其由外到内形成由暗至明的渐变效果，模拟出肌肉和人体的团块结构；并在鼻梁、眼球等突出部分用粉白颜料点出高光，使其形象饱满真实，富有立体美感。这种西域式"凹凸"技法最早脱胎于犍陀罗艺术，并随着佛教的传播率先进入中国西域地区。公元前4世纪，马其顿国家军队入侵犍陀罗地区，远征军中不仅包括工程师、哲学家、地理学家，还有测绘师及艺术工匠。这些艺术工匠将古希腊、古罗马及波斯的艺术理念带至此地并与佛教艺术创作相结合，最终形成了具有古希腊罗马风格且兼具波斯美学特征的犍陀罗佛教艺术形式。它擅长运用体面造型的基本技巧来构建画面中的空间感，并在一定程度上体现出波斯的装饰趣味。通过原敦煌研究院院长段文杰先生临摹与复原的莫高窟北魏第263窟《说法图》中的供养菩萨图像（图3-7），我们可以管窥西域式"凹凸"技法在创作莫高窟壁画时的空间表现方式：凹凸法并不利用轮廓线来强调人物与背景之间的空间关系，首先，利用

图3-7　段文杰先生临摹复原的莫高窟北魏第263窟北壁《说法图》局部

色彩的明暗对比使人物在第三度上与基底面分离。于是观者的视知觉就不断按照简化的原则将这一明度更高的平面向外推出，以使壁画基底面维持完整且连续的样式；其次，人物裸露的躯干及面部的封闭平面，不仅在体量上较背景的红色区域小，且在形态上微微向外凸起，使其看上去更像位于红色基底上方的质地坚固的图形；最后，画师还用在明暗关系上呈梯度变化的朱红色对人物裸露的皮肤加以层层晕染，并在人物的衣饰及头光内部通过增加褶皱等的方式来极大地增强被封闭起来的各个面的致密性和紧凑性，并以此营造出一种令人信服的空间视觉幻觉。

然而，在经历了北魏孝文帝汉化运动及东阳王元荣任职敦煌等政治事件之后，南北文化之间的交流日渐频繁，中原的六朝审美标准也逐渐开始远披西陲，灌注于敦煌莫高窟的壁画艺术创作之中。西魏以后，画师们不再仅仅满足于一种外来的程式化的布道方式，而是主动地将本民族的审美情感与主体的艺术自觉融入壁画艺术创作之中，以精湛的线描方式传递出中国传统绘画的笔墨意趣，也使壁画艺术开始脱离早期浓郁的西域风格走向了华颜汉化的道路，并最终在艺术美学的层面实现了佛教的本土化。

中国绘画素来就擅长以精妙绝伦的线条造就形神兼备、气质具盛的人物形象。其中，战国时期的帛画《人物御龙图》就以飘逸流畅的线条恰到好处地表现了人物宽厚浑圆的肩臂、精致的头冠与儒雅的面庞。东晋画家顾恺之的《女史箴图》（图3-8）与《洛神赋图》（图3-9）更是以遒劲的笔力营造出人物的步幅节奏与身姿韵律。南朝画家兼画论家谢赫在《古画品录》中也总结了"骨法用笔"，即线的运用在绘画艺术中的重要性。同样，在莫高窟西魏壁画中也

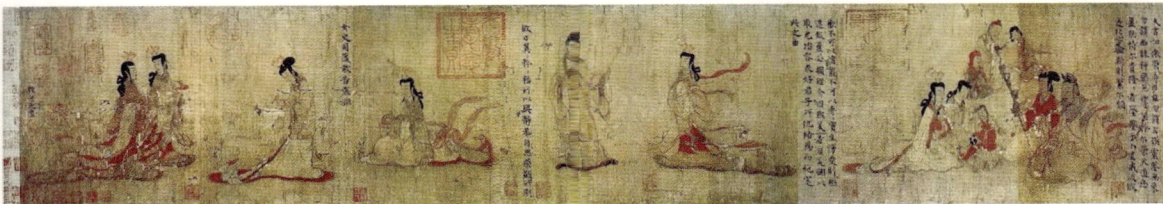

图3-8 （东晋）顾恺之《女史箴图》局部（唐摹本）

充斥着丰富的线条表现，它们既传神地展现了人物的姿态与动势，同时还将多样的空间视觉效果呈现于观者眼前。明代邹德中在《绘事指蒙》中将中国古代线描形态归纳为十八等，即绘画史上常提及的"十八描"。它们又大致可分为三大类：第一类为铁线描，常以中锋走笔，线条均匀而富有弹性，粗可横扫千军，细若春蚕吐丝。顾恺之的绘画作品就常使用这样的线描方式；第二类为兰叶描，这种方式往往是画家利用笔势的提按顿挫为画面带来粗细有致、虚实相间、刚柔并济的线描节奏。兰叶描的典型代表是宋代李唐绘制的《采薇图》（图3-10）；第三类包括枯柴描和减笔描，两者往往都采用逆峰横卧，笔意高古遒劲，胜在意趣。但不同之处在于前者渴笔居多，后者干湿相济。明代吴伟所作的《柳岸闲步图》中的人物服饰就是以这类线描方式进行塑造的。

　　以上这些变幻无穷的线描形式在绘画作品中不仅能够界定事物轮廓，表现

图3-9 （东晋）顾恺之《洛神赋图》局部（宋摹本）

图3-10 （宋代）李唐《采薇图》

事物的肌理与质地，同时也能够通过线条的虚实对比、强弱关系来暗示画面的空间结构。敦煌南北朝的壁画中就已经出现了用线的对比营造空间关系的雏形，例如，莫高窟北周第296窟窟顶南披中的《善友太子牛耕图》就是一个绝佳的例证（图3–11）。图像讲述的是善友太子目睹了昆虫被蛤蟆吞噬，蛤蟆又被蛇吃掉，最后蛇又被孔雀果腹的食物链层级，随即参悟大千世界的弱肉强食，于是心生悲悯的故事。在这幅壁画的内容表现中，画师试图运用粗细不同的线条和线条与平涂之间的对比制造出空间中的等级关系。首先，用粗且有弹性的线条勾勒画面中部的白色耕牛，使其在视觉上醒目地突显于画面最前端。而旁边的耕牛则用黑色颜料平涂周身并稍稍覆盖红色的边线，使此两头耕牛在强弱关系上形成鲜明对比，产生一前一后的视觉效果；其次，两耕牛左侧依线描发力程度的不同由重至轻依次排列昆虫、蛤蟆、蛇、树和孔雀等形象，由此暗示出各事物的重要程度及空间位置关系；最后，画面右侧的善友太子以淡蓝色平涂露出若隐若现的红色轮廓线，以弱化的视觉效果体现出其作为局外人的观看者身份。到了唐代以后，这种利用线描缔造空间关系的手法在敦煌壁画中的应用日趋成熟，例如，莫高窟盛唐第45窟北壁的《未生怨》就是一个典型的例子，画师运用多变的线条营造出一个令人信服的场景（图3–12）。画

图3–11　莫高窟北周第296窟窟顶南披《善友太子牛耕图》

面中部树木用粗壮浓密的线条勾勒出轮廓线，左侧的韦提希夫人及侍从则用较为纤细的线条塑造出整体形态，于是在这个序列中树木就有了更加向外凸起的感觉，人物则因淡漠的线条"退"至回廊前沿。画师通过对人与事物轮廓线浓淡的区分处理，为画面赋予了空间立体感。同时，画师在长期细微观察中还积累了人体视觉对曲面不敏感的认知经验，因此对人物的面庞及裸露在外的肌肤均用更为淡雅的线条进行描绘，展现出了肌肤光洁细腻的质感及团块感；与此同时，对人物服饰及衣褶等边界锐利的区域却用了较之更粗、更劲的线条来进行刻画，逐步加强被封闭起来的面的紧凑性，激发观者对人物整体坚固性的知觉。另一个例子也反映了轮廓线对空间构造的积极推动力，那就是莫高窟盛唐第172窟北壁的《十六观》中的"日想观"（图3-13），韦提希夫人正坐于画面右下角西向观日，人物及其衣饰的轮廓处理浓重而繁复，而位于画面中间的树枝与水波则用了较为恬淡、萧疏的线条进行概括，最后对画面深处的堤岸及远山的处理则基本放弃了轮廓线的修饰，仅仅用淡墨为山石赋形并皴擦出质感与

图3-12　莫高窟盛唐第45窟北壁
《未生怨》

图3-13　莫高窟盛唐第172窟北壁
《十六观》之"日想观"

肌理。画师用多变的笔法进行精细处理，让整幅画面具有了深度上的信息，也让观者拥有了三维空间的逼真感受。

在莫高窟唐代壁画中还有许多利用娴熟的用线技巧缔造空间视觉效果的经典案例。例如，莫高窟晚唐第474窟的《送物入墓画》，在画面下方两人一前一后抬着物品向东北方向行进，担架上覆盖物品的布匹、下方人物的轮廓线，尤其是人物与布匹的公共轮廓线、人物衣服的结构线及褶皱纹理均采用了浓重且连续的粗线条进行描绘。上方与方才两人行进路线相垂直的分别以托、捧与扛等方式运物的三位人物却采用了较浅、较细的轮廓线进行刻画。而画面最上方的沟渠运用了与下方人物完全不同的线描方式，它们不仅是非连续性的、较虚的，且更多地追求笔墨意趣（图3-14）。

通过这种轮廓线的浓淡、虚实线性递增的处理方式，画面就呈现出由远至近的空间视觉效果。因为对于视知觉来说，刻意加强的轮廓线始终能够对视觉产生刺激，从而加强视觉皮层中的图形的三度知觉，使观者能够洞悉画面的空间效果。

图3-14　莫高窟晚唐第474窟的《送物入墓画》

第三节　敦煌艺术中的深度层次样式

敦煌魏晋南北朝时期的壁画常利用以下几种图与底的建构关系来缔造深度层次样式，以使壁画艺术脱离呆板，具有栩栩如生的艺术魅力。这其中包括图—底的双重呈现、质地与色彩的图—底空间关系、凸起与凹进的图—底空间关系以及图—底的互换式设计。

一、图—底的双重呈现与空间构建

"双重呈现"的概念来自考夫卡的《视觉心理学原理》。他首先认为图像中图与底的关系是相互依存、互相建构的。以图 3–15 为例，椭圆往往被视作图形，其背后的矩形则被视作

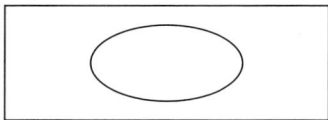

图3-15　矩形椭圆示例

连续的基底。矩形作为边界较大的简单形状，在质地和色彩上都具有一致性，因此它并不会因为引入一个比它更小的椭圆而遭到破坏。换句话说，矩形并不会在椭圆的边缘停止或断裂，而是在其下面连续地伸展。此时椭圆与矩形相重合的部分在此环境场里就得到了双重呈现：一方面它作为椭圆本身来表现；另一方面它又作为底部的矩形的一个部分来呈现。于是位于同一方向上的椭圆与矩形对观者来说就具有了不同的距离——椭圆形位于矩形的前面，使得整个环境场呈现出一种较低程度的三维空间特征。

但究竟哪一些单位更容易被视作位于基底上方离我们更近的图形呢？阿恩海姆认为人的视知觉具有积极选择的能力，那些被挑选出来加以注意的对象往往"前进"成为图，而其他次要的对象则退居其后成为底。要成为易被感知的图形，不仅需要其与周遭事物形成反差，还需要使其符合观者的观看需要。当刺激物进入视野时会吸引视觉的关注，然而当其外部结构与视觉结构之间产生矛盾时，视觉会努力调整自身以适应外部结构，并使外部结构的主要部分位于视觉的中心。而视觉中心点则能够决定哪些图像将被视作图，哪些图像又将被

视为底。于是依照观察者的基本观测方式和视知觉习惯，能够总结出以下几种促成图—底关系的重要因素：首先，封闭的面更易于被看作图，封闭此面的面则往往被视作底；其次，面积较小的面更容易被视作图，面积较大的面则被视作其后的底。在图3-16与图3-17中，细而窄的条幅更容易被看作位于上方的图形，间隙处的宽矩形则更易被视作连接矩形各部分的图形底部。然而，当我们转换条件，废除宽矩形的连续性时，它们又会依视网膜上近大远小的基本原理成为跃然于细窄条幅前端的图。

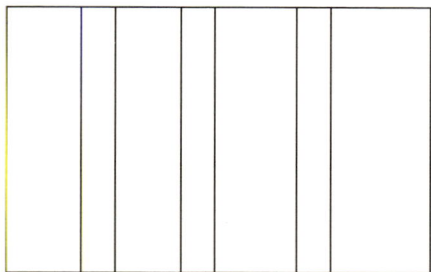

图3-16　矩形与条幅一　　　　　　　图3-17　矩形与条幅二

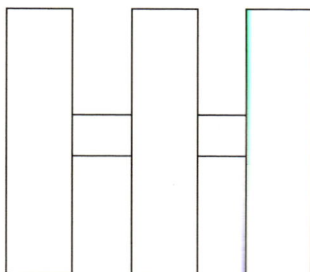

在莫高窟魏晋南北朝时期的壁画中也有利用图—底的双重呈现构建空间特征的范例，具有代表性的是莫高窟北周第461窟中的《千佛图》（图3-18）。

在该幅壁画中，人物面部特征和衣纹转折早已经模糊不清，但每一尊佛均因其背光框限为一个个椭圆形，相较于底部的红色矩形，它们在体量上更小，且在形态上更为封闭，因此它们也被作为图形清晰呈现于前部。反之，红色背景则被视作连续的矩形，位于画面的基底处。如此一来，画师就使整幅壁画获得了清晰的空间秩序，从而使其更具可读性和表义性。

图3-18　莫高窟北周第461窟《千佛图》

二、质地与色彩的图—底空间关系

视知觉研究表明，质地稠密的面更易于被视作图形，反之质地稀松的面更容易被看作基底。在亨利·马蒂斯（Henri Matisse）的木刻版画中，由于女人周遭区域线条的致密性使其更具图形特征，因而更趋向于画面前端；相反，女人身体内部大面积的留白则使其看上去犹如一个不断向背景深入的洞穴。在莫高窟壁画中，画师也善于利用质地稠密与稀疏的对比关系，制造出图—底相异的空间视觉效果。例如在莫高窟北魏第260窟南壁的《说法图》中坐佛的华盖、背光以及飞天的披帛及菩萨的衣裙等就用了异常致密的肌理，将人物形象突显于画面前端（图3-19）。画面中心坐佛的华盖下流苏用致密的锯齿纹进行表现，其头光、举身光和背光又用了绵密的火焰纹进行装饰。虽然其着装中门

襟的衣纹和随双腿盘坐而形成的裙部褶皱已随时间磨砺消亡，但依然能够从其遗痕中看出画师希望将坐佛整体突显于画面空间最前端的设计意图。其左右两侧的飞天的披帛和胁侍菩萨裙摆的衣纹则用了次密集的线条进行刻画，使其成为该幅壁画中位置较坐佛更为靠后的次级重要部分。

图3-19　莫高窟北魏第260窟南壁《说法图》

光波较长的色彩相比光波较短的色彩更容易被视作图，因此红色看上去依次比橙色、黄色、绿色、蓝色及紫色离观者更近一些（图3-20）。在莫高窟壁画中红—蓝色系和红—绿色系的对比使用就非常丰富，画师时常会以蓝、绿色系表现背景绵延的水域或广阔的陆地，用红色系衬托重点人物的着装，吸引观者的注意。在莫高窟北周第301窟窟顶南披的《萨埵太子本生》中，画师利用蓝绿色在视觉上后退的基本特性，将其平涂于山石、树群之间形成背景，并

以红色施于人物衣装与马匹的轮廓线之上，使其凸显于画面前端成为视觉中心（图3-21）。当然，在莫高窟壁画中更多的还是画师们综合利用上述几种图—底构建的基本手法，为画面赋予多重空间结构。例如，在莫高窟西魏第285窟西壁南侧的《日天与诸星图》中，画师首先将钴蓝色平铺于画面之上。蓝色不仅在视觉上有向后退缩的倾向，且延绵不断缺少封闭特征，因此更易被视作基底层。画面上方的帘幔以红色打底，并在其半封闭的波形图中以粗线勾勒出褶皱的肌理，于是它在视觉上就位于蓝色背景前面。其下方也就是画面正中近似椭圆形和圆形的面，由于其高明度及封闭的特性使其整体位于钴蓝色基底和红色帘幔前，而其内部的日天和诸星图像又因结构较为紧凑及面积较小而离观者最近。以此种方式，画师将该壁画中的各母题依其轻重的不同处理为四个层次，既层层递进逐渐突显主题，又使画面具有了一定的空间视觉效果（图3-22）。

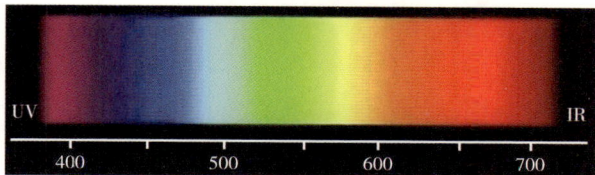

图3-20 色光及波长示意图

图3-21 莫高窟北周第301窟窟顶南披《萨埵太子本生》

图3-22 莫高窟西魏第285窟西壁南侧《日天与诸星图》局部

至唐代，这种通过色光光波长短对比制造出空间视觉效果的手法在敦煌壁画中也仍然有所体现。例如，在莫高窟初唐第323窟北壁的《佛教史记图》中，为了营造出画面的空间错觉，画师充分利用了质地、色彩与图形的视觉特质，对其进行综合运用，突出了画面中的图—底空间层次关系（图3-23）。首先，用较为鲜艳的朱红色装点释迦的半披式僧衣，黑色的装饰性条带及富有弹性的轮廓线稳固住不规则的人物形体，并辅以疏密有致的线条表现出衣纹转折。通过对用色和质地的综合考虑，画师使释迦突显于壁画最前端的视觉中心处；其次，

图3-23 莫高窟初唐第323窟北壁
《佛教史记图》

画面左边表现的是天女乘云前来为释迦洗衣的场景，画师运用了雨滴型外轮廓对其进行形体修饰，使其展现出由上而下运动的势态，同时还选用了暗红、深紫和靛青等色彩对其进行整体修饰，除下部云朵用白色复线进行勾皴处理外，其他部位均未进行细致刻画。因此，乘云天女整体不仅在色彩波长上较右侧的释迦更短，在肌理的致密程度上也显得更弱；最后，画师运用了明度较高、饱和度较低的蓝绿色块简略地表现出山石林木，使其不致喧宾夺主而温润地蛰伏于背景深处。

如此一来，画师通过对图形式样、色彩与质地的综合把控，将整个画面分成了纵深向度上的三个基本层次——释迦像作为视觉中心位于画面最前端，乘云天女位于第二个视觉层次，山林则作为背景位于该幅壁画中的第三个视觉层次。

三、凸起与凹进的图—底空间关系

图像中的凸起部分更容易被视作图，凹进部分则更易于被视作底。这是因为凸起的单位具有比凹进单位更为简单的结构式样，因此根据视觉简化原则，凸起部分更容易被看作是位于前面的图。以图3-24和图3-25为例，两个图像都是封闭的平面，按前述第一种原则它们都更易被视作图。然而图3-24中组成封闭面的绝大部分线条都在向内凹进，令其看起来就像一个沉入基底的空洞；而图3-25中的大部

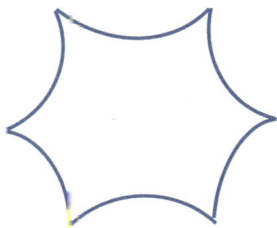

图3-24　凹进　　　　图3-25　凸起

分线条均向外凸起，使其看上去成为一个位于前景处的坚固图像。在莫高窟北凉第268窟西龛外壁中（图3-26），就能很清楚地感受到形式的凹凸对空间层次的缔造作用。虽然饱经千年的岁月侵蚀，龛外两侧人物组图早已缺失了内部致密的细节表现——面部五官及其与颈部的转折、裙袖处丰富的褶皱起伏都已幻化为大面积的空洞留白。按照亮度较大的表面容易成为基底面的原理，它们本应当沉入画面底部，但其依存的人物头部、四肢及躯干、裙摆袖笼及所持乐器形态均向外大幅凸起，令其成为一个个坚实的封闭图形伫立于画面前端。图—底的凹凸在雕塑艺术中也具有非常重要的价值。传统的雕塑作品往往都是一种凸起式样的独立实体，它们呈现出积极的姿态却又被孤立于整个建筑空间之中。而它们各部分之间的间隙则被视作从属于凸起的基底，其价值不仅时常被低估，还容易被雕塑本身所替代。而在莫高窟的佛龛中，由于凸起和凹进这一图—底关系的相互结合，使雕塑与建筑物之间的联系变得非常紧密。在莫高窟北周第428窟中心柱上开有一个东向圆券龛（图3-27），首先在视觉上产生了接待观者的机能。龛体向内凹陷形成第一层基底，其上、左、右三壁绘有千佛与火焰纹样，坐佛以凸起的圆雕形式位于中央，其头光、背光与举身光与内层龛壁连成一片，并不断地越过基底向外扩张。两侧圆雕二弟子和手绘二菩萨

图3-26　莫高窟北凉第268窟西龛外壁

图3-27　莫高窟北周第428窟
中心柱东向圆券龛

沿内龛水平和垂直方向分散排列，形成环绕坐佛的视觉效果。佛背光的火焰纹顺势延伸至龛外，两侧塑有两身圆雕菩萨，相似的艺术表现手法使龛内外连成一体，形成层层推进的关系。

在这一视觉样式中，方口圆券龛成了整个雕塑体中的合法成分，它将以上诸圆雕人物包裹、嵌合到一个向内凹进的容器之中，在视觉上营造出强烈的空间艺术效果。并通过这一凸起和凹进的图—底之间的相互作用，赋予了整个造型无限蓬勃的生气。

四、图—底的互换式设计

然而，图—底关系也并不总是如此严谨。在格式塔心理学中，任何"形"，都是知觉进行了积极组织或建构的结果，而不是客体本身就有的。因此在一些艺术作品中，艺术家为了提高观者的视觉感知力，让其更为主动地参与作品的形式建构，会刻意采取图—底互换式的设计手段，有意模糊图—底之间的层级差别，让被忽略的背景的视觉感知力得以增强，并以此方式形成图与底之间的视觉张力与对抗效果。随着观者注意焦点的不同，图—底之间既定的层级关系也会出现模棱两可的视觉特征——基底在视知觉的参与过程中可能逐渐转换为图形，从而引发一种带有趣味性、矛盾性的审美经验。考夫卡的格式塔心理学研究表明，人的眼睛在观察事物时不仅受到图像形式构成的影响，还会或多或少地受到自身经验、需要、情绪、意愿等心理因素的干扰。视觉习惯于把对象有效整合，分出主次，厘清层次，便于大脑进行处理。而这种艺术家有意而为之的图—底互换式手法，却能够打破上述恒常视觉经验，极大地调动观者视知觉的主动性，让其与作品产生互动进而努力捕捉图像欲传达的内在信息。在作品中，艺术家往往采用两种不同的方式来制造图—底之间的互换：第一种是将图与底处理为面积相当，在这种情况下图—底形成均衡对抗，不会刻意突出任何一方。这之中最具代表性的就是埃舍尔（Maurits Cornelis Escher）的绘画艺术作品，他用连续对称的形态填充整个画面，让观者难以分辨何为图、何为底（图3-28）；第二种则是非对称式的图—底互换关系，在这样的作品中没有严谨的形式分割，往往利用共用轮廓线使图—底相互依存，并利用观者的焦点转移产生亦正亦反的视觉效果。这种手法直至唐代才开始在莫高窟壁画中变得常见，例如，莫高窟中唐第112窟的《金刚经变》上端（图3-29），画师别出心

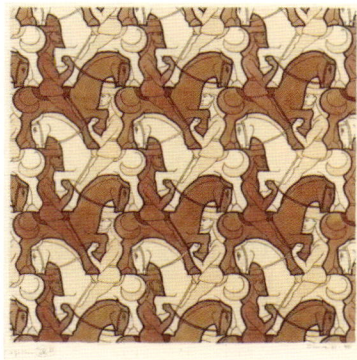

图3-28　（荷兰）埃舍尔
木刻版画《骑士》

图3-29　莫高窟中唐第112窟
《金刚经变》局部

裁地在华盖周遭绘以群山、涓流及林木。华盖的边缘以写意的手法勾勒轮廓，使其与山峦、溪流融为一体，当观者的焦点聚集于华盖之上时，其仿佛为群山所托之云朵跃入视线近端；然而当观者细细品味山水之笔墨意趣时，它又如一汪清潭堕入山谷之中。

就在这亦正亦反的图—底互换中，观者的视知觉被极大地调动起来，使其更为主动地捕捉画面传达的视觉信息。

第四节　通过重叠和变形获得的空间感

敦煌魏晋南北朝时期的壁画主要通过形体的重叠与变形来进行空间感的塑造。以下将分别从这两方面入手进行深入而又细致的讨论。

一、通过重叠获得的空间感

在二度平面中，图形与图形之间具有三种常见的组合方式（图3-30）：第一种是图3-30（a）之中的重合关系，两个图形具有重合的几何中心，高度的对称性让其看上去更像一个统一的有机整体。此时，两个单位之间的张力比较小，也不存在任何形式上的冲突与对抗；第二种是如图3-30（b）所示的分离关系，其中两个单位脱离了一切形式的接触，因此具有较强的分离倾向；第三种组合方式是如图3-30（c）所示的重叠关系，两个单位之间具有强大的视觉张力，一方努力使两个形体各自向相反方向分离，另一方又促使其向重合状态聚拢。然而在二度平面中，无论这两个单位分离还是重合，均不能够使这一视觉张力消除，只有使其在三度样式中纵深分离，也就是将它之中的两个单位看作一前一后重叠，才能彻底消除上述视觉张力。同时，多项视觉实验还表明，重叠往往发生于两个图形轮廓线的交汇处，那个相交后依然保持自身连续轮廓线的图形往往就被看作覆盖上方的图形。然而，这一由重叠产生的空间视觉效果利用日常观看经验并不能进行充足的解释，因为物理空间经验本身还面临着

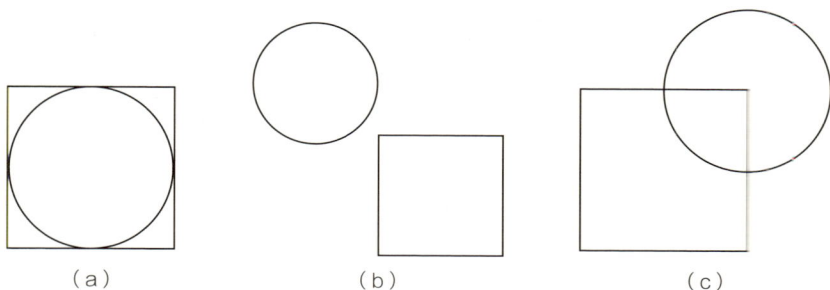

（a）　　　　　　　　（b）　　　　　　　　（c）

图3-30　图形间的常见组合方式

悬而未决的复杂解释。因此，更为合理的解释还是视觉简化原则——当一个单位遮蔽了另一个单位的局部时，我们视知觉中的格式塔平衡就被打破，因此在视知觉的能动作用下，被遮蔽单位就会在下方不断地争取自身的完整性及连续性，以恢复到自身应该具有的平衡和简化样式。在此意义之上，单位之间的重叠就使画面中三度空间的样式得以产生。另外，重叠的物象之间还会产生强烈的互动关系，被遮挡的物象往往力求在深度上分离来摆脱被遮盖的劣势，两者形式间对抗的张力还会为画面带来异乎寻常的动感。

众所周知，中国绘画艺术更多地依靠轮廓线而非体积感和光线来确定空间走势，因此重叠在决定物体的前后关系中就有着异常重要的价值。它不仅使画面纵深感增强，还能使重叠的两物之间产生动态互动。在莫高窟中，利用事物之间的重叠关系来呈现空间视觉效应的例子不胜枚举。早在北魏第257窟北壁的《说法图》中，画师就运用了这一视觉样式营造出数身飞天前后相继的空间视觉效果。也正是这种对重叠关系的精湛应用，才能够让观者厘清众多飞天之间复杂的位置关系。画面中八身飞天首先分为上、中、下三个水平层次，最顶层排列两身飞天，第二层与第三层各排列三身飞天。三个水平层次上的飞天又分别从左到右重叠排列，其中最左边的飞天身形完整，位于其右侧的飞天双腿和萦绕上身的披帛总是被前者部分遮挡，通过此图式观者就可以明确感知水平层次上各飞天所处的空间序列：它们总是从左到右逐渐向画面的斜后方延伸（图3-31）。

同样，在莫高窟北魏第257窟西壁的《须摩提女请佛因缘图》中，画师也纯熟地运用了重叠的手法来获取画面的空间感（图3-32）。该幅壁画以连环画的形式讲述了须摩提女的父亲不顾其文化信仰将其嫁给满财家族的故事。婚宴当晚，满财长者依诺言宴请了城中六千外道，但须摩提女却始终不出来拜会，引发了外道与满财家的冲突。为了调和矛盾，满财长者向好友修跋梵志寻求解决办法。在其建议下，满财长者令须摩提女请佛到来接受家族供养，佛陀听闻须摩提女的祷告，第二日率弟子

图3-31　莫高窟北魏第257窟北壁
《说法图》局部

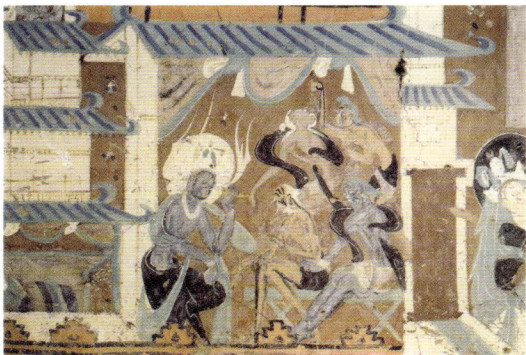

图3-32　莫高窟北魏第257窟西壁
《须摩提女请佛因缘图》局部

从天而降，使六千外道惊叹不已，满财家也因此皈依佛道。在表现满财由于须摩提女的不敬在大厅中向外道赔礼道歉的画面时，画师利用各人物和门廊之间的重叠关系极大程度地表现出壁画的纵深效果，同时也利用位置的差异象征了不同人物悬殊的心理状态。首先，满财长者位于门廊左侧，其体量较大且下半身遮挡了门柱的大约二分之一的部分。由此，观者可以得知其位于门廊外部、离观者视线较近的位置；其次，门廊右侧两名外道坐于石绿色的长凳之上，由于长凳的右端被右侧门柱遮挡了小部分，由此可知两名外道处于门廊的后方、离观者视线较远的位置；最后，上方两名外道又被之前提及的坐于长凳的两名

外道遮挡了下半身躯，因此他们位于该幅壁画的空间最深处。

于是，画师通过对各形体之间重叠关系的审慎刻画，恰到好处地利用门廊隔开了满财长者和喧嚷无理的外道，为该幅壁画赋予了生动、合理的纵深结构；同时，也以此间隔象征了满财长者和外道心态开放程度的不同，为故事的尾声满财家族全心接受佛教文化埋下了重要的伏笔。

二、通过变形获得的空间感

视知觉对图像中空间的感知，不是只有通过形象的重叠才能造就，利用物象的变形也能够产生深度的知觉。尤其是当这种变形看上去好似有某种外力作用在物象上，使之如同被拉伸或者扭曲之后产生的样式一般。而在这些变形后的形象中，我们的视知觉往往能够一眼就看出它变化之前的更为简单的原形造型，于是这一图形就在第三度上拥有了倾斜的倾向。如平行四边形，虽然它每一对边长都相等。但是，它并不是同等边长的矩形简化，因此，它在视觉上就拥有了一种随时都"想要反弹"回矩形的强大驱力。由于这一样式在视知觉中产生了一定程度的不舒适性，我们就只有将其想象为三度中的形态才能使其看上去更为简化，从而消除视觉中的矛盾感。在此意义之上，变形的形体就能够暗示出画面中的空间立体关系。

在绘画艺术创作中，艺术家很少从纯正面的角度对观者展示长方体或立方体的基本形态，也很少采用垂直俯视的角度去呈现矩形与正方形。以上两种方式不仅不利于空间立体效果的表达，同时也会让画面显得呆板而缺少动感。在莫高窟西魏第249窟《维摩诘经变图》中，对屋舍的表现就体现出早期画师对几何形体变形暗示出空间效果的初步思考。在图中，画师对屋舍的正面矩形进行全面刻画时，并没有忘记引入变形的侧面进行立体效果的表现。虽然屋舍的最左棱与垂直线产生了较大程度的偏离，屋顶也有向下倾倒的错觉，整个造型透视关系尚且存在着较大的问题，但是由此也不难看出莫高窟早期的画师已经在一定程度上掌握了利用变形产生空间立体效果的基本方法（图3-33）。

这种手法一直沿用到唐代，例如在莫高窟盛唐第217窟南壁的《佛顶尊胜陀罗尼经变》"齐僧拜塔"中，我们也能够看到画师通过形体变形带来空间视觉效果的具体实践（图3-34）。画面左上方的庙舍以正面形式进行整体展现，庙舍屋檐与僧侣均呈一字水平延伸。

为了弥补正面构图所欠缺的空间视错觉，画师将庙内右侧墙壁与底座进行倾斜化处理，虽然其透视方式还显得较为稚嫩，但在某种程度上还是让此二维绘画实现了一定程度的逼真性。同时，

图3-33　莫高窟西魏第249窟《维摩诘经变图》

图3-34　莫高窟盛唐第217窟南壁
《佛顶尊胜陀罗尼经变》局部

画师还将庙前的跪席处理为平行四边形，由于其不如矩形结构简单，观者很容易在视知觉的主动性中将其联想为后者的变体，从而使其强大的视觉张力得到缓解，也赋予了画面一定的空间立体关系。同时，这样的处理方式能够使跪拜的三人彼此较少形成遮挡，从而使其各自的形象得到最大程度的表达。

第五节　敦煌艺术中的透视

纵观历史上中西绘画中的透视表现，通常具有以下3种最为主要的形式：第一种是等角透视，通常用平行的斜线表现立体空间，画面之中没有灭点。等

角透视之中又分为正面——等角透视与斜面——等角透视这两种具体的方式。正面——等角透视为我们展现的是从正面"看到"的立体形象（图3-35）。我们能够在其中"看到"立方体中规则的正方形正面，以及其上方和右边变形的斜面，它们分别与正方形相接构成立方体的顶面及右侧面。但这里的"看到"其实并不符合视网膜上立方体的真实成像。观察表明，视网膜上投射的立方体顶部和右侧的这两个朝向深度空间的面，都会随着距离增加而不断收缩聚集，因此现实中并不会呈现出两个标准的平行四边形。然而，这一透视方法还是具有相当大的优越性，因为在这种透视关系中，立方体的基本特征在满足最低限度的三度空间暗示的基础上经历了最小程度的变形，因此，它既容易为画师所掌握，也易于被观者所理解。更重要的是，它能够与观者观测空间相一致，无论它距离观者远近，其中的面及线条均能够保持客观上的比例关系。因此，它也成了三度空间中最简单的视知觉结构，并在中国古代绘画中被广泛采用。

　　斜面——等角透视在本质上和正面——等角透视相同，仅仅是将观测的重心从立方体的正面转移到侧面，它是画家们不满足于正面——等角透视所带来的呆板与安静而进行的尝试。它使原来处于正面的正方形就转换为三度上的单位，从而与整个形式架构的倾斜排列不再适应。于是画家又将正面的正方形其进行变形，使其从与画面平行演变于斜向相交，进而得到了图3-36中的式样——正面的形象与水平的线全部消失殆尽，仅剩下三条垂直的线维持绘画空间和观察空间的一致。它在样式上虽然不如第一种透视关系简单，但因其倾斜

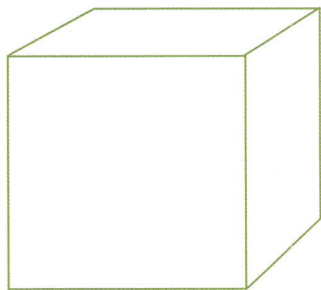

图3-35　正面——等角透视　　　　图3-36　斜面——等角透视

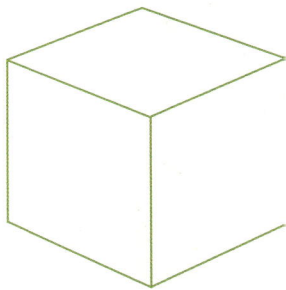

而为画面带来一定的动感与活性。当然，它和正面——等角透视一样，也不是视网膜上的真实成像，同样是一种经过人为设计的投影样式。除去中国传统绘画，这种透视方式在18世纪日本的浮世绘中也有大量体现。

第二种透视方式是中心透视，它在整个西方美术史的发展过程中起到了不可磨灭的作用。早在古希腊时期的艺术作品中就能够看见明显的缩短技巧，但直到文艺复兴时期，意大利建筑师布鲁内莱斯基（Filippo Brunelleschi）才将其与数学法则相结合，形成严谨的中心透视法。随后，马萨乔（Masaccio）等艺术家在其艺术作品中开始对这一透视法进行集中实践，进而将更为逼真的艺术形象贴近了人们的心灵。以中心透视法为依据的绘画艺术作品能够表现出近大远小的视觉逻辑，为画面带来立体感，也能够将场景安排在一个更为令人信服的空间内。以盛期文艺复兴艺术家拉斐尔的湿壁画《雅典学院》为例，它表现的是古希腊不同领域的名人相聚一堂交流与探讨的盛景（图3-37）。在这幅绘画作品中，所有的物象包括空间本身都向画面深处的同一个中心聚集，因此也更为诚实地反映了虚拟的观者站在固定位置视网膜上投射的真实印象。由于聚集性的增强及压缩感的扩张，这一透视方式增加了人眼对其形式进行裂变矫正的要求，因而带来了异常强烈的空间纵深效应，也使得画面产生了更大的戏剧性张力和生命质感。它在形成一种丰富且复杂的视觉结构的同时，又通过阳

图3-37 （意大利）拉斐尔《雅典学院》1510—1511年

光辐射般的惯常式样将所有繁复要素统一起来，以达到视觉上的简化。很多秉持艺术进步论的学者，如德国哲学家黑格尔，他们认为艺术的开始有如儿童画般简单自然，而这种粗野的形式并不能称为美。而美作为精神作品的产物需要长久的训练和娴熟技巧的积淀。在这样一种逻辑下，中心透视显然优于以上两种透视方法。然而，笔者认为，不同的透视方式其实并无优劣之分，正如贡布里希（Gombrich）在《艺术与错觉》中提到的那样，艺术是心灵的产物，不同时期及不同地域的艺术中有不同的"逼真"标准。艺术作品是艺术家将其所见翻译成其艺术手段的表现形式，而形式的差异正源于艺术家对世界的不同看法与趣味的不同偏好。在正面——等角透视及斜面——等角透视背后流淌的是东方传统美学的血脉，自南齐就有谢赫提出"应物象形"，唐代又有孙过庭的"同自然之妙有"及荆浩的"度物象而取其真"，他们均主张对事物本真的样貌进行刻画，因此也在不断地寻求无关乎视点变化的事物的永恒形状；而中心透视中的缩短法则更多地调动了个体视知觉的主动性，因此它也与废除中世纪神权，主张将个人权利置于其上的文艺复兴思潮不谋而合。

　　第三种透视方式是散点透视，又称为多点透视，它在中国传统绘画中较为常见。它和中心透视不同，画家并不仅仅伫于一个观测点对空间全貌进行表现，而是使"景随步移"，让不同视角观测到的图像进行有机融合，使观者在作品中能够"可居可游"。它打破了中心透视中的视域界限，嫁接了多重视域与多样空间以综合表现画者内在的精神世界。以此方式，中国古典艺术家才能够以百米长卷表现出咫尺天涯的辽阔景观。虽然散点透视在某种程度上脱离了客观现实世界的束缚，但在其空间构成中却融入了很强的个体主观意识，符合艺术家的内在真实心理。当然，这一重意轻形的审美主张和中国古典美学的发展是休戚相关的。自汉末起，社会的巨大动荡使士大夫美学开始异常重视精神价值的追求；再加之曹魏时期，大批名士被司马懿杀害，人们深感仁途凶险难测，于是嵇康、阮籍构建了"越名教而任自然"的新理论，提倡"以庄周为师"，开始追求一种自由自然的理想境遇。艺术家在审美活动与艺术创作中也随即更偏重于形而上的追求，希望在作品中能够获得一种更为主观且自由的审美空间。而散点透视这一方法的出现正好能够满足这一超然的美学主张，它能够将不同立足点上看到的不同的空间景象，以及不同时间发生的事件组织在同一空间之中，以此体现出画者对自然及生命的深切领悟，同时也能够让观者紧随画者的引领，在其创作的美学空间中展开愉悦的视觉游弋和流畅的阅读体验。

北宋画家郭熙在《林泉高致》中详尽地总结过散点透视技法在山水创作中的重要意义："山近看如此。远数里看又如此，远数十里看又如此。每远必异。所谓山形步步移也。山正面如此，侧面又如此，背面又如此。每看必异。所谓山形面面看也……山有三远：自山下而仰山颠，谓之高远；自山前而窥山后，谓之深远；自近山而望远山，谓之平远。高远之色清明，深远之色重晦，平远之色有明有晦。高远之势突兀，深远之意重叠，平远之意冲融而缥缥缈缈。其人物之在三远也。高远者明瞭，深远者细碎，平远者冲淡。明瞭者不短，细碎者不长，冲淡者不大，此三远也。"他将"步步移"的观测方法引入山水构思创作，探讨了从事物正面、侧面和背面得到的不同视觉感受，以及通过仰视（高远）、俯视（深远）和平视（平远）等不同视角切入能够感受到的明暗差异及意境的悬殊。这种以"可望、可行、可居、可游"作为山水画创作的先决条件，能够让观者将千里风格尽收眼底。

敦煌壁画主要采用了等角透视及散点透视的基本方法进行艺术创作。在莫高窟北魏第272窟北披中，天宫伎乐伫立的台阶就是用正面——等角透视的方法进行绘制的，我们能够清晰地看到长方体的矩形正面、三根垂直的棱及三条平行的边。以此方式，画师就使台阶从画面中脱颖而出，并使其上的天宫伎乐与台阶下的飞天和千佛位于前后不同的两个层次，依此，画面的空间视觉效果就得以建立起来（图3-38）。

而在北周第428窟《须达拏太子本生图》中（图3-39），我们又能够看到斜面——等角透视的具体表现。在下方坐人的屋舍中，我们找不到任意一个未经变形的正面矩形。三条廊柱均垂直于地面，左右两个相交的面各自向上方呈不同角度的倾斜，于是屋舍的三度空间就以此种方式被展现出来。这种方式不仅清楚交代了屋舍内外两人的位置关系，也为周遭较为程式化山影重叠赋予了另外一种不同的空间效应。

图3-38　莫高窟北魏第272窟北披《天宫伎乐图》

到了唐代，莫高窟中开始出现大幅的西方净土变，其中最具中国特色的散点透视技法也开始被灵活地运用在这类表现水平及垂直方向的多视点融合的景观之中。画师通过调动观者视知觉的主动性，引领其在空间的推移中渐次概观净土全貌。以盛唐第172窟南壁为例，画师不仅结合了平视、俯视和仰视等多种视觉角度，还将不同定点能够观测到的丰富场面，以全

图3-39　莫高窟北周第428窟《须达拏太子本生图》局部

景图像的方式展现在观者面前。首先，画师运用平视构图将画面分为三个主要的水平层次，下端第一层两边分别为坐佛及其眷属，他们呈对称的形式排布于中部的仙鹤莲池两边。沿着中轴线向上是第二个平视层次，中部主要绘有两身舞伎，左右两边分别是演奏伎乐。位于画面中部的第三个水平层次主要绘制的是西方三圣——阿弥陀佛、观世音菩萨、大势至菩萨及其眷属。画师利用三个平视层次，引领观者视线沿中轴线由次到主逐步向上推移，最终聚焦于西方三圣图像上。这一视觉导向非常符合观者视线移动的轨迹；其次，阿弥陀佛的华盖、身后的大殿及两旁的侧殿均采用仰视的视角，北宋沈括在《梦溪笔谈》中，曾戏谑地将这种仰画飞檐的方式称为"掀屋角"。这种方式不又能够凸显

主尊身后建筑的庄严华丽，也能够暗示被接引的主体观看视角；最后，画师对各安置人物群组的平台及两侧的回廊均采用了俯视视角，这样一来，不仅能够确保人及事物的比例完美，还能够全景化地展现庄严净土的超时空图像。然而，画面中的俯视却并非一点透视，而是由多个沿中轴线上的视点集合而成，通过这种上下变动不定的视点，画师就在画面上制造出一种有如幻世般离奇的视觉落差感（图3-40）。

为了保证各个物象比例完美而不产生俯视下的形变，画师在中轴线上设立了数个俯视的透视灭点。通过图3-40所绘透视图式，我们可知，画面最下部的第一个具有仙鹤、莲花的台阶是第一个大致观测点的区域，我们将其标注为大致站点a，它暗示出观者初识净土的位置。接着视点逐渐上移至乐舞团中央的平台处，我们将其称为大致站点b，在这一个透视系统之中，灭点则刚好落在主尊身上，于是到此时画师就完成了将观者视线牵引至画面中心的重要的任务。再随着视线的穿越我们又来到西方三圣所在的平台位置——大致站点c，在此区域观者向天仰视能够较为清晰、全面地看到主尊身后大殿的内部结构与装饰。通过以上分析我们可以知道，画师为观者所预设的视觉阶次是从下往上逐渐推移的，形成了郭熙在《临泉高致》中提到的"步步移"视觉嬗变轨迹。而通过多次的俯视与一次仰视视角的有机融合，不仅能够打破中心透视所产生的图像缩短变形而为画面带来巨大张力，保持住各人物、景致的最佳观赏比例，也能够极大程度地表现出超越时空规限的净土全貌。

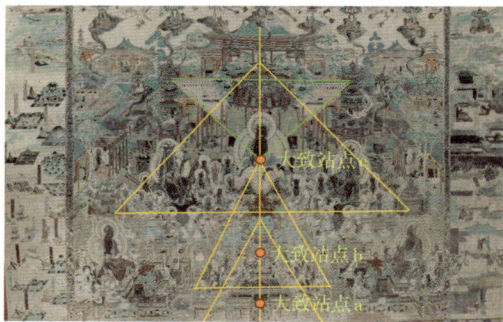

图3-40　莫高窟盛唐第172窟南壁
《观无量寿经变图》透视图

敦煌魏晋南北朝壁画
艺术中的色彩

　　过去，学者们主要从装饰性、象征性、技术性及风格性等方面探寻敦煌历代壁画的配色方案，却较少有学者关注到壁画的色彩组配规律与观者之间的深入互动关系，更未有人以阿恩海姆的视知觉色彩理论为基本方法，对敦煌壁画的色彩表现进行系统性的分析。阿恩海姆作为西方20世纪的心理美学家，他对于色彩的认知早已不再像西方传统色彩理论那般囿于物理现象分析，而是主张将色彩表达视作一个完整的心理现象，重视人类对色彩的反应及直接感受能力，并将人类对于色彩的喜好与其所处的社会环境和自身的个性经验联系在一起。比较得知，他的这些色彩观念与中国传统色彩理论具有一脉相承的特征，因此将其系统地应用于敦煌壁画的色彩研究中，不仅能使中西理论互为参照，还能够在心理—艺术跨学科交融的基础上，拓宽敦煌壁画色彩研究的基本路径。

第一节　中西传统色彩理论溯源

　　中西传统色彩理论具有较大的差异。西方的色彩理论充满着科学理性主义的光辉，哲人们从古希腊时期就开始讨论色彩和光线之间的紧密关系，其后他们又引入物理学实验对色彩这一特殊的视觉现象进行深入研究。然而，这种研究方法却始终将色彩作为一个抽离于主体的客观对象，并未将其与人类的道德、情感联系在一起。直到18世纪，西方哲人才开始反思色彩的感性意义和审美价值，逐渐得以摆脱二元对立思想对色彩研究的禁锢。相较而言，中国色彩观念自古就具有形而上学的意蕴，它更像是一种特殊的文化符码穿梭于宗礼法典之间。它异常重视色彩对观者心灵的影响以及此两者之间的深度互动关系，并长久地体现着"以人为本"的人文主义关怀。

一、西方对于色彩的认识

西方历史上最早关于色彩的论述源自亚里士多德的《论灵魂》篇，他提到，不透明的物体虽然潜在有色，但这些颜色并不是现实地存在于物体之中。因为当这些物体处于黑暗之中时，它只能以黑色向我们显现；只有当光线照射在这些物体之上时，它们才能够对我们呈现出白色或绿色的视觉特性。因此，对于亚里士多德来说，光线就是第一性的，颜色则是第二性的。因为只有在光线的作用下，不透明形体的颜色才能成为现实的。同时，亚里士多德还认为，白色是最纯净的一种光，其他颜色则是由于光线在被照射的物体表面上发生变异所引起的，因此它们是不纯的光。17世纪，英国化学家罗伯特·波义耳（Robert Boyle）在古希腊人有关光线与颜色之关系的基础上探析了颜色与物质载体结构之间的关联。他提出，物体之所以呈现出白色，是因为其物质结构能够完全反射光线；同理，那些呈现出黑色的物体则是由于其物质结构完全吸收了光线。法国哲学家笛卡尔赞同亚里士多德白光是最纯之光这一观念，进而结合三棱镜散射实验将光线解释为不停旋转的粒子。当白光线通过三棱镜以后，其转速发生了不同改变，而不同转速的光则呈现出不同的色彩。然而，牛顿却并不认同笛卡尔的断言，他用一束红光代替白光照射三棱镜，发现该红光并不会发生颜色上的转变。如此一来，白光不但不是最纯的光，反而是由红、橙、黄、绿、蓝、靛、紫这七种更为纯粹的单色光线复合而成。18世纪，德国哲学家康德从美学层面研究了色彩的价值。在《判断力批判》中，他提出最高级别的美在形式。造型是最为基础的东西，它们仅仅通过形式就能够使人产生无功利的愉悦。而色彩虽然也能使得主体对对象的感觉生动起来，但它深受形式所限，其自身并不能称为美，至多只能算作一种使轮廓熠熠生辉的使人适意的魅力。因此，在他心中就自然而然地具有了造型高于色彩的等级排序。另一位德国学者歌德沿袭了牛顿对于色彩物理性质的研究，但他认为牛顿的研究方法虽然精妙诠释了色彩这一物理现象的科学逻辑，但也使色彩彻底沦为完全外在于观者的独立现象。因此，他主张从主观主义的角度去探究色彩与主体之间的关系。于是他撰写了《色彩学》《光学论文集》等著作，坚持声称色彩既是客观的物理性状，也是主体对自然现象的主观反应。将色彩与人类的性格和情感相连接，并将色彩研究、道德及艺术美学联系在一起。

二、中国的色彩法则及其与阿恩海姆色彩观之共融

中国古代的色彩观念与西方截然不同，他们未曾思考过视觉、光照与色彩之间的协作关系，而是将其与宗法制度及宗教迷信联系在一起。换句话说，色彩在中国古代人心中更像是一种文化符号，体现出极其强烈的人文关怀。他们并不像西方人那样以理性客观的角度认识色彩，而是更为重视人与色彩之间的互动关系及色彩对人心灵产生的诸多影响。依据字源说追溯汉字"色"的最早意蕴，发现其指的是人颜面流露出的气象，正所谓"色者，颜气也"。在汉代佛教传入中国以后，"色"字开始具有了万物之纯粹现象之意，正所谓"色不异空，空不异色"，凡是能够让人眼、耳、鼻、舌、身这"五根"感触到的东西均称为"色"。而在《说文解字》中，"彩"为"文章也。从彡，采声"，意指纹案、纹章。当其作为动词时，有在图纸或器物上施以彩绘之意；而将其作为形容词时，则有多彩、多色的含义。而直到宋代，在小说辑录《宣和遗事》中"色""彩"二字才真正合为一体，并表达出物体表面所呈现的颜色这一近代含义。而就目前考古发掘看来，中国最早的色彩实践距今已超过两万五千年，那就是内蒙古阿拉善右旗东北部巴丹吉林沙漠边缘的雅布赖山中的三个洞穴手形岩画遗迹。在这三个洞穴中遍布了39个以赤色为主、黑色为辅的手印纹样。而在其后的北京周口店山顶洞人遗迹中，考古学家不仅发现了最初被染制为赤色，而后又被施以黄、绿和白色的石制装饰挂串；同时，还发现了尸骨四周播撒的赤色铁矿粉末。由此可推知，先民不仅具有色彩审美思维，还对色彩赋予了宗教迷信的象征意义。到了先秦时期，"五方正色"观

念逐步兴起、完善，并为其后续历代王朝遵循沿用三千余年。这种色彩思维富有超越西方的浓郁人文思索，同时也蕴含着天人合一的哲学内涵。它将色彩与五行相互联系，金、木、水、火、土这五种天地宇宙中最基本的元素分别对应了白色、青色、黑色、赤色和黄色。同时，又将其与西、东、北、南、中五方，秋、春、冬、夏、长夏五季，燥、风、寒、热、湿五气，忧、怒、恐、喜、思五志与义、仁、智、礼、信五性一一对应，最终实现了人与天地万物合而生的整体性思维体系。这一"五方正色"的观念对古代王朝官民的工作与生活都起到了决定性作用。古人不仅在不同季节时令会挑选不同色彩的服饰来彰显其地位和才德，同时还会利用五色进行工艺美术创作及凶吉占卜。

　　阿恩海姆视知觉中的色彩理论与中国传统色彩意识有某些相近之处，将两者进行对照可以使其得到相互启发与映照。首先，阿恩海姆反对将色彩作为一个孤立的物理现象看待，而是秉承其一贯的格式塔思维模式趋向将色彩视作一个完整的心理现象，这一观点与南朝画家谢赫在《古画品录》里提出的"随类赋彩"如出一辙。后者认为色彩并不独立存在，而是孕育于万事万物，因此画者无须苛求单一实物色彩表达，只需遵照主观喜好与审美体验提炼出最具感染力的配色方案；其次，阿恩海姆重视视觉对色彩的反应，强调人眼对色彩的直接感受能力，与中国古人认为色彩能够调阴阳、聚气这一观念也可谓大同小异。两者都不赞成色彩通过视觉使心灵产生联想，而是主张色彩对人类生理的直接作用；最后，阿恩海姆认为色彩具有优越的表现性，而人类对色彩的喜好与其生活环境、习俗等社会因素和个性、经历等个性因素有着紧密的关联。中国"五方正色"的观念则恰好反映出传统色彩观念与民俗文化之间的相互交织，及在古人日常生活中所具有的表现性及象征意味。鉴于中国传统色彩思维和阿恩海姆视知觉色彩理论的相似，下文将尝试以后者作为基本方法对敦煌南北朝壁画的色彩特征及其受文化交流影响发生的演变现象进行深入探讨，以此拓宽对于敦煌壁画色彩组配规律的理解。

第二节　形状与色彩的关系

阿恩海姆在《艺术与视知觉》中集中讨论了色彩与事物形状之间的关系，他提道："一切视觉表象都是由色彩和亮度产生的" **❶**"只有通过亮度和色彩的差别，才能让物体的形状显现出来" **❷**。由此看来，色彩和形状虽然互有区分，但仍紧密相连，它们都能够传递事物的表情与信息，但其侧重点和力度又各自有别。形状是视觉能够分辨出事物最重要的基本特征之一。它并不涉及事物所处的空间位置及方向，仅仅关注其边界线。人的视觉对于事物外部边界的把握较为容易，我们能够不费吹灰之力获悉由边线或面围绕而生成的各类二维的或者立体的形状，例如，纸面上的各种几何图形、苹果和房子的外观。他们都能被低龄儿童轻松把握。然而，视觉对物体内部边界的把握往往较为困难，我们较难通过视觉提取口腔或洞穴的全部信息。只有当这些拥有内部边界的物体与外部边界相互结合或产生对抗时，人眼才能轻松获取关于其形状的概念，诸如茶杯、帽子等物件，要理解它们就比洞穴和口腔容易得多。另外，对于视知觉来说，事物的形状并不只是其落在视网膜上的形象，那些目光不能及的物体侧面或背面也能够在视知觉的完形功能中得到理解。同理所得，物体内部的形状，诸如人体的内脏、器官等，虽然并不能为视觉可见，但也能够通过视知觉的作用结合经验得以把握。

形状能够在空间中独立，并以抽象的形式对其进行界定。而色彩却不能独立于形状而存在，相反它常局限于某种轮廓之内。色彩一旦需要以具体的方式呈现出来，它就必定要受轮廓的限制而与其他色块区分开来。而不同的形状本身就具有不同的精神气质，它们也能够在一定程度上强化色彩的色值。例如，黄色的三角形能够使黄色显得更为锐利、强势，而圆形的蓝色却能够使其看上去更为深邃与安宁。但相同的是，色彩和形状一样，都能够使事物之间相互区

---

❶ 鲁道夫·阿恩海姆. 艺术与视知觉［M］. 滕守尧，朱疆源，译. 成都：四川人民出版社，1998：451.
❷ 同❶。

别，从而使视知觉完成最为重要的智能——获取意义。如果将形状作为一种交流工具，如书写的语言和摩尔斯密码等，它们的有效性就比单纯用色彩来得更为强烈些。但反过来讲，色彩所能传递出来的情绪价值，又是纯粹的形式难以比拟的。例如，在余晖中镶上金边的云朵以及湛蓝剔透的冰川，其为心灵带来的震撼及余韵又是形式难以复制的。形状和色彩对于人类的影响在不同年龄阶段的人中又有很大差别，在低龄段的儿童心中，事物的色彩往往具有极为强烈的感染力，从而让其忽略事物的形状特征；而受过教育的大龄儿童或成人往往又能够脱离颜色的极大感召力，建立起将事物形状作为认识来源的基本通道。而郝尔曼·罗夏（Hermann Rorschach）的实验又从心理学层面证实了不同情绪状态的人对于色彩及形状的敏感度有所不同，情绪高亢的人更容易受色彩的影响，他们往往更容易接受外界的影响，其情绪也更为外露。而情绪低沉的人对形状情有独钟，他们大多内向克制，不喜表露。由此我们可以总结出，人们对于色彩的反应具有直接性，"它是人类自发产生、被动接受的心理经验"❶。而对形状的知觉却往往伴随积极的有组织的心理活动。在艺术中，接受的态度往往更加重视色彩，因而使作品能够呈现出浪漫主义的视觉特征；而积极的态度则往往更看重形状，因而使作品呈现出古典主义特征。

在敦煌莫高窟北魏第251窟北壁的《说法图》中，我们能够看到画师以形状作为整幅构图的基石。顶部是依中点分别沿两边庄严而下的人字披，披上等距绘有各式演奏伎乐。下部中央主尊手施说法印结跏趺坐于莲花宝座之上，二菩萨、弟子及上方飞天以对称的形式饱满地分列其两边。整幅壁画用运用了大量的黑色与土红色（已褪色），并辅以白色与石绿色进行穿插点缀。色调既单纯又沉稳，结合对称的构图形式着重凸显出一种永恒、宁静的古典静穆之气（图4-1）。

唐代以后，敦煌壁画在构图上更为自由，配色也更灵活多元，往往能够使其体现出一种接受的态度。例如，在莫高窟盛唐第217窟窟顶的《为四众说法

❶ 鲁道夫·阿恩海姆. 艺术与视知觉［M］. 滕守尧，朱疆源，译. 成都：四川人民出版社，1998：455.

图》（图4-2），画面构图并未采用严谨的对称式构图，主尊位于画面视觉中心偏左的位置，左右两旁的树丛与云朵及道路均采用有机的构成形式，其姿态灵活恣意、毫无刻板之气，也为画面添赋了盎然生动的情趣氛围。

相比北魏第251窟北壁的说法图，画师在用色上更为鲜艳明快，以浅灰色铺垫背景，朱红、藤黄与石绿进行物象的整体表达，使作品更具有浪漫主义的人文气息。

图4-1　莫高窟北魏第251窟北壁《说法图》

图4-2　莫高窟盛唐第217窟窟顶《为四众说法图》

第三节　视觉对色彩的反应

在《艺术与视知觉》中，阿恩海姆总结了过去的色彩联想说，他谈道：以往人们认为色彩之所以具有情感表现能力，是因为它们能够使人联想到经验中的现实之物。例如，红色能够使人联想到火焰与血液，因而使它具有强烈的刺激意味；绿色让人联想到春天的新芽、绿树与小草，因此它能够带来清新的视觉氛围；而蓝色使人联想到冰川与湖海，于是它能够带来冰凉的情感体验。然而，事实上，在人眼触及色彩的时候，对它的感知其实是非常直接的，之中并没有经历漫长的认识或联想过程。因此，他认为色彩的联想说其实并不能很好地穷尽人类对于色彩的理解，而是应当从视知觉层面研究观者对于色彩的知觉反应。

一、色彩的知觉反应

色彩的知觉实际指的是不同波长的光波作为刺激物投射到视网膜以后，再通过感光细胞传到视神经，最后由视神经把光刺激传输给大脑皮层而产生的一种感觉。因此，对其研究不能仅停留在经验层面，还必须结合实证探索有机体对色彩产生的现实反应。法国心理学家弗艾雷（Fere）就通过大量实验证明了人的肌体对不同色彩具有不同的反应。他发现，当用彩色灯光照射人体时，其肌肉的弹力与血液循环会加强。其中波长最长的红色光对肌体的影响最大，其次是橘黄色、黄色、绿色等波长居中的色光，蓝光对肌体的作用最小。其后，美国心理学家科特·戈德斯坦（Kurt Goldstein）也在其精神治疗中探寻了病人对不同颜色的反应。在治疗中他发现，由于大脑患病而丧失平衡感的人会因穿着红色衣物使其症状加重，但当其身着绿色服装时其症状就会趋于消失。接着，他又对该类病人进行了第二项实验：研究其在观察不同彩色纸片时，胳膊保持平衡的程度。他发现在面对黄色纸片时，病人的胳膊偏离的角度最大；在其观察红色纸片、白色纸片时，胳膊偏离的程度减小；当其观察蓝色纸片的时候，胳膊偏离的角度最小。以上两个心理学实验都从不同的角度证明了波长较长的色彩主往能够引发主体的扩张性反应；反之，波长较短的色彩则能够引起主体的收缩性反应。

康定斯基在《艺术中的精神》中也谈到色彩具有心理效应，能够引发观者的精神感应。它诱使眼睛以及其他感官产生生理反应，进而对有机体产生巨大的物理影响。红光能刺激心脏使人兴奋，蓝光会短暂麻痹心脏。他还提到，刺激性较强的色彩往往前倾靠近观者，以该类色彩填涂的圆形也会产生一种慢慢向外扩散的离心运动。反之，刺激性较弱的色彩则后退远离观者，而以该类色彩填涂的圆形则会产生一种像蜗牛壳一样慢慢向内收缩的向心运动。看前者眼睛会有刺蛰感，看后者会有绵吸感❶。

　　莫高窟北魏时期的壁画中，常用石青色、石绿色、土红色及黑白二色进行穿插搭配。人物画法以凹凸法为主，层层晕染体现出较强的西域风格；自然景物的表现则多采用本土绘画样式，多采用原色进行平涂，整体色调既和谐明快，又充满对比趣味。石青色、石绿色与土红色的波长不同能够引发主体的扩张性和收缩性反应，从而区分出画面的主次关系；同时，还能够利用不同色彩不同程度的物理刺激营造出画面的空间层次关系。莫高窟北魏第257窟窟顶的藻井图案主要采用了平棋样式。最内侧的正方形内部以石青色或石绿色为底表现莲池（因岁月磨砺，色彩饱和度降低，所以难以清晰分辨原色），上部以凹凸法绘有四身白色肤质的裸体游泳童子。其外框以土红色平涂打底，上部以单色黑线勾勒出随佛教传入的忍冬纹样。外部四角以凹凸法绘制火焰纹样，外框依然是土红色平涂作为基底，并用本土的绘画技法表现具有镶嵌花叶及圆形宝珠花蕊的宝相花的二方连续构成纹样。外层四角以白色为基底，其上用凹凸法绘制四身"V"字形飞天。从该幅藻井的色彩模型来看，画师已经明确掌握了土红色对主体生理刺激性较强而前倾，石青色或石绿色刺激性较弱而后退的基本视知觉原理。依据平棋的基本构成形式，制造出由外至内层层推移的视觉效果，再结合藻井的特殊空间位置使窟顶不断向上方延伸，从而为该洞窟整体带来一种不断向上飞升的崇高美学特征（图4-3）。

图4-3　莫高窟北魏第257窟窟顶藻井图案

❶ 瓦西里·康定斯基.艺术中的精神［M］.余敏玲，译.重庆：重庆大学出版社，2019：92.

同理，在莫高窟西魏第249窟西披中，画师也利用了不同色彩对观者的生理刺激程度的区别来引导观者的视线流动。首先，他以白色进行背景铺陈，然后用淡彩以单线勾勒与平涂相结合的基本方式表现出山林树丛及房舍结构，使其成为与背景色彩偏离最小、层次最为接近的底纹；其次，他主要用黑色（已褪色）、石青色与白色表现山石的组合，中间穿插少量土红色山石进行点缀，同时用石绿色描画穿插表现石间的大面积水域。山间的猴与鹿等动物用土红色平涂，并加以白色提亮、点缀。上方画面中间为阿修罗王，他赤裸上身，下身穿着以红色为主、石青色为辅的衣饰，其两臂结说法印于胸前，另两臂擎日月直触天际。其身躯缠绕的是以石青色、石绿色与黑色相间的缎带，一端向下悬垂连接山海，另一端向上延伸至以石青色为主、黑色为辅并以石绿色和土红点缀的须弥山，以及单线勾勒墙体结构并以石青色平涂屋顶的"忉利天宫"。阿修罗王两侧绘有雷公、霹电、风神、雨师、朱雀、羽人、乌获及迦楼罗、飞天等人物，画师主要用肉粉色、浅灰色对其进行肢体表达，并用大量石绿色及少量石青色表现其衣着与配饰。由于石青色与石绿色在波长上较土红色更短，对有机体的刺激也较为微弱，因此有向后退缩至底纹层次的趋势。相反，土红色由于其波长较长而对人的感官刺激更强，因此有着向前凸显抓住观者目光的效应。于是，当观者朝向西龛时，其目光由下至上首先将会被土红色的山石所吸引，然后游移至猴与鹿的生动表现，最后来到阿修罗王处，其大面积的红色衣饰让其成为观者视觉的汇聚中心。在他上方的须弥山中也有少量的土红色山峰，继续将观者的视线牵引上移至最顶部的"忉利天宫"。在纵轴线上欣赏完较为密集的主要表现内容以后，观者视线将会由两侧波长较短、层次靠后的石青色、石绿色彩所吸引，进而横扫画面水平方向的次级内容以逐步完成对整幅壁画信息的提取（图4-4）。

二、敦煌艺术中的冷暖色

康定斯基认为，主体对单色的知觉主要来源于该色彩的冷暖及其明度。通

图4-4 莫高窟西魏第249窟西披

常来讲，暖色偏黄，冷色则偏蓝。暖色是前进色，它们离观者更近；冷色则是后退色，它们离观者更远。冷暖色能够使承载物产生一种运动的趋势，暖色的圆形能够产生一种缓慢扩散的离心运动趋势，从而使形体更靠近观者；相反，蓝色的圆形向内收缩，进而逐渐离观者更远（图4-5）。倘若在暖色黄色中加入蓝色，能够抑制黄色本来具有的离心运动力，从而使其精神力量变得虚弱。但在添加蓝色的过程中，黄色自身也在不断抵抗，直到黄蓝两色之间的相反运动达到平衡时，色彩变为绿色且最终趋于平静。但这种平静并不是死寂的沉睡，其内在的潜动力仍然保持着，并依然具有一定的精神活力。另外，作为暖色的黄色不管以什么形状作为载体，都会具有强烈的刺激性而令人感到不安；而蓝色的几何形则纯净脱俗，且往往富含深刻的含义。然而，两者等量混合生成的绿色虽然宁静祥和，

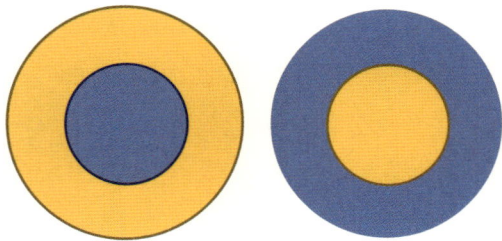

图4-5 暖色的离心运动与冷色的向心运动

却难逃单调平庸，同时充满着消极的情绪。但若在此绿色中稍微加入一点黄色或蓝色，都能为其增加活力，从而提升其内在的精神感染力。

从视觉对色彩的感知来看，由于不同波长的有色光在视网膜上成像的位置不同，因此它们对视觉带来的扩张感和层次感也各有千秋。波长较长的色彩，如红色、橙色和黄色，它们能够带来视觉上的扩展感及前进感，因此被称为"暖色"；而波长较短的色彩，如绿色、蓝色、紫色等，它们能够为视觉带来收缩感及后退感，因此被称为"冷色"（图4-6）。研究还发现，无色彩系中的灰色与白色能够在一定程度上等同于冷色，而黑色则具有中性偏暖的色彩特征。再从色彩的三要素层面分析，明度对于色彩的冷暖感也略有一定的影响，同一色相下明度越高的色彩往往偏冷，而对其添加黑色降低其明度则会让其逐渐偏暖。除视觉上的影响而外，冷暖色还能直接影响人的生理机制和心理反应。通常来讲，暖色能够让人的心率上升、血液循环加快，还能够让机体产生紧张感，为其带来温暖及兴奋的心理体验；反之，冷色则能够让人的心率下降，令其血液循环减速且血压降低，从而使其肌肉得到放松，生发出寒冷、平静与低沉的心理感受。

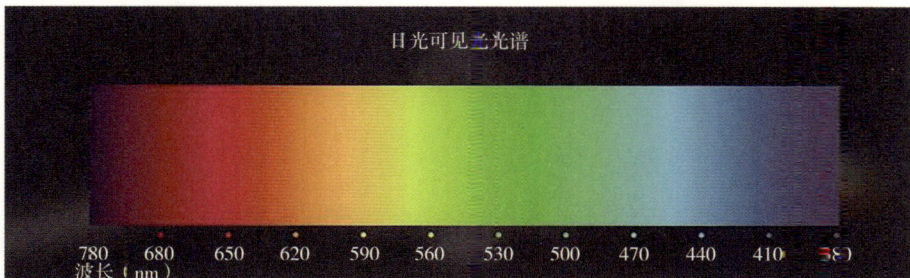

图4-6　有色光谱与波长示例图

然而阿恩海姆却认为，仅仅按照个体主观印象对单色进行冷暖划分是缺乏心理学依据的。他进而提出冷暖色与纯色之间并无绝对关联，只能说红色看上去似乎是暖色，蓝色看起来好像偏冷。而只有当一个特定的色彩向另一种色彩方向偏离的时候，冷暖色的定义才能得到清晰的诠释。他举了一个典型的例子，在黄色之中添加少量蓝色形成蓝黄色，该色彩看上去是偏冷的。但这种"冷"并非源于黄色这一基本色彩，而是加入的那种与基本色彩发生偏离的蓝色带来的"冷"。在此意义之上，略带红色的蓝色——红蓝色就是暖的，而略带蓝的蓝红色就是冷的。而当两种纯色等比混合，如蓝色和红色形成的紫色，看上去就既不显得冷也不显得暖。而未达到混色平衡的色彩中则总有一种纯色处于支配地位，这种制衡将影响视觉对于色彩冷暖的认知。同时，观者的主观情绪也会影响其对色彩冷暖的综合判断。混合色彩的冷暖特性并非取决于占支配地位的色彩本身，而是需要考虑其受外来色彩的"折磨"程度，只有当外来色彩向基础色彩靠近时所展示出来的色彩张力，才能够揭开混合色彩的冷暖特性。纯色因其中无对抗的张力，所以情感表现力也较小。他又指出，对于色彩冷暖的认知并非视觉在观赏它们时立即通过联想而产生的触觉上冷暖的感受，而是因为触觉与视觉这两者实则具有共同的结构性质，即它们对神经系统能够产生相似的效果。和物理上的冷暖相似，色彩的冷暖实际也指涉着事物的本质特征，如同冰窖让人望而生畏一样，冷的色彩也拒绝着我们；又如同暖阳令人青睐有加一般，温暖的色彩也迎接着我们。

敦煌早期壁画在配色上大多采用五色中的赤、青、黑与白这四种较为纯粹的色彩，虽然色彩的饱和度较高，能够营造出强烈的视觉冲击力，但是画面的冷暖效应其实并不明显。而到了唐代以后，画师们则开始有意利用混色为画面赋予更多的情感表现力。莫高窟盛唐第148窟北壁佛龛上方的《天请问经变图》就是一个绝佳的例证（图4-7），它

图4-7　莫高窟盛唐第148窟北壁《天请问经变图》局部

绘制于776年左右，是敦煌壁画中最早的一幅表现该题材的作品。

依据经文记载，释迦牟尼在室罗筏国誓多林给孤独园讲经时，实则只有一位"天"在此听法，但是画师在创作该作品时，却陡然增加了四十余位弟子、菩萨、天王和力士。原因是该窟开龛之时正值吐蕃进攻沙州，因此在该幅经变图中画师不仅依经文内容描绘了释迦佛给孤独园宣讲《天请问经》的情形，同时也以众多的人物组合与磅礴的构图象征了沙州军民团结奋起抵抗外敌的决心，这一增补刚好能够与经文中世尊答"天"问时的"福能与王贼，勇猛相抗敌"之间相互照应。画面中央是结跏趺坐于莲花宝座上布道说法的释迦牟尼，其两侧绘制有菩萨、众弟子、数天王与力士等眷属簇拥听法。画面左右两侧虽然在格局上大致对称，呈现出庄严宏伟之气，但稍有不同的是，左端四幅小型说法图分布位置较右侧更为松散，配合着该侧单独绘制的自忉利天宫乘祥云逍遥而下前来听释迦牟尼宣讲《天请问经》的帝释天及其二眷属情景，既弥补了视知觉中画面左方事物重力较右方不足的缺陷，同时又为规整沉寂的画面增添了几许生气与动感。画面背景处山水俊朗、建筑鸿图华构，画师对人物的刻画也活灵活现、细致入微。画面整体设色较多采用混合色，其色彩间多种力的争执与统一使画面充满了强烈的精神活性。首先，画面背景以石黄色打底，在黄与白二色的"争辩"中削弱了黄色喧嚣的气质，转而为画面增添了一分雅致的情绪氛围。前景则主要采用石绿色表现俊逸山水及人物配饰，石绿这一颜料并非纯粹的绿色，而是混有蓝色调子的绿色。因此，就在这绿色基底与蓝色的对抗之中，石绿兀自呈现出中性微冷色的视觉特性。同时，画面中还有少量的石青色的远景山水与人物装饰，由于该颜料实际上是一种蓝中带绿的颜色，因此在蓝色对绿色的支配中让其呈现出绝对的冷色调性。画面正中的释迦牟尼主要由土红色绘制，由于土黄色与红色都是暖性色彩，因此该两色之间更多的是统一互助最终形成一种绝对的暖调色彩。其他人物则以大面积的赭石色与土红色上色，并辅以白色表现肌肤，小面积的石青色、石绿色装点配饰，由于在此之中赭石色与土红色占有绝对优势，因此，人物整体都在其间各纯色的互相争夺之中最终趋近于暖色。画面上方的琼楼玉宇也以土红色和白色相间来表现墙体及木构结构，石绿色辅以小面积黑色点缀表现屋顶、树丛。它们之中既有各色彩的欣荣活跃，又为画幅带来色彩冷暖之间的视觉平衡。综上所述，画师就以既变化又和谐的混合色彩为画面带来冷与暖之间的相吸相斥，使壁画充满激荡人心的精神活性，并最终使其抵达一种色彩上的动态高级和谐。

第四节　敦煌艺术中的色彩表现与偏好

不同色彩具有彼此各异的表现性，这不仅由其在时空中的位置决定，同时还会受到明度和纯度的影响。当人眼在对某物进行观察的时候，首先将依据其与周遭环境的明度的差别来界定该形体的外轮廓，当其表面显现出明暗交替的节奏时，人眼就会将此完整图像传入视神经，从而让大脑获悉其三度信息。同时，当光线照射到该有色物体之上时，该物体对光线产生吸收、反射与透射等效应，进而由视神经将图像传输到大脑，再由大脑的视觉中枢处理图像归纳信息，最后产生对颜色的印象。这一观测方式充分说明了人的视觉通常以明度与色彩作为基础。那么，这种感知又是如何发生的呢？研究表明，在光的照射下能够使人的视觉细胞产生兴奋，从而通过视神经传递到大脑视觉中枢，最终使人产生明度和色彩感觉。当较暗的光线通过人眼球中的晶状体传达到视网膜上时，视杆细胞引起感光功能，而视锥细胞丧失活性，从而引发人眼对于明度的知觉。这一视觉过程被称为暗视觉，在此过程之中人眼只能粗略地感知物体的轮廓而无法把握其细节特征。然而，在光线充足的情况下，视网膜中的视杆细胞失去了活性，转而由视锥细胞承担起感光的作用。又由于光线能够刺激视网膜，使人眼产生具有电磁波性质的视感放射能，其中波长在400~700nm范围内的色光又能为人眼所识别。对应人眼中三种不同的视锥细胞，其各自能够对不同的波长的有色光线产生不同程度的生理反应。按光谱敏感度，我们可以将其波长的序列分为短（S）、中（M）和长（L）三种。其中，包含大部分短波长的光线能够给予S型锥形细胞较强的刺激，它们响应短波长光的程度也远高于另外两种锥形细胞。当这种光线进入人眼时，S型锥体中的蓝色色素被激活，色光则被视觉感知为蓝色。而大多数波长在550nm左右的光则刺激M型锥形细胞，它们比S型与L型锥形细胞反应更强，此时M型锥体中的绿色色素产生活性，色光被视觉感知为绿色。600nm或波长更长的光能够强烈地刺激L型锥形细胞，从而使L型锥体中的红色色素被激活，色光被视为红色。因此，在这一明视觉的过程之中，人眼能够区分出物体的颜色，并把握其表面的细微特征。然而，在相同光线的刺激下，个体的杆体细胞和锥体细胞被激发的数量却不尽相同，这也佐证了不同的人对明度和色彩的感受的差别。当然，当人的视网膜出现病变的时候，其对明度的感知则会出现问题。而当人由于遗传或其他疾病使得视网膜内的视锥细胞中的光敏色素出现异常的时候，人则会不同程度地丧失区分色彩的能力。

从物理学的角度来看，物体呈现出来的颜色不仅由其固有色所决定，还要受到光源色和环境色的影响。光源色又分为自然光与人造光，最常见的自然光是太阳光。在一天中的不同时刻、不同的天气或季节，自然光的色彩都有所区别。早上的自然光略微偏红，到了中午则接近于白光，下午又略带黄色与橙色的调子。晴朗的天气自然光线偏暖色调，而阴天则倾向于带有蓝紫色性的灰调。物体的固有色指的是自然光线在照射物体时，部分色光被物体吸收以后剩下的被反射出来的颜色。草地就是其自身吸收了其他波长的有色光而反射出未被吸收的绿色。同理，海水则是吸收了自然光线中的其他色光而反射出蓝色，红气球则是由于吸收了其他色光而反射出红色。但物体的固有色并不是一成不变的，不同的自然光照射在相同的物体上也会使物体呈现出不同的色彩调性。此外，物体周围的环境色也能使其色彩产生细微的变化。举例来说，一个苹果在自然光源下受光面是暖绿色的，而其背光面的色彩则会受到接触桌面及旁边物体反光的影响。印象派画家莫奈就曾针对法国鲁昂大教堂进行过不同时间及气象状态下的观测和记录，用20幅油画阐明了自然光、环境色与物体固有色之间的关系。

18世纪，歌德率先提出了色彩是不能被精确测量的，它们只能被人感受与描述。随后，他又对不同色彩的表现性进行了归纳与陈述。在今天看来，虽然他的论断充满了个人主义的声音，但他将参与实验的人们通通纳入了科学研究的范畴之中，进而在实践的层面强调了这个多彩的世界是由人们共同创造生成的。歌德还制作了六色色轮，探讨了互补色的一一对应关系。其中，橙色和蓝色是第一对互补色，红色和绿色一一对应，黄色和紫色也构成互补关系。同时，他还将情感、性格与色彩联系在一起，从而把色彩区分为积极的色彩与消极的色彩两个大类。他认为，黄、橙及带有黄色的红等颜色能够展现一种"积极的、有生命力和努力进取的态度"[1]；而蓝色、紫色等色彩则是被动消极的，它们"适合表现那种不安的、温柔的和向往的情绪。"[2]同时，他还提出纯红色能够带来崇高性、和谐性和尊严性，它能够如帝王一般引发人们的敬畏之心；纯黄色则令人着迷，它能够使人愉快、轻松；纯蓝色则透露着冷峻与空洞，但此之中又隐埋着刺激性与安静性的争执；而绿色虽然不纯粹，但是其充满着单色才具有的稳定性，能够带给人们真正意义上的满足感（图4-8）。

康定斯基在《艺术中的精神》一书中也细致入微地分析了不同色彩所具有的不同表现性。他认为，黄色是一种粗俗的颜色，它让人心烦气躁并能够带来不安的感受，因此它是热情而又主动的；蓝色纯净而又脱俗，能够给人一种安宁的感觉，因此它具有深刻的意蕴内涵；绿色是最宁静的色彩，在其中不掺杂任何跌宕起伏的情绪氛围，因此它能

图4-8 歌德色轮

---

[1] Von Goethe, Johann Wolfg. *Goethe's Theory of Colors* [M]. Franklin Classics Trade，2018：235.

[2] 同[1]。

够传递消极的讯息；红色则热情奔放，不同于黄色的尖利刺耳，它含有强烈的坚定性及由内向外释放的魅力；黑、白二色都带有死寂般的情绪氛围。但不同的是白色之中蕴含着种种生机及感染力，而黑色之中却并无任何可能性而逐渐走向最后的终结。歌德与康定斯基都认为，混合色比纯色更具有动态性能，如在黄色中掺杂蓝色或绿色都能够让人的视觉产生不悦，而在其中加入红色则会带来强烈的视觉震颤，令人烦恼和躁郁；在红色中加入蓝色，会营造出一种不断攀登求索的紧张感。在红色中加入黄色能够唤起人心中欢快与乐观的情绪，带来温暖与活力的感受。在绿色中加入黄色或者蓝色，都能够增强其感染力而使其摆脱过度平静而带来的乏味感。褐色本身无激情和表现力，但在其中混入红色则能产生强烈的内在和谐。在暖红色中融入黄色生成的橙色能够为观者带来十足的自信。而在红色中加入蓝色生成的紫色则代表着病态与衰亡，因此它常被运用于中国古代的丧服之中。在混合的色彩中，观者总会不由自主地思考混色自何处开始，原色又于何处消失，如此一来它们就充满了动荡缺乏稳定性。

一、敦煌艺术中的色彩表现

在莫高窟壁画中，画师充分利用了色彩的表现性，结合多元的形式构图传达出意蕴深厚的文化教义，吸引观者驻足流盼并将图像镌刻于心。在莫高窟北周第428窟东壁的《萨埵太子本生》和《须达拏太子本生》中，画师用情节式构图描述了下面的故事：从前一位名号为大车的国王，他养育有三位王子。大儿子名叫摩诃波罗，二儿子名为摩诃提婆，小儿子名为摩诃萨埵。某日，三位王子进入山林中打猎，突遇一只久未进食奄奄一息的母虎。大王子与二王子都流露出同情的神情，却想不出任何解决的办法。而三儿子摩诃萨埵却毫不犹豫以自己的肉身饲母虎。随即，两位兄长策马回宫将此事禀告父母，国王与王后听闻噩耗赶往山谷。只见三子遗骨四散，于是收其遗骸舍利，并兴建佛塔进行供养。在壁画中，画师运用了石青、青灰、朱红、土红、棕褐、墨绿、石黄和白色等丰富的色彩，为释迦牟尼前世的善举赋予了变化多端的情绪特征与性格张力。在《山林打猎图》的下部，画师用黑色、石青色和石黄色平涂层峦山石，以墨绿色点染茂林。由于石青属蓝色系，将其与黑色搭配能够传达出深邃、寂静的含义。黑色中略带蓝色印记，于此更为山林增添深幽的艺术气氛，并为故事悲壮的主题埋下伏笔。而石黄色即白中带黄，隔于蓝、黑山石之间，能够在整体安宁的氛围中烘托出几许恬淡的生气。上方着朱红衣装的王子策马奔驰于山野之间，拔弓向上方追逐豹与鹿。红色充满激情振奋人心，以此平涂王子衣衫既能够展现青年蓬勃的朝气与精神活力，同时体现其成熟果敢的性格魅力。其胯下的骏马以略带蓝色的黑色平涂，既能够在视觉上与王子拉开巨大反差，又能够表现出马匹的高贵与忠诚。人物裸露的皮肤用青灰色进行修饰，既与其衣衫形成强烈的冷暖对比，又能够体现出人之为人深厚的精神内核和生命意志。上方鹿群被猎豹猛烈追逐，鹿群用朱红色平涂表现出其求生意志与生命活性。猎豹则只用朱红色勾勒其结构线条，既与鹿群的表现方式拉开区别，又增强其灵动性与速度感。动物周围山石较前景山石配色稍有不同，除却石黄色，还在之间穿插数座朱红色山峰，更加烘托出逐于林间动物的动感与生命活力（图4-9）。在《投崖饲虎图》中，画师用深墨红色、土红色与石青色的山峰围绕事发场景。土红色令人心生敬畏之感，石青色为故事赋予深刻的人文内涵，而深墨红色则能够表现出三王子之死的崇高性。而三王子赤裸的灰青色肌肤不仅能够表现其思维的深邃，同时能够体现出其肉体的无瑕与高贵，"使其具有一种安息的气氛"，并暗示出一种未知的可能性。而母虎与幼崽则用棕黄色为底、黑色为图进

图4-9　莫高窟北周第428窟东壁《山林打猎图》

行轮廓的勾勒，用最简练的形式传达动物的形态与动势，让画中的主体——三王子得到最大程度的凸显（图4-10）。在《策马报信图》中，山石层叠，画师用斑斓的色彩体现出路程的崎岖及二位王子赶路的高效性。位于前面的王子着黑色衣装背向观者，胯下石青色马匹四蹄飞驰略偏西北飞驰，整体展现出沉稳笃定的精神气质与无边的严肃性。后方的王子身着土红衣面向观者，胯坐朱红色骏马跟随而行。这一配色赋予了策马回宫的王子充沛的行装力量与坚毅的性格特征。其身旁的树丛朝向人物、马匹奔驰方向纷纷倾倒，充分传达出人马飞驰的高频速度；而以更深的墨绿色对树叶进行渲染，则能够烘托出一种庄严肃穆的情绪氛围（图4-11）。

图4-10　莫高窟北周第428窟东壁《投崖饲虎图》

图4-11　莫高窟北周第428窟东壁《策马报信图》

二、色彩偏好的社会与个人因素

在康德看来，"美的东西是无须概念而被表现为一种普遍的愉悦之客体的东西"❶。因此，作为美的理念的载体艺术作品，其色彩也能够引发人们的喜悦之情。虽然审美判断力具有一定的共通性，但是每个不同个体的感官鉴赏能力依然具有差别。在此意义之上，不同的个体对相同色彩所表现出来的情感态

❶ 康德. 康德三大批判合集［M］. 李秋零，译. 北京：中国人民大学出版社，2016：715.

度也会有所不同。德国巴斯鲁大学心理学教授马克思·吕歇尔（Max Luscher）于20世纪40年代发明的色彩测试法（LuscherColorTest，LCT），就是依据被试者对八种给定颜色的选择评估出其较为普遍的个性特征。在实验中他使用了深蓝、蓝绿、橙红、鲜黄四种主色卡，以及灰、褐、紫、黑四种辅助的色卡，让被试者根据自己喜欢的程度对以上颜色进行排序。随即归纳总结，得出以下结论：喜欢橙红色的人通常更具有男子气概，他们是积极进取，富有野心的行动型人格。这一类人往往对工作也充满热情、永不言败，但其弊端是这种激情一旦发展过度就难免会对周遭人事带有一定的攻击性。喜欢深蓝色的人往往具有沉稳的性情，对人忠诚、有礼，他们是世界和平的维护者。喜欢鲜黄色的人往往具有活泼开朗的性格特征，喜欢表现自己。他们虽然常具有远大的理想抱负，但是做事却较难沉下心绪、脚踏实地获得成功。喜欢蓝绿色的人通常具有较强的自信心和忍耐力，既注重自身与周遭环境的适应性，又能够在关键时刻理性地表达出自己的主张。喜欢褐色的人性格温柔宽厚，善于处理人际关系，是协调型人格。喜欢紫色的人往往生性浪漫，具有一丝神秘主义的特征。他们往往富于体验生活、具有独特的个性。喜欢灰色的人时常以自我为中心，对外界难以产生持续的兴趣。他们大都优柔寡断，守旧而又迂腐。喜欢黑色的人往往倔强、上进，善于改变现状，但同时他们又时常难于安定，骨子里有着一股无所不能的力量。然而，色彩往往不会作为抽象的事物孤立存在，而常依附于一定形态的物质载体。学者E.伊恩修则依循人们对冷暖色的偏好，将人格分为暖色型和冷色型。暖色型的人性格活跃，对外界的刺激较为敏感，也能更好地适应外部环境，因此，他们被称为客观外向型人格；而冷色型的人性格较为闭塞，对外界的刺激表现较为淡漠，内向又闭塞，对外界环境的激变缺乏适应能力，于是他们被称作主观内向型人格。然而，人们对色彩的偏好，也会随着其载体属性的差异而发生变化。例如，一个喜欢蓝色的人却不一定偏爱蓝色的衣饰。然而，这种色彩测试方式忽略了年龄、性别、种群、居住环境和受教育水平等因素对其选择产生的潜在影响，因此具较强的主观性和不确定性。

　　综合来看，低龄段儿童对红、黄、蓝三原色及其他纯色比对混色更为敏感。他们通常对红、黄、蓝、绿、棕和白色等色彩较为感兴趣。青春期以后的青少年对色彩的喜好与低龄段儿童有了略微的区别，红、黄、蓝、绿、白这几种色彩依然是其心仪的色彩，但他们对黑色的喜爱则往往胜过了之前对棕色的喜爱。大学生们不再青睐黑、白两色，在保持着对红、黄、蓝、绿等色彩喜欢的基础之上，加入了对橙色的关注。而随着年龄继续增长，人们对于色彩的喜爱逐渐由长波长转换为短波长，且对于色彩的喜好较为稳定。于是蓝色成为成年人群中最受欢迎的色彩，虽然蓝色之中带着冷峻与消极，但它同时也能够为琐事烦扰的心境带来几许惬意与安宁。受生理状况的影响，人对于色彩的倾向也会有所不同。老年人的辨色能力会逐渐走向衰弱，由于晶体不断变黄导致其往往会选择偏蓝的色彩进行视觉矫正。同样也有一些同一年龄组的中枢神经受到损害和患精神疾病的人群，他们对于色彩的偏好也表现出极大的不同，因此，我们很难对其进行系统的整理和归类。同时，色彩还会受到性别因素的影响。研究表明，男性大多喜欢色性偏冷、明度偏低的色彩，例如，蓝色、灰色、棕色等。而女性则与之相反，她们往往比较喜欢色性偏暖、明度较高的色彩，例如，鹅黄、浅绿、浅粉等色彩。橙色则不仅能够俘获女士的芳心，也能够为男士广泛接受。女士的服饰用品通常以白色、粉色、紫色及其他一些高明度、低饱和度的色彩构成，它们能够加强女性的柔美形象。而男士的服饰用具则通常以棕色、黑色和蓝绿色等色彩进行穿插搭配，它们能够体现出男性的深沉与笃定。另外，对色彩的偏好还会受到个体受教育程度高低的影响。受教育程度较高的城市男女往往在日常生活中需要负载太多情绪压力，因此，他们往往偏爱淡雅的混合色系，这些色彩既能安抚他们杂乱的心绪，同时又能够彰显其知性魅力；而居住在偏远地区的人们却更喜欢大红大绿等饱和度较高的色彩，这不仅能够为其枯燥乏味的生活带来勃勃生机，同时还能够展现出其直爽不羁的性格特征。

　　艺术作品之中，色彩的选取不仅和艺术家的人格有所关联，同时还会受到历史文化因素和地域环境的制约。举例来说，中国古代的文人画家其创作主题大多是归隐避世，母题则多为山川花木，借物表现画者之"士气"和"逸格"。在作品中，画师常用水墨，通过其干、湿、浓、淡、焦的色彩变化来描绘不同物象，通过水墨特殊的、雅致的张力来传达作画者的人文情怀。同时考究笔墨意趣，以形写神，并以诗入画创作出集绘画、文学、书法和篆刻为一体的艺术形态。作品色彩主要以水墨为主色，能够以此凸显士夫文人恬淡的心境及崇尚的审美追求，如图4-12所示的文人画家王维所作的《江山雪霁图》。而始创于唐朝的另一种技法——青绿山水，在色彩和意趣表现上又和前者截然不同。在作品中常用矿物质提取颜料石青、石绿作为主色。根据其着色的深浅，作品又有大青绿和小青绿之分。前者多采用勾勒，皴法较少，用色浓重，富有极强的装饰意味，如图4-13所示的北宋王希孟所绘制的《千里江山图》；而后者则是在水墨淡彩的基础之上薄施青绿二色，使画面更显俏丽温润，如王诜所绘制的《烟江叠嶂图》。比较而言，文人画家时常在其生活年代之中遇到仕途上的波澜起伏，有一些人更是在归隐与朝野之间屡屡挣扎，其作品更多反映其

图4-12 （唐）王维《江山雪霁图》

图4-13 （北宋）王希孟《千里江山图》

精神世界的内省，因此，设色孤简更强调神韵与意境。而擅青绿山水的画家则更多是得意政客，他们的作品则更多地迎合了官方的趣味，通过艳丽的配色展现大好河山恢弘繁荣之美。

　　同一时期、不同地域的艺术作品配色也大有不同，例如，西方美术史中的南方文艺复兴和北方文艺复兴作品。北方文艺复兴作品吸取了拜占庭细密画与中世纪欧洲手抄本的艺术特征，依然带有哥特式的神秘与高贵。例如，杨·凡·艾克（Jan Van Eyck）的《阿尔诺芬尼夫妇像》作品构图富有强烈的秩序感和静态特性（图4-14）。人物神情冷峻、肢体修长纤细，画家采用了土红、棕褐、浅褐、深绿、白色等色彩综合传递出深重、冷峻的情绪氛围，为观者带来一种崇高的审美情感。相比而言，南方文艺复兴作品在构图上则更加追求有机性和生命感，用色也较为开朗明媚，能够传达出生机勃勃的人文主义气息。例如，在拉斐尔的《圣乔治大战恶龙》中（图4-15），不仅构图摆脱了中世纪的刻板印象，在动态有机中寻找画面的平衡特性。用色也比北方文艺复兴绘画艺术作品更鲜明，整体场景如同沐浴在春日的阳光之中兀自凸显着盎然的生机。

图4-14 （尼德兰）杨·凡·艾克的
《阿尔诺芬尼夫妇像》

图4-15 （意大利）拉斐尔
《圣乔治大战恶龙》

三、敦煌历代艺术中的色彩偏好

敦煌作为丝绸之路上的要冲，在中外文化艺术交流中的地位不可小觑。在历代莫高窟壁画的演变之中，我们能够看见配色方案在经历了中西艺术碰撞之后逐渐走向本土化的全过程。在佛教传入初期，莫高窟壁画常以连环画的形式表现"萨埵太子舍身饲虎""快目王以眼施人"和"毗楞竭梨王身钉千钉"等宣扬忍辱负重、自我牺牲的本生故事。其色彩较多地选取土红、石绿、石青、白色等具有中原特色的矿物颜料。在东晋顾恺之的《画云山台记》中就曾提到："山有面则背向有影。可令庆云西而吐于东方。清天中，凡天及水色尽用空青，竟素上下以映日。"而此种多元调和的色彩理论也被其纯熟地运用于其代表作《洛神赋图》之中，并以此为整个魏晋南北朝的色彩审美奠定了坚实的理论和实践基础。利用本土配色方案和西域传入的"凹凸法"技法进行人与物的色彩晕染，画师就使该幅壁画配色鲜艳明快，且富有中西合璧的艺术特征。在这一时期的敦煌壁画，有时也采用土红色大面积铺陈并辅以黑色进行勾

边，以表现出极强的装饰特征。例
如，莫高窟北魏第275窟北壁的《毗
楞竭梨王本生图》主要讲述的是古
印度国王毗楞竭梨诏令听法的故事
（图4-16）。一名为劳度叉的婆罗门
听闻此事前往宫中，自称精通佛法，
能够为国王说法，但前提是国王必
须在身上钉一千个铁钉。国王听后
慷慨答应，令侍从在其身上钉钉，
众人看见国王血肉模糊，均心疼不
已，可国王却毅然坚持。帝释天此
时闻讯赶到毗楞竭梨王面前问其是
否后悔。国王表示自己为求佛道毫

图4-16 莫高窟北魏第275窟北壁
《毗楞竭梨王本生图》

不后悔，并起誓道："如果未有半分后悔就让我被钉得满目疮痍的身体自动愈
合吧！"誓言刚过，国王身体的创伤就全部愈合了。在画面设计中，画师首先
将国王体量放大并安置于画面中间偏右的位置，其四肢躯体与头颅均用白色铺
陈，并辅以黑色勾边。其头光以黑色为主，与头颅和背景做出区分。面部当前
仅留下黑色背向双C粗线，早期其实是在该结构线基础上进行过"凹凸法"的
晕染，以体现出国王面部的立体性。其裙装以黑色平涂，双腕自后背绕有石青
色缎带。国王的左侧是体量稍小的钉钉侍从，他腿蹲马步，左手将铁钉插入国
王右胸，右手拉远并抬高蓄力。其身躯用浅褐色打底，深褐色粗线勾勒出轮廓
及肢体的转折和五官的特征。由于岁月的侵蚀让"凹凸法"下的多元色彩变
淡，立体感也逐渐趋于消亡，反倒为其增添了拙朴、天真的装饰特征。后面两
身飞天呈V型结构，分别从左右两侧飞向国王，从其较为突兀的身体结构线也
能够看出早期曾采用过"凹凸法"进行色彩安排。其身体躯干依然沿用了浅褐
色和白色铺陈，头光与裤子则运用了石青、深褐等颜色进行装点，具有本土化

的色彩特征。

到了西魏时期，敦煌艺术开启了中西贯通的新篇章。莫高窟壁画中的人物造型和设色进一步趋于本土化，出现了南朝"秀骨清像"的美学特征，色彩开始大面积地采用土红、石青、石绿、土黄及熟褐色，并常运用黑、白二色穿插于色彩斑斓的画面之中，为壁画带来协调、统一的视觉艺术效果。在先秦诸子编辑的《尚书》中已初次提及红、青、黄、黑与白这五种色彩。在阐释了五行学说这一认识世界的基本方式的基础上，它指出了阴阳演变具有的五种基本动态，它们依次是代表敛聚的金、生长的木、浸润的水、破灭的火及融合的土。这五种动态又分别代表白色、青色、黑色、红色和黄色这五色。白色常与西方相连，象征着死亡与哀悼，也是封建社会中平民常用的色彩。青色则象征东方，它是春天的象征，也具有生命的含义，代表着希望与坚韧，古朴与稳重。黑色象征着北方，在《易经》中有天玄（黑）而地黄之说，因此，黑色被认为是天的颜色，具有尊贵的内涵和意蕴。自原始社会时期直到秦朝，它一直都为各阶层的人们所喜爱。红色是太阳的颜色，中国古时就有对日神崇拜的渊源。太阳象征光明、繁盛和希望，因此，红色也有着吉祥与喜庆的意味。黄色代表中心，它为历代封建王朝皇家所专用，具有权力的象征意义。在技法上，西魏时期的莫高窟壁画开始局部摒弃西域传来的"凹凸法"，而是选用中原典型的平涂加线描勾勒。同时，其壁画题材也开始出现中国本土神话和道教故事，意趣旨归直追汉魏传统。在莫高窟西魏第249窟中，已经开始出现中国传统文化中的东王公和西王母等形象（图4-17）。在南披的《西王母出行图》的画面中心绘制有头梳高髻的西王母，她乘坐饰有华盖、向前行驶的三凤车上。众所周知，西王母这一人物形象并不属于佛教文化，而与汉代崇尚"不死"与"升仙"的文化密切相连。在《淮南子·览冥训》中有一则名为"嫦娥奔月"的故事讲述的是嫦娥偷吃了丈夫后羿从西王母那里得到的不死仙药，飞向月亮并常年居住于寒宫之中。依此，作为掌握不死药和长生不老秘籍的西王母这一形象就开始为历代统治阶级所利用，充当为百姓消灾解难的救世主。此处的西王母

图4-17　莫高窟西魏第249窟南披《西王母出行图》

以半侧面面对观者，她与身旁的乘凤仙人和飞天拥有自己的行进轨迹，自内且不与观者发生互动。壁画中正襟危坐的西王母身着黑色为底、红色门襟的褒衣，显示出其身份的尊贵。右端站立的仙人身着红色长袍与西王母间攸续内核相互照应。她们乘坐的三凤车其华盖与旌旗以石青色与白色为主，与其灵动飘逸的形态相吻合，三凤则由黑色、白色与石绿色构成，既尊贵无瑕又具有蓬勃的生命力。飞天上身裸露，下身着红黑相间的长裙，手臂环绕白色或石青的披帛。仙人则身着红衣黑领或黑衣红领的束腰长袍，乘坐于黑、白、石青及石绿等色相间的凤鸟身上。最后再以黑色和浅石青色流云贯穿始终，既体现出天宫人、物的尊贵地位，展现其行进中的运动活力，又能够让斑斓多彩的画面获得极大的协调与统一。

　　至隋代，莫高窟壁画中，西域"凹凸法"与中原染色法进一步融合，虽然其整体风格仍保留了北魏的古拙之风，但在色彩上增加了藤黄、朱红、青靛、土绿、金等色彩，使配色更加鲜明并初现富丽堂皇之势。到了唐代，莫高窟壁画的画师们更是不断地从日常生活中吸取养分，并以东晋以来的诸绘画名家，如顾恺之、张僧繇、阎立本和吴道子等人的创作经验为蓝本，将壁画艺术创作与本土绘画风格进行有机结合，使莫高窟壁画的表现形式和色彩运用更富中华民族特色，呈现出崭新的视觉风貌。该时期莫高窟壁画的用色更为繁复多变，往往有石青、石绿、朱砂、银朱、朱磦、储石、土红、石黄、藤黄、靛青、蛤粉、白土、金箔、墨等数十种色彩，对矿物颜料的提取与使用也加得心应手，莫高窟壁画创作逐渐抵达艺术巅峰。不仅人物造型技术娴熟、叠晕等色彩技法的掌握也炉火纯青。画师擅用朱砂、土红与石青、石绿等对比色进行对立调和，使画面充满欢快蓬勃的人文气息。然而，唐代不同时期代表洞窟中壁画的色彩又有着细微的差别。初唐时期，壁画较多地承袭了隋代所崇尚的古风，整体设色古朴拙稚；而盛唐时期，莫高窟壁画在色彩的应用上具有富丽堂皇的视觉特征，从艺术层面体现出社会的繁荣昌盛及文化的兼收并蓄；唐代后期，莫高窟壁画的用色则逐渐走向淡雅与敦厚，这也从侧面反映出该时期不断衰退的社会经济状况。在初唐第57窟的《说法图》中，画底保留了窟体的石黄本色，前景图像则主要运用了石青、石绿、赭石、土红及少量黑、白、金等色彩进行点缀（图4-18）。中间坐佛以赭石色由深至浅向下晕染，他身着土红为底、石绿为辅，并以石青进行点染修饰的半披式袈裟，结跏趺坐于莲花宝座之上。其发髻用石青色进行晕染，与古代诗文中"佛头青"的典故相互映衬。头光以赭石、石青与土红色用分格平涂的形式进行表现。头光外圈饰有七座金色小佛，代表着其成佛前的七种相貌。背后石绿色枝干的宝树从其身延伸至其红黑相间并点缀有石青琉璃宝珠的华

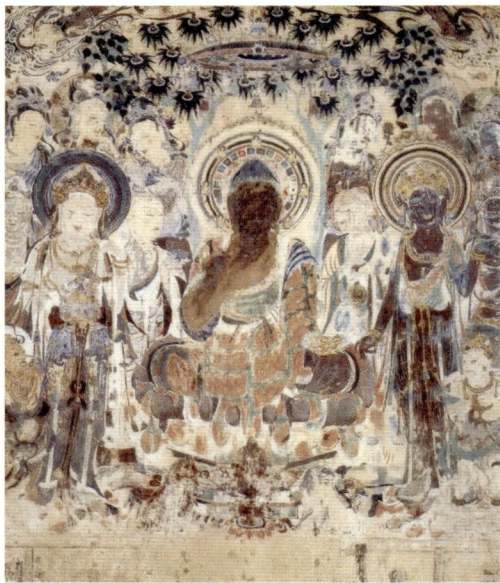

图4-18　莫高窟初唐第57窟《说法图》

盖两边，上方茂密的树叶则以石青铺底，黑色平涂并加以红色点缀，形成丰富的视觉层次。其两侧靠后分别站有一老一少二弟子，左侧年少的弟子身着白色为底、赭石门襟的僧服；右侧年老弟子则身着石黄色为底、绿色门襟的僧服。其前部两侧则分别是观世音菩萨和大势至菩萨，左侧观世音菩萨姿态婀娜，画师首先以白色晕染其肌肤，并以沥粉堆金的工艺表现其头冠、璎珞等配饰的立体性和光泽感。观世音菩萨身着淡赭石色长裙，腰间搭配有石青与深红色相间的腰裙及石绿色条纹腰带。其头光以石青及红、绿二色进行平涂表现，配色古朴又不失瑰丽。右侧大势至菩萨则以石青和赭石晕染头部和身躯，并使其身披石青和红色相间的半透明披帛。总体来看，虽然该幅壁画配色丰富多元，但由于画师在背景及人物上铺设有大量石黄、赭石等色彩，并有效降低了石青、石绿及土红色的饱和度，同时在整幅画面中不断穿插白色与黑色进行通篇点染，使该幅作品依然留有一丝初唐时期古雅天真的艺术气息。

盛唐时期，国力强盛、政治开明，海上、陆上丝绸之路的往来畅通，为中外的文化的全面交流起到了极强的推动作用。而就在这多元文化交融的过程中，唐文化也不断地去伪存真，在扬弃中不断深化自身的文化内核，创造出了举世闻名的盛唐文化。该时期，大批文人墨客应时而生，李白、杜甫、王维、孟浩然等文坛豪杰撰写了大量千古流芳的经典诗文。绘画艺术创作在题材上也不断丰富，艺术风格多样且逐渐臻于完美。该时期有被后世尊为画圣的吴道子，他极为擅长佛道、鬼神和人物画，并以其"吴带当风"的娴熟技法与灵动飘逸的艺术风格在中国美术史上名垂千古。据传他绘制了《送子天王图》（图4-19）、《明皇受箓

图4-19　《送子天王图》摹本局部

图》和《十指钟馗图》等绘画艺术作品，以线入画，传神地描摹出人物的性格情态，为同期及后世宋元的画家所效仿。也有以仕女题材著称的画家张萱，他善于利用色彩表现人物的奕奕神采。他绘有《捣练图》（图4-20）和《虢国夫人游春图》（图4-21）等艺术作品，线条遒劲、色彩富力，集中表现了盛唐时期上层阶级的妇女闲散安逸的生活境况，并深刻地影响了晚唐及五代的绘画艺术风格。唐代张彦远所著的绘画通史《历代名画记》中对吴道子就有这样的评述："众皆密于盼际，我则离披其点画，众皆谨于象似，我则脱落其凡俗"。突出其勇于创新，不落俗套的艺术精神。盛唐时期，佛教的发展也进入了新的高度，自汉代传入的五个世纪以来，其制度和义理及寺院建筑的形式和风格均逐渐形成独树一帜的成熟面貌。盛唐时期，莫高窟建窟最多，其壁画艺术在技法与表现上较前代也有了长足的进步，人物造型显得更加浑圆雄健，情态也更加温润婉约。在色彩的运用上也具有质感厚重、鲜艳夺目的视觉特征，使壁画整体呈现出金碧辉煌、瑰丽璀璨的盛世气象。例如，莫高窟盛唐第103窟南壁的《化城喻品图》（图4-22），就大有唐代画家李思训《江帆楼阁图》（图4-23）

图4-20 （唐）张萱《捣练图》

图4-21 （唐）张萱《虢国夫人游春图》

图4-22　莫高窟盛唐第103窟南壁
《化城喻品图》局部

图4-23　（唐）李思训
《江帆楼阁图》

中那般富丽堂皇的色彩风貌。

　　《化城喻品图》中画师首先以金色打底，并在画面中央处由左至右安放文殊菩萨、胁侍菩萨和阿难三人。文殊菩萨肤若凝脂，头戴有石青色宝石点缀的黄金五叶宝冠。他袒露着上身仅有的朱红色披帛从其左肩斜搭而下，并在其上挂有华贵的金色璎珞。他颈部佩戴金色的多层项圈，并有多个华丽的吊坠附着其上，右臂还佩戴有红、绿二色点缀的金色臂钏；他下身着石绿与朱红色分层式长裙，其朱红的面料上装饰有金色小型花朵与波浪形线条。其背光与举头身光以石绿色大面积平涂，外圈用朱红色和赭石色进行两重勾边。其头顶华盖由石绿、深红及浅赭石等色构成，并点缀有少量浅石青色和白色作为装饰。右边的阿难也通体雪白，头部用浅石青色晕染，并用由深至浅的赭石色表现其头光之中的放射状光晕。他双手结说法印，身穿石绿色和朱红色搭配的袈裟，中间有金色线条呈格纹状穿插。后部的胁侍菩萨与文殊菩萨在配色上基本一致，也采用白色表现裸露的皮肤，头戴金色桂冠，颈挂金色项圈，并饰有朱红色为底、上缀金色小花的红色披帛。人物右上方绘有石青、朱红和石绿色层叠的群山，左上方则是石绿、棕色与白色搭配的飞动流云。该幅壁画虽然在色彩的种类上较初唐第57窟的《说法图》更少，但画师提高了石绿色和朱红色的饱和度，使这对互补色之间的对比张力更强。同时，用大面积金色打底及装点各自华丽的配饰，为整幅画面营造出一种富丽堂皇、珠光宝气的情调氛围。

第五节　敦煌艺术中的色彩对比与调和

视知觉研究表明，视觉艺术作品的色彩表现往往具有一定的结构组织原则。虽然艺术家在进行艺术创作时，并未经过理性的审视与思考，而大多依靠直觉进行色彩的挑选与搭配。但对色彩进行的标准化分类研究，在某种程度上仍然能够对画面的和谐带来辅助作用。人们逐渐认识到一个色彩应由色相、明度和饱和度这三个向度来进行规定，于是设立了多种三度模型来对其属性进行图示表述。使其不仅能够对每种色彩进行客观鉴定，同时能够为色彩的混合与搭配提供一定的范导作用。1772年，瑞士裔德国科学家兰姆勃特绘制了等角圆锥，首次将色彩的三个向度统一在同一个模型之中。1905年，美国艺术家阿尔伯特·孟塞尔选择了五个原色——红、黄、绿、蓝、紫，及其混合形成五个间色——橙、黄、蓝、蓝紫、紫红作为主色，再将每个主色进行十等分从而形成100色色相环。并在此环的中心放置无彩色系纵轴线，使其从上至下、由白到黑分为11个色阶。最上方的是明度最高的理想白色其数值为10，最下方是色值为0的理想黑色。而色环与纵轴之间的各条半径均表现的是饱和度的变化，离中心越近饱和度越低，反之越高。依据此模型孟塞尔提出该球体模型的中心是一切色彩的自然平衡点，而任一通过此点的直线上的色彩能够相互协调。虽然，在此模型中色相、明度和饱和度这三个心理向度，都较为契合人们惯常的肉眼观察。但其主色选择中蓝色与绿色及蓝色与紫色之间的颜色分级不够均匀，无形中会对色彩调和理论带来一定程度的干扰（图4-24）。1920年，德国化学家威廉·奥斯特瓦尔德则挑选了饱和度最高的八种单色颜料：黄、橙、红、紫、蓝、蓝绿、海绿、黄绿，并分别在其中添加黑、白二色，使每种颜色细分成同一色相、不同明度和纯度的三角形。同时又将以上每个单色分为三个色相，使其构成一个24色色相环。最后将以上两者在空间上进行叠加就形成了奥氏色彩空间（图4-25）。该体系对全部色彩进行了正确的标定，能够在一定程度上协助和谐配色，但与人眼观测结果并不能够完全匹配，因此，在指导配色上也存在一定的局限性。然而最重要的是奥斯特瓦尔德提出了如下两个色彩搭配原则，其一是两种或两种以上的色彩要想相互协调，其色相和饱和度这两个要素必须相等；其二是那些在色环上能够结合成正三角形的三个色彩之间，两两构成的互补色能够起到绝佳的调和作用。

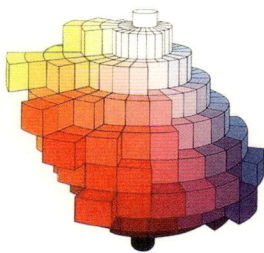

图4-24 孟塞尔色立体　　　　图4-25 奥斯特瓦尔德颜色体系

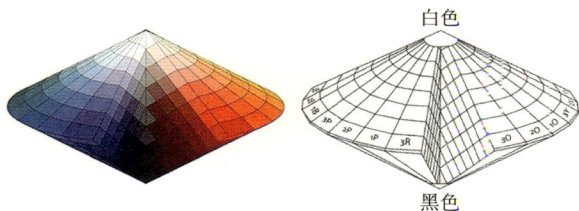

　　虽然上述学者通过模型，对色彩的调和进行了一定意义上的探索，但是其理论如具体落实在视觉艺术作品中还需考虑到以下方面：首先，画面中形体面积的大小将会影响色彩对观者带来的心理效应，例如，在较大的体块上铺设柔和的色彩就比填涂饱和的色彩更易构成画面整体色彩的和谐；其次，色彩的表现性还会受到作品中母题的影响，人们常将色彩的载体与日常生活经验联系在一起，以此来判断其色彩在作品中是否利于和谐。例如，相同的红色用于表现冉冉升起的红旗时就是合适的，但用于表现醉汉的面庞时又显得不合时宜；最后，如果在一个视觉艺术作品中，所有相邻的色彩都相似匀称而缺乏对比，至多能够

使作品抵达一种初级的和谐。但这种和谐带来的却是一个缺乏活力的、犹如物理学中熵到达极限时的绝对静止世界。它虽然不会生发出冲撞的嘈杂，却也不会带来差异化的欣喜，就如沙漠一般令人索然无味。因此，高级的色彩和谐是作品中色彩对立与调和的辩证统一，它能够令作品浑然天成，又让其熠熠生辉。

阿恩海姆认为红、黄、蓝三原色彼此互不包含，因此能够完全分离开来。其两两混合形成的间色能够跟另一种原色之间形成强烈的对比，例如，橘红和蓝色、紫色和黄色，以及红色和绿色，它们在色环上分别位于直径的两端，构成互补关系。互补色光等比混合能够形成白色光，而互补色料等比混合则形成灰色。由视知觉的完形功能所决定，当在视网膜上投射一种色彩时，人眼会自动看到其补色。如在视觉作品中将互补色放置在一起，就会营造出两种力量对抗之后抵达平衡的视觉经验，它们能够将色彩的对立统一推向极致。然而在优秀的视觉艺术作品中，艺术家往往并不只挑选一对互补色将画面分为两大阵营，而是选择多种色彩组合，既能够展示作品的视觉丰富性，又能够使作品整体具有圆满的视觉特征。用这种方式构成的画面关系，虽然看似平静，但是其中却蕴含着对立统一的生命力，同时也能够使其视觉效果更加统一紧凑。

敦煌壁画自开凿初期就已经开始运用互补色来实现对立统一画面的效果，而最为常运用的则是石青—土黄及石绿—土红这两组对比色（图4-26）。例如，在莫高窟北凉第275窟西壁北侧的交脚菩萨与胁侍菩萨图中，画师首先以土红色进行整体打底；其次，用白色平涂各人物躯体，并以"凹凸法"晕染出体积感；再用黑色处理人物的头光和下装；最后，用与土红色形

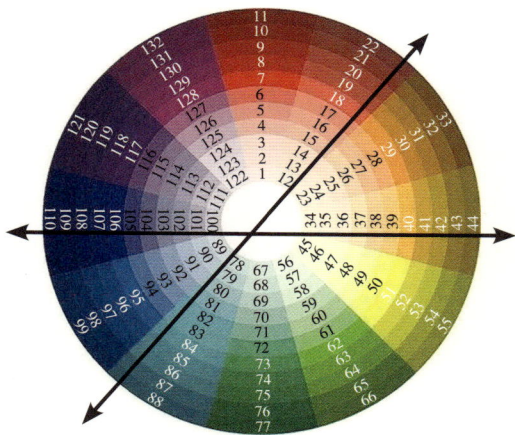

图4-26　石青—土黄及土红—石绿互补图示

成互补关系的石绿色大面积地表现人物的配饰和披帛。由于互补色的对比作用，不仅使人、物层次分明，同时也为画面赋予了丰富的视觉情感和表现力（图4-27）。而莫高窟西魏第285窟南壁《五百强盗成佛因缘图》讲述了乔萨罗国王百造反强盗被波斯征剿后遭受挖眼酷刑并被放逐山野，随后佛吹雪山药，使其复明并现身说法，最终使其皈依佛法、参禅入定的故事。在画面中，画师保留了窟体墙面本有的土黄色，以大面积的石青色装点屋舍、山峦及流云，与画底形成补

图4-27　莫高窟北凉第275窟西壁北侧交脚菩萨与胁侍菩萨图

色对比。画面整体既充满古朴宁静的艺术氛围，又不乏清晰明确的视觉对比（图4-28）。

这两组互补色对比的配色方案一直沿用到唐代，并在越加多元的构图中起到对比与调和的辩证作用。例如，在莫高窟初唐第57窟的《说法图》中，土

图4-28　莫高窟西魏第285窟南壁《五百强盗成佛因缘图》局部

黄色与石青色这一组互补色的运用就使壁画呈现出灵动多姿、丰富和谐的视觉艺术效果（图4-29）。该画面采用了偶像式构图，在画面中心安放手施说法印的主尊。虽然其面色现已难辨认，但能够看出其头部发髻、衣胸襟及门襟均为石青色。他身着土红色袈裟（现已褪色）结跏趺坐于莲花宝座上，下身衣物为淡土黄色调，辅以土红色线条表现出褶皱肌理。左右两侧各立一菩萨一弟子，其肤色均处理为淡石青色，和土黄色背景形成色彩上的互补关系，即使人物图像在层次上与底部区别开来，又使图—底色彩在视觉上相互补足。左右两侧菩萨、弟子与主尊之间呈重叠关系，两名弟子单侧下部为主尊所遮挡，使其在空间上位于主尊侧后方，而两侧菩萨则因遮挡住弟子大部分躯干而位于画面最前方。主尊则居于此四人中央，为该四人环绕。目前，主尊配色大部分已濒临消退至淡土黄色，看起来就好像不断沉入画底之中一样，但其仅留的石青色赋彩还是将其与周遭四人联系为一个整体并凸显于背景之前。菩萨头上佩戴金黄色的头冠、项圈及手环，土红色腰封中系有白色丝带，头顶的花青色长发与同色裙底相互照应。弟子的用色则较为疏简，大致采用石青、土红、土黄和花青色。画面下方宝池用石绿色大面积铺设，与画面顶部华盖后端石绿色与花青色相间的宝树形成对称。宝池中以白色勾线表示浪花，并缀有数朵深赭石色莲花，其也能够与宝树中白色及褐色波点小花交相辉映。宝树两端两身飞天乘彩云摇曳而下，其肤色以浅石青色表现，披帛及衣饰多以土红色及白色表现，与土黄色背景再次构成互补关系。画师通过石青及土黄这对主要的互补色及其他辅色之间的对应关系，使整幅壁画呈现出既对比又调和的色彩风貌。又如在莫高窟中唐第159窟《普贤变》中，画师就主要运用了石绿与土红这一对互补色使画面呈现出生命张力（图4-30）。

画面首先以左右对称的形式构造，位于中心的是姿态婀娜的普贤菩萨，她舒适惬意地坐于温顺的大青狮驮负的方形莲花座莲之上。普贤菩萨头戴红色为主、绿色为辅的华丽宝冠，身后是石绿色为底、白色勾衬肌理、辅以藤黄色莲瓣纹的举身光和由内至外呈绿—黄—红放射动态的如意纹样头光；并佩戴土红

图4-29　莫高窟初唐第57窟《说法图》

图4-30　莫高窟中唐第159窟《普贤变》

色系项圈、同色系腰带，并有石绿色坠饰点染其中；上身着土红色饰边的透明纱状披帛，下身着花青色长裙饰多色宝相花绣纹，并佩戴土红色璎珠青饰及手环。下方的青狮坐骑佩戴石绿色为主、土红色及花青色为辅的各种装饰。它与普贤菩萨之间没有重叠关系，加之其白玉色的皮毛与普贤菩萨雪白的肌肤形成对照，使其两者位于同一个平面之中。在前方，与青狮呈重叠关系的小型人物组合是伎乐天人及供养菩萨，她们身着石绿色为主、土红色为辅的轻薄纱衣。这一充分考虑位置关系的审慎色彩安排使他们与青狮产生并不遥远的空间距离，从而形成分离并簇拥的视觉效果。在她们上方是土红色肌肤的捧香昆仑奴和牵狮昆仑奴，他们身着的石绿色透明纱裙，使其既生机勃发，又不至于影响配色和谐。同时，红、绿两色互补及红色前倾的视知觉效应又能够使昆仑奴的形象跃然青狮前方得到凸显。狮尾是头光绚丽的帝释天、梵天和天女等人，他们身着石绿、藤黄及土红相间、花青色、石绿为主或土红与藤黄相间的衣饰，而青狮子尾部和后方描绘的是八部天神等人，在色彩上依然以白色、石绿与土红为主，藤黄、花青为辅，整体配色既绚丽多姿又相辅相成。人物群体的上方是大面积石绿为底的山水空间，在下方涌动的人群和顶部白色静谧的天际之间形成一片和谐的过渡。而以花青色为主的华盖、宝幢、五彩祥云与山峦则自成一体，营造出一种由画面中上部不断向上飞升的视觉幻象。综上所述，整幅壁画通过红与绿这对互补色之间强烈的视觉差异，使形体之间产生了明晰的分离；同时又利用该互补色对立统一的视知觉效应为画面带来了平衡、圆满的艺术效果。

敦煌魏晋南北朝壁画
艺术中的张力与运动

从古至今，中西方思想史上都有对"运动"概念的深入研究。古希腊的哲学家主要以主体为出发点，探究与之相对的客体的运动。到了17世纪，牛顿从物理学的角度解释了外力对物体运动起到的决定性作用。同时，他还提出了动量守恒定律，认为物质只是能量的聚集和力式样的不同表现形式。19世纪诞生的西方心理学激发了阿恩海姆视知觉对运动的认知，横向比较得知，其与中国古典哲学尤其是老子哲学运动观具有较多相似之处：首先，它们都不像古希腊哲学那般以人的视觉为中心，而是具有一种超越主—客二分强调整体性的广博视野；其次，阿恩海姆视知觉运动观与老子哲学运动观都是描述整体性的动态事件，并非单个对象在性状上的改变；最后，阿恩海姆视知觉运动观和中国魏晋南北朝哲学均认为任何事物内部都有能量的流动，而这种能量的流动也为艺术作品的品评带来了有效的参考标准。

第一节　西方思想与艺术中的"运动"

西方思想中对于运动的言说最早要追溯到古希腊的前苏格拉底时期。最先提出运动概念的则是赫拉克利特（Heraclitus），其著名的言论"人不能两次走进同一条河流"，指明了河水奔流不息的本性，并以此揭示世间万物之运动变化的普遍特性。同时他又提出这种永恒的运动具有一定的法则和尺度，而这一令事物的变化有规律可循的必然性就被称为逻各斯（Logos）。它是世间万物运动变化的原因，同时又是理念和本质，是使事物是其所是的命运本身。虽然赫拉克利特的思想开启了古希腊的运动观，但其哲学对于运动的本质及类别并未涉及。至亚里士多德，运动成了其哲学中最为核心的概念。在《物理学》中，他提出的"四因说"探索了万物运动变化的四种原因。首先，他在毕达哥拉斯的"数"（万物由数产生，它是构成万物的基本单位）和柏拉图的"理念"的基础上提出了"形式因"，即事物均有各自独特的形式，它是事物的本体，并使事物沿着特定的方式运动；其次，他在米利都学派和德谟克利特的"原子论"的基础上提出了"质料因"，即事物由其不可再细分的不可见的原始质料构成；再次，他在赫拉克利特的"火"理论和恩培多克勒的"爱恨说"的基础上提出了"动力因"，即事物的运动和静止都是由于其受到外力的驱动；最后，他又在巴门尼德的"存在"和阿那克萨戈拉的"理性"的基础上提出了"目的因"，进而认为事物的运动有其本质原因——善。在此基础上，他又将运动分为四个基本类型，第一类是本质的变化，如由生到死；第二类是数量上的变化；第三类是性状上的改变，如苹果由青变红；第四类是物体的位移。他还揭示了这四类运动背后共有的三种因素，分别是运动的主体、缺乏及形式。主体指的是一切运动都有其物质载体，没有摆脱物质的纯粹运动；缺乏指的是运动发生之前物体有所欠缺；形式指的是运动结束的终点，它是主体弥补之前所欠缺之物的结果。在这一从欠缺到实现的过程中，主体具有潜能，它担保主体在运动中实现其最终的形式目标。17 世纪，牛顿在力与物体运动之关联的基础上提出了著名的三大定律：第一定律又被称为惯性定律，它指出物体如果不受外力驱动将保持静止状态或者维持匀速直线运动；第二定律可通过公式进行表述，它指出作用于物体之上的外力等于物体质量与加速度的乘积，且在方向上与加速度保持一致。这一定律揭示了力与物体运动之间的定量关系，阐明了施加于物体的外力可以改变物体的运动方向和速率；第三定律则用力的语言表达出动量守恒定律，它指出两个相互作用的物体的作用力和反作用力大小相等且方向相反。在此意义之上，不仅以往将事物区分为静止或运动的说法并没有太大的实际作用，且物质最终只不过是能量的聚集和力式样的不同表现而已。

心理学研究表明，视觉中的物与物理学中的物在存在方式上有相似之处。事物的表象由场的组织决定，因此，在它之中凝聚的实际上是一种刺激分布作用于有机体的神经系统并引起反馈的全过程。换句话说，每一个视觉对象中都包含着上述动态事件，因此，每一个物的表象和现实中的物一样，都是一种力的样式。如此一来，18世纪德国理论家莱辛在《拉奥孔——诗与画的界限》中提出的时间艺术和空间艺术的分野就有待进一步商榷。阿恩海姆指出，观众在观看舞蹈艺术这一"时间艺术"的过程中并不会感觉到时间的流逝，整个舞蹈节目于观者而言，与作为"空间艺术"的绘画没什么绝对的界限，它们始终都是一个个超然于时间之外的整体。只有当作品本身令我们感到乏味和厌倦时，我们才能感受到时间。因此，在舞蹈艺术或绘画艺术中最为重要的并不是其中有无对时间的感知，而是其是否具有条理清晰的秩序感。正是这种在一度秩序中的前后相继的关系使我们能够把握住作品的内在意义。然而，舞蹈艺术中孤立的动作与绘画作品的图像在思维中又会不断受到既往经验的干扰而发生变化，因此，对其意义的提取依然不能够抽离于各种记忆痕迹的相互作用。舞蹈艺术和绘画二者的根本区别实则只在于：前者是自律的，其各组成部分的结构关系由作品本身规定，并不受观者意志而转移。而在后者中，观看活动不再受到作品本身秩序的制约，我们可以自由地采用任何一种与创作者意图相异的观看路径。例如，在柴可夫斯基的舞剧《天鹅湖》中，事件发生的先后顺序是固有的，其讲述的是这样一个故事：王子齐格费里德深爱的公主奥杰塔被恶魔变成了白天鹅，在新婚之夜又差点被恶魔的女儿黑天鹅蒙骗，最后他杀死恶魔救回公主并与之永结同心（图5-1）。

从这个例子可以看出，舞台的空间是通过角色之间的联动展示出活力而得以显现的。在绘画艺术作品中的情形却与之相反，它们所包含的力的作用往往直接通过画面空间显现出来。例如，在文艺复兴时期艺术家波提切利的木板蛋彩画《春》中，画家在空间中呈现了几组不同的人物动态，第一组是画面正中心的维纳斯和其上方蒙眼持箭的爱神丘比特；画面左边是美惠三女神和赫尔墨斯，三女神身着轻纱在林间舞蹈，赫尔墨斯则执杖驱赶冬日阴霾，带来春日的信息（图5-2）。

图5-1　柴可夫斯基《天鹅湖》

图5-2　（意大利）波提切利《春》

画面右方主要表现的是如下的故事情节：西风神粗鲁地追赶着少女克罗里斯，但当其被神捕获的刹那却摇身变为容光焕发的花神。这幅作品既包含了故事的开端，又包含了故事的结局，因此，无论观者的视点转向如何，都不影响其对作品内涵的把握。画面中图式的平衡始终由各种活动的力构建起来，丘比特斜向下的箭矢、维纳斯的右倾、美惠三女神的旋转、赫尔墨斯的仰望、西风神的掠夺与克罗里斯的变身，这些力之间相互排斥、相互吸引，并通过图绘空间得以展现。由此可见，舞蹈通过存在确立活动，而绘画通过活动确立存在。

第二节　中国古典思想中的"运动"
与阿恩海姆运动观之比较

中国哲学以老子为历史起点。老子，姓李名耳，字聃，据《史记·老子韩非列传》记载，其生活于春秋时代末期。他著有《道德经》一书，虽其文字被证明经过了后代的润色，但书中还是主要承载着老子本人的思想。该书是一部哲思浓郁的著作，主要阐释了宇宙观与认识论，建立了一个以"道"为中心的具有唯物主义倾向的哲学体系。《道德经》第二十五章有言："有物混成，先天地生，寂兮寥兮，独立而不改，周行而不殆，可以为天地母。吾不知其名，字之曰道，强为之名曰大。大曰逝，逝曰远，远曰反。故道大，天大，地大，王亦大。域中有四大，而王居其一焉。人法地，地法天，天法道，道法自然。"其中道出了"道"的几个重要特性：第一，"道"是一种先于天地而存在的原始混沌；第二，"道"不依靠外物独立长存且永行不衰；第三，"道"是万物的本源；第四，"道"没有意志和目的。"周行而不殆"这一特性道出了作为宇宙万物生命之本源的"道"在循环不息地运动。因此，老子哲学中的运动不像西方古典哲学那般以人的视觉为中心，观省到客体的性状变化；而是阐明了万事万物由"道"产生，又不断地偏离"道"而运动，并最终回归至起点的全过程。首先，从此点来看，老子哲学中的运动并不意味着单个对象在数量、外形和位置等方面的改变。与之相反的是，"道"是一个整体性的动态事件，它不仅能够参与事物生灭的全过程，还能够与之和谐共生、涤除凶险。无独有偶，阿恩海姆在《艺术与视知觉》中也清楚地谈道，任何物质都是能量的聚集和力的式样。当人们在说"运动"的时候，他们其实是在描述一个视觉对象对有机体神经系统产生刺激并引起后者反馈的动态事件。依此而言，阿恩海姆运动观就与老子的"道"同样具有了一种透过事物表象窥探其内部动能的深邃，以及超越主—客二分强调整体性的广博视野；其次，《道德经》第四十二章中的"万物负阴而抱阳，冲气以为和"指的是万物背阴而向阳，并在此两气激荡和抗争之中形成一个舒适且平衡的和谐体。阿恩海姆也谈到过任何事物内部都有能量的流动，那些看似静默的视觉对象并不意味着其本身不具备能量，而是在它的内部各力量抵达了平衡的临界点。由此看来，在事物能量与运动之间的关系阐释层面，阿恩海姆视知觉也与老子哲学并行不悖；最后，中国南朝画家谢赫在《古画品录》中提炼了绘画中的"六法"，他将"气韵生动"放在首要位置，统领其他五法，随后它也逐渐成为中国古典美学中最为重要的范畴，以及艺术品评中最为核心的参考标准。其中"气"这一概念主要继承了汉代王充的元气自然论，可以理解为融宇宙元气和艺术家元气为一体的艺术作品的元气。"韵"则可结合魏晋南北朝时期的人物品藻思想被解读为审美形象的风姿及神韵。"气"是"韵"的本源表现于整个视觉现象中，而"韵"则由"气"决定主要作用于具体的审美形象。将"气韵"与"生动"二字联系在一起，既道出了艺术作品具有生命力的本质原因，又将艺术创作、欣赏与整个造化自然联系在一起。同样，阿恩海姆认为"'不动之动'是艺术品的一种极为重要的性质"❶，它主要是由具有倾向性的张力带来的，这种具有倾向性的张力并不是指艺术作品中单个事物在位置上的偏离，而是指视知觉对艺术作品整体进行改造，使其生成知觉对象的能动作用。于是，阿恩海姆视知觉就与老子哲学一同道出了艺术作品整体视觉现象、艺术欣赏与艺术创作对艺术作品生命力的多元化合作用。综上所述，虽然中国古典哲学、美学的运动观与阿恩海姆视知觉对运动的理解具有一些相似之处，但前者对运动的解释较为抽象，也较难将其应用于具体的艺术作品分析中。因此，现以阿恩海姆视知觉为基本方法对敦煌魏晋南北朝时期壁画艺术中的张力与运动进行系统性分析，希望能够从根本上突破既往过于形而上的中国传统艺术作品研究范式。

第三节　视觉与运动之间的辩证关系

阿恩海姆指出，当两种系统之间发生相对位移并使其景象投射到视网膜上时，人才能够感知到运动。例如，当我们站在地铁站时，能够看到地铁高速运动，而周遭的环境静止不动。除此之外，我们也能够在某些不存在物理运动的地方知觉到运动感，例如，当我们在进行沉浸式赛车体验时，虽然我们并没有发生位移，但还是会感受到自己处于高速行驶中。那么在以上两种对运动的感知中，我们究竟应该如何界定究竟哪一个系统在发生位移呢？格式塔心理学家卡尔·顿克在《诱导运动》中谈道，在一个视域中的各物体

---

❶ 鲁道夫·阿恩海姆. 艺术与视知觉［M］. 滕守尧，朱疆源，译. 成都：四川人民出版社，1998：553.

之间都存在相互依存的等级关系，往往体量更大的物体会作为整个视域的框架倾向于静止状态，在这个视域中的其他物品则依附于该框架并倾向于运动。其他不存在等级关系的各物体之间并无从属关系，它们会以同等速度相互吸引或者排斥。例如，在一场舞剧中，舞台和布景是人物的框架，因此当舞蹈角色在舞台上运动的时候，舞台对于观者而言始终是静止的。而在沉浸式赛车运动中，操纵者从属于虚拟现实（VR）屏幕的视域框架。因此无论屏幕中的场景以什么样的速度变换，操纵者始终感觉到自己在向前运动。俄普恩海默在《对于视学运动和静止的探索》中进一步提到两个动—静原则：第一，为观者所关注的"图形"往往呈现出运动状态，而被观者忽略的"基底"倾向于静止。例如，在辽阔的蓝天中，成群的候鸟往往会吸引人们的关注，因此，它们更易于作为运动的图像与作为基底的静止的蓝天形成对比；第二，如果一个物体性状或者大小发生了变化，另一个物体不变，则变化的物体呈现出运动状态。例如，在花盆中长高的树苗一定是作为变化的物体不断远离基座，而不是相反。根据以上两条原则我们还能够推演出如下的视知觉原理：在位置上紧挨的两个物体中，小一些和暗一些的物体更易于呈现出运动状态。在牛顿第二定律中，质量较大的物体往往拥有较小的加速度，运动状态较难改变，而质量较小的物体则拥有较大的加速度，因此质量较小的物体在视觉中拥有更大的动能。然而，当整个视域框架都开始运动起来的时候，其内部从属于它的静止物体会显示出一种运动受阻的视觉效果。就好像抵抗激流的顽石，能够产生极大的崇高性和权威感。

以莫高窟西魏第249窟南披为例，其整体框架呈梯形，下部横排的多层带状群山与框架下沿相重合（图5-3），结合视知觉原理，层叠群山的梯形框架始终保持着静默的势态，而其上方毗邻的作为从属图像的跳跃的土红色鹿群、石绿色孤狼与白描公牛等山林野兽，以及其上方的风伯和雨师等人物则处于运动之中。

图5-3　莫高窟西魏第249窟南披

当观者视线朝上来到框架正中的时候，会发现西王母与侍从乘坐着色彩华丽的三凤车。御车三凤羽翅舒展，有向前奔涌之势，下方赤龙则张牙舞爪与之相互呼应。再看凤车旗幡与周遭流云，它们均朝着同一方向舞动飘摇，而凤车旁边的两身形态各异的飞天及乘凤仙人，其裙角与披帛也随风大幅摇曳。于是画面中唯一呈静默状态的物象就只有三凤车上端坐的西王母及旁边着红色衣裙的站立侍从，他们僵直的姿态与周遭风起云涌的场景形成了极大的反差，因而也被赋予了极大的威严性和崇高感。除此之外，西王母、侍从及三凤车作为一个整体，在画面中心占有较大的体量，因此，其周围的乘凤仙人、飞天、赤龙、流云，乃至画面下部的风伯、雨师及兽群具有向其聚拢的运动趋势。通过形象之间的等级排序及运动关系的构建，画师使西王母成为该幅壁画的精神中心，并承担起主要的叙事表意功能。

第四节　壁画艺术中的倾向性张力

在绘画艺术作品中，我们无法看到物理力对形体的驱动，仅仅能够借由视知觉感受到图像的聚集或者倾斜，从而领会到作品中存在的张力和动势。例如，马家窑出土的双耳四鋬彩陶瓷器，其器表中心部分以粗黑色线条描绘

着大小不一的带状漩涡纹，下方绘制
有二方连续的水波纹，当观者全神贯
注于其上时，能够感觉到明显的律动
（图5-4）。又如在后印象派画家文森
特·威廉·梵高（Vincent Willem van
Gogh）1889年创作的油画艺术作品《鸢
尾花》中，弯曲纠缠的枝叶与情态各异
的花朵，也能让我们感受到鸢尾不断生
长的蓬勃生命力（图5-5），但这种运动
感究竟如何产生，瑞士心理学家鲁奥沙
赫通过墨迹实验引入了"联想说"。他认

图5-4　马家窑双耳四鋬彩陶瓮器

为绘画作品带来的动感源于其引发了观看者的日常生活经验。在注视一个与物
理运动有着必然联系的物象时，虽然观者并没有感受到真实的运动，但还是难
免会将位移因素强加给它。此外，他还认为在绘画艺术作品中如显示出楔形轨
迹、倾斜的方向、模糊的视效或者明暗相间的知觉特征，也会带给人一种运动
的景象。但阿恩海姆对此观点并不赞同，他认为联想理论不足以解释为什么在
某些绘画艺术作品中表现的人、物动态栩栩如生，但在另一些同类题材的作
品中，物象却显得僵硬而缺乏韵律。例如，莫高窟北凉第272窟藻井中的飞天
形象，虽然结合其肢体形态能够让人悉知其处于运动状态，但其上身与下身
之间出现了极为不自然的夹角，人物手臂和双腿的姿势也如同机械一般显得
较生硬且呆板，很难让人将其与真正的运动联系在一起（图5-6）。与之相比，
莫高窟西魏第285窟中的飞天形象更容易让观者对其飞舞的动势感同身受，他
们的头部、身躯与四肢的接合自然而舒展，能够很好地展现出其飞动的灵韵
（图5-7）。阿恩海姆认为联想说忽略了人眼对运动知觉与有倾向性张力知觉
的不同性质。艺术作品中具有的倾向性张力往往源于对象对视网膜产生刺激，
并引发"入侵"与"抵抗"之间的征战，最终抵达相对平衡的状态。它之中

图5-5　（荷兰）文森特·威廉·梵高
《鸢尾花》　1889年

图5-6　莫高窟北凉
第272窟　飞天

图5-7　莫高窟西魏第285窟　飞天

的"不动之动"正是"大脑对知觉刺激进行组织时激起的生理活动的心理对应物。"[1] 这是视觉而非动觉经验到张力，从而让知觉赋予形象动态表现性，才得以让观者在静态的视觉作品中感觉到运动。

学者艾德温·B.纽曼在对"伽马运动"[2]研究的基础上深入挖掘了倾向性张

---

[1] 鲁道夫·阿恩海姆.艺术与视知觉［M］.滕守尧，朱疆源，译.成都：四川人民出版社，1998：568.
[2] 同[1]：570.

力的本质。他认为视觉作品中物象的运动往往与其骨架线的主轴方向一致，也就是说，视知觉感知到的运动常从画面中基本构图的中心沿力的作用线发射出来。如果画面采用等边三角形构图，运动会以底边为基础沿着其余两条边向外及向顶点发射。如果画面以圆形为基本框架，其张力就会像光源一样从中心向四面八方均匀地发散开来。这些张力方向不同但大小相等，因此它们最终会相互抵消，使圆形构图最终呈现出宁静的视觉效果。在正方形中往往也会存在类似的张力结构，它们会从几何中心朝着正方形的边线或者沿着对角线向外发散，并最终抵达力的平衡。敦煌魏晋南北朝时期壁画中的藻井图案大都采用正方形框架层层嵌套，将其置于洞窟顶部既能够产生光芒四射的艺术效果，又能够为洞窟增添宁静自洽的文化氛围。例如，在莫高窟北周第297窟窟顶，画师首先用双层正方形嵌套样式设计出藻井的基本形式，再利用重叠和色彩对比营造出宛如真实建筑结构那般凹凸有致的视觉特征。藻井的视觉中心处绘有独立的宝相花纹，内层正方形四角布置黑色莲瓣纹样，引领视觉由中心沿对角线发射。外层正方形的四角被切割形成四个三角形，在其内部绘制的火焰纹又使力向外框正方形的四个顶点延伸。如此一来，画师就充分利用了"伽马运动"让藻井犹如一盏悬挂于窟顶的明灯，向四面八方放射出腾焰飞芒，赋予洞窟非同人间的精神气度（图5-8）。

圆形的中心对称构图形式在魏晋南北朝时期的莫高窟壁画中较为少见，直至吐蕃时期藏传佛教在敦煌迅猛发展，这种向四面八方发射的圆盘式曼荼罗图像才开

图5-8　莫高窟北周第297窟窟顶藻井

始在敦煌地区出现。其中最具代表性的就是榆林窟西夏第003窟，其窟顶、南壁、北壁和西壁的多幅曼荼罗就由方圆嵌套的多层同心对称图式构成。据历史记载，该窟建于西夏晚期，正值回鹘、党项和蒙古族等多民族政权相继统治时期，因此，该时期的敦煌壁画既受到中原艺术风貌的影响，又带有浓郁的民族特色。它们不仅同印度、尼泊尔的佛教艺术相关，更与西藏密宗绘画艺术联系紧密。该窟内的胎藏界曼荼罗是依据密教主要典籍《大日经》绘制的图式，它通常按照一定的仪轨绘制而成，为仪式或修行所用。在形态上由方—圆—方—圆的嵌套式结构组成，内圆嵌合八叶莲花称为中台八叶院，表现出菩提心德。在八叶中心绘制大日如来，体现其作为整个宇宙神格化的主宰，并在其四周以环形构图绘制出宝幢如来、开敷华王如来、阿弥陀如来、天鼓雷音如来四佛与普贤菩萨、文殊菩萨、弥勒菩萨、观音菩萨四菩萨，它们分别位于由几何中心处的大日如来辐射出来的八条张力线之上。外层的方形结构紧贴内圆表现出金刚墙体，在其东、南、西、北四个方向各附带一个T形结构和佛塔，形成四个连接内外世界的通道。四个通道上分别安置降三世明王、军荼利明王、大威德明王和金刚夜叉四明王，他们具有破除魔障、护持佛法的功能。正方形框架的四角则绘有数座小型佛像进行装饰点缀，它们均匀地分布在由位于几何中心的大日如来沿四条对角线放射的骨架线周围，因此与主尊也呈对应归属关系，并在四向张力的相互作用下达到力学上的平衡。此图式既强化了金刚墙的视觉稳固性，又暗示了宇宙中复杂且微妙的联系。正方形外圈佛塔的周围描绘有燃烧的火焰，它们涌动、蔓延保护内部结构的稳定，并能够驱散不洁与邪气。最外层的正方形在角隅处各安置一尊金刚守护，象征净土的庄严与不灭本性，为整幅构图增加更高的对称性与稳定性。

第五节　形体比例改变带来的动感

视知觉研究认为，当视觉艺术作品中的倾向性张力不再能够相互抵消保持平衡的时候，它就具有了朝某些方向运动的特性。而"'运动性'在视觉艺术作品中首先取决于比例，因此通过比例的改变就可以制造出张力"❶。例如，在16世纪希腊的艺术家埃尔·格列柯（El Greco）在其作品中就常通过不平衡的构图以及矫饰主义所擅用的人物拉长手法为画面制造出运动之感。英国艺术史家贡布里希在《艺术的故事》一书中就曾对埃尔·格列柯有这样的评价："埃尔·格列柯的艺术大胆地蔑视自然的形状和色彩，在表现激动人心和戏剧性的场面方面超过了丁托列托（Tintoretto）"❷。在埃尔·格列柯最为著名的绘画作品《揭开启示录的第五封印》中，他首先就采用了长方形画框作为画面基底，同时极富想象力地拉长了各人物的肢体比例。位于画面左端身着蓝袍的圣约翰双脚跪地，仰视着天空，双臂向上伸展直插云霄，画家通过对其比例的改变传达出其急盼正义到来的信念。在他的右边是裸体殉道者群体，他们的体量较小但身姿亦被无限拉长，表现出其与天融为一体的强烈决心。在背景处，画家用飞扬潇洒的笔触富有韵律地表现出天、地及云的运动与交融，为画面增加非同寻常的戏剧艺术效果（图5-9）。相对而言，在其之前的文艺复兴艺术作品就较多地采用了中心对称的几何形构图，并利用寻常比例的人物造型来表现出静谧和谐的人文主义精神。以文艺复兴三杰之一的拉斐尔为例，其在1514~1515年绘制的《椅中圣母》，就力求以其优雅的形式最大可能地展现圣母及圣婴的本来面貌（图5-10）。受毕达哥拉斯学派和新柏拉图主义思想的影响，这幅《椅中圣母》在构图上选用了最美的几何形——圆形，并用平衡的力学结构不断追问着绝对的美本身，而非局限于单个形体的具体美表达。同时位于圆框中的圣母与圣婴轮廓的延伸线又在画框之外交汇成一个等边三角形，按"伽马运动"理论等边三角形框架若以其中某一边为底，画面中的运动不仅会以该边为基底向另外两条边发射，同时还会向顶点发射。因此作品中既有从圣婴肉乎乎的腿向圣母发射的力指向视觉中心，又有向右侧施洗约翰发射的力来引导观者

❶ 鲁道夫·阿恩海姆. 艺术与视知觉［M］. 滕守尧，朱疆源，译. 成都：四川人民出版社，1998：573.
❷ 贡布里希. 艺术的故事［M］. 范景中，译. 天津：天津人民出版社，1991：204.

图5-9 （希腊）埃尔·格列柯《揭开启示录的第五封印》1609—1614年

图5-10 （意大利）拉斐尔《椅中圣母》1514—1515年

视线的水平走向；同时还有从底部向上的视觉张力表现出整幅作品的崇高与永恒。最后，这一向上的力的牵引线还能够使观者的视线最终汇聚于圣母与圣婴前额的交触点，传递出一种人格化的母子之爱。

然而，阿恩海姆依然认为长方形、椭圆形以及与之比例相似的构形只能够带来不太强烈的运动感。而那种非对称三角形或者楔形则能够因自身形体中梯度的骤然变化让观者的视线产生往复运动，从而造就强烈的动感，为画面赋予最大程度的生命力。亚里士多德就曾经提及火焰形是最活跃的形状，由于其顶端是一个不断向上收拢的锥形，因此也似乎具有一种不断向上延伸至另一个地方的张力，从而最易于产生运动感。16世纪的画家兼作家拉玛佐也曾指出楔形是最美的形状，就如方尖碑与金字塔这类形体，在它们之中力的作用将始终以最宽的那一边作为基底，而逐渐向更细的一端不断地运动。当然，楔形形状也具有多种多样的变体，如常见的梯形、碗形、瓶形及树叶形等，它们同样具有逐渐向上或者向下增长的动势，一旦当我们加大其形状渐变的速率时，形体的运动感就会得到更大程度的加强。例如，图5-11中的梯形两斜边呈匀速变化，因此其动势就不如图5-12的明代洪武青花瓷碗。结合该碗的平视图我们可以看出其两侧曲线由下至上变化趋势逐渐放缓，而这一外力的变化能够让观者清晰感知到其器型之中运动力的活跃性。通过对下图树叶形状的观察（图5-13），我们能够悉知其形体的运动过程之中不但力的大小发生了改变，力的方向也发生了变化，因此在这样的形体之中运动就显得更为自由，其有机特征也更加明显。古希腊的双耳陶壶就具有类似的力学特征，从壶底开始力有向两边扩张运动的趋势，然后由竖直上升变为逐渐向内收缩，最后在壶口处微微向外打开（图5-14）。

在莫高窟壁画艺术中也有许多利用形体比例的改变来加强画面生动性的范例。例如，在莫高窟西魏第249窟北壁的《说法图》中，画师首先以对称式

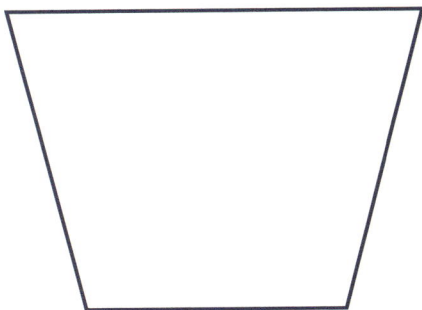

图5-11　倒置梯形

图5-12　明代洪武青花瓷碗
（北京故宫博物院）

图5-13　树叶形状的运动过程

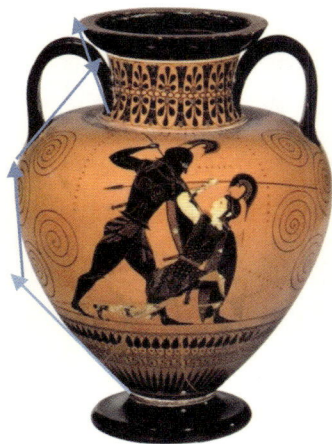

图5-14　古希腊双耳陶壶的
运动过程

构图布局，并在中轴线上放置比例修长的主尊。他双脚站立于莲花宝座两端，手结说法印，为周围菩萨、天人们讲道。其头光呈两层嵌套式叶形，紫色装点内层、黑色渲染外层并以白线勾勒出火焰纹外轮廓。佛背光呈四层嵌套式叶形，由粉白、紫色向石青色过渡，外圈饰有由下至上不断燃烧并向顶点聚拢的火焰纹。这两具叶形首先都在底部聚集并迅速向两边发散开来，上升至画面2/3的位置突然停滞，并最终朝同一方向（顶点方向）加速汇聚至华盖底端。以此形式加强中轴线上的运动，使本已拉长的形体更具向上的张力，为画面赋予崇高性。中轴线的两侧对称排布着观音、弟子及飞天，利用水平方向的张力部分消减了竖直方向上异常强烈的动势。左右两侧菩萨呈S形站姿，头部微微前倾，两肩后仰，胯部则缓缓向前顶出，其身躯中出现多处转折，使其更具人物活性。左侧弟子以侧面示人，上身直立，下肢带有前进动势；右侧弟子则手结说法印，身体微前倾体现出谦恭的姿态。画面上方中轴线两边各对称分布两身飞天，从上至下连接成一正一反两个S形，为画面整体赋予了亘为灵动的气息（图5-15）。画面中所有人物比例拉长并不仅仅是为了使作品更具动态美感，也从侧面反映了该时期中原的主要审美倾向——由南朝画家陆探微所创的秀骨清像风格在文化交流的过程中对敦煌壁画创作的影响。在此风格之下人物的形象常常秀丽清瘦、身材修长、褒衣博带，带有柔和的女性主义特征及超凡脱俗的精神气质。研究表明，这种艺术风格与魏晋南北朝时期的文化环境有着直接的对应关系，著名美学家宗白华

图5-15　莫高窟西魏第249窟北壁《说法图》

先生就曾在《论〈世说新语〉和晋人的美》中，对该时期的历史文化特征有这样的描述：六朝时期虽然在政治上最为黑暗动荡，但是在精神上却极富自由与智慧❶。汉末的社会大动荡，使得天人感应学说崩坏，理性主义高扬，人的自觉意识也应运而起。作为六朝美学重要载体的士大夫文化，它将人们从对世俗世界的关注转向对于精神世界的求索；此时的士大夫们不再以儒家的伦理道德作为个体价值判断的标准，而是将主体意识与审美艺术活动充分地融为一体。他们认为，人只有在审美活动与艺术创作之中才能够宣泄人生悲悯，才能在动荡不安的社会现实之外觅得一处安宁的灵魂居所。而此时的社会动荡、杀戮肆虐，均让文人士大夫深感性命如蚁。于是在时代之悲剧下，他们希翼超脱尘世苦海，获得生命的自由；这一思想恰与玄学讲求的"以无统有"——主张追求玄远之精神境界微妙契合。因此，以玄学作为理论基础与逻辑起点的美学就自然而然地出现了"传神写照"的范畴，它主张超越有限的物象走向无限的宇宙和生命，这种重视形而上的哲学思辨则最终自然地导向了一种重神轻形的审美观念，它认为艺术的形式美只有经由自我否定，才能将其整体形象之美显露出来。正如黑格尔所说，艺术作品中每一个可见的点，都应能收容灵魂、展现心灵。

无独有偶，奥地利美术史家德沃夏克在《作为精神史的美术史》一书中也对拉长人物比例的矫饰主义艺术进行过非常深入的分析和探讨。他认为人物在竖直方向的比例增强能够带来禁欲主义色彩，由于其与自然法则几乎无涉，因此也能够反映出某种形而上的审美喜好。这种拒绝以纯粹客观眼光看待世界的艺术创作方式虽然常常与主流思想背道而驰，但它们更能够使心灵体验凌驾于感官知觉之上，从而在作品中营造出一种彻底摆脱世俗世界束缚的幻象❷。

---

❶ 宗白华.美学散步 [M].上海：上海人民出版社，1981：208.
❷ 德沃夏克.作为精神史的美术史 [M].陈平，译.北京：北京大学出版社，2010：204.

第六节　倾斜与变形带来的运动感

一、由倾斜带来的壁画艺术动感

视知觉研究表明，定向倾斜的视觉结构往往包含着倾向性的张力，它能够迫使人眼感知到形体从水平或者垂直等基本空间定向上发生了"偏移"。于是视知觉便会想要使"偏移"的形体重回正常位置，从而让画面之中产生一种紧张感。绘画风格从文艺复兴向巴洛克时期转换的过程中，倾斜物象的构造就起到了弥足轻重的作用。如果说文艺复兴时期的艺术作品追求重回古希腊艺术那般"高贵的单纯和静穆的伟大。"那么"巴洛克艺术风格就是对动作和大胆效果的嗜好"。[1] 达·芬奇《最后的晚餐》口表现了基督给十二门徒分发圣餐的场景，他对十二使徒说着"那个曾与我在同一个碟子里浸过手的人将出卖我。"在耶稣发出这样的断言以后，十二使徒的表现各不相同，他们的动作自然又充满戏剧张力，为画面带来了生动的人文主义气息。画面采用的是较为常见的水平式构图，人物排列与餐桌食物都呈水平走向排布。房间两侧各有四扇门龛，它们均与耶稣背后的三面窗户在竖直方向上平行（图5-16、图5-17）。耶稣位于画面正中，虽然其头部正好是画面空间透视的焦点，能够为画面带来一定程度的方向性运动。但结合力学结构示意图看来，画幅中水平方向与竖直方向的线要远远多于中心透视法带来的斜线。因此，即使达·芬奇对人物神态动作的描绘惟妙惟肖，但总体来说画面传递出来的情感依然是平静而又克制的。

另一幅由丁托列托于1592~1594年创作的同名油画艺术作品在叙事风格上就与前者有着非常大的差别（图5-18、图5-19）。首先，作品采用斜对角线式构图，餐桌呈倾斜角度放置，一端放置在前景左端，另一端延伸至画面深处。人物也沿着餐桌倾斜排列，他们有的交头接耳、有的静坐思索；餐桌的三条可见棱的延伸线与天花板、地板的延伸线最终交汇于画面右上方的一点。因此，

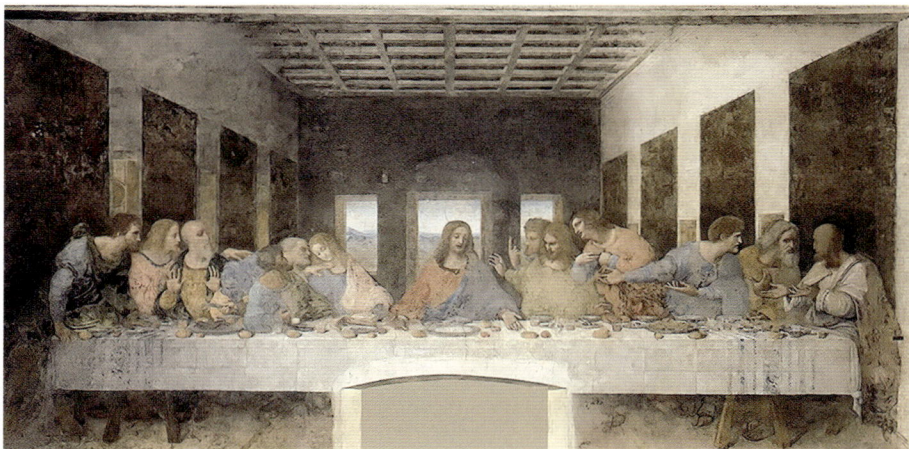

图5-16 （意大利）达·芬奇《最后的晚餐》1494—1498年

图5-17 《最后的晚餐》结构线示意图

如图5-19所示，数条斜线的聚集使得画面中大部分形体都偏离了恒常的水平、垂直方向而处于缩短透视法之中，诱发了视知觉强烈的补偿意愿，从而为画面带来极大的视觉张力和运动感。作品的中心人物耶稣虽然位于画面中心偏上1/3的位置，但其核心程度已经远远低于达·芬奇的同名画作。此幅画作最为重要的思想主题已经不再是神圣故事的庄严讲述，而是场景的正在进行式的表现与传达。

图5-18 （意大利）丁托列托《最后的晚餐》 1592—1594年

图5-19 《最后的晚餐》结构线示意图

　　在莫高窟壁画中利用倾斜来表现运动效果的范例也不胜枚举，尤其是在唐代以后。例如，在中唐第112窟北壁的《报恩经变》中画师就采用倾斜式构图来构建生机勃勃的说法场面。据资料记载，《报恩经变》这一题材于吐蕃时期开始出现在莫高窟壁画艺术之中，它依据《大方便佛报恩经》内容绘制，一般在中心安置说法图，四角位置安排经文中的《恶友品》《孝养品》《论议品》《亲近品》四个主要故事情节。画面首先以对称的方式构成，释迦牟尼端坐于画面中轴线上并占据其中部1/3的比例。他身着石绿与土红色相间的双领下垂式袈裟，右手抬臂施无畏印，左手低垂施与愿印。其背光由三层嵌套式同心圆环构成，以石绿、土红与土黄作为主要色调，并在外圈制造出由土黄色向浅石绿色过渡的渐变效果。头光以环形水波纹构成，主要以土红、石绿、土黄与黑色四种颜色进行平涂处理。其上方是华丽的具有莲花、璎珞与宝珠装饰的华盖与嶙峋的青绿山林。依图的结构示意图看来，绝大部分山石的排布都不在垂直线上——中轴线左边的山石微微向左方倾倒，而中轴线右边的山石却略向右后仰。将此山石结构与莫高窟西魏第249窟中人字披中的山石图像相比，能够明显感觉到画师对于山石节奏变化掌握程度的提升，并能够通过倾斜的形态结构为画面赋予生机与动感，同时能够照应画面的整体构成关系。画面中部呈水平分布的人物群体是菩萨与众弟子，画师依照人物形态的大小区分等级关系。体量最大的是位于释迦牟尼左边的文殊菩萨和其右边的普贤菩萨，画师使其两者身体微微向后倾斜，以这种在自然界中较难持久保持的姿势暗示出其持续的运动状态。在他们身旁的其余各菩萨弟子大多在造型上也与垂直线呈现出不同的角度，画师就以此倾斜的普遍结构传递出释迦牟尼说法场面的热烈与悸动。画面最下层表现的是乐舞团伎乐吹奏乐器和舞伎舞蹈的场景。其中央跳胡旋舞的舞伎上身向左大幅度倾斜，双腿顺势起伏呈现出强烈的运动效果。而其两旁的伎乐无论是坐姿还是手持的器乐均呈轻微向中轴线靠拢的趋势，这种小幅度的向内倾斜不但能够与上方两个水平带状中刻画的主要人与物的向外倾斜形成鲜明对比，营造出变化且统一的优良视觉艺术效果，同时也以此倾斜的结构对乐舞团的丰富肢体动态进行了恰如其分的传达（图5-20、图5-21）。

二、由变形锻造的壁画艺术动感

在上文中我们曾叙述过视觉图像中形体的变化能够使二维样式富有立体感，这是因为人的视知觉具有简化功能，因而在面对这些变形式样的时候会将其看作深度上的偏移，以此方式消除变形带来的紧张感。然而，这种视知觉的

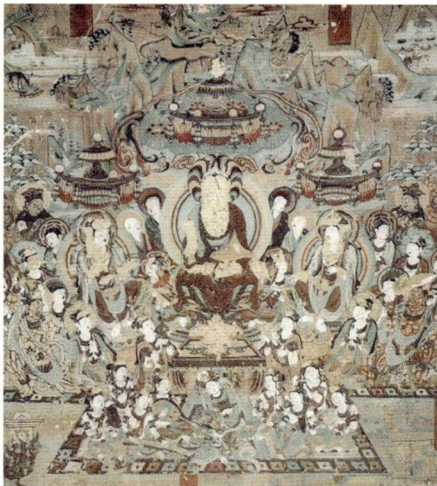

图5-20　莫高窟中唐第112窟北壁
《报恩经变》

图5-21　莫高窟中唐第112窟北壁
《报恩经变》结构示意图

能动性并不能使变形的形体得到彻底的矫正，因此它也会令观者在样式口感知到运动性。荷兰后印象派画家文森特·威廉·梵高的作品就常以悖理恒常样式的物象表象来为画面营造生命动感，与此同时，也借用这种反自然的图式反映出画家胸中激荡的情绪和涌动不安的焦躁。在其1890年创作的油画艺术作品《奥维尔教堂》就集中突显了变形这一艺术手法。该幅作品描绘了夜色中的奥维尔教堂，它位于画面中央，将上部的阴沉天空与下部的草地、路径和人物分为两部分。上部空旷的天空以深色卷曲的笔触表达出风云变幻的奇景；中部教堂虽然构图较为严谨、结构完整，但除了直立的几根廊柱与水平的窗沿保留了恒常样式，其余各条线段都挤压扭曲，如同正在遭遇强烈的地震那般发生着形变；画面下方由边界延伸到教堂两侧的V字形路也蜿蜒盘旋，如汹涌翻滚的波涛。路中间的妇女头戴草帽，双手提着裙摆蹒跚而行。画面中的绝大部分形体都经了了扭曲和形变，以统一的运动反映出文森特·威廉·梵高备受折磨的痛苦不安的心灵和其心中正在逐步崩塌的现实世界（图5-22）。

利用形体变化来制造运动感这一手法早已被莫高窟画师们娴熟地掌握，北魏第257窟西壁的《九色鹿王本生图》就是一个很好的范例。画师以连环画的形式表现了如下的故事情节：在古印度恒河畔的森林中，生活着一只身披九色皮毛、鹿角皓白如雪的九色鹿。一天，林中忽然有人不慎落水，九色鹿听见求救声后奋不顾身跃入急流将溺水之人救起。此人不胜感激，久久跪谢不愿起身。而九色鹿却一心只希望此人对此事守口如瓶，不至于让人知道其存在而心生歹念。于是溺水之人对九色鹿起誓将终生保守秘密，随即离去归家。谁知当天夜晚，王后在睡梦中见到一只绝美入画的九色鹿，遂央求国

图5-22 （荷兰）文森特·威廉·梵高
《奥维尔教堂》1890年

王派人将其寻来并用其绚丽的皮毛为自己缝制华衣。国王随即昭告天下，如有人知此鹿的行踪必重金悬赏。之前为九色鹿所救的溺水之人看到这则消息，为贪图重赏来到王宫告密。随即带着国王的兵马来到之前溺水的森林。此时，九色鹿正在林间酣睡，幸而一只乌鸦见状将其叫醒。然而为时已晚，兵马早已将其团团围住。九色鹿环视一周看到了自己救起的溺水之人，了解了事情的前因后果后从容地走向人群，讲述起自己奋不顾身救起溺水之人的事件。国王听到之后心生感动之情，不仅没有抓捕九色鹿，还下诏国人无论何种情况都不能伤及九色鹿。与此同时，溺水之人因背弃誓言得到了长满毒疮的报应。

图5-23采用斜对角线式三层构图，结合人眼从左到右的观看习惯，营造出一种从左上方向右下方的整体运动趋势。最左边的层次之中碧绿的水波蜿蜒、鹿腿高扬着力表现出九色鹿在水中救人的事件经过。中间的层次表现溺水之人被救起后对九色鹿叩谢的场景，画面中心九色鹿以寻常的姿态驻足于土红

色大地上，四脚呈静态站姿，
表现出庄严的气势。溺水之人
双脚跪地，上身前倾表现出恭
敬之情，双手合十虔诚地望向
九色鹿。其身上的绶带卷曲蜿
蜒并随风飘荡，变形的样式传
递出溺水之人的动态特征。左
上方的黑白双色鹿前蹄向前抬
起，后蹄前后有别，以其不同
寻常站立的姿态传递出奔赴叩
谢场景的动态特性。

图5-23　莫高窟北魏第257窟西壁
《九色鹿王本生图》之一

　　图5-24表现的是被救起
的溺水之人来到王宫向国王、
王后二人禀报遇见过九色鹿的
场景。国王和王后端坐于宫殿
中，右侧的王后双腿自然下
垂，手扶膝盖显示出端庄的气
质。她扭头看向溺水之人，对

图5-24　莫高窟北魏第257窟西壁
《九色鹿王本生图》之二

其所言流露出将信将疑的神情。国王则双腿盘坐，因听闻九色鹿的下落而情色
激动。弯曲的右臂显示出其肢体的动作，然而其肩上的绶带却处理为自然的下
垂式样，由此可知国王总体处于静止的端坐状态。左侧殿门外的溺水之人依然
采用双手合十的跪姿，但其身上缠绕的绶带凌空弯曲暗示其刚刚经历了运动，
这与国王肩上静止的绶带形成鲜明的对比。画师也利用这种绶带变形与非变形
的对比，突显出国王与溺水之人静—动及身份之间的差别。

　　图5-25主要讲述的是溺水之人带领国王和兵马来到森林中寻找九色鹿下
落的场景。画中溺水之人高扬着手臂为众人指明方向，以其和寻常低垂样式的区别传递出动态特征。兵士的石绿色和白色马匹四蹄高抬呈现出弯曲的反常样态,以此变形暗示其处于高速奔跑的状态。

　　图5-26则讲述的是九色鹿被围攻后不仅无所畏惧,还从容不迫地来到国王面前将救人事情全盘托出的经过。九色鹿四蹄平稳站立表现出淡定的神情,它将救人的故事沉着地娓娓道来;与之相比,国王和士兵的马匹四蹄变形,国王身上的缎带和头冠饰带都处于强烈的变形之中,暗示其处于奔赴前来的运动状态。后面士兵的前臂高举、士气勃发,这一绘制方式也使其处于强烈的运动之中。

图5-25　莫高窟北魏第257窟西壁《九色鹿王本生图》之三

图5-26　莫高窟北魏第257窟西壁《九色鹿王本生图》之四

敦煌魏晋南北朝壁画
艺术中的表现与象征

对于"何为艺术"这一命题，中外美学史上曾展开过长期而又激烈的探讨，其中最具代表性的观点不外乎以下两种：其一，艺术是对生活的模仿；其二，艺术在于表现情感及观念。西方自古希腊时期哲学家就认为艺术是对客观现实的模仿，至文艺复兴时期，随着艺术技巧的精进，这种模仿已经抵达了出神入化的高度。但18世纪以后美学家却开始在模仿的基础上提出了更高的标准，认为艺术应该表现出自然的诗意并塑造出具有典型意义的形象。中国自古以来也具有格物与写意之分，其中，格物主要要求在艺术写实中把握万物之"理"，以此获得知识并升华精神；写意主要是在艺术作品中摒弃琐碎细节，表现出事物整体的气势，呈现出天人合一的中心思想。它与阿恩海姆视知觉中的艺术表现论一样，不仅跨越了主客之间的对立，还包含了从艺术创作到审美欣赏的全过程，并将审美主体的心理感受放在了异常重要的位置。除此之外，阿恩海姆视知觉中的艺术象征还是对潘诺夫斯基图像学的重要补充，他认为所有的艺术作品都是象征性的，但这种象征性并不应仅由约定成俗的典籍传达出来，还需辅以与作品基调一致的有意味的力的样式。

第一节　艺术模仿论与表现论之争

在西方，艺术模仿论最早源于自古希腊时期。哲学家赫拉克利特率先提出了人类唱歌源自对鸟鸣的模仿。其后，柏拉图通过"洞穴寓言"确定了理念、实体和艺术的等级。它认为理念是感性世界之源，具有最高等级；客观世界并非实存，而是对理念的模仿，因此它在等级上要低于理念；艺术作品是对客观现实之物的模仿，因此它位于最低的等级。亚里士多德在《诗学》中指出，诗歌（艺术）是对现实世界的模仿，而现实世界与艺术都是实存的❶。直到中世纪时期哲学家普罗提诺（Plotinus）认为艺术具有创造性，它不仅能够模仿物质世界和不可见的理念世界，同时它还能够弥补物质世界的缺陷。在经院哲学家托马斯·阿奎纳（Thomas Aquinas）那里，艺术的模仿论有了新的变化，他不仅认为艺术作品必须仿照自然产品，还提出艺术的过程是对自然活动方式的模仿。但追根溯源艺术还是由人的心灵所创造，因此，艺术在本质上是对主观观念的模仿。到了文艺复兴时期，艺术对现实世界的模仿提升到了一个新的高度。意大利建筑师布鲁内莱斯基发明了透视法，这种融合了数学原理的观测方法为逼真地再现视网膜景象提供了必要的基础，它使人物造型更接近雕像，同时也能将场景安排在一个更令人信服的空间之中。北方文艺复兴最为重要的艺术家丢勒（Dlirer）生前就曾经说过：“而真正的艺术，是包含在自然之中的，谁能发掘它，谁就掌握它”。尔后，在经历了夸耀的巴洛克和烦琐的洛可可风格，西方艺术又来到新古典主义的浪潮之中，他们和文艺复兴时期的艺术家一样，主张艺术应当效仿自然、追求理性。18世纪末期，美学家谢林也认为本质的自然是艺术的源泉，但他反对机械地模仿，而主长通过对自然进行精心地模仿，在艺术中表现出自然的诗意。哲学家歌德则将模仿论提高到了新的维度，他首先认为艺术创作应从客观世界出发，但要使艺术作品达到高级水准，不仅需要描摹自然，能够用普遍性的语言精确地再现事物的本质和形状，还需要用独特的风格在艺术作品中塑造出具有典型意义的形象。

　　然而，随着历史的演进和艺术的发展，艺术模仿论慢慢不再能够满足艺术家的创作要求。同时随着哲学从本体论向认识论的过渡，人的主体性地位不断彰显，艺术的表现论也逐渐取代模仿论登上历史的舞台。尤其在1770年德国发生的“狂飙突进”文学运动和1789年法国大革命的促进之下，重视主观

---

❶ 亚里士多德. 诗学［M］. 陈中梅，译. 北京：商务印书馆，1996：27.

内心世界、宣扬绝对精神自由的德国浪漫派逐渐掀起了思想热潮。瓦肯罗德谈道："艺术是人类的感觉之花" ❶，它就像象形文字一样融入观者的精神内涵和情感，震慑观者的心灵。施莱格尔则批评了过去在艺术史上垄断的模仿说，他认为艺术的本质在于象征性的表现。18世纪著名美学家席勒（Schiller）在《论美书简》中谈到，表现的美或者说形式美才是艺术美 ❷。换句话来说，艺术的真正特性在于艺术家怎么样进行表现。然而观者又是如何透过这些外在的视觉现象对其内在的情感进行把握的呢？就这一问题，19世纪心理美学家利普斯（Lipps）的"移情说"提供了一个看似合理的解答方案。他认为美感归根到底是主体自身内在的情感和人格在对象中的投射，他谈到一个非常经典的例子就是人们在欣赏古希腊道芮式石柱的时候，会将石柱承受的压力带入以往的生命体验之中，从而感受到不能承受之重，于是会对石柱做出相似的人格化解释。这种将自身情感投入视觉对象之中，而对其进行理解的过程就叫作移情作用，它不需要经过任何理性反思，一切都在无意识之中完成。而在对象和心灵之间如何抵达同一这个问题上，心理学家威廉·詹姆斯（William James）却并不赞同移情说的观点。他认为观者之所以能够对对象感同身受，其原因在于它们在某些属性之中具有同一性。例如，其强度和响度、简单性和复杂性等，这些属性同构能够沟通物质与精神这两种完全不同的媒介 ❸。而詹姆斯这一学说引起了格式塔心理学家的极大关注，他们认为，当我们观看古希腊立柱的时候，它那隐忍不屈的情绪看上去是直接存在于形象之中的，并不是记忆联想的结果。阿恩海姆进而谈到，视觉艺术作品之所以让人能够产生美感是因为其具有的力的结构与主体内心的张力结构产生了"异质同构"效应。在这样的同构中，视觉艺术作品的力的结构在人的大脑皮层中找到了同样的生理力的心理对应物，从而使主客之间产生共鸣，引起了主体的情感反映。他指出，当一个视

❶ 威廉·亨利希·瓦肯罗德.一个热爱艺术的修士的内心倾诉［M］.谷裕，译.上海：生活·读书·新知三联书店，2002：49.
❷ 席勒.秀美与尊严［M］.张玉能，译.北京：文化艺术出版社，1996：78.
❸ 威廉·詹姆斯.心理学原理［M］.方双虎，译.北京：北京师范大学出版社，2019：147.

觉样式直接向观者传递出具有倾向性的张力或者运动时，我们就能感知到其表现性，而无须首先将其样式与之所表达的自然物相联系。一件视觉艺术作品的表现性内容并不存在于人们观看古希腊立柱时经历的心理体验中，也并不存在于人们观看垂柳将其想象成羸弱的人体时的想象力之中。具有表现性的是视觉对象的外观形式本身，只要它是一种力的结构，它就对一般物理及精神世界都有意义❶。

第二节　中国艺术中的格物与写意

与西方模仿论及表现论的分野相似，中国古代艺术也有格物和写意的区别。格物论最早出自于西汉戴圣所著的《礼记·大学》，书中有言："欲诚其意者，先致其知；致知在格物。物格而后知至，知至而后意诚，意诚而后心正，心正而后身修，身修而后家齐，家齐而后国治，国治而后天下平。"此中强调了天下万物都蕴含了"理"，在对其进行细致研究后才能够获得知识，依此才能够具有真诚的意念。端正心思、修养品性，才能够管理好家庭、治理好国家，并且最后获得天下太平。这种"格物致知"的思想一直延续到宋代，对宋人认识世界的方式产生了根深蒂固的影响。他们将"格物"作为"致知"的首要前提。提倡通过在外物中"穷理"，让人摆脱欲望的束缚，换来心的自知。而这种对"理"极端重视的审物精神，同时也为北宋写实绘画的发展起到了推波助澜的作用。北宋文学家、画家苏轼在《净因院画记》中提到了著名的"常理"与"常形"说，文中有记："欺世而取名者，必托于无常形者也。虽然，常形之失，止于所失，而不能病其全；若常理之不当，则举废之矣。以其形之无常，是以其理不可不谨也。世之工人，或能曲尽其形。而至于其理，非高人逸才不能辨。"指出了绘画中"形"与"理"的辩证统一，"理"是"形"的

❶ 鲁道夫·阿恩海姆.艺术与视知觉［M］.滕守尧，朱疆源，译.成都：四川人民出版社，1998：617.

本源，"形"是"理"的依托。绘画不仅需要契合万物的自然规律，将季节、时令的现象差别清晰地表现出来；同时还应当表现出物之生机与气韵，"穷其性类"体现出物之本真。这种创作方式的真正意图在于通过了悟自然生命之"理"，以此拓宽精神世界的内省。在此意义之上，"格物论"就不仅与西方早期的机械模仿论拉开了差距，同时也超越了18世纪以后认为艺术应当反映客观现实并同时表现出自然之诗意的主张，最终，将艺术创作逐渐提高到陶冶情操和修养心性的哲学高度。

作为中国绘画基本取向的写意性虽然不与"格物论"完全对立，但相较而言，它却比后者更具艺术特性并凝练了高度自觉的审美意识。究其词源，"写意"中的"写"通常有三种含义：其一为移置；其二为抒发与宣泄；其三为书写与描绘。而"意"通"噫"，具有意味、意思之意，偏重于内在精神的表达。而"写""意"合为一词最早则出现于西汉刘向所编定的《战国策·赵策二》之中，其"忠可以写意，信可以远期"中的"写意"已具有抒发情意的美学意蕴。无独有偶，受庄子哲学影响，汉代美学实已颇具写意特征。无论是汉代出土的画像石与画像砖，还是马王堆和九雀山出土的帛画，均不拘泥于事物琐碎细节的刻画，而是用概括性的眼光表现出画面整体的气势与风貌，并以此传达出天人合一的理想境界。至东晋时期，艺术进入自觉阶段，画家顾恺之提出"传神写照"的命题，指出画人不应执守于整个自然形体的展现，而是应当通过某些关键部位来传达出人物的风神和生活情调。与此同时，他也将绘画中的写意手法提高到新的审美维度，使之成为鉴别艺术作品高下的重要标准。到了南朝时期，画家宗炳进一步在《画山水序》中提出"山水以形媚道""神本亡端，栖形感类"的写意要求，强调了画家、画作与观者之间的共生关系：首先，那些能够"含道暎物"和"澄怀味象"的画家能够通过山水的形态领会自然之神。然后，通过绘画技巧将其凝集于山水画作，使观者在观看的过程中超然于尘世之外，并最终获得"趣灵"，实现观道。由此可见，中国传统写意思想自发生伊始就不悖主客统一的哲学根基，而是将创作主体、审美对象与审美主体的心理功能作为一个整体来把握。唐代以后，写意在中国传统艺术创作中的作用得到进一步深化。书画理论家张彦远在《历代名画记》中提到"骨气形似"与"意在笔先"，强调了画家的胸中之意对笔墨表现的优先意义，厘清了绘画中写意发生的全过程——画家将自身对对象的主观理解陶铸于心，并用笔墨的形式综合表现出对象的精神特征和自身的艺术感悟。至宋代，文人画蓬勃兴起，士夫们开始将写意作为艺术创作的终极追求。他们深受禅宗世界观的影响，追求艺术作品"从心所欲不逾矩"。欧阳修在诗文《盘车图》中写道："古画画意不画形，梅诗咏物无隐情。"苏轼也在《书鄢陵王主簿所画折枝二首其一》中道出："论画以形似，见与儿童邻。"由此可见，在北宋士大夫心中"形似"是徽宗画院艺术家能够达到的初级艺术水准，让人"看数尺许便倦"，而具有高逸胸襟的士大夫艺术家却能够将个人意趣婉转地表现出来，这种以才气取胜的作品才堪称艺术中的上品。而到了元代，特殊的文化环境让文人士大夫面临入世和出世的尴尬困境，他们更多地追求将"种族与阶层的矛盾升华为崇高的艺术境界"❶。这种高度写意性的艺术创作路径在"元四家"，尤其是倪瓒身上表现得最为典型。他在《答张藻仲书》中就曾写道："仆之所谓画者，不过逸笔草草，不求形似，聊以自娱耳。"并以这种简单恬淡的写意风格实现了对艺术纯洁性的极致追求，也为中国传统艺术作品树立了清晰的品评标准。综上所述，写意风格与阿恩海姆视知觉中的艺术表现论具有异曲同工之妙，两者都跨越了主客之间的陈腐分野，不仅涵盖了从艺术创作到审美欣赏的全过程，还将审美主体的心理感受放在了至关重要的位置。正是这种艺术主张使作品富有更强的风格特性和象征意味，与此同时也使艺术作品在文化史上具有更高的地位。

---

❶ 洪再新.中国美术史［M］.杭州：中国美术学院出版社，2007：272.

第三节　视知觉理论中的象征功能

一、从卡西尔的符号美学到潘诺夫斯基图像学

19世纪末期，马堡大学哲学教授郝尔曼·柯亨（Hermann Cohen）等人在学术研究中极力呼吁"回到康德"，试图在康德科学哲学的基础上，将哲学重新构建于认识论和方法论基础之上。柯亨的学生恩斯特·卡西勒（Ernst Cassirer）最初以康德思想为中心，在教授柯亨的指导下完成了就职论文，但在其后期学术发展的过程中却逐渐超出了新康德主义的体系，最终走向了符号论美学。他认为人类生活在一个处处充斥着符号的世界，能够为人的知觉所感知的一切现象归根到底都是符号。因此，人类即是符号的动物，其一切文化的发展都以符号思维化和符号行为化为基础。他们通过创造性的符号活动构建起语言、艺术、历史与科学等广博的文化体系，被统称为"人性的圆周"。一方面"人性的圆周"需要人类通过符号活动得以最终实现，另一方面它又能够反过来作为成果展示出人性不断丰富的历程。卡西勒还认为符号具有思想性、功能性和间接性三个主要功能。首先，符号的思想性在于它和普通信号有所区别，它并不是物理事实，而是意义世界的一个重要组成部分；其次，它具有功能性，它是观念性和意义性的存在；最后，它是间接性的意指，让人类能够通过其把握世界，进而对世界做出解释。在艺术上，卡西勒极力反对模仿说，他认为艺术并不是模仿自然，反而是需要偏离自然有所创造。它与科学发现规律不同，它需要发现生命的形式。它是直觉性的符号语言，并不仅仅是艺术家寻常的感情流露载体，而是艺术家生命外化凝练而成的感性符号形式。它也不是肤浅的表达，而是深层的直觉性的形式结构。在此意义之上，卡西勒澄清了艺术显示意义是通过象征来完成的这一理念，并总结出艺术就是象征符号形式。

美国艺术史家潘诺夫斯基提出的图像学研究方法之中也包含了对视觉艺术作品象征意义的阐释，该方法的直接来源其实是里格尔的"艺术意志"，即

认为艺术形式自有其生命和意愿，并始终朝向既定目标发展。因此，艺术风格的演变最终只能归因于人类审美冲动和艺术意志这一内部动因，而非外在技术、材料等因素的影响。1915 年，他撰文《造型艺术中的风格问题》对沃尔夫林红极一时的形式分析进行批判，以及对里格尔艺术意志表示支持，于他而言"一个时代以一种线性方式来'看'，这个事实只是一种风格的现象，并不是风格的基础和成因；它需要的是解释而并不是解释本身。"在其之后的研究中，他又不断与德国社会学家卡尔·曼海姆（Karl Mannheim）产生互动，并吸取了卡西勒符号论美学的基本要素，最后完善了其缜密的图像学研究体系。1939 年，他发表了《图像学研究：文艺复兴时期艺术的人文主题》一文，将图像学研究作为艺术史的分支，使其重心放置于艺术作品的意义之上。他细致地将对艺术作品的阐释由浅至深分为三个层次，第一个层次被称为前图像志描述，它主要是以实际生活经验为基础，洞察作品的自然性主题和表现性母题，其依据的原理是风格史。若以莫高窟北魏第 254 窟南壁《萨埵那太子本生图》中的"舍身饲虎"为例（图 6-1），第一个层次前图像志描述就是观者综合地上躺着的垂死挣扎的人及匍匐其上的猛虎，能够理解其描绘的是一只猛虎正在吃人的场景；第二个层次是图像志分析，通常需要观者对原始典籍有一定程度的了解，并能够将艺术母题与故事主题联系在一起，该层次依据的阐释原理主要是类型史。还是以该图为例，若观者熟悉《贤愚经》中《摩诃萨埵以身施虎品》，势必能够通过视觉表象，悉知作品表现的是著名的萨埵太子舍生饲虎的故事；第三个层次是图

图 6-1　莫高窟北魏第 254 窟南壁
《萨埵那太子本生图》之"舍身饲虎"

像学解释，观者通过综合性直觉能够把握作品的内在意义和象征性价值。这一层次与卡西勒所说的文化象征在概念上较为相近，要求观者尽可能地具有丰富的文化知识，甚至能够通过跨学科研究的方法来探索作品内在的象征意义。对该图进行图像学层面的理解时，观者就会领会到其背后隐藏着的东方传统的忍辱牺牲及舍己救人的特殊品格。

二、基于视知觉理论的敦煌艺术象征系统化阐释

视知觉研究与上述艺术表现论、卡西勒的符号论美学及潘诺夫斯基图像学中所谈及的艺术表现及象征是截然不同的，但它在某种程度上又是对图像学方法进行的必要补充。阿恩海姆承认许多艺术作品都有"象征性"的功能，艺术家也常会通过比喻性的绘画语言揭示出某种约定成俗的观念。例如，羊羔象征着使徒。但这种"象征性"其实只停留在图像志的阶段，需要观者对题材和原始典籍非常熟悉。而那些真正的具有深刻内涵的伟大的艺术作品，其内涵往往需要通过其作品本身的知觉特征进行辅佐。由于这些知觉特征具有一般性与普遍性，因此，也能够使作品内涵更为精准地传达出来。举例来说，在米开朗基罗的西斯廷天顶壁画的《创世纪》中，右方的耶稣被天使们围裹在一个犹如脑干图一般的形状之中，其向前倾斜的身躯带来一种突进的主动性；而左边的亚当所在的人间则由其所接触的平板象征出来，他的身体微微向后凹进，显示出一种被动性（图6-2）。他躺在地上，上半身由于与耶稣指尖相触而微微抬起，呈现出一种将要站立的潜在欲望。其弯曲的左腿健硕而富有肌肉弹性，象征着肌体的能动性；但其又以三角形的架构支撑着伸出的左臂表现出一定程度的局限性。米开朗基罗以此图式结构就将被身体接触到积极力量后由死变活的过程展现出来，这种力的样式虽然并不为信息传达但又有助于信息传达，它在观者神经系统中能够激起一种相同的力的式样，从而调动其积极的参与性。它以独特的力学图式在心、物之间架起一道桥梁，而一旦这种普遍性的媒介和与之相契合的题材结合，就能够立刻为观者所理解。如此一来，艺术作品的知觉样式

图6-2　（意大利）米开朗基罗《创世纪》1508-1512

不仅涵盖了纯粹形式，还是"观念的准确解释者"。因此，在这一点上阿恩海姆又沿袭了黑格尔"理念的感性显现"❶，并坚持艺术作品最终的内容——知觉样式，只能是形式和题材紧密配合的结果。

　　视知觉研究由始至终都遵循了科学的研究方法，要求一个视觉对象中使所有组成要素都符合主要的结构规律，但与此同时各事物之间又要保留多样性和服从主体风格的相似性。在前文中，我们已经论及一切知觉样式都具有能动性，因此，以知觉样式为基础的艺术表现性追根溯源就是一种"富有意味的力的结构……它们能够将存在的本质揭示出来"❷。在艺术作品中上升、下降、前进、后退、扩张、收缩等力的结构图式，往往能够使其描绘的自然对象与人类命运的联系更为精准。于是在观省艺术作品的过程中，人类才能够借由其知觉样式，同时把握外部世界与其自身。对阿恩海姆来说，塞尚与毕加索的这两幅画作昌然都是表现桌上的静物，但由于其知觉样式的差异导致风格与象征意味的截然不同。在塞尚的作品中，由竖直与水平的线条奠定了整幅绘画的知觉特性，昌然水果的排列散乱灵活，桌布也卷曲随性，但依然没有影响画面整体稳定的特性。大部分形体的简洁有序，让此画面在驳杂多样中依然透露出一种圆

❶ 黑格尔.美学（第一卷）[M].朱光潜，译.北京：商务印书馆，2008：138.
❷ 鲁道夫·阿恩海姆.艺术与视知觉 [M].滕守尧，译.成都：四川人民出版社，1997：633.

满富足的情绪效应（图6-3）。相比而言，毕加索的静物作品中却是另一番景象。首先在画面中几乎找不到水平线和竖直线，所有的物象交错排列。桌上的骷髅、灯、书本，甚至桌布本身都发生着强烈的扭曲和变形，使整幅画面呈现出一种动荡和混乱。而这一知觉样式的塑造与有机样式之间的巨大区别也使其看上去僵直、呆板而缺乏生气（图6-4）。

图6-3 （法国）保罗·塞尚《苹果与玻璃瓶》
1902—1906年

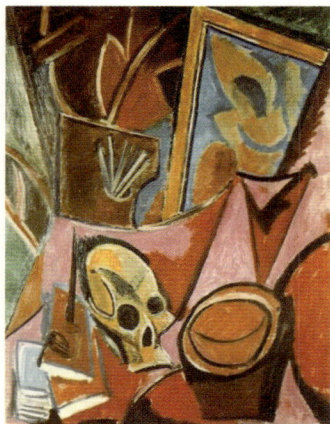

图6-4 （西班牙）毕加索
《骷髅、海胆和灯》 1943年

在莫高窟优秀的壁画中，艺术家往往也将力学图式与母题进行完美结合，创作出一幅幅具有深刻象征意味、揭示出生命本质的艺术作品。前文中曾谈到的莫高窟西魏249窟中南披的《西王母出行图》就以契合主旨的知觉样式将这一超现实的魔幻世界带入人间。众所周知，西王母这一形象最早源于《山海经》，在《山海经·西山经》中有"又西二百二十里，曰三危之山，三青鸟居之"的提法；在《山海经·大荒西经》又有如下记载："西海之南，流沙之滨，赤水之后，黑水之前，有大山，名曰昆仑之丘。有神，人面虎身，有文有尾，皆白，处之。其下有弱水之渊环之，其外有炎火之山，投物辄然。有人戴胜，虎齿，有豹尾，穴处，名曰西王母。"由以上文献史料可知，西王母是一个具有虎齿豹尾的狂暴神明，掌管着灾难与刑法。她曾经居住在敦煌城东南处的三危山之中，有三只青鸟作为其侍从，负责照料其起居饮食。其后，又被传言曾作为大禹的老师，并与伏羲、黄帝一起被供为先神，在《穆天子传》和《汉武帝内传》中还曾与君王相会，其逐渐完成从半人半兽的凶神向手握不死药的女神转化的过程。莫高窟西魏第249窟南披极有可能描绘的是西晋博物学家张华在《博物志》卷八中描写的七月七日七时西王母伴青鸟乘坐凤车，前去与汉武帝会面的场景。据传西王母听闻汉武帝渴望长生不死，遂带了七枚枣桃，驾凤车、乘祥云，气势磅礴降于汉武帝宫中与其分享。在该幅壁画中，西王母、侍从与右下角的飞天都以侧45°视人，结合南披的狭长外形结构，构成典型的"情节式"构图，表现出正在发生的动态事件。画面中除了下部山石树木以外，所有的人与物都处于运动之中。虽然西王母与侍从端直于凤车之上，但其身后的旗幡、车下的蛟龙、凤翅都遵循着统一的向右行进方向。其左、右两尊乘青鸟仙人也因其后手与衣裙摆动方向体现出运动姿态，一左一右两身飞天则是通过绕身的披帛的卷曲缠绕传递出向右前进的趋势。画面中留白较少，人物以外的区域大部分以左细右粗的散布流云与四叶风车填充，整幅壁画几乎没有水平和垂直线条稳固画面结构，而是用大量飞动的造型象征西王母不同寻常的身份地位和日常游玩的奇幻仙境，让熟知神话典籍的大众通过画幅整体的知觉样式对仙境产生更为身临其境的心灵体验。

相比之下，莫高窟西魏第285窟北壁的七幅说法图则是完全不同的精神气象，也象征了不一样的情绪内涵（图6-5）。

在此之中有两种主要的样式，其一为二佛并坐，左右各有胁侍菩萨；其二为一佛二菩萨

图6-5 莫高窟西魏第285窟北壁释迦、多宝二佛《说法图》

的主要形式，它们采用的都是偶像式构图的基本形式。在其中第二、第五、第七幅说法图下面绘有男女供养人和发愿文题榜。在第一幅说法图中，释迦佛与多宝佛呈水平状结跏趺坐，依据《法华经》卷四《见宝品塔》记载，多宝佛在圆寂之时奉献了自己的全部舍利，并发愿道：后世若有人讲《法华经》，其自身与供塔便会跃然于地面之上。于是当释迦牟尼成佛后在灵鹫山说《法华经》时，即有七座宝塔从地中涌出，塔内多宝佛骑于狮身之上禅定现身以证实《法华经》之真实奥义。于是在佛教图像中就常将释迦佛与多宝佛成对安放，象征佛经所言真实不虚。图中释迦佛与多宝佛大小相近、体态相仿，形成正面对称的基本结构，体现出庄严的视觉特征。左右两佛的座位在形态上各有不同，左边采用的是莲花须弥座，而右边采用的却是须弥座。而两尊坐佛头顶的华盖在形态上也各不相同，一张一合与四周繁茂的枝叶合为一体。华盖两侧上方各有一位飞天相向奏乐及散花。在二佛左右的侧3/4造型的胁侍菩萨头戴三花贝冠，身着魏晋南北朝时期贵妃常穿着的袿衣、飞霞和垂髾服，人物形象具有秀骨清香、飘逸多姿的特征。但在整体排布却上严谨地恪守着对称的构图规律；使画面总体依然呈现出一种简单的秩序感，从而为视觉带来极高的稳定性和完整感。这种以对称为主、差异为辅的图像设计方式，既能够使画面整体不逾说法图的庄严气度，又能够使各人物具有灵动的生命韵律，从而使整幅作品气韵生动、形象鲜活。

参考文献

［1］王世舜，王翠叶．尚书[M]．北京：中华书局，2012：35.

［2］庄子．逍遥游[M]．北京：中华书局，2020：20.

［3］老子．道德经[M]．北京：中华书局，2021：111，117.

［4］杨伯峻．论语[M]．北京：中华书局，2008：26-38.

［5］刘安．淮南子·览冥训[M]．北京：中华书局，2022：318.

［6］许慎．说文解字[M]北京：中华书局，2018：3259.

［7］王弼．周易注[M]．北京：中华书局，2011：411.

［8］刘永济．文心雕龙校释[M]．北京：中华书局，1962：157.

［9］方韬．山海经[M]．北京：中华书局，2022：22，310.

［10］刘义庆．世说新语[M]．北京：中华书局，2022：724.

［11］沈约．宋书[M]．北京：中华书局，1974：47.

［12］李延寿．北史[M]．北京：中华书局，2003：456.

［13］张彦远．历代名画记[M]．郑州：中州古籍出版社，2016：54.

［14］郭熙．林泉高致[M]．郑州：中州古籍出版社，2013：110.

［15］沈括．梦溪笔谈[M]．北京：中华书局，2016：356.

［16］陈垣．敦煌劫余录[M]．南京：中央研究院历史语言研究所，1931：4.

［17］宿白．中国石窟寺研究[M]．北京：生活·读书·新知三联书店．2019：
206-278.

［18］韦正. 魏晋南北朝考古 [M]. 北京：北京大学出版社，2013：752–987.

［19］唐长孺. 魏晋南北朝隋唐史三论 [M]. 武汉：武汉大学出版社，1992：1.

［20］戴圣. 礼记 [M]. 北京：中华书局，2017：1161.

［21］王楠楠. 魏晋南北朝至隋唐过去七佛图像源与流 [D]. 南京：南京艺术学院，2022.

［22］陈丹青. 伟大的工匠 [M]. 北京：北京日报出版社，2022：21.

［23］李化吉. 壁画 [M]. 北京：中国大百科全书出版社，1991：7.

［24］向达. 莫高窟·榆林二窟杂考 [C]// 敦煌研究院. 榆林窟研究论文集. 上海：上海辞书出版社，2011：324.

［25］朱晓峰. 唐代莫高窟壁画音乐图像研究 [D]. 兰州：兰州大学，2022.

［26］吴洁. 从丝绸之路上的乐器、乐舞看我国汉唐时期胡、俗乐的融合 [D]. 上海：上海音乐学院，2017.

［27］刘岩. 手舞之舞：中国古典舞手舞研究 [M]. 北京：五洲传播出版社，2016：25–37.

［28］汪雪. 敦煌壁画中的吐蕃乐舞元素考论——以翻领袍服的长袖舞为中心 [J]. 青海民族大学学报（社会科学版），2022(1)：179–188.

［29］王巧雯，张加万. "数字壁画建筑"敦煌壁画中建筑的数字化构建——以敦煌莫高窟第361窟南壁西起第一铺壁画图像中佛寺建筑为例 [J]. 敦煌研究，2022(2)：125–135.

［30］孟祥武，张琪，裴强强. 敦煌壁画廊庑建筑历史演进分期研究 [J]. 建筑学报，2021(2)：74–80.

［31］邵晓峰，李汇龙. 敦煌壁画与中国本土家具图式的拓展 [J]. 南京艺术学院学报（美术与设计），2020(2)：123–128.

［32］祁晓庆. 敦煌壁画婚礼图中的镜 [J]. 敦煌研究，2015(6)：41–46.

［33］曹喆. 以敦煌壁画为主要材料的唐代服饰史研究 [D]. 上海：东华大学，2008.

［34］ 沈雁. 回鹘服饰文化研究 [D]. 上海：东华大学，2008.

［35］ 董晓荣. 敦煌壁画中的蒙古族供养人云肩研究 [J]. 敦煌研究，2011(3)：46-50.

［36］ 从振. 敦煌壁画中的儿童游戏 [J]. 山西档案，2015(5)：16-18.

［37］ 胡同庆. 试探敦煌壁画中的佛教洗浴文化 [J]. 敦煌研究，2015(5)：16-21.

［38］ 从振. 先秦至唐五代角抵与相扑名实考辨——兼论敦煌壁画、文献中的相扑文化 [J]. 敦煌学辑刊，2016(4)：13-21.

［39］ 谢智学，耿彬. 敦煌壁画步打球考察 [J]. 体育文化导刊，2014(7)：169-172.

［40］ 刘铮，郝凤霞，王志鹏. 敦煌壁画体育述要 [J]. 体育文化导刊，2014(6)：149-152.

［41］ 胡同庆. 论敦煌壁画中的格式塔优化现象 [J]. 敦煌研究，2009(2)：16-25.

［42］ 胡同庆. 敦煌北朝洞窟的视觉心理效果分析 [J]. 美育学刊，2014(2)：68-75.

［43］ 胡同庆. 佛教石窟造像的视觉心理艺术效果 [J]. 敦煌研究，2005(3)：51-56.

［44］ 胡同庆. 敦煌艺术中的人与自然 [M]. 北京：文物出版社，2020：15-43.

［45］ 汪民安. 身体、空间与后现代性 [M]. 南京：江苏人民出版社，2006：212.

［46］ 朱光潜. 西方美学史 [M]. 北京：人民文学出版社，2002：47.

［47］ 洪再新. 中国美术史 [M]. 杭州：中国美术学院出版社，2007：272.

［48］ 于海英. 易经 [M]. 北京：华龄出版社，2018：75-77.

［49］ 刘进宝. 敦煌学论述 [M]. 兰州：甘肃教育出版社，1991：47.

［50］ 宗白华. 美学散步 [M]. 上海：上海人民出版社，1981：99.

［51］朱立元. 西方美学思想史 [M]. 上海：上海人民出版社，2009：75-248.

［52］陈平. 西方美术史学史 [M]. 杭州：中国美术学院出版社，2008：30-83.

［53］李彦龙. 山海经 [M]. 北京：线装书局，2021：64.

［54］巫鸿. 中国绘画中的"女性空间" [M]. 北京：生活·读书·新知三联书店，2019：81-83

［55］巫鸿. 空间的敦煌——走近莫高窟 [M]. 北京：生活·读书·新知三联书店，2022：3-5.

［56］段文杰. 谈敦煌早期壁画的时代风格 [J]. 敦煌研究，1988(2)：62-64.

［57］赵声良. 敦煌早期壁画中中原式人物造型 [J]. 敦煌研究，2008(3)：13-24.

［58］高建平. 美学是艺术学的动力源——70年来三次"美学热"回顾 [J]. 艺术评论，2019(10)：7-15.

［59］邵斯宇. 阿恩海姆审美直觉心理学理论研究 [D]. 长春：吉林大学，2020（7）：4-47.

［60］郑岩. 魏晋南北朝壁画墓研究 [D]. 北京：中国社会科学院，2001（4）：1-2.

［61］傅培凯. 格式塔美学批判 [D]. 桂林：广西师范大学，2005（4）：3-6.

［62］张华. 中国传统绘画与视觉 [D]. 西安：西安美术学院，2011（3）：6-36.

［63］张典. 胡塞尔现象学的方法 [J]. 社会科学研究，2009(5)：117-121.

［64］关杰，杨韬. 试论胡塞尔现象学中意向性、相关性、先验性、先天性的关联 [J]. 哲学研究，2013(4)：75-77.

［65］张廷国. 胡塞尔现象学的方法论及其意义 [J]. 武汉大学学报（人文社会科学版），2000(1)：33-38.

［66］崔光辉. 拨云见日：胡塞尔现象学方法的基本思路 [J]. 上海教育科研，2010(12)：13-16.

［67］任军. 胡塞尔现象学中的历史进路及其意义 [J]. 陕西师范大学学报（哲学社会科学版），2009(2)：17-21.

[68] 邓晓芒. 胡塞尔现象学导引 [J]. 中州学刊，1996(6)：2–11.

[69] 王岳川. 20 世纪西方心理学美学的演进 [J]. 广东社会科学，2013（1）：183–194.

[70] 胡安民. 艺术格式塔异质同构论 [D]. 曲阜：曲阜师范大学，2005（3）：2–7.

[71] 支宇，陈维. "晚期风格"理论的三副面孔——一个 20 世纪西方文艺批评术语的流变 [J]. 湘潭大学学报（哲学社会科学版），2020(4)：156–162.

[72] 马良怀. 崩溃与重建中的困惑——魏晋风度研究 [M]. 北京：中国社会科学出版社，1991：93–121.

[73] 高寒冰. 论《艺术与视知觉》所蕴含的审美价值 [J]. 出版广角，2015(14)：124–125.

[74] 史风华. 阿恩海姆美学思想的四重背景 [J]. 学习与探索，2002(5)：47–48.

[75] 喻宛婷. 阿恩海姆的"太极图"：格式塔艺术心理学中的中国图形 [J]. 社会科学战线，2018(2)：188–197.

[76] 李吉品，刘洋. 阿恩海姆视知觉理论再评价 [J]. 文艺争鸣，2021(1)：99–103.

[77] 朱会晖. 康德艺术论中形式主义与表现论之间的张力 [J]. 文艺研究，2018(7)：24–32.

[78] 陈佳. 写意与表现：由杜威表现观引发的艺术哲学思考 [J]. 美术，2019(6)：18–23.

[79] 王发花. 南北朝"秀骨清像"佛教造像成因探析 [J]. 现代传播（中国传媒大学学报），2014(4)：159–160.

[80] 张俊沛. 魏晋自然观与"秀骨清像" [J]. 河南师范大学学报（哲学社会科学版），2015(2)：147–150.

[81] 杜星星. 唐代敦煌壁画色彩的观念体现、视觉呈现与情感表达 [J]. 敦煌学辑刊，2021(1)：115–128.

[82] 牛克诚. 东方色彩的多维景观 [J]. 美术，2022(2)：26–27.

［83］陈振旺. 莫高窟隋唐图案的历史演变和文化交流 [J]. 深圳大学学报（人文社会科学版），2015(6)：1–7.

［84］李吉品，肇雅琦. 从艺术表现出发探析阿恩海姆视知觉理论 [J]. 文艺争鸣，2020(3)：186–189.

［85］王林生. "视觉中心主义"：视觉观看中的理性建构与解构 [J]. 中国文学研究，2020(1)：8–15.

［86］殷曼楟. 论视觉再现与沃尔海姆的观者之看 [J]. 文艺理论研究，2015(3)：156–162.

［87］安婕. 论观看 [J]. 西北师大学报（社会科学版），2014(3)：45–49.

［88］刘景丽. 中国传统人物画散点透视构图背后的儒释道融合 [J]. 作家，2014(16)：199–200.

［89］曹生龙. 中国画散点透视法与塞尚的多点透视法 [J]. 艺术工作，2017(1)：18–19.

［90］柏拉图. 理想国 [M]. 郭斌，张竹明，译. 北京：商务印书馆，2018：277.

［91］赫西俄德. 工作与时日神谱 [M]. 张竹明，蒋平，译. 北京：商务印书馆，1991：48.

［92］亚里士多德. 物理学 [M]. 张竹明，蒋平，译. 北京：商务印书馆：1982：109.

［93］亚里士多德. 论灵魂 [M]. 陈玮，译. 北京：北京大学出版社，2021：126.

［94］亚里士多德. 诗学 [M]. 陈中梅，译. 北京：商务印书馆，1996：27.

［95］康德. 三大批判合集 [M]. 李秋零，译. 北京：中国人民大学出版社，2004：715.

［96］康德. 永久和平论 [M]. 何兆武，译. 上海：上海世纪出版社，2005：57.

［97］席勒. 秀美与尊严 [M]. 张玉能，译. 北京：文化艺术出版社，1996：78.

［98］笛卡尔. 谈谈方法 [M]. 王太庆，译. 北京：商务印书馆，2000：27.

［99］胡塞尔. 逻辑研究 [M]. 倪梁康，译. 北京：商务印书馆，2015：69.

［100］库尔特·考夫卡. 格式塔心理学原理 [M]. 李维，译. 北京：北京大学

出版社，2010：145-174.

[101] 鲁道夫·阿恩海姆. 艺术与视知觉 [M]. 滕守尧，译. 成都：四川人民出版社，1997：3-633.

[102] 鲁道夫·阿恩海姆. 视觉思维——审美知觉心理学 [M]. 滕守尧，译. 成都：四川人民出版社，2019：128.

[103] 鲁道夫·阿恩海姆. 艺术心理学新论 [M]. 郭小平，翟灿，译. 北京：商务印书馆，1994：56-72.

[104] 鲁道夫·阿恩海姆. 形式建筑的视觉动力 [M]. 宁海林，译. 北京：中国建筑工业出版社，2006：10-17.

[105] 鲁道夫·阿恩海姆. 中国古代美学与它的现代性 [J]. 徐亚莉，译. 中国哲学史，1988(3)：119-120.

[106] 鲁道夫·阿恩海姆. 电影作为艺术 [M]. 邵牧君，译. 北京：中国电影出版社，2003：68.

[107] 鲁道夫·阿恩海姆. 中心力量——视觉艺术构图研究 [M]. 张维波，译. 成都：四川美术出版社，1991：27-38.

[108] 鲁道夫·阿恩海姆. 走向艺术心理学 [M]. 顶宁，译. 郑州：黄河文艺出版社，1990：134-256.

[109] 威廉·亨利希·瓦肯罗德. 一个热爱艺术的修士的内心倾诉 [M]. 谷裕，译. 北京：生活·读书·新知三联书店，2002：147.

[110] 威廉·詹姆斯. 心理学原理 [M]. 方双虎，译. 北京：北京师范大学出版社，2019：147.

[111] 海德格尔. 林中路 [M]. 孙周兴，译. 上海：上海译文出版社，2005：4-38.

[112] 海德格尔. 形式显示的现象学 [M]. 孙周兴，译. 上海：同济大学出版社，2004：7-25.

[113] 海德格尔. 路标 [M]. 孙周兴，译. 北京：商务印书馆，2018：235-275.

［114］贡布里希. 象征的图像［M］. 范景中，杨思梁，译. 南宁：广西美术出版社，2015：46-83.

［115］沃尔夫林. 美术史的基本原理［M］. 杨蓬勃，译. 北京：金城出版社，2011：294.

［116］达·芬奇. 达·芬奇笔记［M］. 杜莉，译. 北京：金城出版社，2018：26.

［117］斯宾诺莎. 知性改进论［M］. 贺麟，译. 北京：商务印书馆，1960：256-264.

［118］欧文·洛克. 知觉之谜［M］. 武夷山，译. 北京：科学文献技术出版社，1989：127.

［119］贡布里希. 艺术与错觉［M］. 范景中，译. 桂林：广西美术出版社，2015：165.

［120］康定斯基. 艺术中的精神［M］. 余敏玲，译. 重庆：重庆大学出版社，2017：92.

［121］贡布里希. 艺术的故事［M］. 范景中，译. 南宁：广西美术出版社，2014：204-258.

［122］莱辛. 拉奥孔［M］. 朱光潜，译. 北京：商务印书馆，2016：55-60.

［123］罗杰·弗莱. 视觉与设计［M］. 耿永强，译. 北京：金城出版社，2011：144-150.

［124］德沃夏克. 作为精神史的美术史［M］. 陈平，译. 北京：北京大学出版社，2010：204.

［125］席勒. 美育书简［M］. 谢宛真，译. 台北：商周出版社，2018：76.

［126］恩斯特·卡西尔. 人论［M］. 甘阳，译. 上海：上海译文出版社，2013：40-45.

［127］潘诺夫斯基. 图像学研究：文艺复兴时期艺术的人文主题［M］. 戚印平，范景中，译. 上海：上海三联书店，2011：1-13.

［128］黑格尔. 美学［M］. 朱光潜，译. 北京：商务印书馆，2008：138.

［129］里格尔. 风格问题［M］. 邵宏，译. 杭州：中国美术学院出版社，2016：13.

［130］丹·扎哈维. 胡塞尔现象学 [M]. 李忠伟，译. 北京：商务印书馆，2022：22-48.

［131］艾美利亚·琼斯. 自我与图像 [M]. 刘凡，谷光曙，译. 南京：江苏美术出版社，2013：22.

［132］雅各布·布克哈特. 意大利文艺复兴时期的文化 [M]. 何新，译. 北京：商务印书馆，2018：336.

［133］Arnheim Rudolf. Towards a Psychology of Art [M]//Collected Essays. Berkeley: University of California Press, 1966:63-89.

［134］Rudolf Arnheim. A stricture on Space and Time [J]. Critical Inquiry, 1978(4):653.

［135］Johann. Goethe's Theory of Colours [M]. Alpha Edition, 2022:121-134.

［136］Rudolf Arnheim. To the Rescue of Art [M]//Twenty-Six Essays. Berkeley: University of California Press, 1991:76.

［137］Rudolf Arnheim. Visual Thinking [C]. Berkeley: University of California Press, 2004:15-37.

附　录

莫高窟北凉第275窟

图1　莫高窟北凉第275窟西壁南侧供养菩萨

图2　莫高窟北凉第275窟西壁
　　　供养菩萨局部

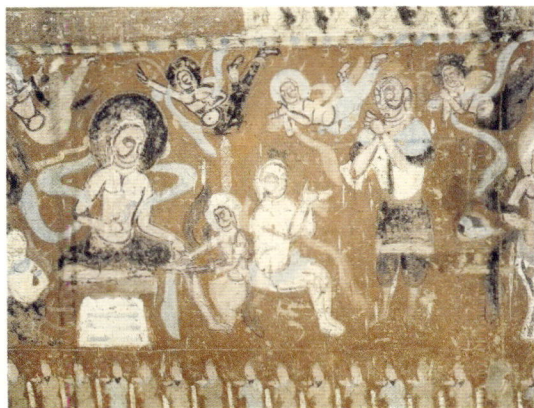

图3　莫高窟北凉第275窟北壁《尸毗王本生》

图4　莫高窟北凉第275窟交脚
　　　弥勒菩萨

莫高窟北凉第272窟

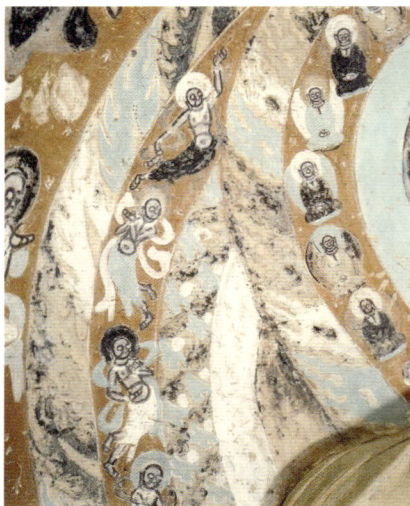

图5　莫高窟北凉第272窟佛背光

图6　莫高窟北凉第272窟
龛内南壁胁侍菩萨

图7　莫高窟北凉第272窟供养比丘

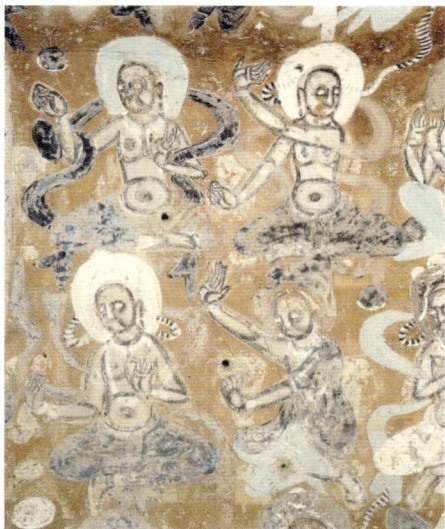

图 8　莫高窟北凉第272窟西壁听法菩萨

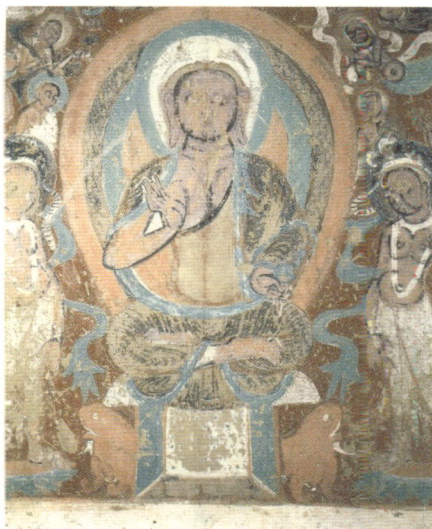

图 9　莫高窟北凉第272窟龛内南壁《说法图》

莫高窟北凉第268窟

图 10　莫高窟北凉第268窟龛外南侧胁侍菩萨

图 11　莫高窟北凉第268窟龛内佛左下角龛柱

莫高窟北魏第257窟

图12　莫高窟北魏第257窟西壁《须摩提女请佛》一

图13　莫高窟北魏第257窟西壁《须摩提女请佛》二

图 14　莫高窟北魏第257窟西壁《须摩提女请佛》三

图 15　莫高窟北魏第257窟南壁《沙弥守戒》一

图 16　莫高窟北魏第 257 窟南壁《沙弥守戒》二

莫高窟北魏第 254 窟

图 17　莫高窟北魏第 254 窟南壁《降魔变》一

图18　莫高窟北魏第254窟南壁
《降魔变》二

图19　莫高窟北魏第254窟南壁
《降魔变》三

图20　莫高窟北魏第254窟北壁
《难陀出家》一

图21　莫高窟北魏第254窟北壁
《难陀出家》二

莫高窟北魏第248窟

图22　莫高窟北魏第248窟人字披天宫伎乐

图23　莫高窟北魏第248窟人字披
持花供养菩萨

图24　莫高窟北魏第248窟
人字披飞天

莫高窟北魏第263窟

图25　莫高窟北魏第263窟北壁飞天

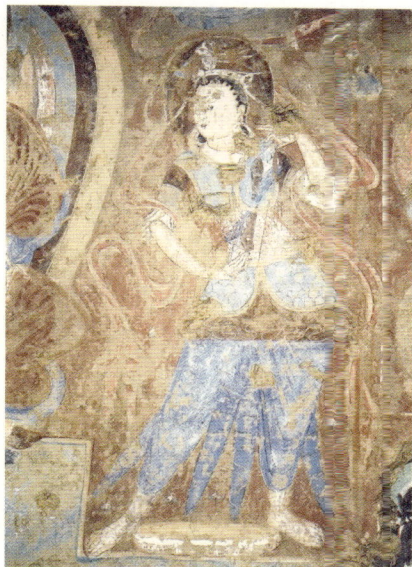

图26　莫高窟北魏第263窟
北壁《交脚释迦说法图》之"天王"

图27　莫高窟北魏第263窟北壁千佛

图28　莫高窟北魏第263窟南壁西侧
《三佛说法图》

莫高窟北魏第260窟

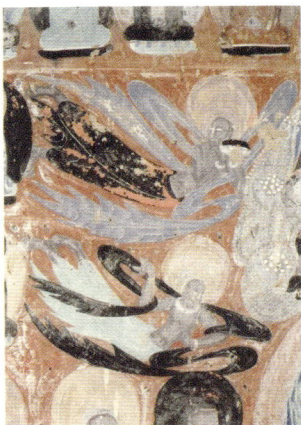

图29　莫高窟北魏第260
窟北壁《说法图》之飞天

图30　莫高窟北魏第260窟《说法图》

图31　莫高窟北魏第260窟中心柱东面
龛内飞天一

图32　莫高窟北魏第260窟中心柱东面
龛内飞天二

莫高窟北魏第251窟

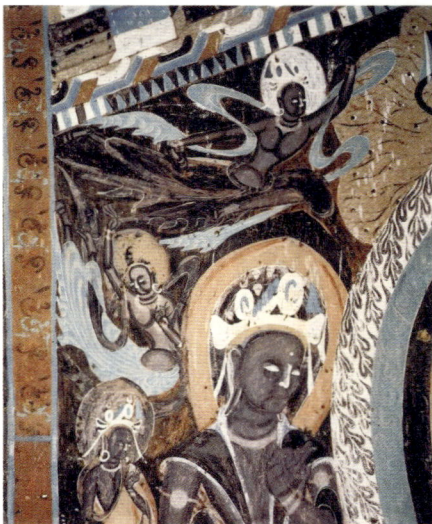

图33 莫高窟北魏第251窟
北壁东侧《说法图》局部一

图34 莫高窟北魏第251窟
北壁东侧《说法图》局部二

图35 莫高窟北魏第251窟北壁西侧《说法图》

图36　莫高窟北魏第251窟南壁上部天宫伎乐与下边千佛

莫高窟北魏第259窟

图37　莫高窟北魏第259窟内景

图38　莫高窟北魏第259窟西壁中心塔柱圆券龛彩塑
《释迦多宝说法像》

图39　莫高窟北魏第259窟中心券龛供养菩萨

莫高窟北魏第435窟

图40　莫高窟北魏第435窟北壁人
字坡下沿天宫伎乐

图41　莫高窟北魏第435窟北南壁人字
坡椽间图案

图42　莫高窟北魏第435窟
北壁人字坡下沿
《说法图》局部一

图43　莫高窟北魏第435窟
北壁人字坡下沿
《说法图》局部二

图44　莫高窟北魏第435窟北壁人字坡下沿天宫伎乐

莫高窟北魏第431窟

图45　莫高窟北魏第431窟供养天人一

图46　莫高窟北魏第431窟供养天人二

图47　莫高窟北魏第431窟龛
侧《乘象入胎》

图48　莫高窟北魏
第431窟龛侧
《夜半逾城》

图49　莫高窟北魏第431窟窟顶人字坡西坡供养天人

莫高窟西魏第432窟

图50　莫高窟西魏第432窟中心塔柱正面龛佛像

莫高窟西魏第288窟

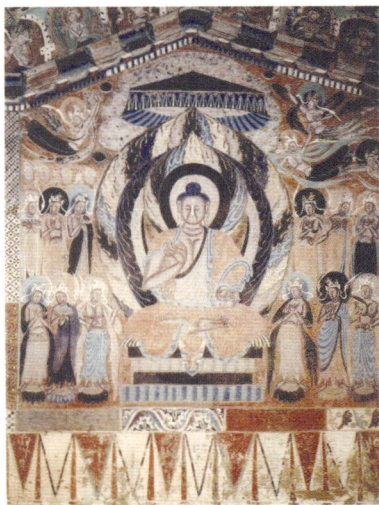

图51　莫高窟西魏第288窟
北壁《说法图》

图52　莫高窟西魏第288窟
南壁《说法图》

图53　莫高窟西魏第288窟
人字坡局部

图54　莫高窟西魏第288窟天宫伎乐一

图55　莫高窟西魏第288窟天宫伎乐二

莫高窟西魏第249窟

图56　莫高窟西魏
第249窟内景

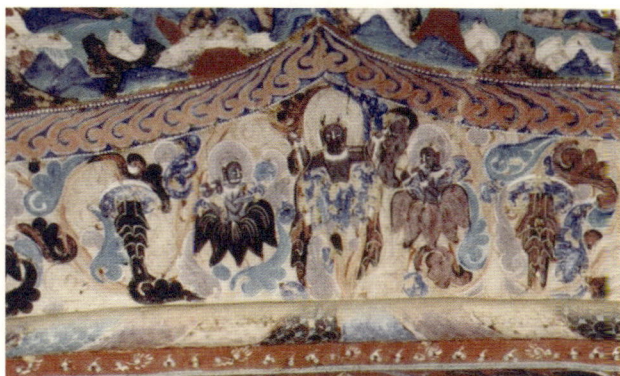

图57　莫高窟西魏第249窟龛楣局部《莲花伎乐化生》

图58　莫高窟西魏第249窟西壁龛内侧飞天

图59　莫高窟西魏
第249窟西壁龛内侧
听法菩萨

图60　莫高窟西魏第249窟西壁龛外侧
飞天与诸菩萨

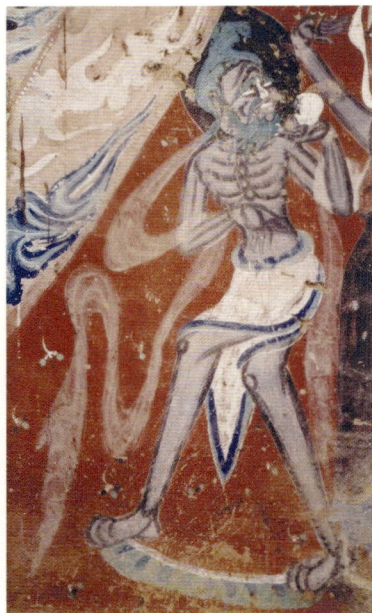

图61　莫高窟西魏第249窟
西壁龛内侧鹿头梵志

图62　莫高窟西魏第249窟南壁
《说法图》左上角飞天

图63　莫高窟西魏第249窟
北壁《说法图》左上角飞天

图64　莫高窟西魏第
249窟窟顶

图65　莫高窟西魏第249窟西坡雷公和电神

图66　莫高窟西魏第
249窟西坡山林动物

图67　莫高窟西魏第249窟窟顶东坡宝珠

图68　莫高窟西魏第249窟窟顶东披玄武

图69　莫高窟西魏第249窟窟顶南披《山林动物》

莫高窟西魏第285窟

图70　莫高窟西魏第285窟
西壁龛楣伎乐化生童子

图71　莫高窟西魏第285窟
西壁龛楣飞天

图72　莫高窟西魏第285窟西壁龛内北侧胁侍菩萨

图73　莫高窟西魏第285窟西壁南侧龛上凤车武士和供养菩萨

图74　莫高窟西魏第285窟南壁《五百强盗成佛因缘图》一

图75　莫高窟西魏第285窟
南壁《五百强盗成佛因缘图》二

图76　莫高窟西魏第285窟
南壁《沙弥守戒故事》一

图77　莫高窟西魏第285窟南壁
《沙弥守戒故事》二

图78　莫高窟西魏第235窟
北壁《说法图》

图79　莫高窟西魏第285窟北壁《说法图》下部供养人

图80　莫高窟西魏第285窟窟顶东披伏羲女娲

图81　莫高窟西魏第285
窟窟顶东披力士与摩尼宝珠

图82　莫高窟西魏第285窟
窟顶东披飞廉

图83　莫高窟西魏第285窟窟顶
西披乘鸾持节仙人

图84　莫高窟西魏第
285窟东披《山中洞窟
禅修图》

莫高窟北周第296窟

图85　莫高窟北周
第296窟西壁龛内南
侧上方四弟子

图86　莫高窟北周第296窟西壁龛外
北侧上方《东王公出行》

图87　莫高窟北周第296窟西壁龛外南侧
上方《西王母出行》

图88　莫高窟北周第296窟窟顶西披《善友太子故事》

图89　莫高窟北周第296窟窟顶西披
《善友太子故事》局部

图90　莫高窟北周第296窟窟顶西披《微妙比丘尼故事》

莫高窟北周第290窟

图91　莫高窟北周第290窟窟顶《佛传画》

图92　莫高窟北周第290窟窟顶人字披
东披《佛传画》之"入梦受胎"

图93　莫高窟北周第290窟窟顶人字披
东披《佛传画》之"摩耶说梦"

莫高窟北周第428窟

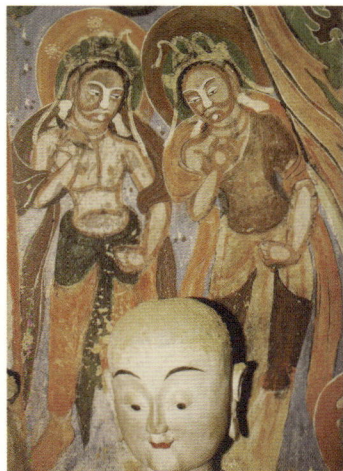

图94 莫高窟北周第428窟
龛侧佛背光飞天

图95 莫高窟北周第428窟佛背光飞天一部菩萨

图96 莫高窟北周第428窟
南壁人字披下部供养菩萨与千佛

图97 莫高窟北周第428窟北壁
人字披下部供养菩萨

图98　莫高窟北周第428窟北壁《降魔变》

图99　莫高窟北周第428窟北壁《降魔变》局部

后　记

本书成书于2023年，由中国纺织出版社有限公司出版。在此特别感谢中国纺织出版社各位编辑同志，正是由于你们对学术事业的无限支持工作艺术学的跨学科研究领域能够拥有展示自己的舞台。同时，也为笔者在该领域专心改志、力学笃行地进行探索提供了巨大的推动力。

另外，还要感谢康德、贡布里希、阿恩海姆、陈寅恪、宿白、宗白华、巫鸿、郑岩、韦正、胡同庆等众多前辈学者，他们的著作在美学、艺术学及艺术心理学等领域的深入洞见及研究方法给予了笔者许多教益与启示。同时，本书所引用的图片均摘自各大历史博物馆图册，在此一并对这些为敦煌研究做出过重要贡献的文博工作者致敬。最后，还要着重感谢四川师范大学服装与设计艺术学院院长乔洪，他一直以来在科研方法上对笔者给予的帮助，以及对本书内容的详尽指导，促成了本书的诞生与出版。

诚然，本书的内容还有很多的疏漏与不足，也带有较强的主观性。在此恳请广大读者和同行们能够多多包容并提出宝贵的意见！

兰兰

2023年4月于四川成都

　　投资者经常会听到一句话叫"长线是金"，言外之意就是只要长期持有一只股票，就能够获得丰厚的利润。从某种程度上讲，这句话不无道理。特别是在大牛市期间，股价的涨跌起伏、不断走高，似乎使这句话有了更深的理论基础。被套不要紧，只要持有，只要上市公司不破产，早晚都会涨回来的。那么，当股市已经走向熊途，如果还不及时卖出的话，长线恐怕就不是金了，不仅到手的金子会拱手让出，还可能会导致血本无归。实际上，更多的投资者热衷于短线交易。短线交易不仅能够使资金的利用率得到提高，发挥更大的效用，更能在最大程度上降低投资的风险。尽管"短线是银"，但银子攒多了也比金子值钱。

　　短线交易讲究的是"短、准、狠"。简单地说就是要在较短的时间内根据所掌握的技能准确下单，实现利润的最大化。而要想实现快速赚钱的目的，就要通过一定的方法和技巧找到潜在的牛股。因为在股市中，对广大散户来说，只有股票上涨才会带来利润。那么我们究竟要掌握哪些投资技巧和投资理念，又要遵循哪些原则和纪律呢？这都是我们要解决的问题。比如，判断失误要敢于承认错误并及时止损；达到赢利目标就要获利了结，不要恋战，哪怕其后涨得再高也不要后悔。而部分投资者试图把握住所有短期上涨幅度最大的股票以及所有能够获利的时机，事实上，这只是徒劳的努力和无知者的幻想。至于有些书籍中把短线交易吹得神乎其神，投资者大可不必当真，那只不过是那些作者的一种自我推销手段罢了。

　　本书内容包括短线操盘基础、从盘面信息寻找机会、从K线组合寻找买卖点、从均线捕捉短线交易良机、从成交量把握短线机会、根据技术指标进

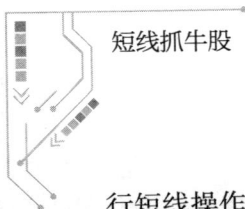

行短线操作、分时图中的买点与卖点、抄底与追高战法。涉及的案例均配有对应的 K 线图或分时图进行解读，使阅读更加轻松、理解更加容易。

阅读完本书，并不能保证你就此成为短线擒"牛"高手，也不能保证你有过人的成功率。毕竟，本书不是"必赚宝典"。本书能带给你的除了经验上的积累，还是经验上的积累。写本书的主要目的是希望能以自己的投资心得和经验，让投资者朋友少走一些弯路，尽快掌握短线操作的精髓。

由于笔者能力所限，加之股票市场变幻莫测，书中难免有疏漏之处，也恳请读者给予指正。

尼尉圻

2022 年 10 月

短线抓牛股

THE STOCK MARKET

尼尉圻 编著

深度讲解 实战操作技术
纵横博弈 把握转瞬时机
步步为营 成就短线英雄

口碑热销

提升交易维度
穿越市场轮回

第2版

中国纺织出版社有限公司

图书在版编目（CIP）数据

短线抓牛股 / 尼尉圻编著. --2版. --北京：中
国纺织出版社有限公司，2023.3
ISBN 978-7-5229-0089-6

Ⅰ.①短…　Ⅱ.①尼…　Ⅲ.①股票投资－基本知识
Ⅳ.①F830.91

中国版本图书馆CIP数据核字（2022）第220869号

责任编辑：顾文卓　　责任校对：高　涵　　责任印制：储志伟

中国纺织出版社有限公司出版发行
地址：北京市朝阳区百子湾东里A407号楼　邮政编码：100124
销售电话：010—67004422　传真：010—87155801
http://www.c-textilep.com
中国纺织出版社天猫旗舰店
官方微博 http://weibo.com/2119887771
三河市延风印装有限公司印刷　各地新华书店经销
2017年1月第1版
2023年3月第2版第1次印刷
开本：710×1000　1/16　印张：14.5
字数：220千字　定价：49.80元

目录

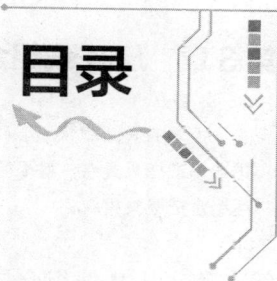

第1章　短线操盘基础

　　短线操作是一种短期获利行为，如果操作得当，收益还是十分可观的。短线看重的是个股的技术面，因而不必理会股票基本面的好坏等问题。只要所选个股在短期内有比较大的波动，就可以进行短线操作。本章我们先来了解有关短线操作的一些基础知识。

第2章　从盘面信息寻找机会

　　一个短线交易高手，一定会时刻留意盘面的变化，在一瞬间寻找到短线操作的机会，从众多盘口信息中找到有用的内容，从而做出正确的决策。这些盘口信息包括买卖盘的情况、换手率的变化、量比和委比变化等内容。本章我们就来逐一了解这些相关知识，为今后的实战操作打下良好的基础。

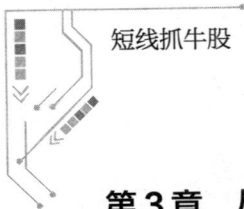

第3章 从 K 线组合观察买卖点

不同的 K 线组合形态在一定程度上反映了当前股价的运行趋势，对于短线投资者来说，要想准确把握买卖点，就不能忽略对 K 线组合形态的研究。本章我们就来学习如何通过不同的 K 线组合把握买卖点。

第4章 从均线捕捉短线交易良机

移动平均线是被广泛应用的技术指标之一，可以用它来显示股价的历史波动情况，帮助我们确认与分析现有的趋势、研判将要出现的趋势等。在短线交易中，均线的作用同样举足轻重，利用均线来判断短线的买卖操作是广大投资者必备的技能之一。本章我们就来共同探讨一些均线战法。

第5章 从成交量把握短线机会

市场人士常说"股市中什么都可以骗人，唯有量是真实的"，可以说，成交量的大小直接表明了多空双方对市场某一时刻的技术形态的最终认同程度。投资者对成交量异常波动的股票应当密切关注。本章我们将探讨如何从成交量中寻找短线交易机会。

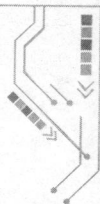

第6章　根据技术指标进行短线操作

技术指标一直是投资者进行交易的参考依据，灵活运用好技术指标可以在很大程度上帮助我们做出正确的投资决策。目前各类指标已达百余种，而且仍有投资者在进行新指标的开发。本章我们节选了一些有代表性的指标进行介绍，不讲其计算方式和生成的方法，只讲其应用方法，希望能消除新朋友对技术指标的恐惧心理，以积累更多实战经验。

第7章　分时图中的买点与卖点

很多人会在同一天交易同一只股票，但是有人可以赚几个点，有人却亏了几个点，其原因当然是没有把握好买点。尽管分时图的走势几乎没有完全一样的（除了一字涨跌停板），但是主力的操盘手法往往是有迹可寻的。对于短线投资者来说，就要学会从这些曲折变幻的曲线中找到投资的买卖点。本章我们就来探讨如何利用分时图把握买点和卖点。

第8章　抄底与追高战法

短线操作讲究的是在短期获得预期收益，这其中大胆抄底与大胆追高都是不错的选择。如果能够正确判断出底部并且精准抄底，收获自然会不小；同样，如果能够把握追高技巧并且敢于追高，也可以在短期内获得不小的收益。本章我们就来探讨抄底与追高战法。

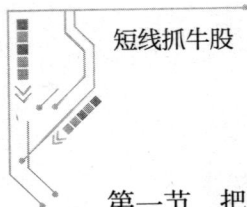

第1章　短线操盘基础

短线操作是一种短期获利行为，如果操作得当，收益还是十分可观的。短线看重的是个股的技术面，因而不必理会股票基本面的好坏等问题。只要所选个股在短期内有比较大的波动，就可以进行短线操作。本章我们先来了解有关短线操作的一些基础知识。

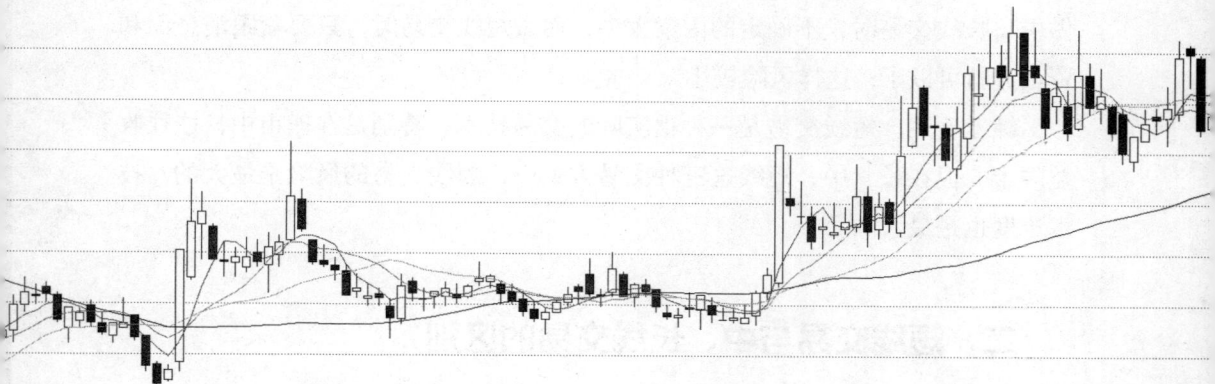

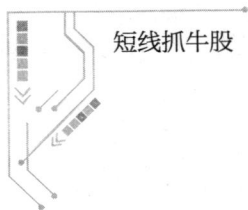

第一节　短线交易的概念

短线交易就是在短时间或者在短期内完成一次买卖操作。下面我们来了解一下与短线交易相关的概念和要素。

一、什么是短线交易

短线交易是相对于长线交易和中线交易而言的。在 T+1 交易制度下，短线交易通常是指隔夜交易，即当日完成进场交易，次日完成出场交易。有时，如果行情继续看涨，短线投资者也可能继续持仓几个交易日，直到一波强势涨幅完结为止。

隔夜交易这种短线交易也可以称为超级短线。而在道氏理论中，这种时间差如此短的股价变动被视为微型趋势，是最无意义的波动。而事实上，任何级别的趋势都是从每日的微型趋势里演化出来的，无论投资者何时进、出场，总会在某一个微型趋势里进行交易，它是投资者进、出场的第一时间点；如果投资者能够抓住每一个有利的进、出场时机，只要每次赢利 2%，那么一年下来所积累的复合利润就非常惊人，这也引发了大多数投资者"积少成多"的交易观。另外，目前我国股市还有一些制度没有完善，依然有政策市和消息市的影子。做中、长线交易时，不确定的因素太多，而做短线交易时，只要紧跟消息面和资金流就可以了，这样风险较小。

综上所述，短线交易是一种很实际的交易技术，特别是在熊市中，往往收益颇丰。但在长、中、短线这三种交易方式中，短线交易的风险是最大的，技术难度也是最大的。

二、短线交易与中、长线交易的区别

短线交易与中、长线交易的区别主要有以下几点：

（1）从持股时间上来看，短线持股时间一般都会少于半个月，很多短线也

就是一两天的持股时间就差不多完成了一个交易周期；而中线则要长一些，可能需要一两个月；长线持股时间最长，可能在半年以上甚至几年。

（2）从操作手法来看，短线与中、长线的操作手法完全不一样，短线主要看的是技术形态，基本面可以暂时搁置；而中、长线投资必须了解股票的基本面是不是适合中、长线投资，短线技术形态可以暂时搁置。

（3）从获利期望来看，短线与中、长线的获利期望是不一样的，在操作成功的前提下，短线一般是快进快出，对收益要求不高，短线投资者要有严格的操盘纪律，要严格设立止损止赢点；而中、长线则要达到20%以上预期收益，才有持股必要。

三、短线交易的风险

有投资者认为，短线交易不就是把握几天的行情，低买高卖吗？然而事实并非如此简单，低买高卖说起来简单，做起来却不是那么容易。很多人往往就是在这几天的时间内被深套，短线变成中线，中线变成长线，甚至到最后变成了奉献。也有的投资者确实第二天挣到了钱，但贪婪的心理使他们还想挣得更多，没有把握住卖点，最后不得已在利润下滑甚至亏损时割肉出局。一般来说，短线交易往往要面临四个方面的风险：

1. 被主力欺骗

贪婪与恐惧是绝大多数人的弱点，而主力常常会利用投资者的贪婪心态，故意将一些小恩小惠送给投资者，将自信满满的投资者送进云端，然后再从云端摔下；又常常利用投资者的恐惧心理，将胆战心惊而又懵懂无知的投资者踢出局。只要是投资者能够看得到的指标，主力都有做假的机会，包括 K 线图、成交量、成交笔数、内外盘、委托买卖盘、分时走势图等，都会在主力的股票、资金、信息、技术等优势下，变得扑朔迷离和诡秘难辨。

2. 技术分析缺失

对于短线投资者而言，在临盘时需要具备四个方面的能力：

• 敏感的信息处理能力；

• 整体性和连贯性的思维方式；

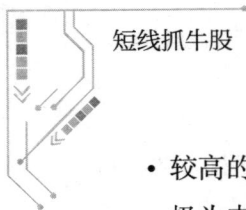

- 较高的技术分析水准；

- 极为丰富的辨析识伪能力。

显然，这样的技术要求只有少数勤奋钻研的投资者才可以具备，而大多数投资者则由于种种原因导致盘中分析技术的缺失。

3. 缺乏操作策略

对于一些长线投资者，如果在某一时段错过了进、出场时机，以后往往还有机会；但在短线交易中，往往不能有丝毫的犹豫，短线操作的过程中，往往会因为一时的疏忽而导致满盘皆输。有的短线投资者只会买入，不会卖出；或只会持仓，不会止损，这些都是交易技术体系不完善的表现，也是其盘中交易策略欠缺的体现。盘中短线交易是一个完整而严密的技术体系，投资者必须要有明确的进出场位、加码位和止损位，以及良好的交易心态和交易素质。如果没有这种严密的短线交易体系作为保障，短线交易的失败率就会很高。

4. 错过大幅盈利机会

由于短线投资者是冲着股票可能突飞猛涨而去的，一旦股价出现了预期中的调整，投资者就会抛弃该股而另择机会。但是，往往投资者还没来得及在其他个股上获益，被抛弃的股票却反而经过短暂整理期后一路飙升，从而导致投资者错失更大的盈利机会。此外，如果是在大牛市，短线操作的策略就会变得不合时宜，频繁的短线操作往往不如长期持有一只股票获利丰厚。

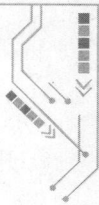

第二节　短线投资基础

要进行短线投资，首先要掌握有关短线投资的一些基础知识，比如短线操作的要素、操作的基本原则和投资纪律等。下面我们就来了解相关的知识。

一、短线交易操作的原则

1. 注重短期趋势

短线选股的基本原则是被选股票能够在短期内具有较高的涨幅预期，并不看重其长期的发展趋势。这就决定了短线选股必须重视短期趋势以及追求投机性价差收益的特点，这是与长线投资的明显区别。

2. 把握市场热点

几乎每一段时间，市场都有一个或者几个热点板块，这些热点板块往往与当时的市场环境、国内外政策有着一定的关系。而作为短线投资者，追随市场热点则是他们战胜大盘并取得理想投资收益的途径之一。阶段性热点为投资者提供了一定的短线投资机会。因此，投资者如果能够按照股市热点的轮换规律把握住市场机会，将仍能获得相当可观的投资回报。

3. 捕捉龙头股

龙头股不仅是行情演绎的风向标，而且同比涨幅最为可观。这类个股往往上涨时冲锋陷阵在前，回调时走势抗跌，能够起到稳定军心的作用。

龙头股通常有大资金介入背景，以实质性题材或业绩提升为依托。通常情况下，龙头股可以从成交量和相对涨幅的分析中挑选。

4. 注意上市公司公告

上市公司公告蕴藏一定的个股机会。不仅上市公司每年定期发布的年报和中报经常有出人意料的惊喜，而且投资者可以从上市公司不定期的公告中发现该公司重大经营活动、股权重组等对个股价格有重大影响的信息内容。

值得注意的是，投资者在决定是否根据相关信息买卖某股票之前，必须结合相关股票最近一段时期的走势分析，因为不少个股的股价已经提前反映了公

开公布的利好信息，这时就要相当谨慎。

5. 灵活运用技术分析工具

技术分析可以帮助投资者确定买卖时机，掌握一定的技术分析工具，对于股价的未来走势判断将会起到一定的作用。对于普通的投资者来讲，不一定非要掌握很多种技术指标的应用，如果能够熟练掌握并灵活运用几种就已经足够。例如：组合移动平均线的运用、资金流向及成交量分析、形态理论运用等看似十分简单的分析方法，在实践中如能结合基本分析正确地运用，对投资者选股很有帮助。

6. 避开高风险个股

市场中经常有股票突然出现重大变故，并引发股价大幅下跌，这些因素加大了投资者的选股风险。因此，仔细分析个股潜在的风险因素成为选股过程中重要的一环。

二、短线交易操作纪律

短线操作应该遵循以下纪律：

（1）把握大势，追逐热点，但不追涨绝大多数人看好的股票，不买股价极高的股票或涨幅巨大的股票。

（2）不频繁出入，不随意出击，不频繁换股。

（3）见好就收，绝不恋战，并且在买股之前先设好止损点。

（4）永远、永远不要满仓。

（5）不要相信任何"内幕"消息，那些消息是到不了散户的，除非有诈。

（6）短线操作要敢于追买涨停的股票，但需要注意的是：股票在连拉多个涨停板后，则不能再轻易追涨。

（7）不要轻易买入跌停板被巨量打开的股票。

（8）要始终站在地势低的地方，多注意中低价股的机会。

（9）上涨时加码，下跌时减磅。

（10）不要相信跌深的股票可以买，也不要相信涨高的股票必须卖，炒股关键是看趋势，而不是单纯看高低。

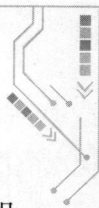

（11）牛市不要轻视冷门股，熊市不要过于重视热门股。

（12）高位有见顶意义的 K 线组合出现时卖出，低位有见底意义的 K 线组合出现时买进。

（13）强势调整中要买抗跌股，弱势调整中要买超跌股。

（14）做当前的热点，寻下一波的热点，长期追踪主流热点和龙头个股。

（15）成交量有效放大，原有形态被有效突破时，应果断介入。如果介入后，发现先前判断有误，也要果断退出。

（16）要懂得休息，选择大势向好的阶段进行操作将事半功倍。当大势不利时，要适当休息。

（17）坚持"短、平、快"原则。买入、卖出时出手要快，参与操作的心态要平，持股时间要短。无论盈亏都要快进快出，决不贪心。否则，极可能短线变中线，中线变长线，长线变奉献。

（18）不怕错过、只怕做错，要三思而后行。在股市中，机会永远都有，不要因为担心失去机会，而轻率地买卖股票。

三、短线交易法则

1. 明确操作的目的

短线操作的目的是避免风险，以回避的态度不参与走势中不确定因素太多的调整阶段。因为调整中的不确定因素就是一种无法把握的巨大风险，用短线操作的方法，就可以尽量避开这种风险。因此，只要一只股票的上升动力消失，无论该股是否下跌，都必须离场，这是短线操作的核心原则。

2. 避开左侧交易，参与右侧交易

首先我们来说明一下，什么是左侧交易，什么是右侧交易。通常在股价上涨的情况下，以股价顶部为界，在顶部尚未形成之前卖出股票，就属于左侧交易；而在顶部出现之后回落时的杀跌，则属于右侧交易，如图 1-1 所示。而在股价下跌时，以股价底部为界，凡在底部左侧低吸，属于左侧交易；在见底回升后的追涨，则属于右侧交易，如图 1-2 所示。

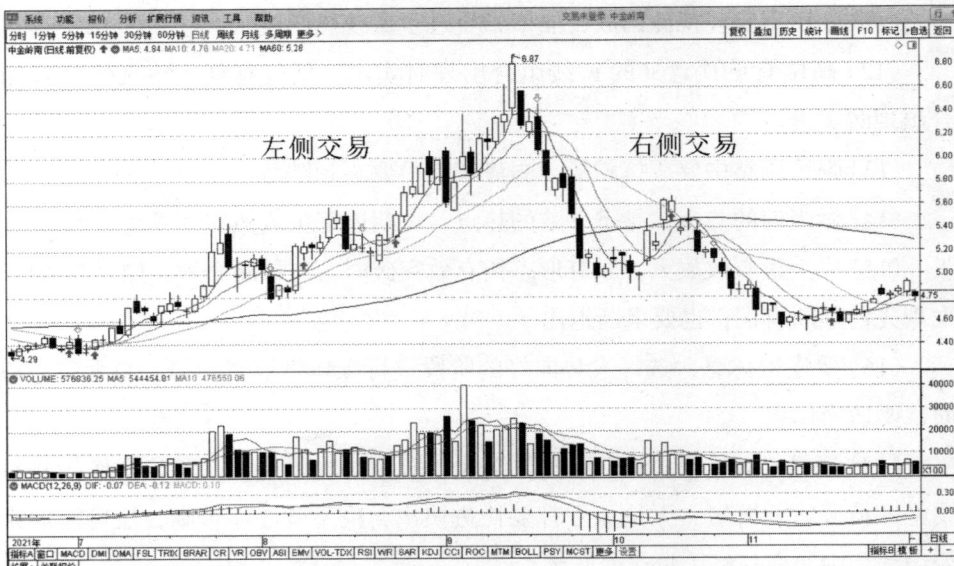

图 1-1　股票上涨时的左右侧交易

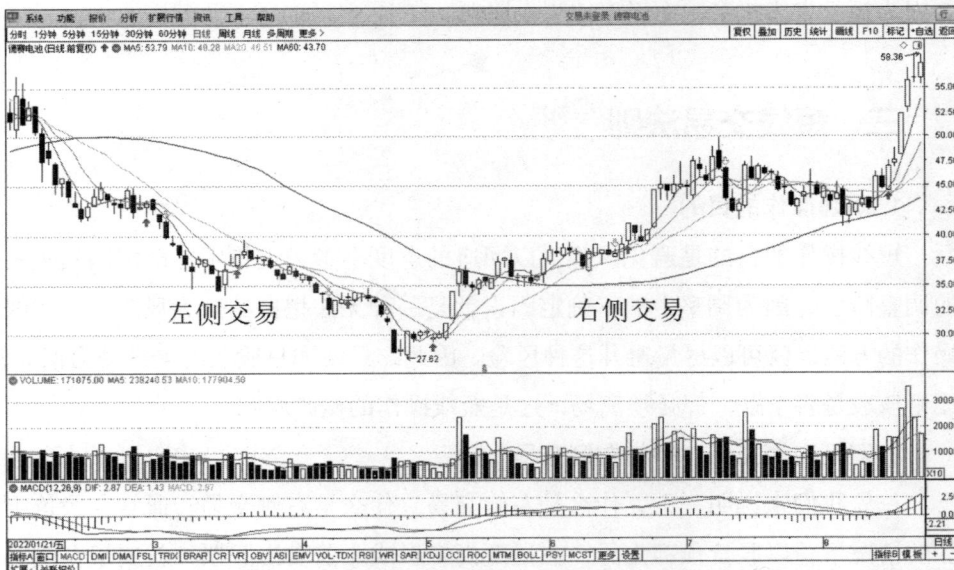

图 1-2　股票下跌时的左右侧交易

　　相比较而言，左侧交易的不确定性较大，而右侧交易需要一定的短线投资水平；左侧交易中的主观预测成分多，而右侧交易则体现出对客观的应变能力。

短线操作必须重视右侧交易，培养右侧交易的能力，并且避开左侧交易，参与右侧交易。

3. 培养良好的交易心态

相对于长线投资而言，短线投资者更要注重对心态的培养。总体来讲，短线操作需要有足够的耐心等待机会。面对市场变化，要细心辨别机会的真假，判断机会来临后要有迅速出击的决心；而当判断出错后要敢于迅速改正错误，无论是补仓或止损都需要果断。

4. 短线操作的保护措施

高位看错必须严格止损，低位看错应敢于补仓。在实战中，股价处于高位，后市下跌空间大，获利机会已消失，必须止损；若股价尚在循环周期的低位和上升通道之中，则应在支撑位处补仓待变。如股价是在下降通道中运动，下方无重要技术支持时则严禁补仓，而只能斩仓止损。

5. 注重大盘环境

短线操作，要时刻关注大盘的环境，具体可以从以下几个方面做出判断：

（1）当日排行榜中，如果有近百只股票涨停，则市场是处于超级强势，大盘背景优良，此时短线操作可选择目标坚决展开。

（2）如果涨停只有二三十只，且上涨股票数远低于下跌股票数，则市场处于弱势，大盘背景没有为个股表现提供条件，此时短线操作需根据目标个股情况，小心进行。

（3）在大盘上涨时，同时上涨股票数量大于下跌股票数量，说明涨势真实，短线操作可积极进行。若大盘上涨，下跌股票数量反而大于上涨股票数量，说明市场在拉抬指标股，涨势为虚，短线操作要小心。

（4）在大盘下跌时，同时下跌股票数量大于上涨股票数量，说明跌势自然真实，短线操作应谨慎。大盘下跌，但下跌股票数量却小于上涨股票数量，说明市场打压指标股，跌势为虚，投资者可以积极寻找短线机会。

（5）大盘涨时放量，跌时缩量，说明量价关系正常，短线操作可积极展开。大盘涨时缩量，跌时放量，说明量价关系不利，短线操作宜停止。

6. 注重资金流量分析

短线操作，一定要密切注视大资金的运动状况。因为股市中股票的涨跌在

短时期内是由注入股市的资金量所决定。平时由于交易清淡股价波动呈现慢步随机的特征，无法确定短线运动方向并且波动幅度太小，不具备操作价值。只有在短期内有大资金运作的股票才具有短线操作价值。成交量放大、多空双方交战激烈，股价呈现出良好的弹性，从而为短线操作提供更多的机会。

四、短线交易秘诀

以下是众多投资者总结出来的一些短线交易秘诀：

（1）市场不是因为有大批投资者买进股票而形成底部，是因为没人要卖出股票才形成底部的。所以，当大批投资者抄底时，往往不是真正的底部。

（2）在预期收盘价格会上涨的时期，不要尝试买进开盘后大跌的股票，如果做多，而价格却大跌就赶紧杀出；在预期大跌的时期，不要尝试卖出价格在开盘后大涨的股票，如果做空，而价格却在飙涨且远高于开盘价就赶紧补回。

（3）一旦价格开始往某个方向波动，就极有可能会朝那个方向继续前进。直到有一个等量或更大的相反爆炸性力量出现为止。

（4）赚钱时加码，持有更多股票；赔钱时减仓，才是资金管理的真理。

（5）制胜策略和正确的资讯对决策是有帮助的，但是缺乏专注，就永远无法让你的能力发挥到极致，成为交易的赢家。

五、短线交易操作禁忌

短线交易操作时，除了要有良好的心态和熟练的技巧，还要注意以下禁忌。

1. 忌满时

很多投资者一年四季都始终不停地操作。而实际上，炒股最重要的是研判大势。当大势向好时，要积极做多；大势转弱时，要空仓休息。有的投资者却不是这样做，他们不管股市冷暖，都不停地劳作，像勤劳的蜜蜂一样，为了蝇头小利而忙忙碌碌，其结果往往是劳而无功，甚至还会因此遭遇更多的风险。投资者在股市中，要学会审时度势，根据趋势变化，适时休息，这样才能在股市中准确把握机会。会休息，才更容易赚钱。

2. 忌满利

很多投资者总想买在最低点而卖在最高点，一味地追求利润最大化，总想把一只股票的所有利润全部拿下，结果是经常来来回回地坐电梯。特别是在大盘多次冲击高点的波段行情中，很多投资者却不盈反亏，原因就在于：他们为了赚取更多的利润而没有及时获利了结，结果将到手的利润亏损回去。保持长期稳定获利的根本原则是不要争取最大化的利润，而要争取最有可能实现的利润。稳步增长，才是赚钱之正道。

3. 忌满仓

炒股和做人一样，凡事要留有回旋余地，方能进退自如。对于散户而言，投入股市的钱，如果都是养家糊口的钱，一旦满仓被套，巨大的心理压力下造成的忧虑情绪，必将影响对后市行情的分析判断，最后结果不言而喻。其实，满仓做多，就是贪心的一种具体表现，不放过任何机会和利润的操作意图，结果往往是被迫放弃更多机会。因此，这里不得不提醒大家一句：永远、永远都不要满仓，即使是在大牛市。

4. 忌自满

有的投资者在刚进入股市时，还能够虚心学习，常常能有所收获，而一旦变成老股民以后，自以为学了些指标，读了几本书，就渐渐盲目自信起来，追涨杀跌，快速进出。结果反而输多赢少，亏损严重。任何人如果骄傲自满，都会停滞不前，最终必将被市场淘汰。

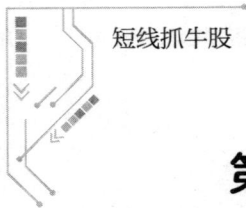

第三节　短线操作必备的心理素质

本节我们来了解一下短线高手要有哪些必备的心理素质。

一、正确对待暴涨

投资者在盘面中容易受到短线个股暴涨的诱惑，特别当某只股票突然放量上涨后，很容易成为短线投资者介入的对象。其实，对于不少短线暴涨的个股，主力也常会设计一些圈套，比如主力常以对倒盘的形式造成价量齐升的假象，当其他买盘介入后，主力会压盘出货。不少股民喜欢追涨，而且追涨时不看大盘和该股处于何种位置，这种盲目的操作常会造成短线操作的亏损。

通常当发现有较大的涨幅出现时，还是应该选择良好的买点。这种买点常会在其出现暴涨的回档途中形成，千万不可在个股出现暴涨或者涨幅较大的上涨过程中追涨买入。

对一个短线高手而言，既要仔细判别一些能迅速上涨的股票，更要承受盘中诱惑的考验。一些短线炒作的失败之处就在于投资者无法克制盘中所出现的诱惑。比如在大盘持续下跌过程中，盘中常会出现一些价量配合极佳的股票，这类股票常会诱使短线客上当。由于股票市场 T+1 的交易制度，短线客一旦受到此种诱惑，常会当天即被深套。另外，还要克制某股票出现大牛走势后的追涨行为。从理论上讲，一些强势特征极为明显的股票常会有持续上涨的能力，但有的主力就是利用这种炒作心态引诱投资者。在未了解主力意向之前，投资者对此类股票必须具有较强的抵御能力。

总之，要在短线炒作中成功，就要从各方面对自己的意志进行艰苦的磨炼。这种磨炼的过程中需要有实践的积累和各种成功与失败的体验，这样才会真正形成超越常人的意志，若能达到这一水平，依靠短线致富的理想也就能顺利实现了。

二、冷静面对暴跌

当大盘处于暴跌的状态时，常会引起投资者的恐慌，不少投资者在相当长的一段时间都会觉得难有盈利机会，特别是当大盘处于暴跌的过程中时，常会不由自主地采取割肉离场的方法。

大盘暴跌的机会不会很多，而个股的暴跌则常会出现，每逢遇到上市公司出现利空或者主力出货时，不少投资者会不由自主地跟风杀跌，常会造成较大的亏损。实际上，当大盘或者个股出现暴跌时，也的确容易引发投资者的恐惧，不少主力则充分利用股民的心理在低位进行震仓吸筹。

在具体的操作中，遇到大盘和个股暴跌时应该针对不同的情况进行处理。从心理学角度而言，一旦手中的股票出现暴跌后，很可能产生恐惧心理，有的会感到十分紧张，担心股票会继续大幅下跌；有的则会感到十分痛苦。当这种情况发生后，如何克制恐惧，将会影响到是否能够反败为胜。

当暴跌的事实发生后，应该面对现实，采取合理的止损措施，一方面可在其初次反弹的过程中止损出局；另一方面也可在下跌末期进行必要的补仓，特别当手中的股票出现连续暴跌后，千万不可将股票杀跌在底部位置。

三、见好就收，落袋为安

与止损相比，止盈同样重要。在一波行情中，很多投资者都因为没有及时获利出逃，由赚钱变成保本甚至亏损。可是短线高手却能很好地见好就收，锁定利润。这是因为短线高手往往有一套适合自己的短线止盈方法。

只有把赚钱的股票卖出才是真的获取利润，否则，账面利润再多也只是一个数字而已。为了避免由赚钱变成保本甚至亏损，在实际操作中，短线高手通常都会设定股票的最小获利目标点位，股价一旦达到这个目标点位，立刻卖出30%～40%的仓位，之后获利率每上涨5%，止盈点位相应提高一些；一旦股价回调到最新止盈点位，马上全部清仓。此方法可以在稳获利润的基础上又尽量多地获取短线的后续利润。但大家要注意的是，以上方法比较适合在相对强势的市场中应用。此外，当大盘处于分歧阶段或震荡市场中也可以适当应用。

第四节 短线操作必备的能力要求

对于投资者来讲，即使没有任何投资经验，都有可能短线获利。但要想成为真正的短线高手，就需要具备一定的能力。接下来我们来了解一下，要成为短线高手，还要具备哪些能力。

一、扎实的基本功

很多投资者在入市前是没有任何投资基础的，而他们进入股市的目的却是非常明确的，那就是要挣钱，甚至是要一夜暴富。然而他们一开始并不是去学习一些投资知识，而是马上参加交易并期待着赚取股市的"第一桶金"。这更像是一个赌徒在还没有了解一种牌的玩法就去下赌注，其结果可想而知。

要想在股市中长期获利，仅凭运气是肯定不行的，甚至是可怕的。因此，我们在进行交易之前，最好能把自己的头脑充实一些。也可以抱着一种学习的心态少投入一些资金，慢慢积累经验，但是千万不要在学习了一些技术指标后就自以为是。

二、有把握行情机会的能力

作为一名短线交易高手，准确地找出并把握住个股行情的机会是其盈利的前提条件。没有对行情机会的把握，也就谈不上实战操作，更谈不上获得收益了。培养把握行情机会的能力，需要从以下几方面入手：

1. 正确判断大盘走势

对大盘技术走势做出正确的分析研判，是投资者在实战中正确操作的首要前提。

（1）正确判断大盘当日的走势。这种能力包括结合各方面情况用专业的技术和方法迅速看出大盘当日可能出现的各种走势，并对此有一个客观的估计。尽管这个走势不一定是正确的，但操作正确率能得到提高。对大盘当日走势的

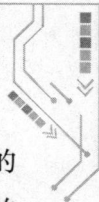

判断将决定短线高手对当日个股操作计划的制订和执行。这其中，最为重要的是对当天开盘竞价的准确理解，以及对盘中出现的高、低点和股价波动态势的技术意义的透彻领悟。

（2）正确判断大盘短期走势。在研判大盘当日走势的情况下，短线高手还要能够对大盘近期技术走势做出正确的分析研判。如此才能选择正确的短线操作法，同时综合分析所采取操作策略的风险和盈亏大小。

2. 正确判定个股运行态势

任何时候，个股都处于某一特定的技术态势中。正确判定个股所处的态势，直接关系到短线操作的手法运用及其正确性。

例如：当目标个股的 5 日均线处于向上状态并且 5 日均线也同时朝上，则说明该股处于向上运动的态势之中，具备了一定的短线获利操作价值。同理，若该股这两项指标走平或向下，则它处于盘整下降的态势中，不具备短线获利的条件。

3. 正确判定行情力度

（1）看股价变化速度。短线操作中的一项重要介入标准就是速度。股价运动角度越大，上涨速度越快，获利的机会自然也就越大。通常情况下，5 日均线与水平线形成的角度如果大于 45°，则为强势行情，反之则为弱势行情。若大于 60°，就属于超级强势行情，是短线高手最适宜操作的阶段。

（2）看量能。成交量、换手率的大小，直接表明股票交投的活跃程度。成交量和换手率大，表示股票买卖双方都对交易有很高的积极性，这种股票产生行情的可能性和力度就比较大。相反，成交量和换手率小，则表示股票买卖清淡，投资者交易的积极性不高，在这种股票中行情产生的可能性也就比较小。通常，日换手率在 3% 以上的股票才比较适合短线操作。

4. 正确把握买卖点位

短线高手必须要对所有细节都仔细把握，因为每一个细节都决定着收益！把握好股票的短线买卖进、出点位尤其如此。有时，即使投资者已经看好某一只股票，并且相信这种把握甚至超过平时的成功率，但此时可能有美中不足，介入价位偏高。因此，短线高手在实盘操作中，在技术系统买卖信号出现后必须立即展开动作，绝对不允许有一丝一毫的迟缓。买卖动作的迟缓是实战操作

者心态控制成熟度低下的标志，也是实战操作者意志力脆弱的表现。这正是妨碍投资者向高手晋级的最大障碍，如果在投资实战中不能成功战胜人性的弱点，就难以取得长久、稳定、持续的成功。

获利和亏损往往就在一瞬间，在市场机会出现时要立刻将其捕捉到。在实盘中，短线操作对于买卖点位的把握要求特别高。因此对职业短线高手的下单速度要求也特别高，一般要求从下单到成交必须几秒钟就完成。顶级的短线高手能够根据丰富的经验和操盘能力，准确地把握住实战中理想的进、出点位。

三、善于捕捉市场热点

作为短线投资人，必须要学会捕捉市场热点板块。短线讲究的是快进快出，而把握住市场的热点板块进行操作，就会事半功倍。我们可以通过以下方式寻找市场近期的热点板块。

1. 看涨幅榜

每天打开涨幅榜进行密切关注，并且查看涨幅靠前的个股属于哪一个板块，然后再打开同类板块查看。如果该板块的个股涨幅都比较可观，那么可以确定这类个股当前属于强势，短线可操作性较强。

2. 注意政策面变化

不仅仅是在国内，全球很多股市都还没有摆脱政策的束缚，一个政策有可能使某一板块的个股出现连续上涨，同样也有可能使某一板块的个股出现连续下跌。有时甚至会出现所有股票全部涨停的奇观。因此，平时多看新闻，多分析政策面的变化对股市的影响是非常有必要的。

3. 留意个股资讯

每天都会有很多个股发布一些资讯信息，这些信息有的是上市公司发布的，有的则是一些分析人士的个人观点。我们要学会从这些信息中找到投资点。当然，这些信息出现时，有时对股价的影响已经微乎其微了，因为对于一些有价值的信息，主力机构往往比普通投资者要事先得到。

四、成为短线交易高手的三大标准

1. 成功率高

成为短线交易高手必须保证相当的成功率。真正有把握的投资机会不是每都会出现，短线高手们在强调果断出击时，其实也非常注重出手的风险概率，在把握不准时以观望为主。

2. 收益率高

收益率与同期明星个股涨幅比较，50% 以下的投资者都不算短线交易高手，而跑赢同期大盘，则是对短线交易高手的最基本要求。

另外，在一日或一周的交易时间段内收益率具有极高的不确定性，这很难真正判断专业短线高手的水准。月收益率时间相对较长，这能成功过滤短周期的不稳定性。真正的短线高手在一个月内的收益常常能达到同期明星个股涨幅的 50%～70%。

3. 风险收益比率高

实际上在长时间的短线操作中，想要保持 70% 以上的成功率是很困难的。这时候短线交易高手是如何生存下来的呢？他们会努力提高操作的风险盈利比率，即努力提高每次成功操作的收益率，而把每次失误操作的损失控制在最低限度。

以短线操作成功率为 35% 的投资者为例，通常这样的短线高手的止损位都设置在 4%～5%，风险高于这一亏损比例一般不进场。于是投资者每一次成功的操作都肩负着至少收益 8% 的责任。而想要拥有长期盈利能力，必须最少要有 20% 以上的获利空间才可以考虑进场；小于这一收益率绝不考虑进场，因为进场意味着交易的最终亏损。对自己判断力的正确评估，是灵活运用风险收益率的保证，因此必须正确判断，不能自视过高或过低。

第五节　短线操作的制胜要领

短线操作充满着众多的不确定性，若要提高短线操作的成功率，就需要掌握短线操作的一些要领。下面我们来简要介绍一下短线操作的制胜要领。

一、擅长研判消息

市场中每天都有若干条信息，而对于一条消息，投资者不但要判断其真伪，而且还要判断出该消息对市场可能造成的影响。只有这样，才能根据消息做出正确的投资决策。

根据消息影响对象的不同，可分为影响大市的消息和影响个股的消息、影响行业的消息和影响地区的消息。投资者通过某种渠道获得某一消息后，首先要分析所获得的消息属于哪一类，这样才能对它的影响做进一步的分析。

消息更经常的划分方式是利好消息、利空消息和中性消息。利好消息能够提供支持股指上涨的因素，利空消息则可能会促使股价下跌，而中性消息则可能暂时不会对股指或股价造成短期影响，发挥的是一个长期的作用。投资者在研究分析一则消息时，需要着重从以下几方面入手：

1. 是否会影响市场供求关系

股票价格的涨跌是由股票的供求关系决定的，其主要包括两方面内容，一方面是股票的数量，另一方面是资金的数量。

如果是股票大幅扩容，新股上市速度较快的消息，这会增加股票供给，那么就属于利空消息。如果是类似新基金发售的消息，为股市增加资金投入，那么就属于利好消息。

2. 是否会影响上市公司的经营效益

股价的最根本支撑因素还是上市公司的业绩，业绩好的公司，股票容易受到投资者的追捧，而如果公布的消息会改变目前公司经营环境，投资者就要认真分析了。例如，上市公司出台了某项重大改革或重组措施，可能会大幅提高公司的管理水平和赢利水平，就属于利好消息。

3. 市场或个股的影响程度

在分析了消息对股价的作用方向后，投资者的任务还没有完全结束，还需要分析消息的影响力有多大。只有正确地判断消息影响力的大小，投资者才能制订出正确合理的操作计划和获利目标。例如，上市公司通过一则资产重组的公告，就有可能使股价一飞冲天。

总之，在消息满天飞的证券市场，投资者如果无法准确判断各种消息的真伪、作用和导向，就很可能要被市场的洪流所淹没。而对于短线投资者来说，快速准确地判断分析消息更是一项基本功。

二、正确判断顶部

顶部的出现，往往是有一定征兆的，作为短线投资者，更是要想办法避免在顶部"站岗"，一旦顶部特征出现，就要及时逃顶，下面我们来了解一下如何判断顶部的出现。

1. 根据换手率分析

当一只股票从建仓到拉升再到出货，都会伴有大的换手率。当股价一路拉升到一定的高度，这时市场上就会利好频传。如果个股的日换手率超过20%时，就要引起警惕，当日换手率连续三天超过20%，股价又在某一区间滞涨，说明顶部将形成。

2. 根据上升趋势线分析

股市上每一次行情都有一条上升趋势线在支持股价向上运行。一旦这条上升趋势线被跌破，且在跌破之前伴有大量涌出，说明顶部将形成。

3. 根据均线系统分析

当个股处于上升后期时，短线投资者应时刻注意5日均线的变化，如果5日均线连续下穿10日均线、20日均线和30日均线，说明顶部将形成。

4. 顶部的成交量特征

（1）出现巨量。成交量是推动股价上涨的原动力，当个股或大盘放出异乎寻常的巨大成交量时，是即将见顶的重要特征。其中小盘股的换手率如果达到30%以上，大盘股的换手率如果达到15%以上，同时股价已有一定涨幅的，说

明顶部将形成。

（2）天量见天价。有时个股的成交换手率虽然没有达到上述标准，但是，成交量仍是最近一轮行情以来的最大成交量，也要将其视为天量水平。例如，有的个股在一轮行情中，换手率从未超过5%，如果当股价涨升到一定高度后，突然连续多次出现超过10%的换手率时，投资者也要加以警惕。从技术分析上看，量与价之间有必然的联系，"天量见天价"的规律已经屡次被市场所验证。

（3）量比急剧放大。一些个股在经过大幅拉升后，突然出现量比急剧放大的现象，也是重要的顶部特征。和前两种放巨量不同，这种放量的换手率并不大，但是，量比却大得惊人，有时能达数十倍之多。恰恰是因为换手率不大，所以不容易被投资者发现，从而错失逃顶的机会。

（4）量价失衡。如果在上涨的行情中，股票某一天突然出现空前大的成交量，但与前几天相比，股价反而停滞不前或只有小幅上扬，或者当日最高价与最低价差距过大，但当日的收盘价未必会高于前一日的收盘价，这些迹象表明主力机构有可能在出货。此时可认为顶部已出现。

（5）不放量的顶部特征。这是一种不放量的出货模式。因为主力机构在高位放量出货时，容易引起一些有经验投资者的警觉，而且散户船小好掉头，往往能跑得比主力机构快。主力机构为了避免出现这种被动局面，有时会采用边拉边出的隐蔽出货手法，在股价拉升过程中就完成了大部分的出货任务。这样，在股价形成顶部时就不会有放量迹象。这种情况多出现在股价涨幅惊人、主力机构获利极为丰厚时。因此，投资者要放弃"只要个股不放量，主力机构就一定没出货"的思维误区，当主力机构获利极为丰厚或在某种特定条件及需要的情况下，即使个股不放量，一样可以出货，股价也一样会形成顶部。我们通过下面的例子就会明白其中的道理。

假设主力将某只个股从5元拉升至25元，在5元附近建仓25%的仓位，那么，只要在25元的高位换手率达5%，就可以收回全部成本，其余筹码在任何价位抛出都是获利的，也就等于主力机构在高位徘徊的一段时间内，只要累计清空5%的流通股，这对主力机构来说实在是轻而易举的。当然，我们在这里也只是做一种简明的计算，实际上主力机构的成本结构非常复杂。

三、正确判断底部

一般情况下，普通的投资者只能根据当时的政策和股市走势等几方面因素进行综合判断，来确定底部的性质。而对于进行短线操作的投资者来讲，应以判断股票的投机价值的底部，也即阶段性底部为主。

1. 中、短期底部的形成

（1）短期底部。短期底部是指股价经过短时间的连续下跌后，因短期技术指标超卖，从而出现股价反弹的转折点。股指每次加速下跌都会探及一个短期底部，这一反弹的时间跨度少则几天，多则几周，反弹的高度在多数情况下，很难超过加速下跌开始时的起点。

短期底部以 V 形居多，发生行情转折的当天经常在日 K 线走出较为明显的下影线，在探底之前，通常会出现 2～3 根比较大的阴线。在短期底部出现前几日急速下跌中，大多数个股都会有一定的跌幅。

（2）中期底部。中期底部是由于股价经过长期下跌之后，借助利好题材所产生的上升行情的转折点，这一反弹的时间跨度少则几周，多则几个月。

中期底部一般跌势持续时间较长，跌幅在 20% 以上，之后才会出现中级反弹。中期底部的出现，一般不需要宏观上基本面因素的改变，但往往需要消息面的配合。最典型的情况是先由重大利空消息促成见底之前的加速下跌，然后再由利好消息的出现，配合市场形成触底回升走势。

当然，对于不同的底部，不同的投资者应采取不同的投资策略。例如，短期底部出现时，激进型投资者可以趁机抢反弹；中期底部出现时，一般投资者都可参与，持股时间相对长一些。

2. 如何寻找底部

投资者可以通过以下方式来确定底部的到来。

（1）从成交量变化中寻找底部。根据"量先于价"的原则，股价从低档反弹后又回到低档，若成交量少于前次低档时，表明股价有望见底，后市多会出现一波上升行情。当大盘已处于底部区域，而某日出现成交量突然放大，股价上涨或股价缓涨，则表明已有主力机构在抄底，可适量跟进；当股价已突破颈线而上涨，成交量大增时，表明反转上升行情已成定局，可积极买进。

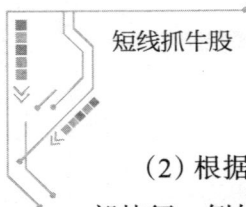

（2）根据技术指标确认底部。当股价处于底部位置时，技术指标会出现底部特征。例如，各种技术指标向上突破下降趋势线的压力；从K线形态上看，以前的低位底部可作为参考点位，如果在一年内有几次都是在触及这一低位时反弹回升的，那么该点位可认为是一中期底部；当各项技术指标如KDJ、RSI的周线形成多头排列，5日均线连续多日上升，并且向上突破10日、30日均线形成金叉、金三角等底部特征时，表明大盘已探底回升。

（3）利用市场特征找底。在市场经过长期大跌后，经常会出现这种情况，即面对利好消息，股市不涨反跌，多次的反复使市场处于一种麻木状态，但此时往往已经离较大级别的底部不远了。有时，在市场底部将形成时，往往也伴随较多的利空消息，当重大利空消息出现市场不跌反涨时，说明市场已经见底。

四、善于把握转势拐点

趋势有上升、盘整和下跌三种，任何一种趋势向另一趋势的转变都会构成转势。因此，我们把转势分为六种，即见顶回落、探底回升、筑顶走势、筑底走势、突破走势、破位走势。同趋势一样，转势也有时间长短之分。作为短线投资者，更关注的是短期转势，其趋势的转变一般在数天内完成。其中最有操作意义的是见顶回落、探底回升、突破走势和破位走势四种形态。

1. 见顶回落

这是一个非常重要的信号。该信号一旦形成，股价将进入一个中、长期的下跌阶段，对于短线投资者来说，这正是一个抛出股票以确保投资收益的关键时刻，如图1-3所示。

见顶回落主要有以下特征：

（1）补涨个股全面活跃。这个时候，大部分股票开始出现放量滞涨的现象，但是前期涨幅有限的股票开始补涨，意味着升势即将见顶。

（2）高位巨量大阴线。高位出现巨量的大阴线，并且配合出现向下的跳空缺口，这说明市场人心有变，主力在出货。

（3）股价大幅度上下震荡。因为这个时候看多者仍占多数，而看空者则忙于大量出货，这才造成股价放量震荡。

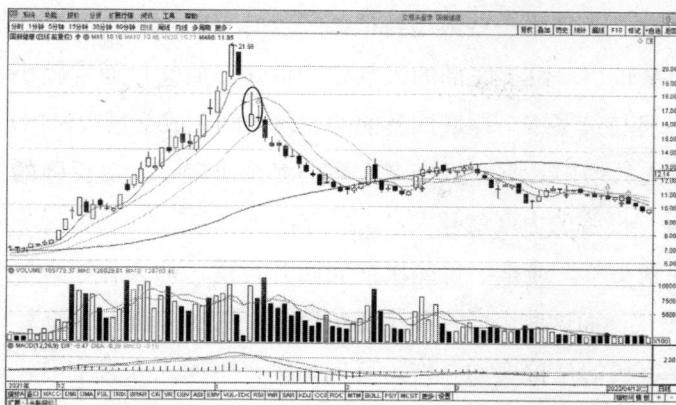

图 1-3　见顶回落

（4）重要支撑位被击穿。当重要的支撑位，如 30 日均线、60 日均线被击穿，这说明多头主力已经无力护盘，做多信心已被动摇。

（5）该涨时不涨。利好消息不断，且技术面和基本面都向好的情况下，股价却只放量而不上涨，表明即将见顶。

（6）价格严重偏离价值。个股涨幅过大，未来价值被严重透支，说明股价即将见顶。

2. 探底回升

探底回升就是在股价下跌一段时间后，开始出现回升或拉升的现象。通常如果一个探底回升的转势能够在当天完成，一般都留下长长的下影线，如图 1-4 所示。

图 1-4　探底回升

探底回升主要有以下一些典型特征：

（1）成交量较小。由于底部的人气较为低迷，成交量通常较小。成交量未能有效放出，且持续萎缩。探底回升前的一段时间，成交量曾经出现过地量。

（2）空仓人数增多。空仓投资者人数的多少决定了大盘反弹的力度，市场资金面越宽裕，反弹的力度就越大。

（4）出现领头羊。通常，每一次探底回升行情，都会有领头羊个股或者一些领涨板块出现，而这些个股往往是涨幅惊人，从而带动了市场人气。

（5）观察市场的量价变动。作为反向指标，市场人人看空时，通常也会显露出底部到来的特征，市场新的领涨板块出现大幅上扬时，也是大盘将要从底部走出的重要标志。因此，投资者须密切关注市场的量价变动。

3. 突破走势

突破走势是指股价在一个范围内盘整一段时间之后向上突破，是短线投资者买进的良好时机。从盘局向上突破一般要持续2～3天，往往伴随成交量的放大，也有明确的突破信号，如图1-5所示。

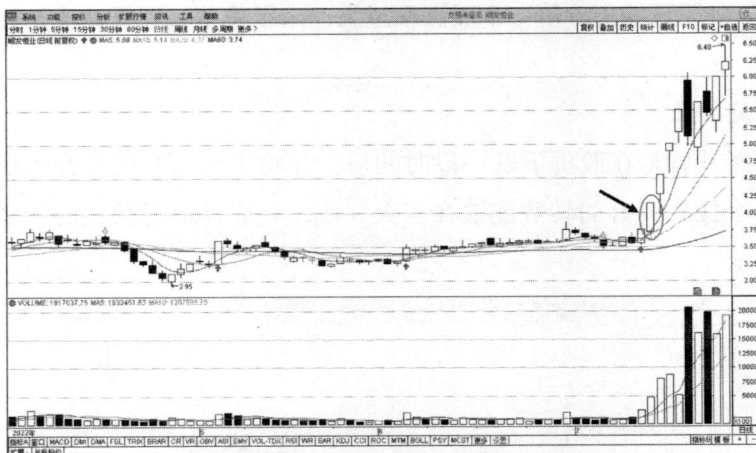

图1-5 突破走势

如果成交量不大，则应参考其他信号再确认一次。对于在高价区域出现的盘整向上突破，投资者必须提高警惕，因为最后的上攻往往是下跌之前的回光返照，随之而来的将是下跌行情。在突破行情中，投资者需要做到以下几点：

（1）研判行情有效性。研判突破的有效性，重点是从量能、价格、走势、空

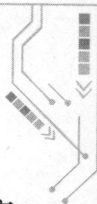

间四个方面进行。

量能分析：在突破过程中要出现放量向上突破的情况；但在突破以后成交量不能大幅萎缩，如果成交量过快萎缩，股指重新跌落，就会造成假突破。

价格分析：无论是股指还是个股股价在向上突破时都会出现较大涨幅，在 K 线图形态上往往是以中、大阳线出现的，并且在突破之后的几个交易日内不会出现"黄昏之星""乌云盖顶"等常见的见顶形态。

走势分析：从走势的角度分析发现，均线呈现强势运行状况，对行情的继续上涨起到良好的支撑作用。

空间分析：可以发现有效突破行情往往距离上档成交密集区较远或者成交密集区压力较小的空间位置。

（2）选股操作。当大盘产生突破性行情时，投资者需要关注成交量，如果盘中成交量连续放大，个股表现又十分活跃，那么此时就是一个比较好的追涨和跟随操作的时机。

追涨时，要重点选择一些强势股，放弃大多数普通股票。这样可以提高资金使用率，争取利润最大化。在实际操作中，投资者既要敏捷又要胆大。只有这样，才能做到在启动时迅速介入，在突破时加仓，在拉升过程中快速获利。

4. 破位走势

一般股票一旦出现破位现象，其杀伤力是巨大的。因此，一旦某只个股发生破位走势，就应该离场，不应死守，如图 1-6 所示。

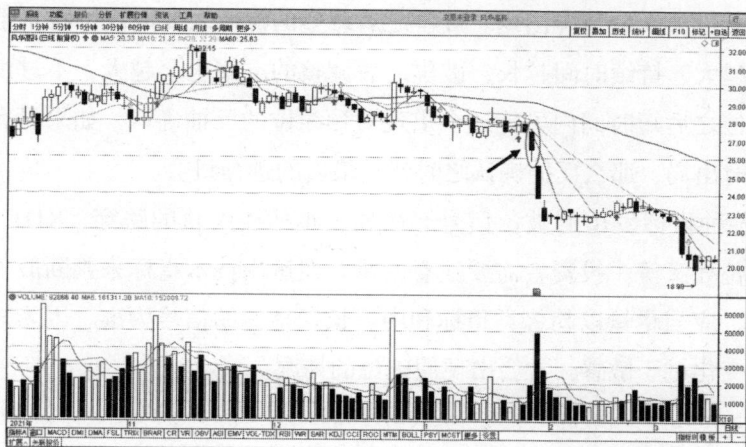

图 1-6　破位走势

投资者要灵活应对股价破位走势：

（1）高位盘整后破位下行。这种情况多发生在一些长时间高位运行的庄股上。如果该类个股以放量跌停或大幅向下跳空等长阴线方式跌破此前的盘整区，基本上都会伴随着股价的连续下跌。由于破位后跌幅极大，持股的投资者应在破位的第一时间减仓出局以避免出现更大的损失，而不应心存幻想，抱有侥幸心理。

（2）跌破关键点破位下行。由于历史原因，大盘所形成的重要底部和一些关键性的整数关口一般都具有较强烈的技术支撑和心理支撑作用。在没有重大利空的情况下，在这些相关点位跌破后，通常会引发大量短线资金的介入而出现反弹，此时的破位常是市场短期见底的信号。如果在破位前投资者采取谨慎观望策略的话，那么一旦破位出现后，则不应跟风杀跌，反而可以考虑适当参与把握短线的机会。

（3）跌穿中、长期均线破位下行。如果盘中跌破这类均线，则不必急于采取行动。因为这有可能是假跌，收盘之前还有可能被拉回。但若是有效突破，则应引起注意。因为这种情况多代表着中期下跌趋势的确立和形成，股价在此后的较长时间内仍会继续调整。比如，60日均线被跌破一般意味着阶段性高点已经形成；120日半年线的跌破表明中线调整趋势已经开始，这时应离场观望。

（4）技术形态分析上的破位。例如，头肩顶或双重顶的颈线位、上升趋势线、箱形整理的箱底位以及三角形整理的底边线等重要的位置被跌破，这时多会伴随成交量放大的情况出现。破位之后调整的深度主要取决于技术形态的大小。形态越大、持续时间越长，破位之后调整的空间也会越大。不过由于技术形态在破位之后短时间内可能还会出现对颈线位的反抽确认，如果没有在形态刚刚破位时出局，那么反抽确认之时就是最后的逃命机会。

（5）各种指标发出的破位信号。例如，布林线中轨的跌穿、KDJ、MACD指标的高位死叉等。投资者需要注意的是，在运用技术指标来判断股价或股指的破位时，应当尽量以趋势类指标和中、长期指标的信号为准。因为短线指标对股价的变化过于敏感，常会出现假破位的情况。

第2章　从盘面信息寻找机会

一个短线交易高手，一定会时刻留意盘面的变化，在一瞬间寻找到短线操作的机会，从众多盘口信息中找到有用的内容，从而做出正确的决策。这些盘口信息包括买卖盘的情况、换手率的变化、量比和委比变化等内容。本章我们就来逐一了解这些相关知识，为今后的实战操作打下良好的基础。

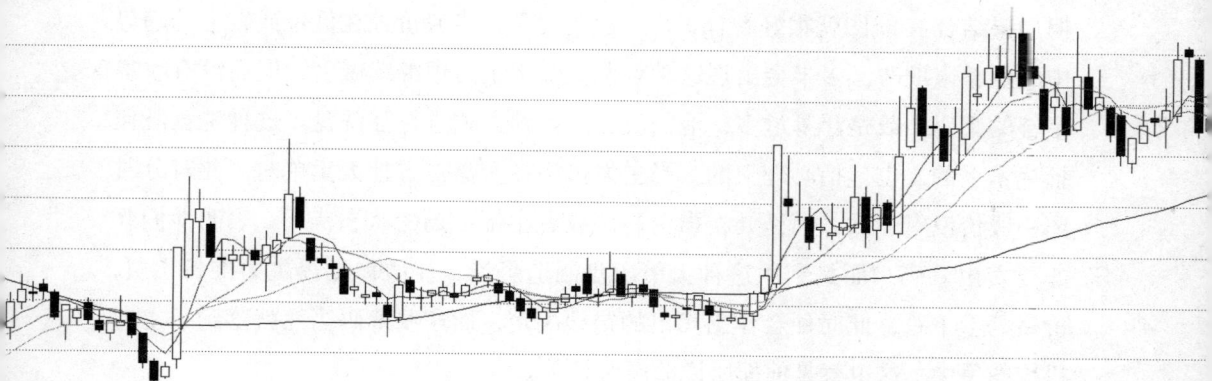

第一节　了解盘口信息

实盘中，盘口变化包含很多信息，比如价格的波动幅度、成交是否真实、主力的对敲情况等。学会观察盘面的变化情况，就可以利用盘口的这些变化，去摸清主力机构的真实意图。通常，观察盘口的变化可以从以下几个方面入手。

一、买卖盘的变化

买盘和卖盘是时刻变化的，通过观察这些挂单可以看出主力的一些动作。比如通过观察成交等候栏内买盘或卖盘的大单成交情况，来判断是真实成交还是虚假挂单。

1. 卖盘挂单的真与假

盘中经常可以看到在卖盘成交等候显示栏中卖三、卖四等位置出现上百手或者上千手的大单，而卖一、卖二的位置只是几手或者几十手的小单。当卖一、卖二位置的小单被陆续吃掉后，卖三、卖四等位置的大单忽然消失，在成交明细中也看不到这些大单的成交情况，那么我们基本可以断定这是主力挂有的虚假卖单。

为什么会出现这种情况呢？如果单纯利用分时盘口的变化是很难解释的，但如果结合K线图就很好解释了。一般情况下，当股价处在低位或在上升趋势中的盘整末期时，多半会出现这种状况。由于主力想继续做多，但还没有收集足够的筹码，或是浮筹过多，他们就会用各种方式进行强洗盘。这种洗盘既包括战术上的，也包括心理上的。当主力机构在卖盘上方挂大卖单时，此时分时图中股价没有下跌，而是处在横盘震荡或者小幅上扬的状态，那么表明他们并非要卖出筹码，而是利用这种大单压盘制造恐慌，让散户觉得主力准备出货，价格马上下跌，此时便会作出卖出的错误决定，而这些筹码当然就落到了主力机构的手中。这也就是前面所说的虚假挂单。

真实成交却不是这样的。当卖盘等候显示栏的卖一位置出现大卖单时，卖二、卖三的位置上也挂有大单，一般来说这都是真实成交。这种情况多出现在

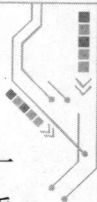

股价大幅上涨后期，主力为了快速出货便挂出大单对着买单主动去卖；当卖一成交时，卖二、卖三的大单快速补充到卖一的位置，此时成交明细中就可以看到很多大笔的主动性卖单，这时跟随主力做空才是正确的操作。

2. 买盘挂单的真与假

当看到买一、买二出现几手或者几十手小买单，而买三、买四出现上百手、上千手大买单。当买一、买二的小单成交后，买三或买四的大单快速撤掉，这多半是虚假买单。

这种情况多出现在股价大幅上涨后期，主力为了达到出货的目的，在买盘中挂大量的买单以此吸引散户的注意力，让散户觉得股价还会继续上涨，从而做出买进的错误决定。其实此时主力机构已经把准备出货的大单分拆成散单在散户跟风中顺利地将筹码移交。我们在观察这种虚假挂单时，一定要认清股价所处的位置，因为只有在上涨行情末期或者下跌趋势中出现这种情况才是主力出货，而如果股价只是在上升初期或者上升趋势的盘整中，那么这种情况多半就是主力在利用买卖盘挂假单来进行对敲洗盘了。

当买一位置出现大的买单时，这才是主力真正的买。当股价处在上升行情初期或是在上涨途中洗盘将要结束时，主力想要快速拉升股价，便会在买一挂出大笔单子。对着卖单主动去买。当买一的单子成交后，买二、买三的大买单继续补到买一的位置上，此时成交明细中会看到大量的主动性买单，而这时跟随主力做多必将获利。

二、盘面成交量的变化

由于股票的活跃度不同，所以个股每日的成交量也不同。例如，在一段上涨行情中，同类板块的龙头股成交量必然大于非龙头股，因为受市场关注的程度不同，所以跟随的群体也不同。龙头股会受到市场的追捧，跟风炒作的人也就多，在成交量上也就会显示出来，这就是我们说的价升量涨，量价的正向配合。股价上涨，跟进的人多，成交量就会放大，成交量放大又带动了股价继续上涨，这就是量价的相互刺激。而非龙头股由于不能起到带领板块的作用，所以跟随的人也会减少，当然成交量也会少。由于成交量减少，更多的人不看好

此股，所以股价的上涨也因此会受到制约。由我们短线操作抓的是龙头股或者次龙头股，所以用成交量判断股票的活跃度也是一种重要的分析手段。这讲的是个股的成交量。

而在同一只股票中，每日的成交量或每日的分时成交量也是不同的。从盘口看到的每日分时成交量中的那些针状线柱，不可能是一样的。量柱有长有短，也就是说量能有时集中放大或瞬间放大，有时集中缩小或瞬间缩小。这表明在一天之内的不同时间成交量的状况。我们可以利用成交量的这些变化来推断股价会上涨还是会下跌。

1. 集中放量

从图2-1可以看到，当成交量开始集中放大时，股价出现一波拉升走势。由于此时出现价升量涨的走势，相应的做多人气也就会被继续带动，所以跟进做多的人也会越来越多。如果能在放量上冲的开始就及时跟进，虽然有一定风险，但在短线操作中也是有利可图的。如果此股日K线走势也良好，那么做一个波段操作是非常不错的。

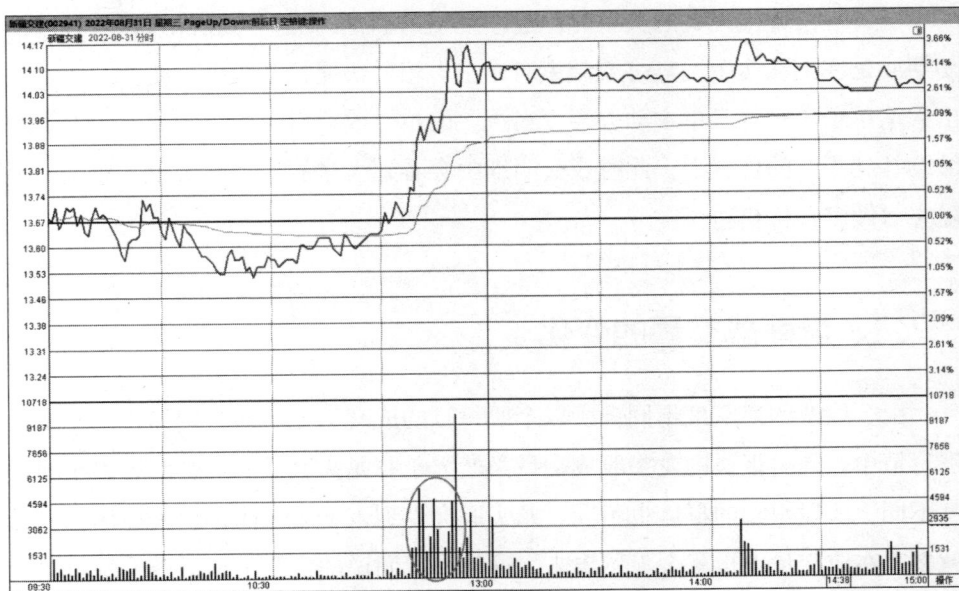

图2-1　集中放量

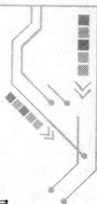

2. 瞬间放量

从图 2-2 可以看到，此股在盘中瞬间放量后，股价快速走高，但由于能量不能持续放大，所以上冲动作也不能持续，这时股价很快就会回落。一般来说这种瞬间放量多是一种诱多动作，目的是引诱散户追涨。如果该股日 K 线图走势不妙，那么诱多的概率则更大。所以在盘中见到这种瞬间放量的情况出现时，一定要根据股价所处的位置和 K 线形态进行综合分析，不要盲目跟进。如果能够判断这是一种诱多行为，倒可以利用股价的上冲进行减仓或者干脆做空。

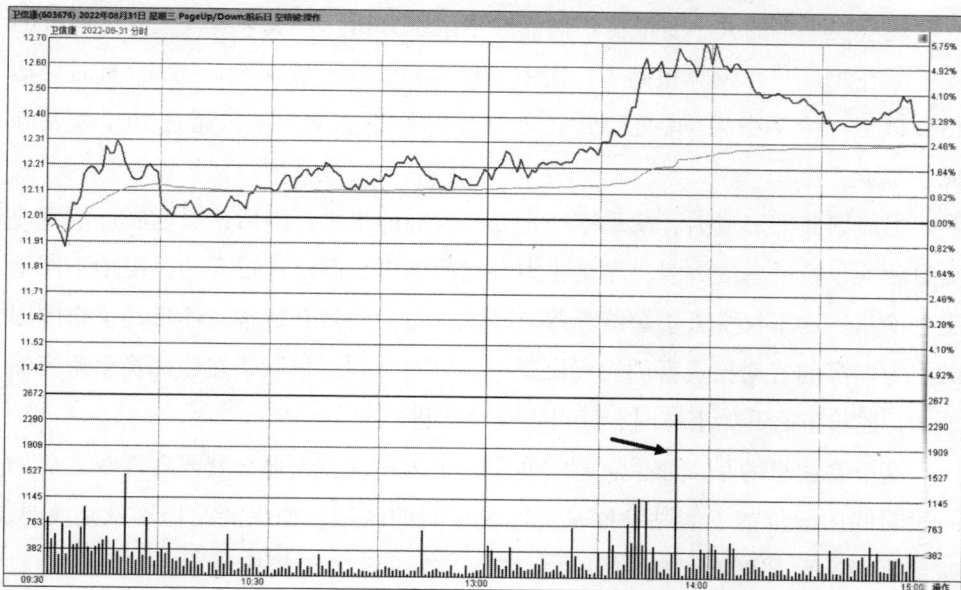

图 2-2　瞬间放量

三、换手率的变化

换手率是技术分析中一个重要的技术指标，反映出一只股票的活跃程度。通常，股性活跃的股票才会吸引更多投资者的关注。在股价处于底部时，主力机构吸筹结束后通常会用对敲的手法增加换手率，吸引投资者的注意，以此激发投资者的做多热情。在高位主力想要出货时，也会用对敲的手法增加换手率，引诱投资者高位接盘，从而达到出货的目的。当然这还要配合成交量的变化来

分析。

换手率高，表明资金有可能流入，也有可能为资金流出。一般来说，出现高的换手率（换手率在5%～8%，成交额稳步增加，外盘为内盘的两倍以上）的同时均线系统保持多头排列，重心上移，表明有大资金在建仓，后市以盘升为主。这样的个股应加以重点关注。反之，出现较高的换手率的同时均线系统保持空头排列，重心下移，表明资金从该股流出，后市以盘跌为主。这样的个股应以不碰为宜。

观察换手率的大小要根据不同的股本区别分析。一般来说，大盘蓝筹股的换手率在3%～7%就算很高了，而中小板的换手率一般在5%～8%，有时会达15%以上。换手率为7%且经常超过10%时称为急剧换手，超过10%就是高换手率了。

当股票底部形成后，换手率一直处在较高的水平，随后该股在底部出现成交量放大、换手率放大时，多是主力有意愿做多，所以在拉升的过程中不断地震仓洗盘。这不仅洗去了短线浮筹，降低了主力的持仓成本，还带动了企图跟随主力做多的普通投资者的投资愿望。所以当看到一只股票在底部换手率突然放大，股价重心开始上移时，就可以及时跟进。

这里要注意的是，如果急剧的换手是主力在洗盘，那么就要看洗盘之后的一段时间内股价能不能站稳原来急剧换手时的区域，如果能站稳那就是洗盘，如果不能站稳那就有可能是主力在出货。在洗盘的时候换手率一般不会超过10%，超过10%就有出货的嫌疑。如果是洗盘，通常在急剧换手后股价会在一个月之内选择向上突破，如果不能就要小心主力出货。

当主力将股价拉升到高位时，就要考虑如何顺利出货，于是他们便会想出各种办法，或者利用某种利好消息，或者在K线图中做出漂亮的图形等。如果投资者被这些假象所迷惑，那么追高买套便成了常见的结局。投资者如果能在头部出现后出货，就可顺利逃顶。

对于头部出现后的第一个卖点，可以通过以下几点进行判断：

（1）股价拉升的幅度超过100%，因为此时主力已经远远脱离他们的成本区，获利空间已经打开。

（2）高位单日换手率为10%左右，尤其是连续几日换手率在10%左右。如

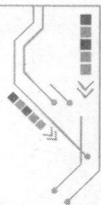

果大于此换手率，就更要提高警惕。

（3）股价整体上已经滞涨，或小有回落，总体呈现一种量升价滞的态势。

这里要提醒投资者注意的是，在阶段性顶部形成时，均线如果还没有形成死亡交叉，那么我们就不必拘泥于均线出现死亡交叉才离场。因为完全用死亡交叉去判断头部特征，那么在实际操作上往往已经到了主力出货的尾声，甚至下降趋势已经形成。

对于这种通过高换手率出货的个股，均量线出现死亡交叉也是股价阶段性见顶信号，也就是说不一定要看均量线是否形成死亡交叉，只要看到均量线出现死亡交叉就要果断离场了。

当然，我们在观察换手率的时候，不能用单一的指标去分析判断，要结合股价所处的位置、成交量的变化及均量线排列的趋势进行综合分析，只有几种指标相结合，才能做出正确的分析。

四、内外盘的对比

在股价运行过程中，庄家经常通过盘口挂单和隐性买卖盘来控制股价的运行。只有判断出哪些成交是庄家的买卖盘，哪些成交是散户的买卖盘，才能找到买入或卖出的时机。

1. 看主动性买卖盘的情况

主动性买盘和主动性卖盘都说明主力在运作，能够左右股价的走势。在庄股行情中，经常会有对倒的成交量出现，如果投资者只在收盘后看成交量的变化，就容易被主力迷惑。在看盘过程中，投资者可以通过主动性买盘和主动性卖盘来判断主力的真正动向。

主动性买盘是对着卖一一直买入。每次成交时，盘口即时成交明细中的成交手数后面的箭头是红色向上的；随着主动性买盘不断成交，委卖单也会不断地减少，同时股价不断向上盘升。在股价上涨的过程中，抛盘开始增加，如果始终有抛盘对着买盘，每次成交时，盘口即时成交明细中的成交手数后面的箭头是绿色向下的；随着抛盘不断成交，委买单也会不断地减少，同时股价不断地往下走，这就是主动性抛盘。一般来说，盘中出现主动性买盘时，如果此时

股价处在上涨的初期或者在上涨途中，短线操作者就可以顺势买进做多。反过来，盘中出现主动性抛盘时，而股价前期有了较大的涨幅，或者处在下跌途中，就要以卖出做空为宜。在具体操作时还要结合成交量、换手率等其他技术指标进行综合分析判断，不能用单一的指标做出买进或是卖出的决定。

2. 看内外盘和股价的变化

当外盘比内盘数量大很多，股价处于低位而且股价也呈现出下跌走势时，就要想到是否有庄家在做盘。如果在当日成交明细中查到很多大的买单时，大致可以判断出庄家正在趁股价下跌时主动买进。当外盘比内盘数量大很多，而且股价处于高位时，就要想到是不是庄家在拉高出货。如果在当日成交明细中出现大卖单，则极有可能是主力在主动性卖出，或者是在利用对敲单来出货。如果在当日成交明细中发现大卖单很少，表明跟风买进的散户居多，主力暂时还没有考虑出货，所以股价还有继续上涨的可能。当内盘比外盘数量大很多，而且股价还在上涨，就说明主力正在震仓洗盘，盘中的主动性买盘多半来自主力，主动性抛盘则多半来自散户。当内盘比外盘数量大很多，而此时股价不断下跌，在 K 线图中股价也处在一个顶部区域或是阶段性顶部区域时，就说明主力正在出货，这时就要及时跟随离场。

内盘、外盘、委比和量比都是表达当日场内多空力量对比的指标，但是主力也可以利用内盘、外盘、委比和量比作假，或是用来进行反技术操作，以此来蒙骗散户。例如，外盘大于内盘，表明主动买进股票的数量比主动卖出股票的数量多，而股价却在下跌；内盘大于外盘，表明主动卖出股票的数量比主动买进股票的数量多，而股价却在上升，这种现象就很有可能是主力在作假。又比如主力利用虚假委托买卖单来影响委比的大小，以及用对敲来增加量比，制造场内活跃的气氛，然后挂出大的买卖单将跟风者一网打尽等。投资者在观察内盘、外盘、委比和量比时，要结合大盘和个股的 K 线走势和均线形态，对股价的运行趋势作出全面分析后，才可以决定买进或卖出，以免落入主力的圈套。

五、量比

量比是衡量相对成交量的指标，它是开市后每分钟的平均成交量与过去 5

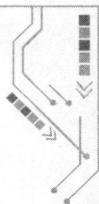

个交易日每分钟平均成交量之比。

$$量比 = \frac{现成交总手 / 当日累计开市时间}{过去 5 日平均每分钟成交量}$$

量比是将某只股票在某个时段上的成交均量与前 5 日的成交量平均值进行比较，排除了因股本不同造成的不可比情况，是发现成交量异动的重要指标。

一般来说，若某日量比在 0.8～1.5 倍，则说明成交量处于正常水平；量比在 1.5～2.5 倍，则为温和放量，如果股价也处于温和缓升状态，则升势相对健康，可继续持股，如果股价下跌，则可认为跌势难以在短期内结束，从量的方面判断可以考虑卖出；量比在 2.5～5 倍，则为明显放量，若股价相应地突破重要支撑或阻力位置，则突破有效的概率颇高，可以相应地采取行动；量比在 5～10 倍，则为剧烈放量，如果处于长期低位的个股出现剧烈放量突破，则可能形成转势，后续空间较大。但是，如果在个股已有巨大涨幅的情况下出现如此剧烈的放量，则引起高度警惕。

在高位时某日量比达到 10 倍以上，一般可以考虑反向操作。在涨势中出现这种情形，说明见顶的可能性压倒一切，即使不是彻底反转，至少涨势会休整相当长的一段时间。在股票处于连续阴跌的后期，突然出现巨大量比，说明该股在目前位置彻底释放了下跌动能。

量比达到 20 倍以上的情形基本上每天都有，是极端放量的一种表现，这种情况的反转意义特别强烈；如果在连续的上涨之后，成交量极端放大，股价出现滞涨现象，则是涨势行将死亡的强烈信号。当某只股票在跌势中出现极端放量，则是建仓的大好时机。

量比在 0.5 倍以下的缩量情形也值得好好关注，其实严重缩量不仅显示了交易不活跃的表象，同时也暗藏着一定的市场机会。缩量创新高的股票多数是长庄股。缩量能创出新高，说明庄家控盘程度相当高，而且可以排除拉高出货的可能。缩量调整的股票，特别是放量突破某个重要阻力位之后缩量回调的个股，常常是不可多得的买入对象。

个股出现涨停板时，量比在 1 倍以下的股票，上涨空间无可限量，第二天开盘即封涨停的可能性极高。在跌停板的情况下，量比较小则说明杀跌动能未能得到有效宣泄，后市仍有巨大的下跌空间。

六、委比

委比是委买手数与委卖手数之差与之和的比值，是衡量一段时间场内买卖强弱的一种技术指标。

委比的计算公式为：

委比 =（委买手数 − 委卖手数）/（委买手数 + 委卖手数）× 100%

委比的比值一般在 −100% ～ +100%。若委比比值为正值，说明买盘较强，场内做多意愿明显；数值越大，表示买盘越强。反之，若委比比值为负值，则说明市场较弱，投资者离场的气氛较浓；数值越大，表明抛盘越重。

通过委比指标，投资者可以及时了解场内的即时买卖盘强弱情况。

七、巨量买卖单

这里所说的巨量是相对而言的。对于大蓝筹股来说，每笔成交量在千手之上就是很正常的普通量，如果能连续放出上万手甚至十几万手的量就是放巨量。对于中盘股来说，能连续放出 500 手以上的量就可以说是放大量，如果能连续放出上千手的量就是放巨量。对于那些股本在几千万的小盘股来说，连续放出每笔上百手的成交量就是大量，如果连续出现几百手甚至上千手的量那就是放巨量了。

在看盘的时候，我们常能看到有些交易很清淡的个股突然出现巨量的买单或卖单，而股价也会随着这些买单、卖单的出现而大幅波动。这种情况多是主力在其中做的手脚。在不同的区域出现的巨量买单、卖单含义也不相同，下面逐一分析。

1. 巨量买单出现在底部区域

在上涨行情初期，由于市场处于低迷状态，观望情绪较重，所以很多个股交易十分清淡，在成交明细中可以看到多是几手、几十手的交易。突然某一天，关注个股在买一、买二位置出现巨量主动性买单，而在卖一、卖二位置并有大卖单的出现，股价开始快速向上拉升。这表明主力在前期完成了建仓，此时出现的巨量大单表明了主力强烈的做多意愿，股价开始进入拉升阶段。股价突破

底部区域的强阻力位，则说明上涨行情确立，此时跟进做多通常会有不小的收益。

2. 巨量卖单出现在底部区域

如前所述，上涨行情初期交易是十分清淡的。由于前期刚走出下降趋势，上升趋势还没有正式确认，股指或股价处在底部振荡阶段，此时做多信心不足，外界一点儿的不利因素都会影响股指或股价的波动。这时，如发现所关注个股原本已开始走出底部并有向上突破的态势，但突然某一天此股在卖一、卖二位置出现巨量的卖单压盘，在买一、买二的位置没有出现大的买单，仍是几十手或至多是上百手的单子出现，而股价并没有因为巨量卖单的出现就开始大幅下跌，股价仍是以在一个价格区间震荡的方式运行，这就表明这种巨量的卖单是主力做的假单，这种巨量卖单是主力利用挂单对敲的方式进行恐吓散户，在股价向上突破的最后阶段进行恶意打压，以便捡取散户由于恐慌而卖出的低价筹码，达到他们吸筹的目的。所以在今后的操作中见到这种底部巨量卖单出现，要密切关注股价的走势变化，并结合均量线、成交量、换手率等其他技术指标进行判断，以免做出错误的操作。

3. 巨量买单出现在上涨途中的整理后期

在上涨趋势中，由于做多信心开始慢慢恢复，场内、场外资金的大量涌入不断推动着股价继续上涨，此时积累了大量的获利盘。主力为了洗去过多获利筹码，便会在上涨途中进行多次洗盘，在K线图中就会以各种整理形态出现。当洗盘结束后，主力为了脱离整理区便会在买盘中挂出巨量的买单，即使卖盘中有大卖单挂出，但这种买单会将卖单全部快速吞吃，此时股价开始大幅上涨。在上涨途中的整理后期，出现巨量的买单多是主力为了脱离整理区进行的快速突破，突破后便会继续做多，而及时跟进这种个股一般会获得收益。

4. 巨量卖单出现在上涨途中

股价在上涨趋势中，但上涨幅度并没有达到主力的预期，由于获利盘较重，所以主力便会在途中进行洗盘，以减轻后期拉升的负担。当个股有了一定的涨幅之后，突然某天在卖一、卖二位置挂出巨量的卖单，而买单却不大，此时股价在卖单的打压下快速下跌。这是出货还是洗盘，不能用单一的股价下跌来判断，而是要结合其他技术指标来进行综合分析。首先，要观察换手率的变

化，如果换手率全天都维持在一个较低的水平，就要注意这是主力在利用大单对敲洗盘，而不是出货。因为股价在高位出现高换手才是出货的特征之一，此时股价只不过有了一定的上涨幅度，而换手率又很低，所以出货的概率是非常小的。其次，要观察成交量的变化，虽然在巨量卖单的打压下成交量肯定有所放大，但只要这种巨量卖单只是瞬间放出而不是连续放出，就可大致判断这种瞬间放出的量只不过是主力恐吓散户出逃以便他们抢筹的一种手法。最后，还要结合均量线系统进行分析，因为当上升趋势形成后，均量线系统会以多头排列形式出现，只要均量线系统多头排列的格局没有发生改变，短、中、长期均量线之间分散的距离不是很远，就可断定盘中放出的巨量卖单只不过是在震仓洗盘。所以，在上涨途中出现这种巨量卖单时，要从多角度进行分析，不能单凭股价的下跌就断定股价就此走弱。

5. 巨量买单出现在上涨行情后期

当股价经过大幅上涨后，主力为了出逃又不让散户发觉，便会在买盘中做手脚。他们在买二或买三、买四的位置挂巨量买单接盘，但在卖盘中不会用大卖单压盘，只是把大卖单拆成散单对着买一的位置主动性卖。由于很多投资者并不明白主力的真正意图，只是看到买盘中挂有巨量买单就误以为股价还会继续上涨，为了能快速成交便会在买一的位置挂单，甚至挂出高出卖一的价格成交，这时盘面上有可能形成股价不跌反涨的局面。当这些零散的买单被吃掉，买二、买三之后的大单突然快速撤出，买一的位置又会有新的买单补充进来。也就是说买二、买三的大单几乎是不会成交的，因为这只是为了掩护主力出货释放的一种烟幕弹，而被拆开的卖单就这样不断地被散户吞吃。当然散户不可能一下吃掉那么多筹码，其间也有主力利用对敲单来做盘，也就是说主力会吃进一些筹码，但很快又抛出一些筹码，这也是我们常说的盘中 T+0 操作。由于前期主力获利丰厚，这种对敲只不过花去一些手续费而已，他们的目的是对散户诱多，顺利出逃，但对于散户来说就远不是手续费的问题了。对于有经验的操作者来说，当发现上了主力的当后会做出及时止损的动作，但相当多投资者还会抱着幻想继续持股不放，从而被套牢。主力的这种出货行为是不会在一天内完成的，他们多是利用边拉升边出货的方法诱多。在上涨行情末期看到这种情况出现时，一定要警惕这种恶劣的操作手法，只要股价涨幅过大，无论有没

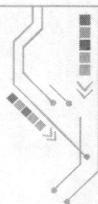

有大单接盘，我们都要进行回避，当风险大于收益时就要选择观望。

6.巨量卖单出现在上涨行情后期

在买盘中挂假买单的目的是进行诱多，是主力的一种隐藏式出货方法，那么在卖盘中挂巨量卖单就是一种明显的做空信号了。在上涨末期，由于主力无意再继续做多且出货坚决，他们便会在卖盘中挂出巨量卖单直接砸盘，买盘被快速吞吃，甚至直接砸至跌停板的位置，而在买盘中几乎看不到有大的买单出现。此时股价也会呈现快速下跌的形态，也就是说盘面出现了放量下跌的走势。面对这种情况，如果发现换手率不断增加，成交量明显放大，各种技术指标趋势开始转坏，就要立即作出抛出的决定，马上离场，因为这是一种非常凶狠的出货手法，如不及时撤离，损失是相当严重的。

第二节　短线交易看什么

　　短线操作从集合竞价开始就要密切关注分时图的走势，一个优秀的短线操盘者从集合竞价的走势就可以基本断定开盘后几分钟的大致走势，从而决定是否在集合竞价阶段完成买卖操作。而开盘的形态以及开盘后的走势同样需要投资者细致入微的观察，以便能从中获取有用的信息，了解主力的意图。

一、看集合竞价

　　集合竞价是在正式开盘前的一种交易行为，在这段时间内投资者可以对当天的股价做一定的预测，并且可以进行交易委托。下面我们来了解什么是集合竞价。

1. 集合竞价的含义

　　目前，我国的上海、深圳证券交易所采用的竞价方式有两种，即集合竞价和连续竞价。

　　上海、深圳证券交易所的计算机撮合系统在每个交易日的上午 9:15～9:25，只接受有效委托而不进行撮合处理；到 9:25，计算机系统将根据已输入的所有买卖申报，对每一只股票产生一个开盘价。继而以此开盘参考价为成交价对所有有效委托中能成交的委托进行撮合成交，不能成交的委托排队等待成交。这个处理过程就是我们通常所说的集合竞价。当然也有一些冷门的个股或者没有竞价的个股在 9:25 没有生成开盘价，而会以第一笔成交作为开盘价。

2. 集合竞价的交易原则

集合竞价遵循以下原则：

开盘参考价的产生原则：

（1）以此价格成交，能够得到最大成交量。

（2）高于参考价的买入申报和低于参考价的卖出申报必须全部成交。

（3）与参考价相同价位的申报，其中买入申报和卖出申报必须有一方能全部成交。

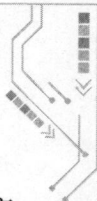

开盘参考价的确定原则：

（1）计算机撮合系统对所有的买入有效申报按照委托限价由高到低的顺序排列，限价相同的按进入系统的时间先后排列；所有的卖出申报按照委托限价由低到高的顺序排列，限价相同的按进入系统的时间先后排列。

（2）按照上述的三条原则产生开盘参考价。

（3）继而以该开盘参考价为成交价逐步对排在前面的买入申报和卖出申报进行撮合成交，一直到不能成交为止。

（4）未能成交的委托申报排队等待成交。

计算机撮合系统经过集合竞价处理后，即进入连续竞价阶段。在集合竞价这段时间以后进入计算机撮合系统的委托以及在集合竞价中未成交的委托将按以下步骤来确定成交价：

（1）对新进入系统的买入申报，若能成交，则与卖出申报队列顺序成交；若不能成交，则进入买入申报队伍等待成交。

（2）新进入的卖出申报，若能成交，则与买入申报队列顺序成交；若不能成交，则进入卖出申报队列等待成交。这样循环，直到收市。

我们可以看出，无论是集合竞价，还是连续竞价，竞价成交是遵循"价格优先、时间优先"的原则来进行的。具体可理解为：高价买入申报优先于低价买入申报，低价卖出申报优先于高价卖出申报；同等价位的买入或卖出申报，以先进入交易所计算机撮合系统的申报优先。

3. 集合竞价内幕

下面我们来看看 9:15～9:30 这段时间都会发生哪些事情。

9:15～9:20

这 5 分钟开放式集合竞价可以委托买进和卖出的单子，我们看到的匹配成交量可能是虚假的，因为这 5 分钟是可以撤单的，很多主力在 9:19～19:30 撤单，如果你没有撤单，主力可以撤出后，然后卖给你，因此你一定要把撤单键放在手上。

9:20～9:25

这 5 分钟开放式集合竞价可以输入委托买进和卖出的单子，但不能撤单，这 5 分钟的委托是真实的，因此要抢涨停板的，一定要看准这 5 分钟，可以通

过按 81 和 83 看到，哪些股票排序在前 20 名内，就可以放入考虑范围。

9:25～9:30

这 5 分钟不叫集合竞价时间，计算机这 5 分钟可接受买和卖委托，也可接受撤单，这 5 分钟计算机不处理，如果你买进的委托价格估计能成交，那么你的撤单是排在后面来不及的，对于高手而言，这 5 分钟换股票一定要利用，比如你集合竞价卖出股票后，资金在 9:25 就可利用，你可在 9:26 挂单买进另一只股票。

二、看开盘

股市在 9:30 开盘，很多投资者通常会在一开盘就关注盘面的变化。当然，看盘是需要有一定技巧的，看开盘同样需要技巧。我们要知道应该看什么内容，如何分析开盘的走势。下面我们就来了解开盘的形态以及开盘后的看点等内容。

1. 开盘的三种形态

一般来说，开盘价都会受到昨日收盘价的影响，按照惯性定律继续进行运动，除非遇到阻力。如果大盘指数正处于上升趋势的中间部分，此时若高开，则说明人气旺盛，抢筹码者较多，后市看好；但如果高开过多，使前一日买入者获利丰厚，则容易造成获利盘回吐，导致短时间内的股指下跌；如果几乎是平开，则说明市场人气平静，多、空双方暂无争执；如果是低开，则表明获利回吐者平仓心切或亏损者急于割肉，后市可能转坏；但如果低开过多，则短时段内也会出现多方贪低价的抢盘行为。

（1）高开。高开是指今日开盘价高于昨日收盘价。说明市场资金愿意以高于昨日收盘的价格加价买入该股票。但在实战中，对个股高开的理解要比概念表达的复杂得多。判定高开的真实意图，是开盘的那片刻间要做的重要工作之一。首先应区分高开的类型：消息驱动型高开、主力驱动型高开、市场随机型高开。

消息驱动型高开：有关的消息或政策促使市场资金在开盘前竞价买入，导致的高开。

主力驱动型高开：个股的主力主动参与竞价买入，导致开盘高开，如图 2-3 所示。

市场随机型高开：和主力驱动型高开的区别就在于，其开盘无明显的成交数据和开盘几个价位挂单上较为稀疏，如图 2-4 所示。

另外，高开有一个极端表现就是涨停板开盘，如图 2-5 所示。涨停板开盘是消息驱动型高开或主力驱动型高开的结果，这种市场资金的极端表现往往预示着个股或大盘精彩表演的开始。

ZR 301163 宏德股份		
委比	86.29% 委差	554
卖五	34.95	10
卖四	34.93	25
卖三	34.90	1
卖二	34.88	5
卖一	34.83	3
买一	34.80	571
买二	34.66	12
买三	34.64	1
买四	34.61	6
买五	34.61	5
现价	34.80 今开	34.80
涨跌	1.37 最高	34.80
涨幅	4.10% 最低	34.80
总量	2054 量比	26.03
外盘	1027 内盘	1027
换手	1.06% 股本	8160万
净资	13.12 流通	1935万
收益(一)	0.420 PE(动)	49.8
公司已盈利 投票权无差异		
交易状态: 盘中休市 09:25:03		
09:25	34.80 2054	203

图 2-3　主力驱动型高开

002068 黑猫股份		
委比	40.21% 委差	113
卖五	16.79	38
卖四	16.76	4
卖三	16.75	3
卖二	16.74	5
卖一	16.70	34
买一	16.60	100
买二	16.57	28
买三	16.56	26
买四	16.52	31
买五	16.51	12
现价	16.61 今开	16.61
涨跌	0.01 最高	16.61
涨幅	0.06% 最低	16.61
总量	740 量比	0.71
外盘	370 内盘	370
换手	0.01% 股本	7.48亿
净资	4.46 流通	7.27亿
收益(一)	0.090 PE(动)	91.1
交易状态: 盘中休市 09:25:00		
09:25	16.61 740	73

图 2-4　市场随机型高开

L R 500 000012 南玻A		
委比	100.00% 委差	64.6万
卖五		
卖四		
卖三		
卖二		
卖一		
买一	7.60	644310
买二	7.59	2083
买三	7.58	32
买四	7.57	14
买五	7.56	22
现价	7.60 今开	7.60
涨跌	0.69 最高	7.60
涨幅	9.99% 最低	7.60
总量	132717 量比	68.24
外盘	66358 内盘	66359
换手	0.68% 股本	30.7亿
净资	3.85 流通	19.6亿
收益(一)	0.330 PE(动)	11.7
交易状态: 盘中休市 09:25:00		
09:25	7.60 132717	4020

图 2-5　涨停板开盘

股价高开的目的：

一是主力对敲试盘或者拉升或者出货。通过高开可以吸引市场注意，以测试买盘力量，为拉升或者出货做准备。

二是做坏图。通过高开，盘中低走，制造高开低走的 K 线图，可以恐吓部分投资者在随后的股票整理过程中出局。

三是吸筹。这是一种高价收购的策略，因为当股价高开甚至是涨停后，必然会引起持股者的注意，而当涨停被打开，或者冲高回落时，大量的抛盘就会接连挂出，正好落入主力的口袋。这一现象主要发生在股票的底部区间。

（2）低开。低开，是指今日开盘价低于昨日收盘价。说明市场资金愿意以

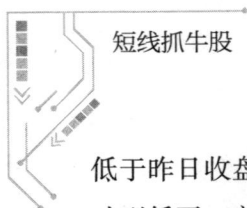

低于昨日收盘的价格卖出该股票。低开有三种类型：消息驱动型低开、主力驱动型低开、市场随机型低开。

消息驱动型低开：有关的消息或政策促使一些股票持有者在开盘竞价阶段低价卖出，导致低开。

主力驱动型低开：个股的主力主动参与竞价卖出，导致开盘低开，如图2-6所示。

市场随机型低开：和主力驱动型低开的区别在于，其开盘无明显的成交数据和开盘几个价位挂单上较为稀疏，如图2-7所示。

跌停板开盘是低开的一种极端表现。同样是消息驱动型或主力驱动型的结果，说明市场资金选择不限价的卖出，以逃离该股，如图2-8所示。

000868 安凯客车		
委比	-46.10% 委差	-2012
卖五	8.12	19
卖四	8.11	19
卖三	8.10	579
卖二	8.09	345
卖一	8.08	2226
买一	8.07	27
买二	8.06	604
买三	8.05	307
买四	8.04	142
买五	8.03	96
现价	8.08 今开	8.08
涨跌	-0.38 最高	8.08
涨幅	-4.49% 最低	8.08
总量	49908 量比	9.13
外盘	24954 内盘	24954
换手	0.68% 股本	7.33亿
净资	0.24 流通	7.33亿
收益(一)	-0.130 PE(动)	—
交易状态: 盘中休市 09:25:00		
09:25	8.08 49908	1428

图2-6 主力驱动型低开

R 1000 600812 华北制药		
委比	-22.10% 委差	-598
卖五	6.18	227
卖四	6.17	458
卖三	6.16	274
卖二	6.15	181
卖一	6.14	512
买一	6.13	341
买二	6.12	264
买三	6.11	136
买四	6.10	213
买五	6.09	100
现价	6.13 今开	6.13
涨跌	-0.04 最高	6.13
涨幅	-0.65% 最低	6.13
总量	1233 量比	5.33
外盘	616 内盘	617
换手	0.01% 股本	17.2亿
净资	3.51 流通	16.3亿
收益(一)	0.020 PE(动)	162.4
交易状态: 连续竞价 09:25:06		
09:25	6.13	1233

图2-7 市场随机型低开

600992 贵绳股份		
委比	-100.00% 委差	-16万
卖五	28.35	30
卖四	28.33	5
卖三	28.32	66
卖二	28.30	494
卖一	28.29	162852
买一		
买二		
买三		
买四		
买五		
现价	28.29 今开	28.29
涨跌	-3.14 最高	28.29
涨幅	-9.99% 最低	28.29
总量	4810 量比	4.60
外盘	2405 内盘	2405
换手	0.20% 股本	2.45亿
净资	5.96 流通	2.45亿
收益(一)	0.034 PE(动)	413.2
交易状态: 连续竞价 09:25:01		
09:25	28.29	4810

图2-8 跌停板开盘

股价低开的目的：

• 震仓或吸筹。在阶段性上涨时，通过使股票低开低走的方式，诱使抛盘出来以达到震仓的目的。

• 出货。当前期的涨幅过大时，低开出货就是常见的方式之一。有时主力会不惜一切代价，甚至是跌停开盘以达到出货的目的。

（3）平开。平开是指开盘价格和昨日收盘价格一样，如图2-9所示。说明市场资金对目前的大势或者个股行情，持较谨慎、观望的态度。没有方向感的平开，其大多数是市场随机的结果，主力未主动参与。但开盘平开，不等于主力盘中不准备参与，可细心观察盘中有无主力的运作迹象，适时而动。

2. 开盘看点

在 9:25～9:30 这 5 分钟，投资者应就集合竞价的成交数据，快速浏览涨幅靠前的个股信息，这些信息包括五个方面：概念板块、信息雷达、K 线图、基本数据、挂盘数据。下面分别论述。

（1）概念板块。首先，要看是什么概念在起作用。该概念新不新？概念越新越好，因为新东西无法及时估值，容易炒作。其次，要看概念有无实质性意义。实质性意义是指概念能否为公司带来真实的业绩增长，包括重大重组、新技术出现、新市场被发现等概念。再次，要看市场的反应热度如何。如能迅速带动大盘放量上涨，则说明热点深得人心，后市可待。除此之外，还要看整体板块是被基金炒作还是被游资炒作。弱市里被基金炒作的股票往往涨幅不大，而被游资炒作的股票则往往短期涨幅惊人。

（2）信息雷达。每天都会有大量的信息出现，这时就要分清主次，通常需要关注以下几点：一是看是否有 ST 除帽的消息，是否有资产重组和并购消息，该消息属于重大利好；二是看权益分配方案，即看送股、转股、分红的大小，如 10 送 10 就属于大利好；三是看公司违法违纪行为的披露，以及公司的澄清公告等。

（3）K 线图。对于 K 线图，通常要看昨日的 K 线形态、分时图形态、成交量配合状况。尤其是留意股价拉升时处于哪个时间段，同时关注昨日成交是否稀疏，成交稀疏的股票往往不大活跃，易进不易出。另外，还要注意观察均量线的排列、交叉、黏合、发散等状况；股票高开后是否会遇到前期的密集成交区等。

R 603318 水发燃气		
委比	61.01% 委差	1377
卖五	8.58	204
卖四	8.57	200
卖三	8.56	5
卖二	8.49	25
卖一	8.47	6
买一	8.46	721
买二	8.45	160
买三	8.44	325
买四	8.43	607
买五	8.41	4
现价	8.46 今开	8.46
涨跌	0.00 最高	8.46
涨幅	0.00% 最低	8.46
总量	1426 量比	1.50
外盘	713 内盘	713
换手	0.04% 股本	3.78亿
净资	2.81 流通	3.78亿
收益(一)	0.090 PE[动]	49.1
交易状态：连续竞价 09:25:05		
09:25	8.46	1426

图 2-9 平开

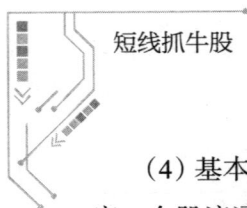

（4）基本数据。基本数据通常要观察流通盘的大小、市盈率、换手率等内容。个股流通盘最好在5000万～4亿股，太小或太大，均不利于主力操作。而市盈率低于100倍的股票基本上被基金和机构持有，市盈率大于100倍或几乎无人过问的品种才轮到被游资暴炒。但投资者需要注意，不同市道的市场整体市盈率是不同的。对于换手率，首笔成交的换手率低于0.01%或高于2%的股票，都不是较好的短线介入品种。

（5）挂盘数据。挂单数据主要关注总体买单多不多，与总卖单相比是多是少。总买单超过总卖单至少在当时来看是件好事，但接下来还要看个股能否维持该局面。要注意买一处是否有大单，给人以强力吃进的感觉。若有，则能反映出主力接盘的决心或顶盘的用意，但要防止市场的大抛单砸盘。另外，买三至买五处是否有大单护盘。若有，则说明主力是有备而来，但也要看主力是真护盘还是假护盘，或者其护盘动作是否有效。

3. 开盘后的3个10分钟

开盘后的3个10分钟可谓是重中之重，很多股民形象地将开盘后的3个10分钟称为"开盘三板斧"，因为它几乎决定了大盘一天的走势。

9:30～9:40

这是开盘后的第一个10分钟，一般来说多头、空头双方都十分重视，这时股民人数不多，盘中买卖量都不是很大，因此用不大的交易量就可以达到预期的目的。在这个时间段内，如果多头为了能顺利地吸到货，开盘后常会迫不及待地抢进，而空头为了能顺利地完成派发，也故意拉高股价，就会造成开盘后的急速冲高，这是在大牛市中经常可以看到的；如果多头为了吸到便宜货，在开盘伊始就将股价砸低，而空头或散户被吓得胆战心惊、人人自危，不顾一切地将手中股票抛售一空，便会造成开盘后的股价急速下跌。

9:40～9:50

在第二个10分钟内，多头、空头双方在经过前一轮的搏杀之后，进入休整阶段。在这个阶段大盘一般会对原有趋势进行修正。如果空方逼得太急，多头会组织反击，抄底盘会大举介入；如果多头攻得太猛，则空头会予以反击，积极回吐手中存盘。因此，这段时间是投资者朋友们买入或卖出的一个转折点。

9:50～10:00

在第三个10分钟内，股市中参与交易的人逐渐聚集，买、卖盘变得较为实在，因此这个阶段所反映出来的信息可信度相对较高。在走势上，这一阶段基本成为全天大盘走向的基础。

开盘价是多空双方都认可的结果，也是多空力量的均衡。新股民可以通过观察开盘后的30分钟的市场表现，来正确研判大势。

三、看盘中走势

开盘之后，根据开盘价以及后期的走势，往往会出现高开高走、高开低走、低开低走、低开高走等不同的走势，这些走势对后市的走势也将产生一定的影响，下面我们来了解一下不同的盘中走势情况。

1. 高开高走

高开高走是指某股票开盘价高于昨日收盘价，开盘价基本上就是最低价，反映在K线图上即上升阳线、无下影线，或者下影线很短。开盘后积极买入，多方明显占优，使价格一路上扬。表现出较强的涨势，吸引买方力量不断增加，甚至不限价跟进，而持有股票者不愿卖出。

高开高走的分时走势如图2-10所示。这种模式在不同的阶段，有不同的含义，不可以简单地理解为主力实力强劲。例如，在牛市及盘整阶段，高开高走的走势，如果有适宜的成交量配合以及盘口多单、空单利多的交易细节，大多可判断为主力启动一波涨升的开始（涨升的力度和时间不一）。在熊市或下跌之初，高开高走的走势，情形就要复杂得多。有类妖股，逆势大涨往往连续数日高开高走。但多数股票逆势的高开高走，仅仅是吸引买盘，任务完成便调头下行。投资者要根据不同的市场阶段、不同的股票类型和不同的主力操作风格来进行判断。

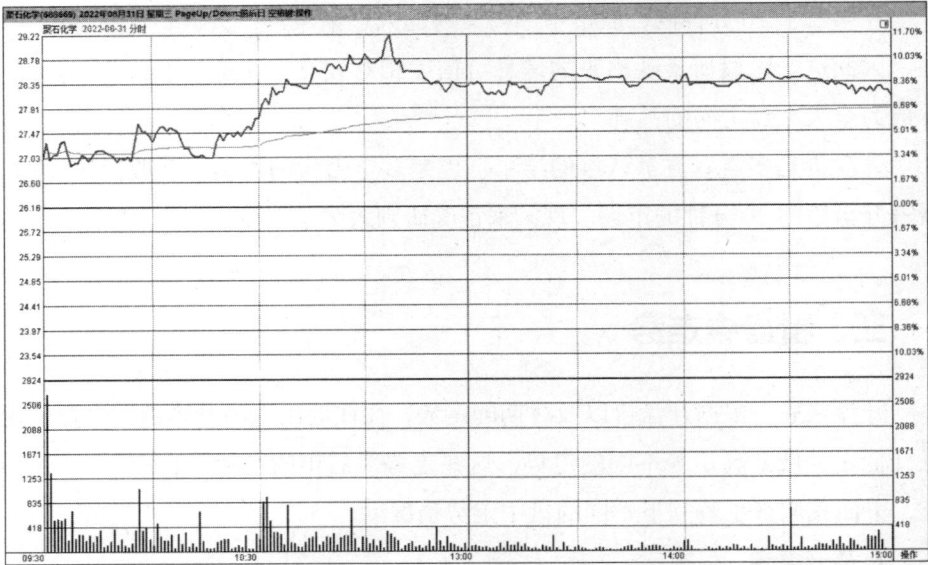

图 2-10　高开高走

2. 高开低走

高开低走是指某股票开盘价高于昨日收盘价，但开盘后多方似乎突然放弃攻击，股价于是逐波下行，如图 2-11 所示。

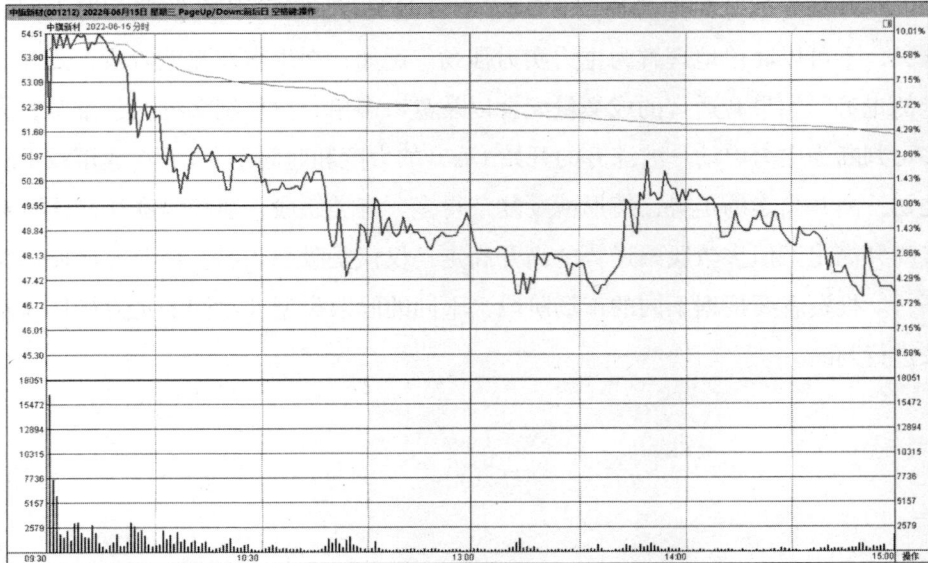

图 2-11　高开低走

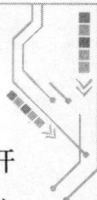

　　导致股价高开的原因有很多种，比如受利好消息的驱动、主力驱动型高开等。如果在利好消息下出现这种情况，往往可能是由于该股票的主力不想在这个时候出现股价上涨，于是连续抛出大单，股价随之下行，或者主力借利好出货。如果是主力有意高开，则可能是在试盘或者进行洗盘或者出货。利用这种方式试盘，可以借机试探出上方压力；利用这种方式进行的洗盘，则会将不坚定分子清仓出局；而利用这种方式出货则可能将筹码卖一个好价钱。

3. 高开后冲涨停

　　股价高于昨日收盘价开盘后，多方迅速大单扫货，空方基本毫无招架之力，股价迅速涨停，如图 2-12 所示。这种强势开盘和扫货动作，很是吸引市场投机客的眼球。但随后主力是持续拉升还是脉冲行情，仅凭当天一根 K 线是很难断定的。但可以肯定的是，这种有主力参与的股票走势一定不会太寂寞。之所以会出现这样的走势，往往是由以下原因造成的。

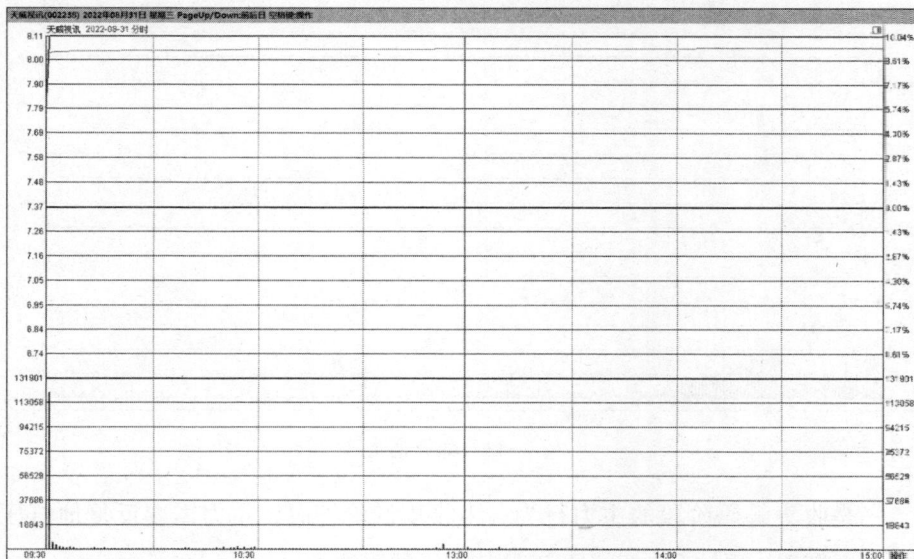

图 2-12　高开后冲涨停

　　一是主力为吸引市场眼球，树立强势形象，为今后的拉升或出货做足前期铺垫工作。

　　二是公司有潜在的利好，尚未为市场所知。主力为争取收集筹码的时间，强力扫货进仓。

三是游资短线投机所造成。这类游资以追击涨停板闻名于世。近年来，随着监管力度的加大和基金等机构数量的增多以及私募基金的逐步合法化，游资的力量已渐式微。

无论主力的何种行为，追击涨停板的股票都要审慎而行，要综合当时的大盘情形、市场强弱再操作。

4. 低开高走

这类股票开盘价低于昨日收盘价，但开盘后随着多方逐波攻击，不仅收复了昨日失地，还得到了一定程度的涨幅，如图 2-13 所示。主力在不同的市场阶段采用这一手法，分别有不同的含义。

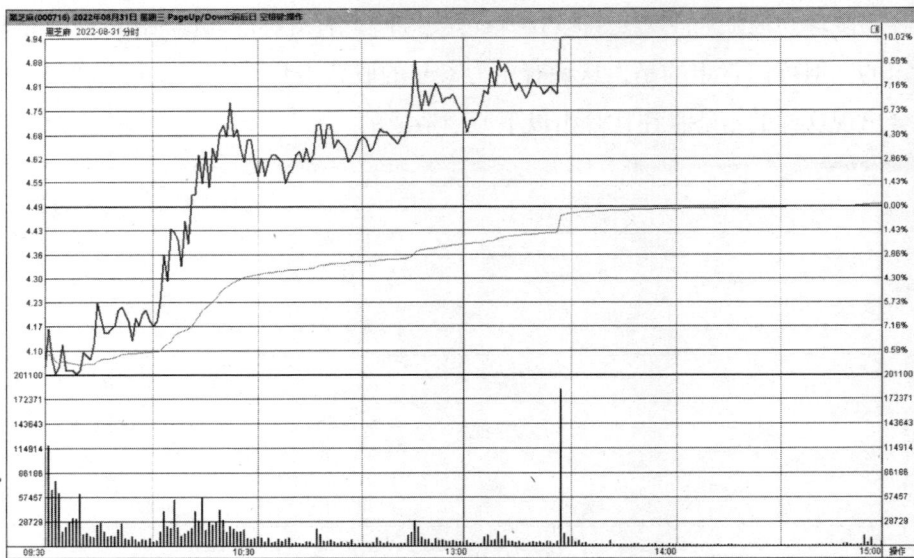

图 2-13　低开高走

一是收集筹码阶段的主力行为。为收集低价筹码，主力需要反复地打压、拉升，再打压、再拉升。而低开正是其常用的手法之一。

二是训练投机客的条件反射认知感。主力不厌其烦地屡次低开高走，使投机客认为每次低开后都能拉起来，于是逢低开放心买进，最终主力会选择破位下行，低开低走。

三是遭遇利空。股价遭到利空消息打击，投资者蜂拥开盘前低挂卖单造成低开，随后股价并不如众人认为一路下跌，反而逐波上行，于是又有资金积极

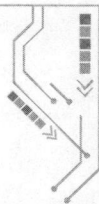

买入，股价当天反而高走。

5. 低开低走

开盘价低于昨日收盘价，盘中多头鲜有反攻，即使有所反弹，也会很快被空方打压下去，甚至全天都在均线之下运行，如图2-14所示。市场环境在下跌途中，个股低开低走是常态，主力也只能顺势而为，以便减少护盘成本。造成低开低走的原因通常有以下几种情况。

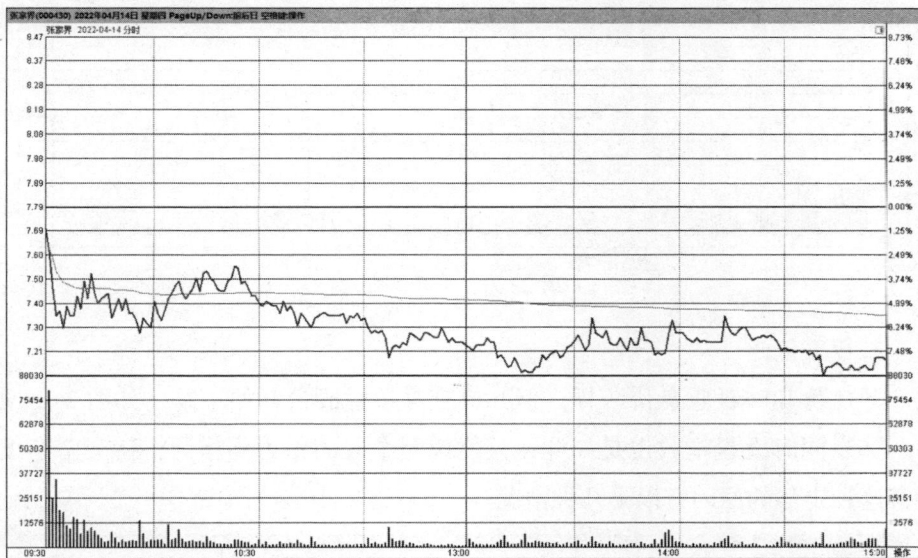

图2-14　低开低走

一是遭遇利空。在大势不明朗的情况下，有利空消息发布，多方不敢贸然出击，采取观望态度。

二是主力完美出货的个股，如一江春水向东流，低开低走将是这类股票的长期造型。

三是主力洗盘的需要，故意为之。

6. 平开高走

开盘价和昨日收盘价一样，似乎波澜不惊。但盘中多方突然发起攻击，向上层层推进，多空力量从开盘初的平衡，转向多方占优，如图2-15所示。这种方式盘面相对温和，不会引起多空双方较大的争斗，利于多方主力的成本控制。在大势趋弱的市场中，多方的平开高走能较好地吸引人气，积蓄反弹力量。

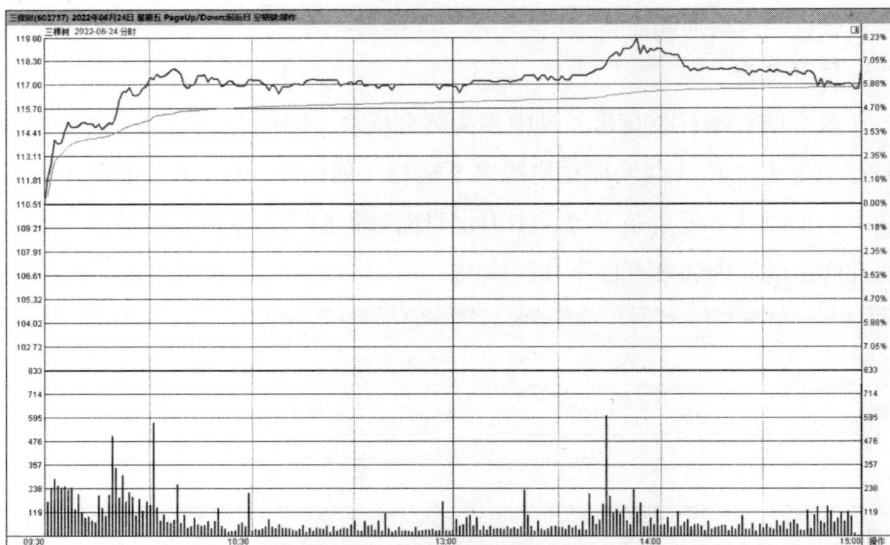

图 2-15　平开高走

7. 平开低走

开盘价和昨日收盘价一样，但开盘交易后，股价开始下跌，如图 2-16 所示。如果同时大盘指数也是如此，只能说明个股的主力不作为，持观望态度。通常这种走势的原因有以下几种情况。

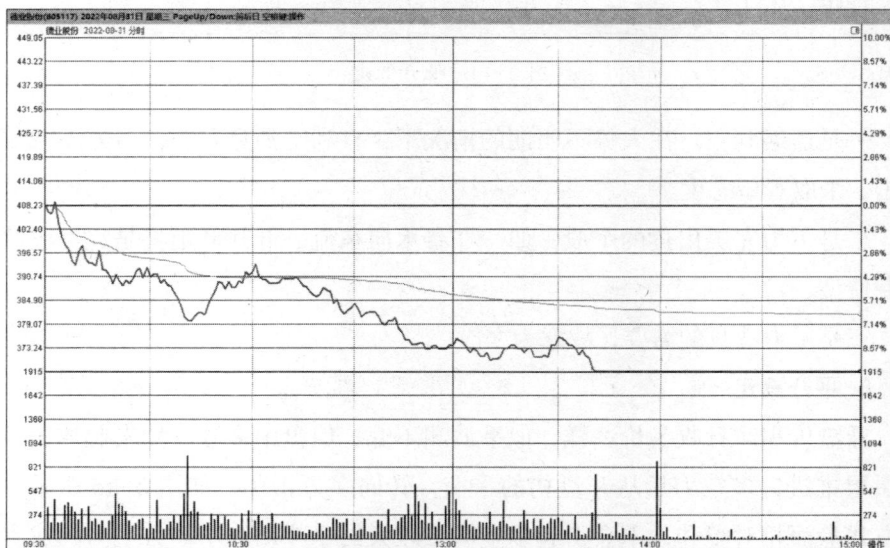

图 2-16　平开低走

一是主力放弃主动操作，查看盘面浮筹的情形以及有无其他机构做盘。

二是主力洗盘或吸筹行为，每一只股票拉升前，都需要主力大洗特洗。

三是主力正在出逃的股票，往往是见买盘就抛，造成股价毫无向上反弹之力。

除了以上这些走势外，还有盘中打开涨停或者跌停板等走势。当然，具体问题还要具体对待，投资者不可生搬硬套投资规则，而应该根据盘面变化以及当时的市场环境综合分析，以免做出错误决策。

四、看尾盘

与开盘相比，尾盘的看点同样重要。它代表了多空双方争夺的一种结果，收盘价的产生也代表了双方都认可的一种价格。不过尾盘往往也是主力突袭股价的最佳时机，往往会出现尾盘急拉和急跌的情况，下面我们就来了解如何正确看待尾盘。

1. 为什么要看尾盘

尾盘通常是指收盘前的半小时，作为多空一日博弈的总结，向来为投资者所重视，如果说开盘是序幕、盘中是过程，那么尾盘就是定论。尾盘之所以重要，在于它承前启后的特殊性，尾盘既是当天多空博杀的结果，又能起到预测后市的作用。

对于尾盘的一些数据，很多投资者喜欢对收盘价进行分析，这是因为收盘价不仅是当日行情的标准，而且是下一个交易日开盘价的依据，可据此预测未来证券市场行情。相对于收盘价来讲，投资者往往会忽略其他信息，如收盘时的盘面反馈，即收盘以后停留在盘面上的挂盘状况，包括几个买卖价位及相应的挂牌数量等。

盘面的反馈有很多种可能性，下面我们来探讨其中的几种情况：

（1）上下平衡：指上下接抛盘相当，价位几乎没有空缺。比如收盘价为 8 元的股票，每高或者低一分钱都有接盘和抛盘，挂出的量也差不多，这是自然的状态，表明没有主力或者主力并没有在收盘价上花工夫。

（2）高空：指上档的卖出价离收盘价较远而买进价则贴近或等于收盘价。

如果尾市大盘明显下跌，那么高空状况的出现是正常的。如果大盘走势平稳而且当天该股的涨跌也基本跟随大盘，那么可以确定该股应该没有主力，或者即使有主力也不愿意护盘，表明该股至少现在还不会走强于大盘。

（3）低空：指下档的买进价离收盘价较远而卖出价则贴近或等于收盘价。这是一种非正常状态，因为即使大盘尾市明显上涨，市场散单也不会一味地往上猛打而不在下档挂，因此合理的解释是有盘中主力在运作。如果是最后一笔的成交导致收盘价冲高，那么就是主力做收盘价。

如果股价在最后几分钟连续上涨而下档却没有什么接盘跟上，那么主力就是采用了不太冒险的方法，扫掉上档并不多的抛单，但并不在下档挂接单。如果上档新出来的单子不多就尽量打掉，将收盘价做高。

2. 尾市急拉的玄机

我们通常可以看到这种现象，股价全天走势都非常正常，成交量也正常，但在收盘的半小时内却出现了快速上涨；或者一天内的成交比较活跃，股价趋势向下，但尾市却出现了快速拉升，如图2-17所示。

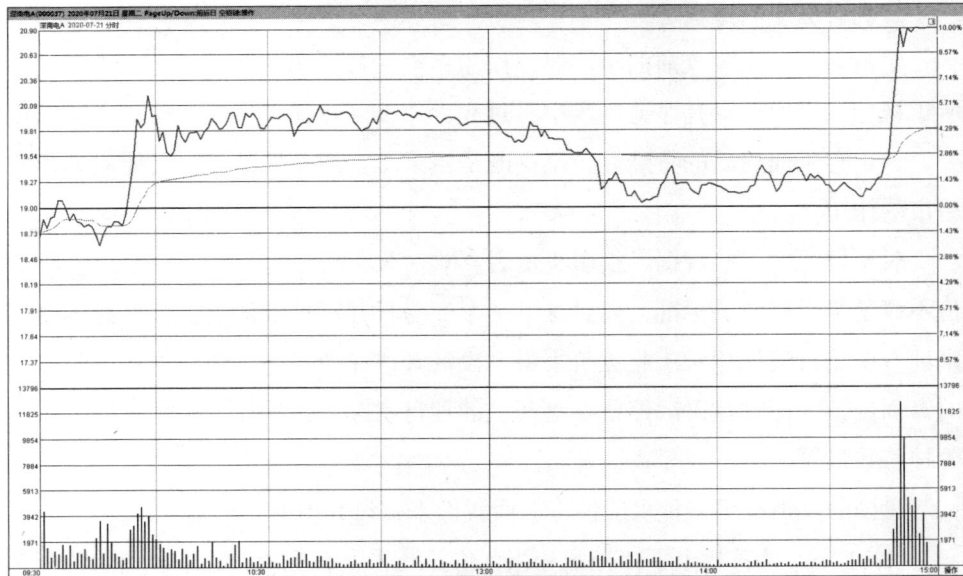

图 2-17　尾市急拉

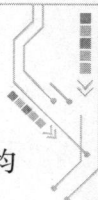

　　根据以往经验，尾市拉升通常是主力为了做非正常的 K 线图、非自然的均量线图以及虚假的成交量，其主要目的大概有以下几个方面：

　　（1）为了次日股价高开。当个股处于阶段性的顶部而主力需要减仓时，尾市拉升可以躲过大部分投资者的卖压，轻松使股价收到高位，方便第二日股票高开，这是主力不需要筹码或资金不足的表现。通常第二日主力会出面促使股价高开，否则，股价就会以低开来修正昨日尾市的异常状况，导致昨日主力在尾市所做的是无用功。

　　（2）为了护盘。若个股在当日的股价底部曾出现过几笔大单直接交易，但股价并无明显波动，则可能是主力在进行利益输送或筹码交换，尾市出现股价拉升现象是主力将股价收回到正常价格的护盘表现。

　　若股价在当日曾被连续的大单打到底部，随后股价并无反弹的现象，则属于主力减仓或机构大单的出逃行为；但若股价曾经出现过短暂的快速下跌，而后又被快速拉起，则往往是主力震仓的表现。

　　但是如果判断出主力是在对阶段性高位进行护盘，那么短线投资者就要提高警惕了，毕竟护盘只是权宜之计，具有诸多的不稳定性，主力见势不好而倒戈的比比皆是，更何况是靠尾市偷袭成功的护盘行为。更多的时候，往往会继续走下跌的行情，特别是在高位进行的护盘行为。

　　（3）准备拉升。当主力建仓完毕之后，为了避免众多投资者跟随买进，其常常会在尾盘突然拉高股价，并在第二天开盘时迅速将股价拉至涨停，在其他投资者还来不及反应的情况下，该股股价通常会迅速飙升；或者当个股处在持续下跌末期时，由于有突发性利好消息的刺激，个股也会在尾盘半小时内出现大量的抢盘现象，为明日该股的继续上涨做好准备。

3. 尾市急跌的奥秘

　　尾市急跌的现象也是非常常见的，表现为股价全天走势正常，成交量也正常，但在最后收盘的半小时内，出现了股价快速下跌的走势；或者全天成交活跃，股价趋势向上，但尾市却出现了快速打压的现象，如图 2-18 所示。

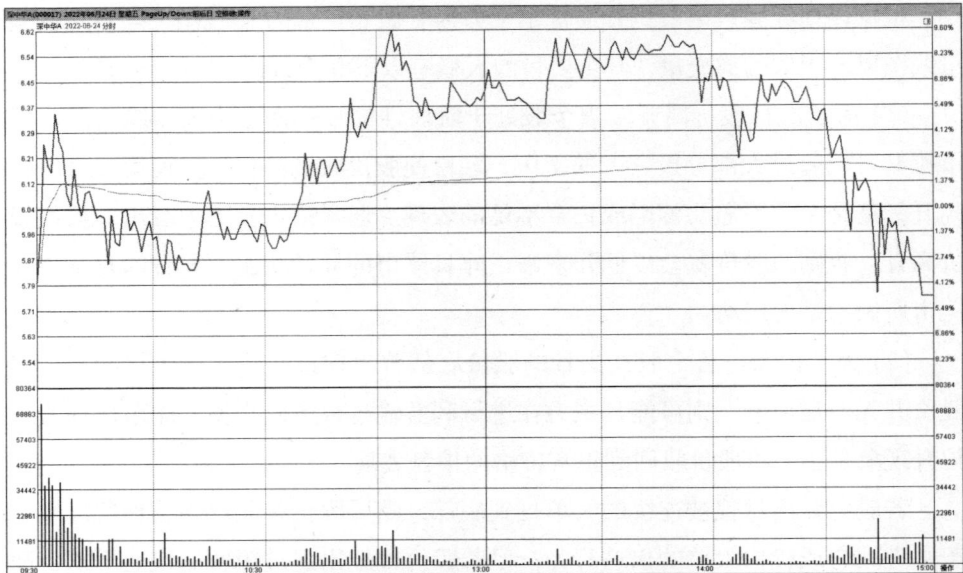

图 2-18　尾市急跌

通常，股价尾市急跌的原因有以下几种：

（1）以跳水的方式出货。这种出货方式的主要特征是尾市股价下跌力度大，投资者往往会措手不及，且往往会持续 10～30 分钟。有时甚至是全天大单封死涨停，而在尾盘突破开闸放水，将买盘全部吃掉。

（2）吸筹。即先通过尾市的打压拉下股价，第二日再通过高开来吸引持股者的注意，以缴获更多的筹码。其优点是：个股往往在第二日开盘时就冲入了"今日涨幅排名"内，引起了市场的关注，但若扣除昨日的大幅急跌后，其实个股根本就没有涨多少，主力吸筹的价格也并没有增加多少。这种先抑后扬式的吸筹方式，在股市里也是屡见不鲜的。

（3）拉升前的洗盘动作。当主力建仓达到尾声时，市场流通筹码通常已经大量集中，此时稍大的买单都可能会使股价快速上浮。为了不被市场注目而识破即将拉升的计划，主力此时往往会利用尾市的打压动作将股价尽量压低，以大阴线或长上影线来假示洗盘开始了，请投资者赶紧抛出筹码，另寻好股。该动作往往发生在收市前 10 分钟，因为这样不需要牺牲主力太多的筹码。

第 3 章　从 K 线组合观察买卖点

不同的 K 线组合形态在一定程度上反映了当前股价的运行趋势，对于短线投资者来说，要想准确把握买卖点，就不能忽略对 K 线组合形态的研究。本章我们就来学习如何通过不同的 K 线组合把握买卖点。

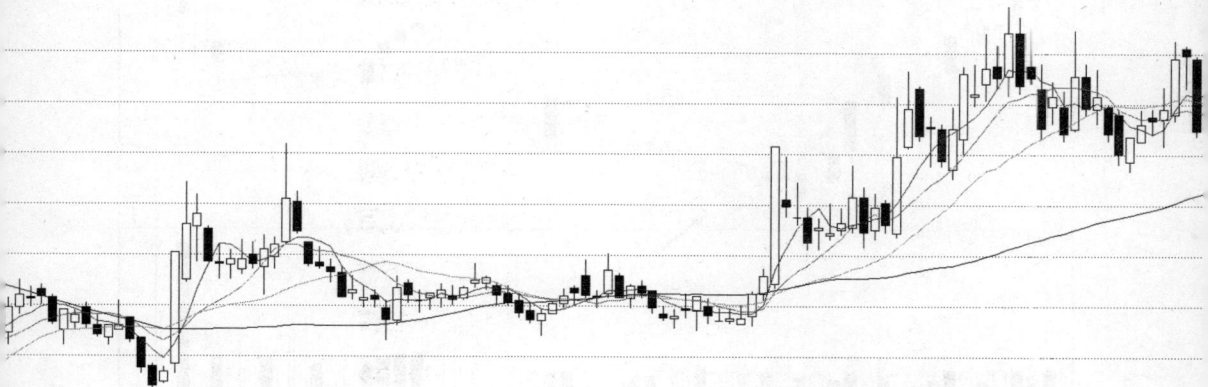

第一节　从 K 线组合寻找短线买入机会

　　绝大多数投资者都希望自己在买入股票之后，很快就出现上涨。这就需要投资者有敏锐的观察力，而从 K 线的组合形态来判断合适的买入时机则是投资者必须要掌握的技能之一。下面我们先来了解一些经典的看涨组合形态。

一、红三兵

　　"红三兵"是投资者公认的一种看涨组合。该组合是由三根小阳线组成，通常是出现在股价经过一段时间的下跌行情之后，或者整理行情的末期。标准的"红三兵"是每天的开盘价都在前一天阳线的实体内，但每天的收盘价都比前一天的收盘价高。连续三天收出阳线，表示多方力量正在蓄势上攻，股价见底回升可能性较大。不过在实战中，当股价经过连续地下跌之后在底部区域连续收出三根小阳线，都可以视为"红三兵"组合。

　　如图 3-1 所示的深纺织 A，在连续创下股价新低后，空方能量已经基本得

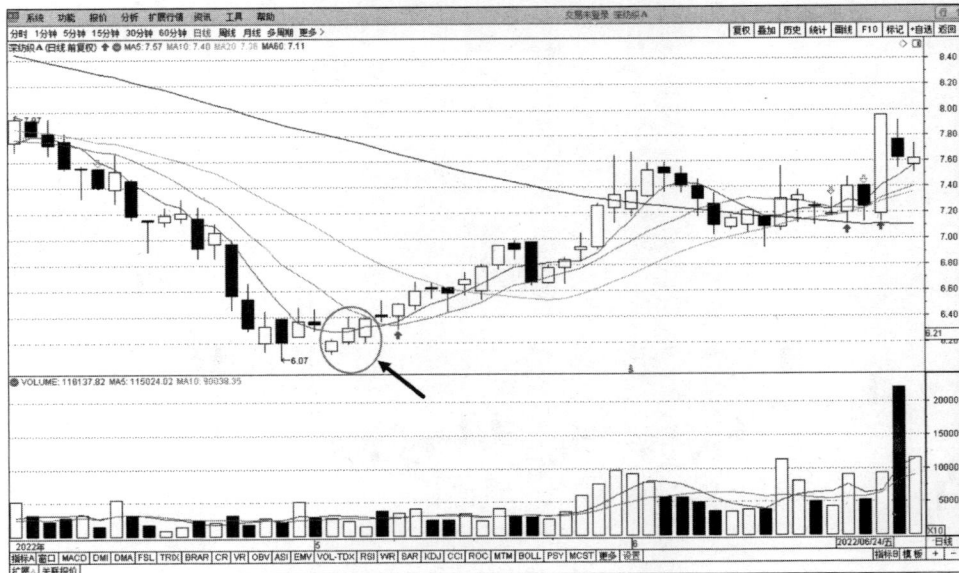

图 3-1　深纺织 A K 线图

到释放，随着多方的反攻，股价开始企稳反弹。收出三根小阳线，形成了"红三兵"的形态。

操作提示

在实际的操盘过程中，当"红三兵"出现时，首先要观察其所处的位置。如果是前期经过较大的跌幅，则可以适当做多。如果自顶部下跌的幅度并不是很大，则要谨慎操作，以防止主力的骗线行为。

二、希望之星

"希望之星"是在股价下跌行情中出现的转势信号，可靠性和准确性比较高。它的 K 线组合形态是由三根 K 线组成，股价在跌至新低时，一般会收一根中阴线或者大阴线，感觉接下来走势不妙，但第二天股价只是小幅度的下行。收出一根小阴线或者小阳线。而第三天股价就在平开或者高开后，最终收于一根中阳线（或大阳线），通常是企稳反弹的信号。

如图 3-2 所示的东方钽业，股价在一波快速下跌后，空方力量殆尽。K 线

图 3-2 东方钽业 K 线图

图在前日收于一根大阴线后，于第二日创下近期最低价后反弹，最终收出一根小阳星，第三日开始上扬，随后经过几天的整理，伴随着成交量的温和放大，股价开始快速拉升。

操作提示

在实战的过程中，当出现"希望之星"组合时，可以先假设形态成立，少量建仓，一旦后市出现量增价涨的走势时，就可以加大建仓力度，持股待涨。

三、曙光初现

"曙光初现"的 K 线组合是由两根走势完全相反的较长 K 线组成，第一天为阴线，第二天为阳线。且第二天阳线的开盘价低于前一天的收盘价，但是收盘价却高于前一天的收盘价，并且收盘时基本达到前一天阴线实体的二分之一位置。这种情况通常表示下跌时遇到抵抗，多方力量明显占优。

如图 3-3 所示的深圳能源，在经过一波快速下跌的行情之后，出现"曙光初现"形态后，股价开始震荡向上反弹。

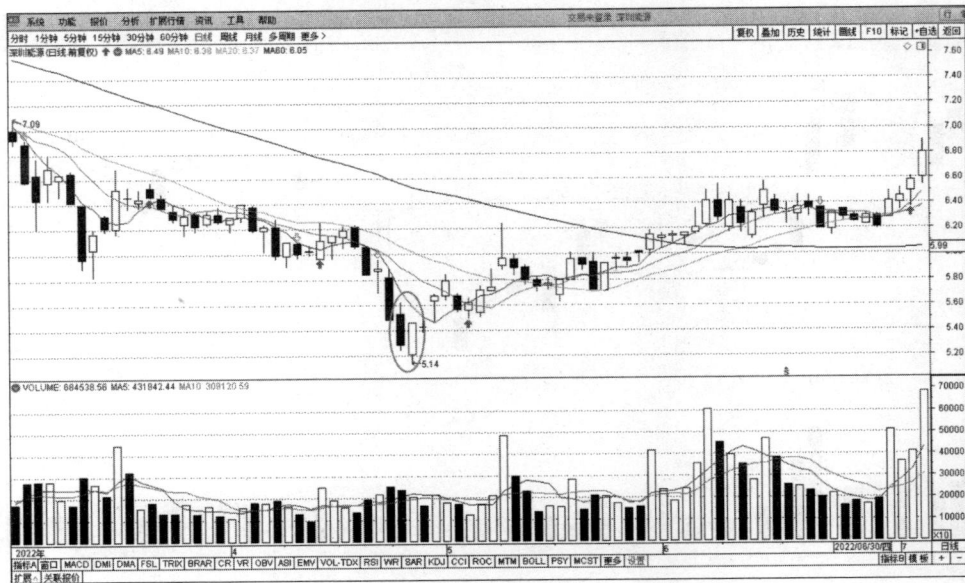

图 3-3　深圳能源 K 线图

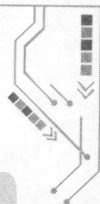

当股价在经过一段下跌之后，特别是长期下跌之后出现"曙光初现"组合形态，反转的可能性很大。如果在接下来的几日股价能够企稳反弹，后市上涨的概率更大。出现该组合时，投资者可以适当建仓，一旦后市继续走强，就可以继续加仓。

四、旭日东升

"旭日东升"K线组合形态特征：在连续下跌的行情中先出现一根大阴线或中阴线，接着出现一根高开高走的大阳线或中阳线，阳线收盘价已高于前一根阴线的开盘价，这说明股价经过连续下跌，空方能量已释放殆尽。在空方无力再继续打压时，多方奋起反抗，并旗开得胜，股价高开高走，像一轮旭日从东方升起。

如图3-4所示的科新机电，股价经过一轮加速下跌行情后，出现"旭日东升"组合形态。阳线当天的涨幅超过了6%，由此可见多方的反攻力度是非常大的。从图中也可以看出股价随后走出反转震荡向上的行情。

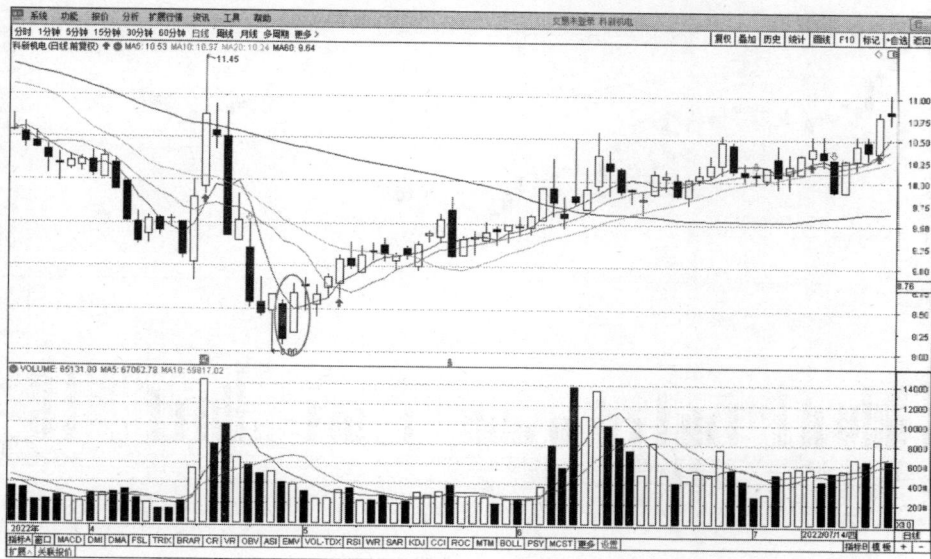

图3-4 科新机电K线图

操作提示

投资者见到"旭日东升"组合图形，不应该继续看空，建议逢低吸纳筹码。一旦后市股价出现量增价涨的走势，就应该积极看多。

五、三阳开泰

"三阳开泰"是指在股价有所企稳之后或加速上扬之前，多头能量在短时间内的快速爆发，稳中有升并连拉三根中阳线或大阳线，呈现加速上升特征。也为股市中企稳转强的信号之一。如果是在低位或盘整中出现此种情况，通常表示继续上升的可能性较大。"三阳开泰"和"红三兵"的K线组合形态类似，但在应用法则上有较大区别，"红三兵"更多情况下是企稳信号，行情的全面启动还将有待时日，而"三阳开泰"是较为强烈的反转信号。

如图3-5所示的西藏矿业，在经过一波下跌的行情之后，在底部区域出现了"三阳开泰"的走势，股价随后展开上涨的行情。

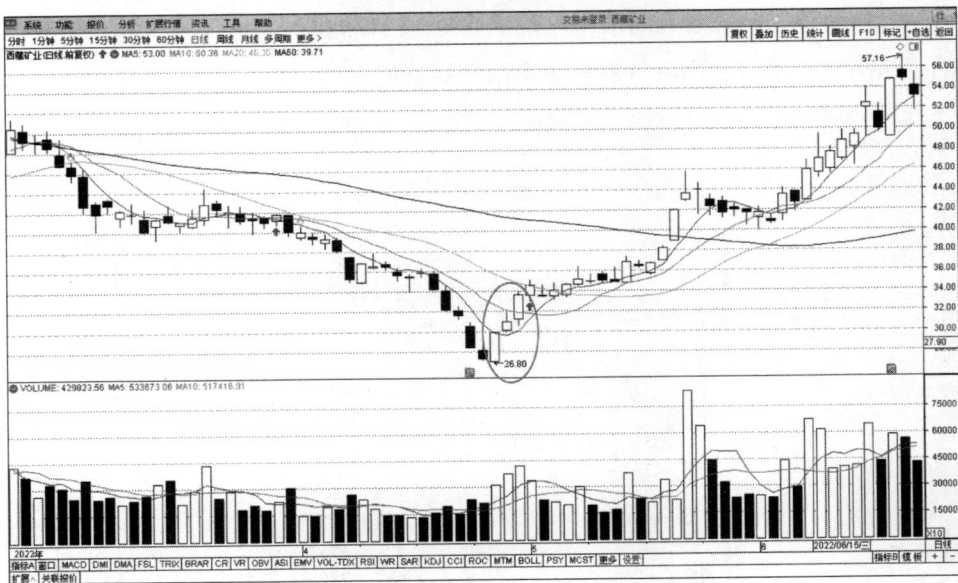

图3-5　西藏矿业K线图

062

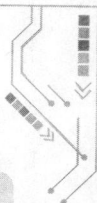

操作提示

"三阳开泰"组合特指在股价下跌后的底部区域出现的三根大中阳线组合，是一种强烈的看涨信号，当出现这种组合时，通常可以大胆做多，中短线持股。

六、上升三部曲

"上升三部曲"组合通常出现在上涨途中，是由大小不等的5根K线组成，先拉出一根大阳线或中阳线，接着连续出现3根趋势向下的小阴线或者小阳线，但都没有跌破前面阳线的开盘价，随后现了一根大阳线或中阳线，其走势有点类似英文字母"N"。而实盘中，两根大阳线之间，可以有3~5根小K线。一般情况下，在"上升""三部曲"出现之后，股价都会延续升势。

如图3-6所示的山西路桥，就是在底部反转初期出现了"上升三部曲"的组合形态，先拉出一根大阳线或中阳线，接着连续出现了4根小K线，但都没有跌破前面的开盘价，随后出现了一根大阳线或中阳线，形态成立。这说明一轮震仓洗盘暂时告一段落，接着又要发动向上的攻势了。

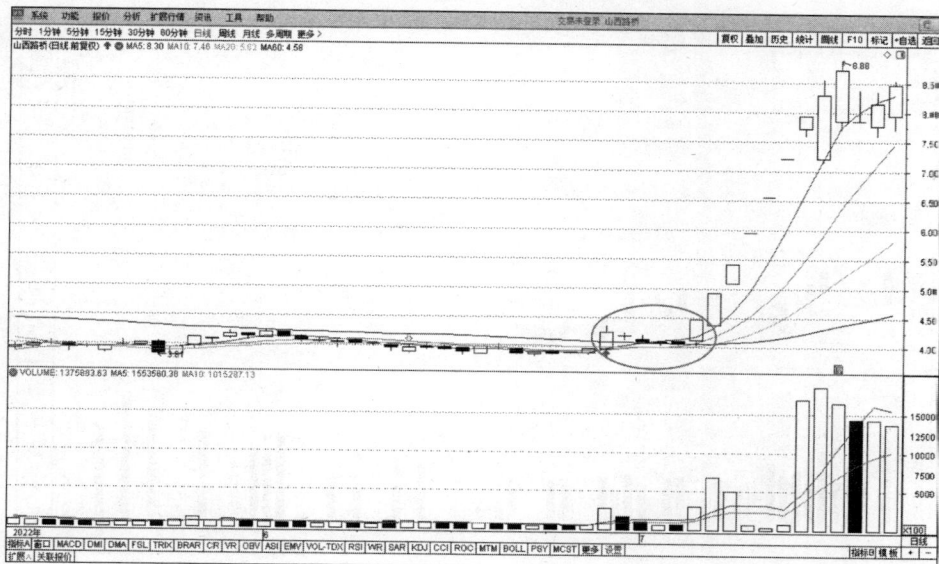

图3-6 山西路桥K线图

　　遇到"上升三部曲"组合，如果股价自底部算起，涨幅并不是很多，通常表明后市仍将有一段上涨的空间。这时可以适当做多，但目标不宜定得太高，只要达到获利目标即可。

七、上涨两颗星

　　"上涨两颗星"是一种比较经典的K线组合，虽然名称是两颗星，实际上这个组合是由三根K线组成的，一根实体较长的阳线连续两颗涨跌幅度都不大的小K线星体。和所有的K线组合一样，上涨两颗星只出现在特定走势中才有应用的意义，这种三根K线的组合通常出现在股价上涨初期以及上涨的途中，通常后市都会出现上涨行情。所以这种K线组合是对股价继续上涨的一种确认，可以判断后市上涨行情会继续保持。

　　如图3-7所示的丽珠集团，就是在股价上涨的初期出现了这种K线组合，前一天股价收于一根大阳线后，又收出两颗星形K线完成整理工作，随后又继续震荡向上的行情。

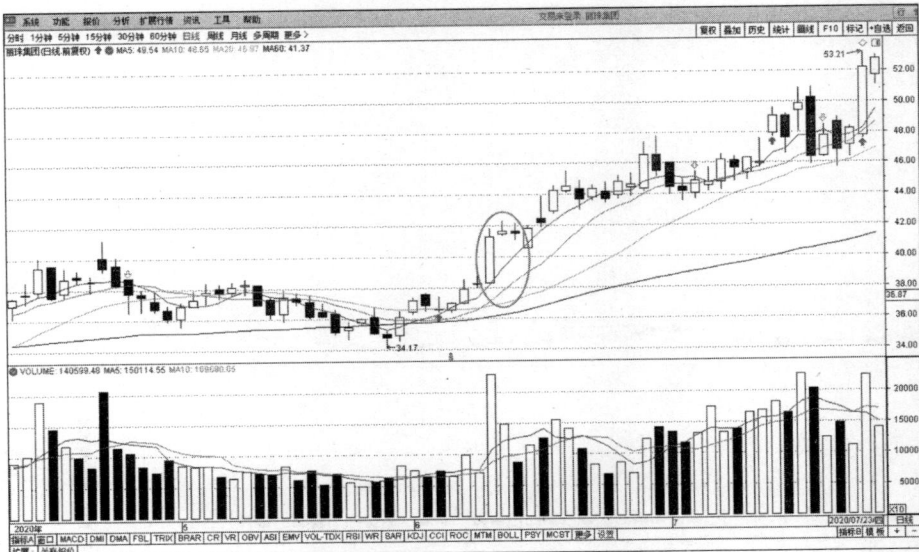

图3-7　丽珠集团K线图

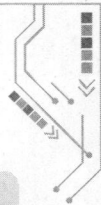

操作提示

遇到"上涨两颗星"组合的个股,如果当时股价自底部算起并没有多大的涨幅,就可以大胆做多,通常短线会有不小的收获。操作上不宜贪心,短线获利即出。

八、向上跳空组合

"向上跳空组合"是指当天的开盘价比前一天的最高价要高出一部分,且截至收盘时,最低价仍比前一天的最高价要高,使得两天的K线留一个空白的缺口。当K线出现这种形态时,代表当天买方力量在开盘时就占据了上风。该形态经常出现在股价处于明显的上涨行情中,有时也会出现在股价经过长期下跌之后刚向上启动时。

如果这种形态出现在股价长期下跌的底部区域,那么标志着后市股价出现反弹的可能性相当大;如果出现在股价上涨的中途,那么往往是股价进入加速拉升的前兆。特别是能跳空突破某一重要阻力位,如60日线、半年线等,后市通常会迎来一波不小的涨幅。

如图3-8所示的皖能电力,就是在股价的低位区域出现了向上跳空的组合,

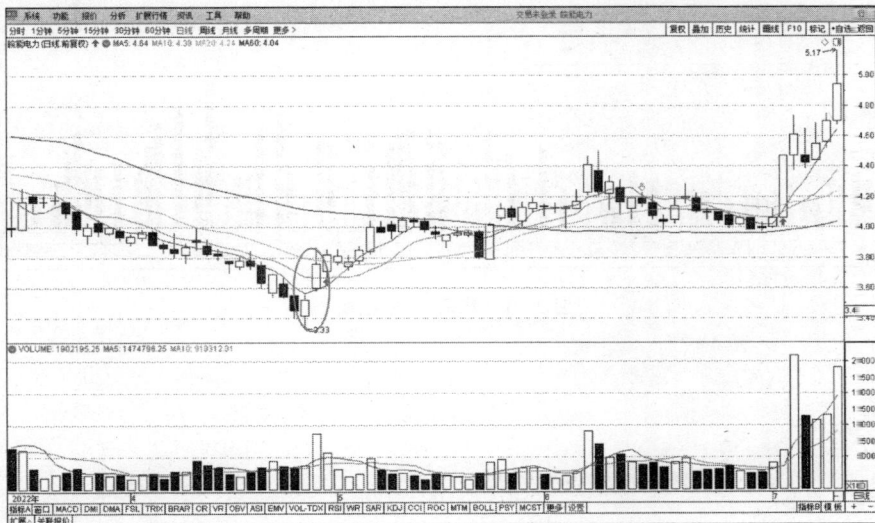

图3-8 皖能电力K线图

说明经过一段长时间的下跌之后，空方的做空动能已经趋于衰竭。与此同时，多方已经掌握了场上的主动，结合前期股价下跌的幅度巨大，此时就可以大胆做多，持股待涨。

操作提示

　　这是所说的"向上跳空组合"主要是指在低位区域以及上涨途中的跳空组合，这时可以积极做多。但如果该组合出现在长期上涨的高位区域，则不应盲目介入，因为这很有可能是主力借此吸引买盘完成出货。如图3-9所示的航天发展，就是在高位区域出现了这种"向上跳空"的组合，同时伴随着成交量的放大，股价随后出现滞涨，不久便开始了反转下跌的行情。

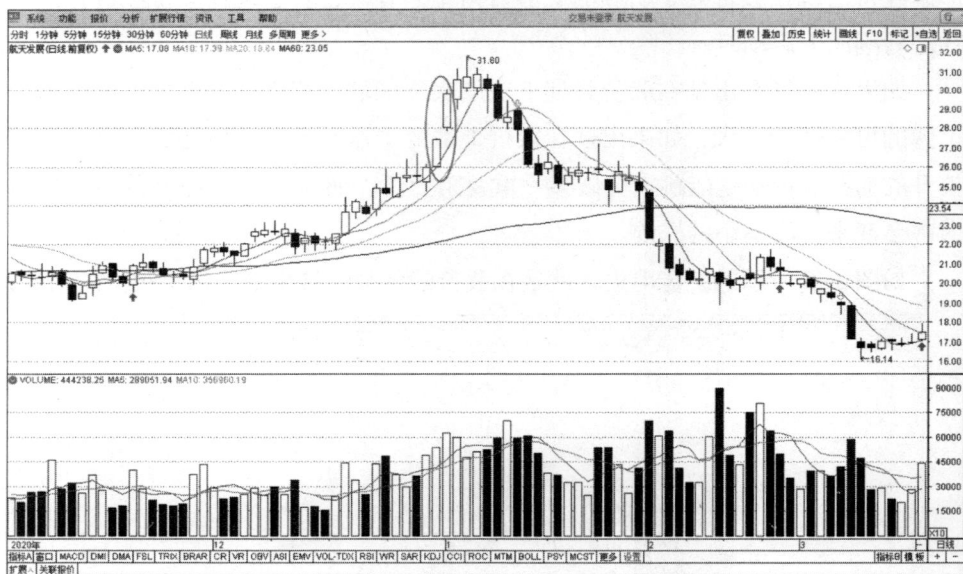

图 3-9　航天发展 K 线图

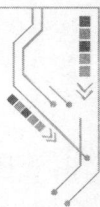

第二节 从 K 线组合寻找短线卖出机会

和研究上涨组合形态一样，对于投资者来说，如果能在股价的较高位置清仓出局就会保住获利空间。毕竟没有只涨不跌的股票，只要我们善于分析，就可以从一些 K 线组合中发现较为准确的卖点。下面我们来介绍几种常见的下跌组合形态。

一、高位三连阴

高位三连阴，即发生在高位区域，连续收出三根阴线，是强烈的看跌形态。相对来讲，跳空下跌的看空意味更加强烈。高位三连阴的出现，主要是由于前期的上涨使大部分投资者都有了相当丰厚的获利空间，当然主力更是如此。随着账面上的数字越来越多，这些获利盘难免要进行兑现，于是就会造成盘面压力增大。如果再加上一些利空消息的影响，就有可能造成跳空下跌的行情。因此投资者见状，一定要果断出手，不可留恋后市。

如图 3-10 所示的皖能电力，就是在运行到高位区域出现了三连阴的形态，

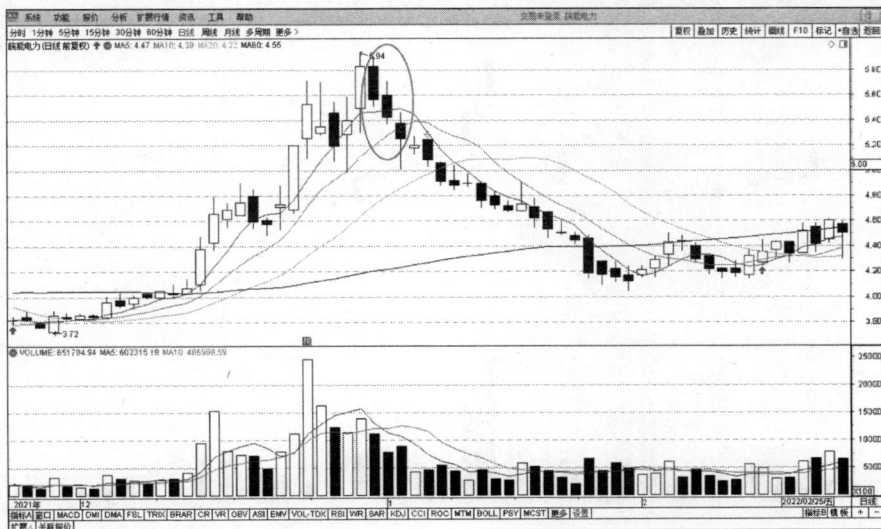

图 3-10 皖能电力 K 线图

且在出现之前的一个交易日股价还出现一根大阳线，给人一种强势上涨的假象，遇到这类情况，通常可以在第二个阴线形成之时减仓，若出现了第三根阴线，则最好清空手中的筹码，另觅良股。

操作提示

在高位遇到三连阴的情况，不管是何种原因，都要提高警惕，操作上以清仓为主。这里所说的三连阴，一定是高位的，也就是说股价要经过前期大幅拉升。如果出现在上涨初期或者上涨途中，股价并没有多大的拉升时，往往不适宜看空，倒是逢低买入的好时机。

二、黄昏之星

"黄昏之星"也被称为晚星，该组合由 3 根 K 线组成，第一根为阳线，第二根为十字线或者小阴线和小阳线，第三根为阴线。第三根 K 线实体深入到第一根 K 线实体之内。该形态通常出现在上涨行情的末期，预示着股价可能见顶，上涨动力衰竭，后市看跌。投资者应该及时卖出手中的股票。

如图 3-11 所示的南华生物，就是在 K 线出现"黄昏之星"的组合之后，股

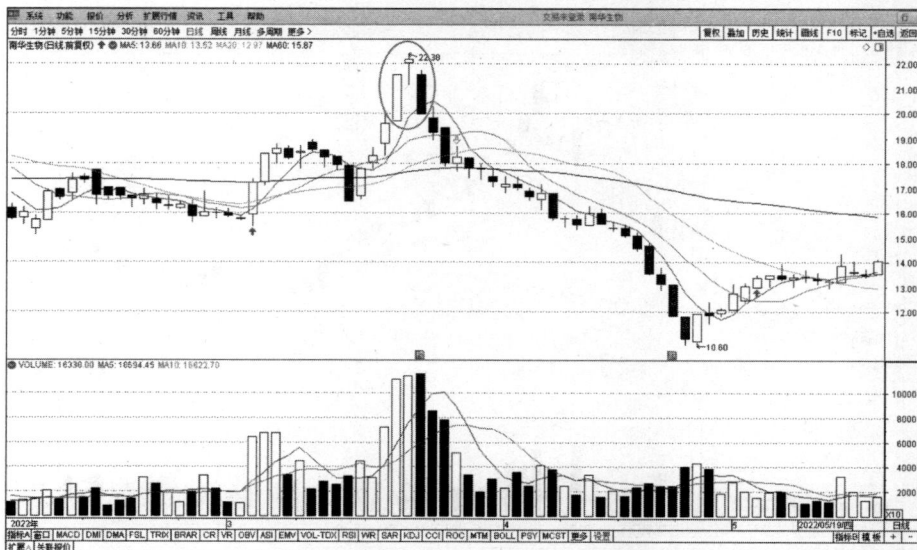

图 3-11 南华生物 K 线图

价开始转为下跌行情。

操作提示

这是一种典型的下跌组合形态，如果在股价上涨后的高位出现这种组合，投资者应该立即出局。但如果出现"黄昏之星"组合时股价并没有多大的涨幅，甚至是刚启动不久，就很有可能是主力的一种洗盘手法，这时就应该持股待涨，甚至是逢低吸纳，而不是卖出股票。

三、乌云压顶

"乌云压顶"组合是由一阳线和一阴线组成，阴线要深入到阳线实体二分之一以下处。通常出现在上涨行情末期，是一种见顶信号，后市看跌。阴线深入阳线实体部分越多，转势信号越强。

如图 3-12 所示的中润资源，股价经过一段时间的震荡上涨后，在顶部形成了乌云压顶的组合，说明多方和空方力量开始逆转，空方力量增强，股价最终在经过一段时间的整理之后，进入了下降通道。

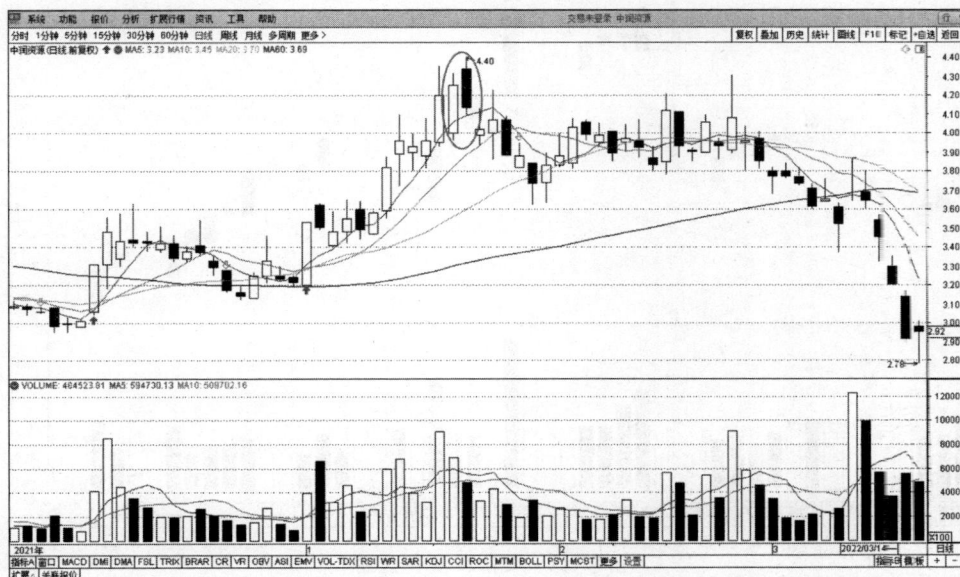

图 3-12 中润资源 K 线图

在高位出现"乌云压顶"组合形态，通常都会引发一波下跌行情。操作上应该以逢高减仓或者清仓出局为主。当然具体操作上，还应该考虑其所处的价位以及当时的市场环境等因素。

四、倾盆大雨

在股价有了一段升幅之后，第一天出现一根大阳线或中阳线，接着第二天出现了一根低开低收的大阴线或中阴线。其收盘价比前一根阳线的开盘价要低。当出现这种 K 线组合时，形势对多方非常不利，因为低开低收的阴线使多方信心受到严重打击。低开，说明投资者已不敢追高，而想低价出售股票的投资者却大有人在；低收，表明市场做空心态。

如图 3-13 所示的长信科技，就是在高位出现了"倾盆大雨"组合形态，从图中可以看到，在出现这种组合之后，股价很快进入下跌通道。

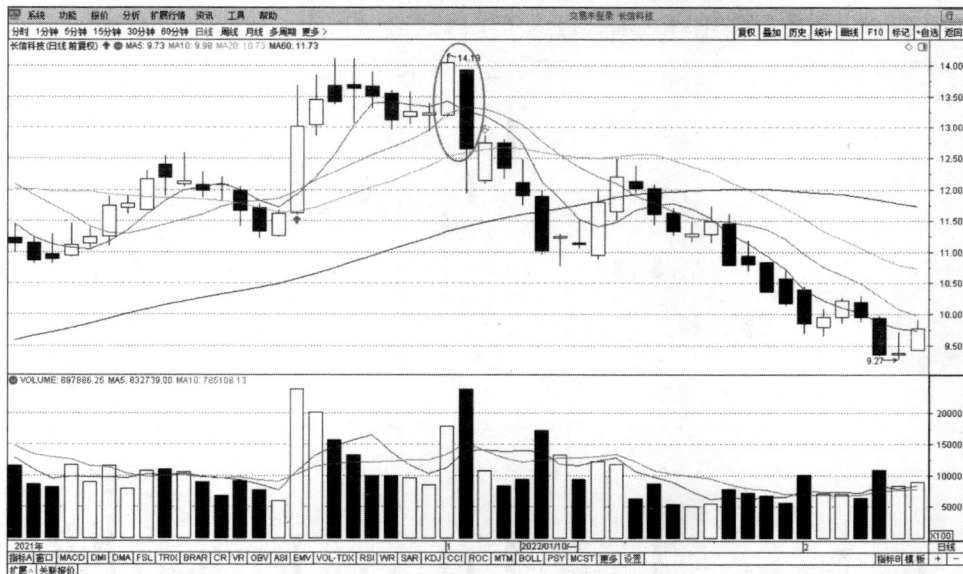

图 3-13　长信科技 K 线图

操作提示

　　"倾盆大雨"组合的出现通常伴随着成交量的放大，虽然不排除在股价上涨的途中主力会采用这种组合进行洗盘操作，但从规避风险的角度出发，还是减仓操作为好。一旦后市出现走弱，建议坚决清空离场。

五、两阴夹一阳

　　"两阴夹一阳"组合是由 2 根较长的阴线和一根较短的阳线组成。既可能出现在涨势中，也可能出现在跌势中，阳线夹在阴线之中。在涨势中出现，是见顶信号；在跌势中出现，继续看跌。

　　如图 3-14 所示的深康佳 A，是在股价下跌的途中出现"两阴夹一阳"的组合形态，说明下跌行情还未结束，后市继续看跌，投资者不宜参与此类股票。

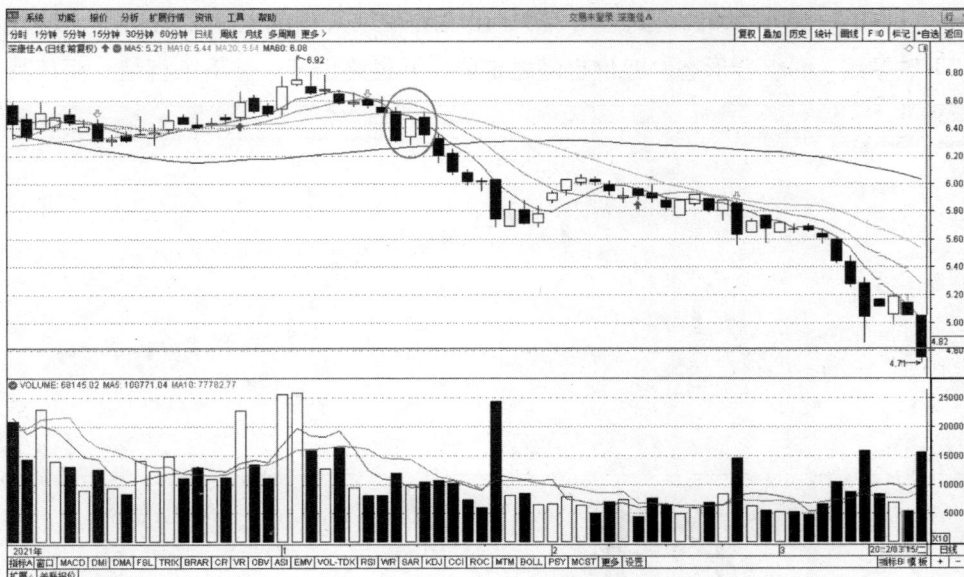

图 3-14　深康佳 A K 线图

不管是高位运行中，还是下跌过程中出现"两阴夹一阳"组合形态，短线继续下跌的概率都非常高，情况不容乐观。建议投资者及时清仓离场。

六、下跌孕线

"下跌孕线"形态一般出现在股价运行的高位区域，当然偶尔也会出现在股价上涨的中途。该形态由一根大阳线和一根小K线组成，先是前一交易日收出一根大阳线，次日的小K线实体在大阳线的实体内。从形态中可以看出，股价在第二天的走势出现了明显的滞涨现象，在第二天买盘出现了严重的衰退，要不然的话股价理应承接前一天的强势继续走高才对。当这种组合出现在股价长期上涨的高位区域时，投资者就要引起高度注意了，这往往是股价出现大幅度下跌的前兆。

如图3-15所示的深康佳A，就是在股价经过大幅度上涨之后出现了这种"下跌孕线"的组合形态，股价也随之走弱，并最终出现一波下跌行情。而从其

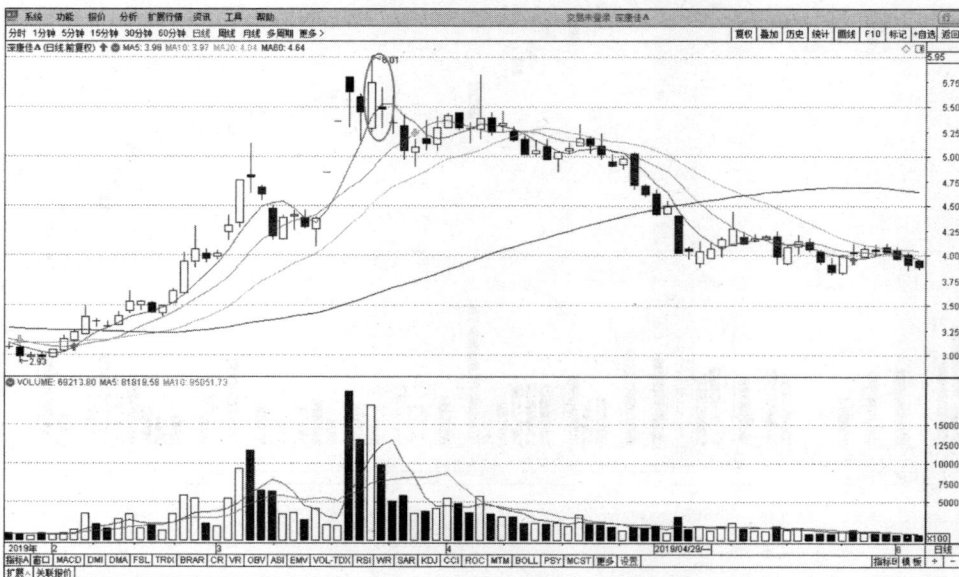

图3-15　深康佳A K线图

大阳线当日的分时图（图 3-16）中可以看到，股价当天在午后拉升至涨停，但在涨停位置继续保持着非常大的成交量，很快涨停就被打开，然后震荡下跌，有明显的拉高出货嫌疑。

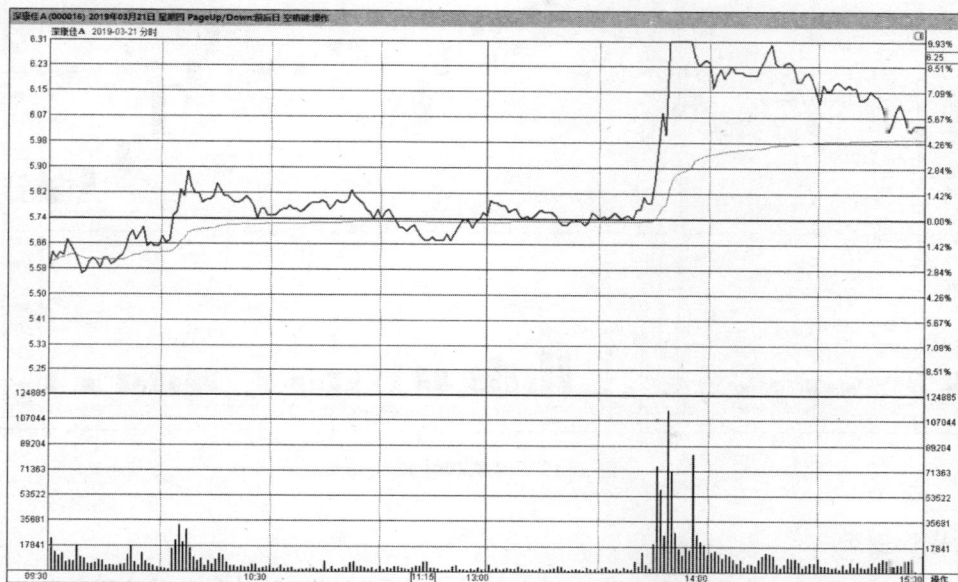

图 3-16　深康佳 A 某日分时图

七、高位连续上影线

股价经过连续的上涨之后，在高位连续收出几根带上影线的 K 线，说明上方有较大的压力，多方上攻无力，空方慢慢掌握场上的主动权。形势很可能要发生转变。遇到这种久攻不破的形态时，投资者要注意及时离场，避免不必要的损失。

如图 3-17 所示的国风新材，高位先是出现一个跳空向上的上影线，说明当天上攻无果，但随后连续几日依旧是无功而返，股价并没有太大的突破。遇到这类情况，一旦跳空缺口被回补，就要考虑清仓出局。

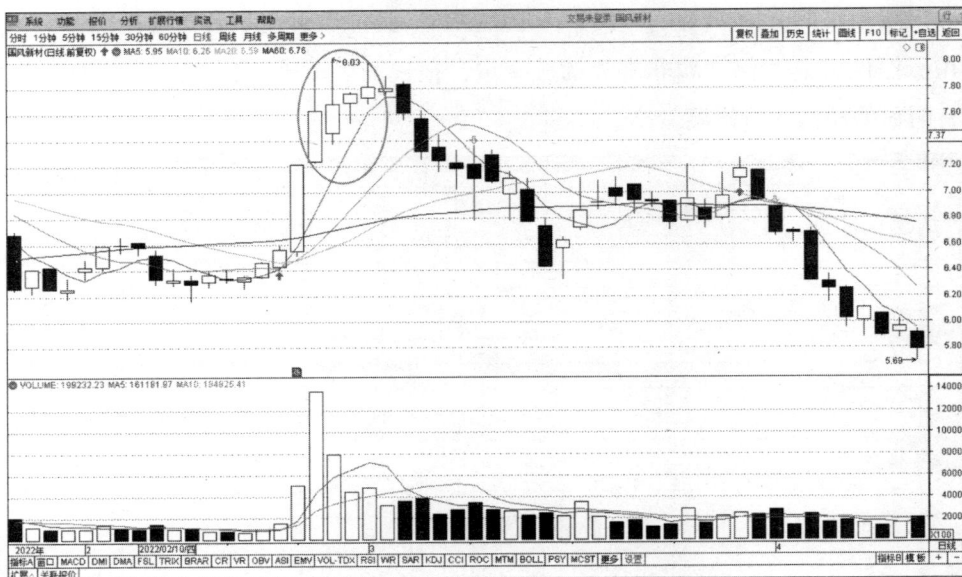

图 3-17　国风新材 K 线图

操作提示

　　高位连续上影线形态在大幅上涨的高位区域实战性最强，后市下跌的概率非常大。但若是在股价启动的初期，则可视为在向上做试盘动作，即使股价出现暂时性的回调，也不必急于出局，反而可以低吸。

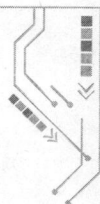

第三节　善于发现突破点位置

当一些形态完成突破时，也是短线介入的好时机，比如当头肩底、双重底等形态向上突破颈线时，如果能伴随着成交量的放大，则是一个明显的买入信息，投资者要关注发现这些关键的突破位置。

一、头肩底的突破

"头肩底"是指股价在某个下降趋势的底部出现三个连续的谷底的形态，如图 3-18 所示。其中间的谷底较低，被称为头肩底的头部。其他两个比中间的谷底稍微高一些，分别被称为左肩和右肩。

在头肩底中，左肩处于股价的下跌过程中，成交量较小；在头部形成时，一些买盘开始涌入，成交量反而有所回升。在右肩的形成过程中，成交量还会持续放大。当股价放量向上突破颈线时，则头肩底形态成立。

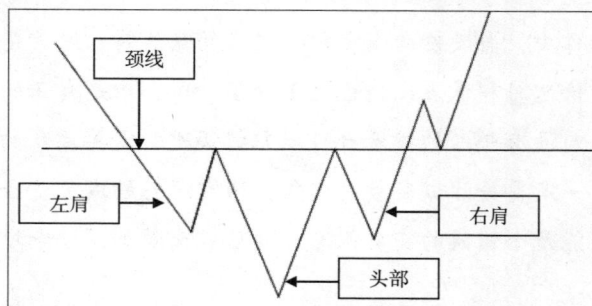

图 3-18　头肩底形态

如图 3-19 所示的新泉股份，股价走出一波加速下跌的走势，下跌到一定程度之后出现了反弹的行情，从而形成了底部的第一个低点，即左肩。当股价反弹至一定高度之后遇阻回落，且跌破了前面的低点，然后再次出现反弹，这次创出的低点形成了一个头部。当股价反弹到前次反弹的高点附近再次遇阻回落，但这次股价并没有创出新低，而是前次低点之前涌出了大量的买盘，将股价再次托起。形成右肩。然而这次的反弹直接突破了前次的高点位置，不再出现回落，而是继续向上运行。至此，头肩底形态形成。

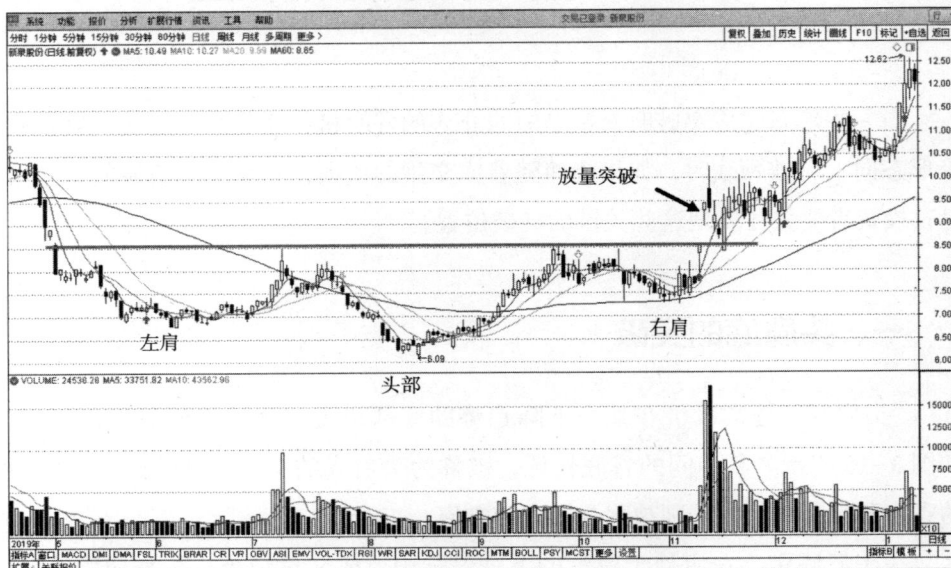

图 3-19　新泉股份 K 线图

操作提示

　　在实际操作中，当股价向上突破头肩底的颈线时，通常是真正的买入信号。虽然股价这时和低点比较已经上升了一段，但是真正的上升通道才刚刚开始，之前没有介入的投资者可以积极买进。需要注意的是，当股价突破颈线时，一定要关注成交量的变化，通常此时的成交量会出现放量的配合，否则可能是个错误的突破假象。随后成交量如果逐渐增加，形态也可以确认。

二、双重底的突破

　　W 底也叫"双重底"，如图 3-20 所示。股价在长期下跌之后，出现第一次反弹，遇阻后再次回落。随着股价的下跌，成交量萎缩。当跌至前期低点位置附近，一些抄底的投资者再度参与，使得股价再次上扬，并且一举突破了前期高点。股价在向上放量突破颈线时，W 底形态正式确立。

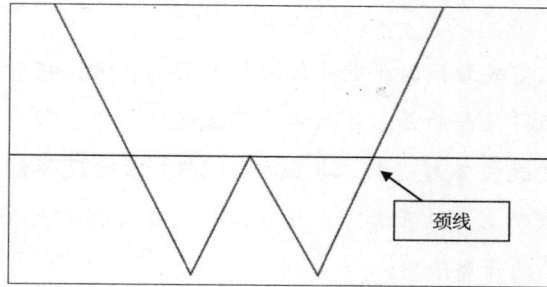

图 3-20　双重底形态

　　双重底的形态特点是，股价的变动和成交量的变动大致相同。在两个底部中，如果第二个底部的低点较高，说明市场多方的力量占据上风，否则就说明当前的走势还是比较弱的。W 底是典型的反转形态，说明下跌行情告一段落，未来将出现上涨行情。

　　如图 3-21 所示的粤高速 A，在经过一轮下跌行情后，在底部出现了 W 底走势，股价也随之一路走高。当股票在低位出现双重底走势后，投资者可以放心买入持有，把握获利机会。

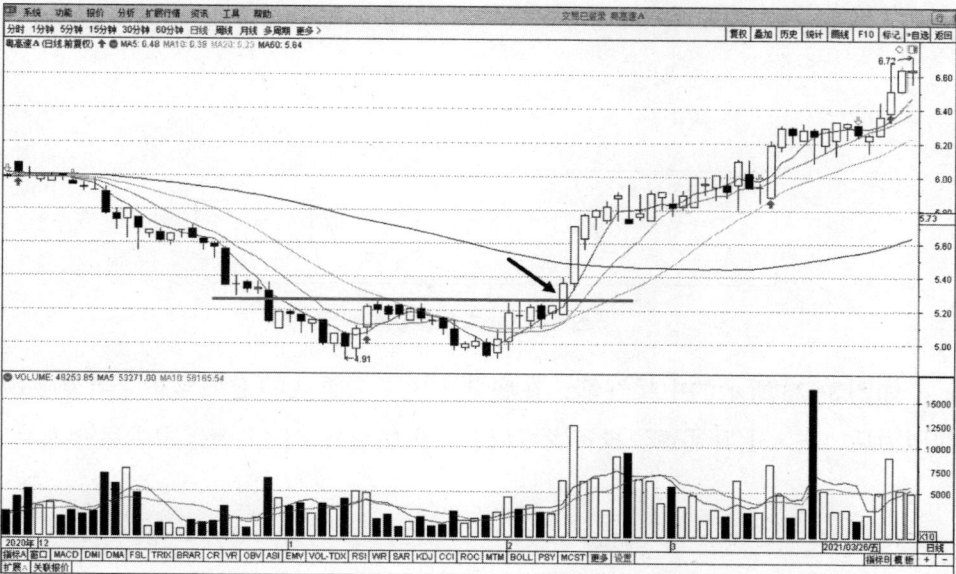

图 3-21　粤高速 A K 线图

操作提示

　　当股价向上突破颈线时，就是比较好的买入信号，投资者此时可以放心介入。另外值得注意的是，在双重底形成的过程中，股价如果出现了第三次回跌，只要跌幅不超过第二次跌幅的1/3，随后反弹创出新高，这样双重底还是可以确立，投资者可以放心持有，随后还是上涨行情。不然可能还是处于低位的盘整阶段。

三、三重底的突破

　　"三重底"是指股票在连续三次下跌的低点大致相同时形成的走势图，和"双重底"类似，只是多了一个底，如图3-22所示。它的形态多发生在震荡波段行情的底部，三重底的图形通常要一个月的时间，并且向上突破阻力线才被确定，在底部的形成时间越久，上涨力度越大。股价出现三重底，说明上方强压已经被突破，后市会出现上涨行情。

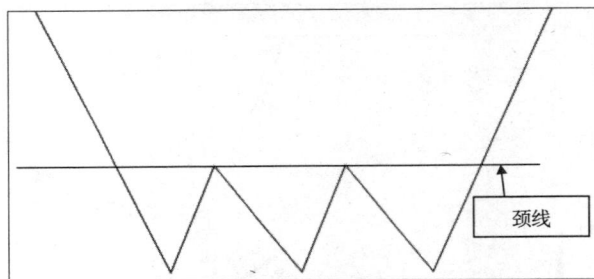

图 3-22　三重底形态

　　如图3-23所示的中兵红箭，在底部形成了三重底的走势形态，当突破颈线压力后，进入上升通道。投资者可以在三重底形成，向上突破阻力后介入。

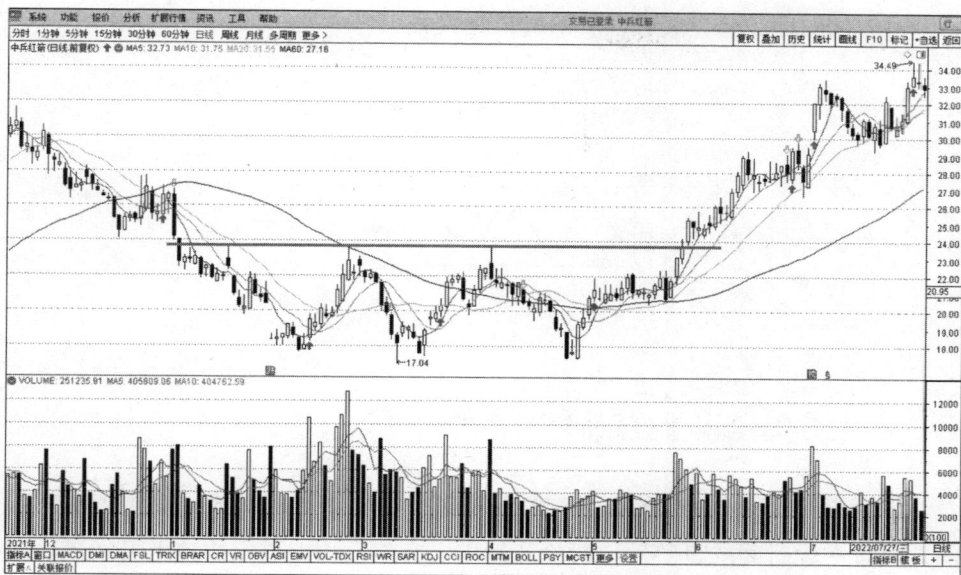

图 3-23 中兵红箭 K 线图

操作提示

在实际操作中，投资者不要看到股价走出类似三重底的形态就盲目介入，股价如果不能突破颈线的话，后市可能还是会向下调整。在三重底形成的过程中，成交量要呈现放大趋势，如果成交量未能呈现放大趋势，很有可能导致形态形成失败。当股价向上突破颈线时，才是最佳买入时机。投资者应该耐心等待，不要在低点和形态还未形成后过早介入，以免得不偿失。

四、矩形的突破

突破矩形是典型的横盘整理走势，如图3-24所示。通常又被称为股票箱，表示股价好像被关在了箱子里来回运动，说明这一时期多方和空方力量相当，谁也没有占上风，股价在相对底部的时候出现矩形形态，随着空方力量的逐渐萎靡，多方突破后，一轮上涨行情就开始了。它的特点是盘整的时间比较长，上升中的压力线和支撑线平行，在突破压力线的时候必须有比较大的成交量，另外盘整的时间越长，突破以后的行情越大。

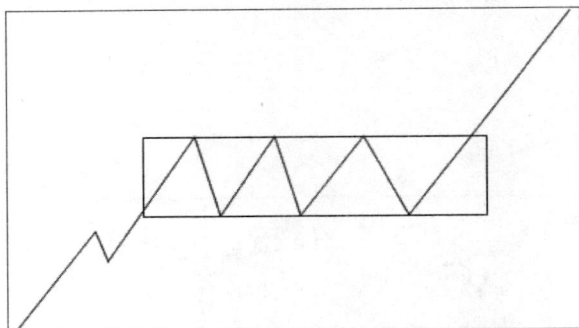

图 3-24　突破矩形形态

如图 3-25 所示的中交地产，在连续几日的上涨之后形成一个矩形整理区间，经过一段时间的盘整后，股价开始向上突然发力，进入快速上升通道。如果在盘整末期介入持有，是不错的投资时机。

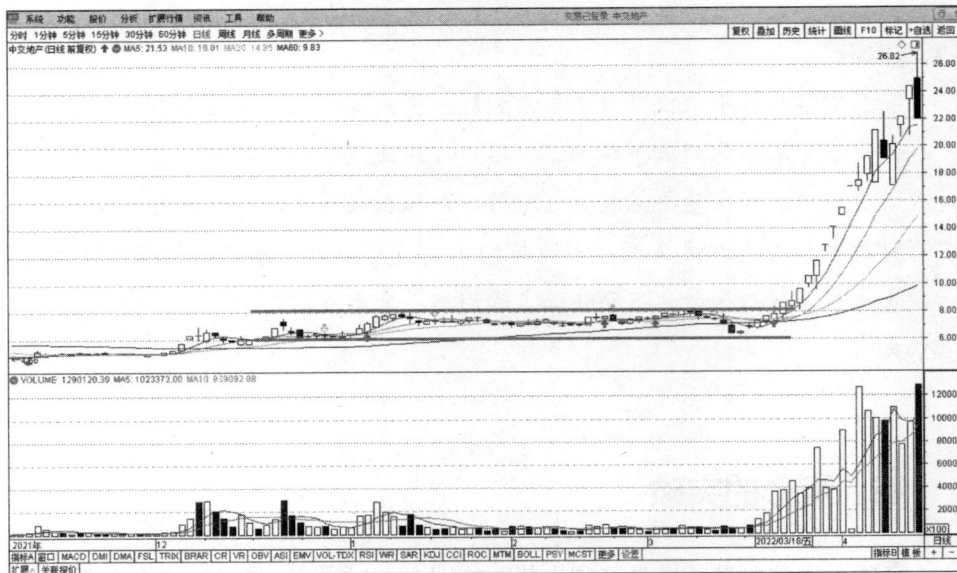

图 3-25　中交地产 K 线图

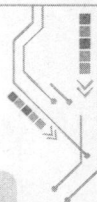

操作提示

在实战中，股价在矩形形态中震荡的次数没有固定的标准，这决定于庄家的需要，震荡的次数越多，说明市场洗牌洗得越彻底，但是在洗盘快结束时，成交量往往会随着萎缩。当股价向上突破压力线以后，伴随成交量的迅速放大，这时介入比较稳妥。

五、上升三角形突破

这是一个强烈的指示信号。其股价上涨的高点基本处于同一水平线，回调的点位却在不断上升，股价涨跌幅度逐渐变小，在这个过程中，从总体来看成交量在不断减少。但是在三角形形成的过程中，成交量和股价成正比，呈量价配合状态。这说明对股价没有信心的一方在某个价位不断卖出，导致股价下行，但市场却对该股看好，想增加筹码的投资者未等股价跌到上次的低点就急于买进，形成一个底点比一个底点高的形态，此时连接这些逐渐升高点位成为三角形的下边线。当上升三角两条边形成后，会在远处有个交点，即是三角形顶点。这是一个整理形态，但是通常当股价运行到上边线 2/3 左右的位置就会向上突破上边线，随后股价将继续上涨，此时的上边线转化成为一条强支撑线 (图 3-26)。

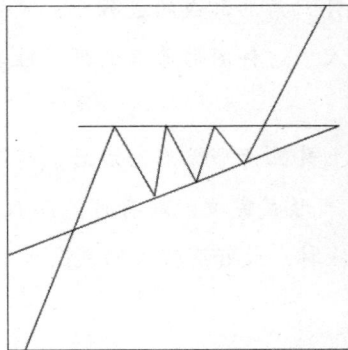

图 3-26　上升三角形形态

如图 3-27 所示的 *ST 沈机，股价在上涨途中走出上升三角形的形态。股价经过前期的上涨后，累积了一定的获利盘。为了减轻盘面压力，主力经常会通过这种方式进行洗盘。当股价放量突破三角形的上边线时，就是主力再次拉升股价之时。投资者可以在该突破点积极介入。

图 3-27　*ST 沈机 K 线图

操作提示

　　稳健的投资者在上升三角形形成的过程中，可暂时观望，在股价放量突破上边线时可积极介入。这种图形看涨的预示性非常强烈，出错概率也很低。

　　需要注意的是，当上升三角形雏形形成后，越早向上突破，则后市的上升空间越大；若迟迟未形成突破，则有可能向双顶或三重顶形态发展。此外，在向上突破阻力线时，最好有较大的成交量配合。

六、上升旗形的突破

当股价经过快速大幅拉升后，随后出现了横盘整理行情，形成一个紧密、狭窄和稍微向下倾斜的价格密集区，将整理形态中的高点和低点分别连接起来，便会出现两条平行而下倾的直线，这就是旗形的旗面。旗面与整理形态之前的快速拉升组合后就构成了上升旗形，如图 3-28 所示。

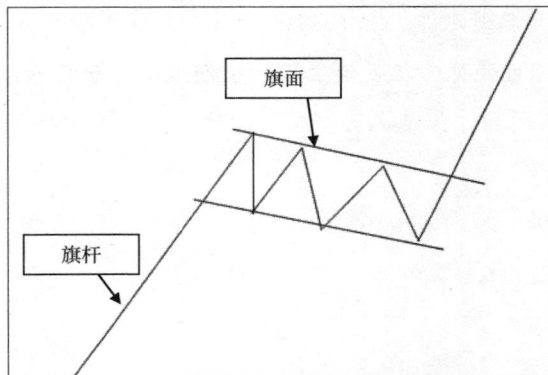

图 3-28　上涨旗形形态

如图 3-29 所示的紫光股份，就是在上涨的过程中出现了旗形形态。前面的涨幅形成了一个旗杆。股价突破旗形上边线，继续向上拉升。而旗形之后的涨停通常会大于或等于启动前的涨幅。

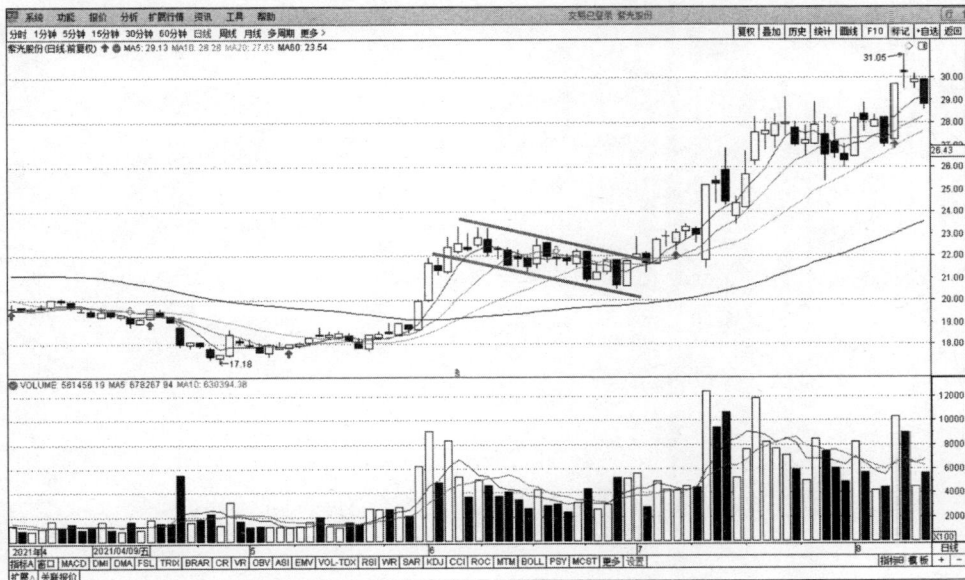

图 3-29　紫光股份 K 线图

操作提示

上升旗形状态出现的最佳买点就是在旗形放量向上突破颈线时。要注意的是成交量在旗形形成过程中会呈现缩减的状态，但是形态形成向上突破的时候一定是放量状态，如果仍是缩量，则说明不是真正的上涨旗形，后市上涨行情不可预见。在股价上涨的中期出现上涨旗形，说明股价开始进入下一波上涨阶段，但是也有可能是最后阶段，持有者要合理把握。

第四节　当心 K 线形态的跌破位置

股价上涨到一定程度，就会停止继续向上拓展空间，从而转为跌势或者整理行情。正所谓，没有只涨不跌的股票。同样，股价达到顶部往往也会形成一些经典的形态。下面我们就来探讨如何把握这些形态形成时的卖点机会。

一、判断头肩顶卖点位置

"头肩顶"是非常多见的反转形态，如图3-30所示。该组合形态就像人体的头和两肩的位置，中间头部较高，两边肩部稍低。这是一个长期性趋势的转向形态，一般出现在牛市的末端和阶段性顶部出现。

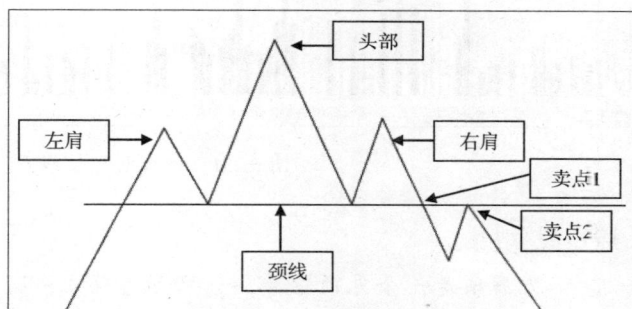

图 3-30　头肩顶形态

头肩顶的卖点在股价向下跌破颈线的位置以及跌破颈线后反弹回颈线附近的位置，投资者要及时清仓离场。

头肩顶是一个非常重要的技术性走势，开始时多头力量持续推动股价上涨，市场投资情绪高涨，经过一次短期的小幅下跌调整后，错过上次升势的投资者在调整期间买进，促使股价继续上升，而且超过上次的高点，那些对股价没有信心以及错过了上次高点获利回吐的投资者，或是在回落低点买进作短线投机的投资者纷纷抛售，导致股价再次回落。第三次的上升，则为那些后知后觉错过了上次获利时机的投资者提供了机会，但股价无力超过上次的高点，市场呈现疲弱无力的状态，即将面临一次大幅度的下跌。

如图3-31所示的许继电气，就是一个较为典型的头肩顶形态。形态形成后，股价也随之走出了一波不小的下跌行情。

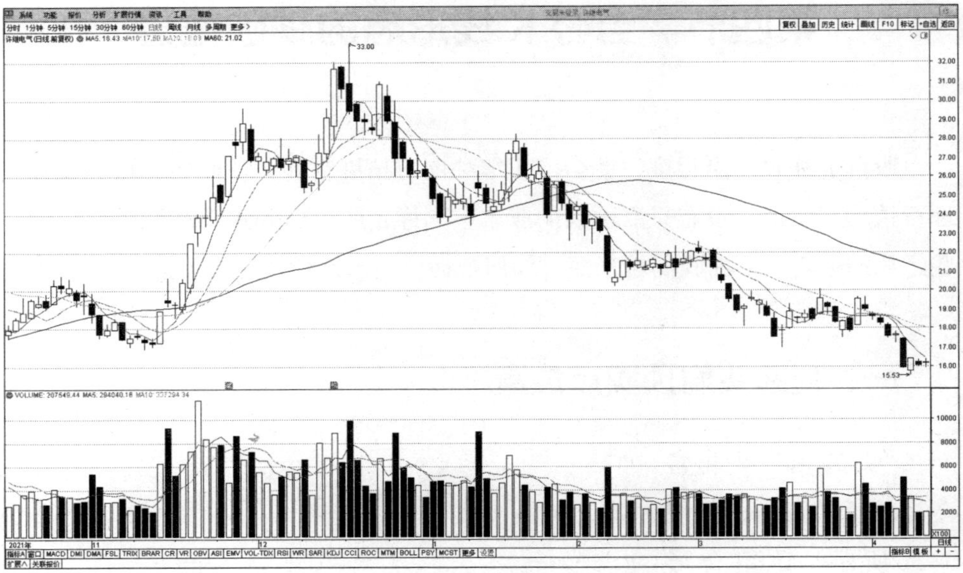

图 3-31 许继电气 K 线图

操作提示

　　头肩顶是一个见顶信号，一旦形态确立，股价下跌的可能性非常大。当股价形成头肩顶的基础形时，投资者就应多加关注，这时股价虽然没有跌破颈线，但是最好减仓。头肩顶的出现对股价后市的跌幅有多大的影响，取决于它形成时间的长短，形成的时间越长，说明跌幅的空间越大。在股价跌破颈线后，要彻底清仓，退出观望。

二、双重顶的卖点位置

　　双重顶又称为 M 顶，如图 3-32 所示。"双重顶"是一种常见的顶部形态，它经常出现在长期上涨后的高位，有时也会出现在阶段性高点的附近或者重要的压力线位置。但其市场意义都是基本相同的。它的出现预示着股价由涨转跌。

　　双重顶的卖点在股价向下跌破颈线的位置，投资者要及时清仓离场。

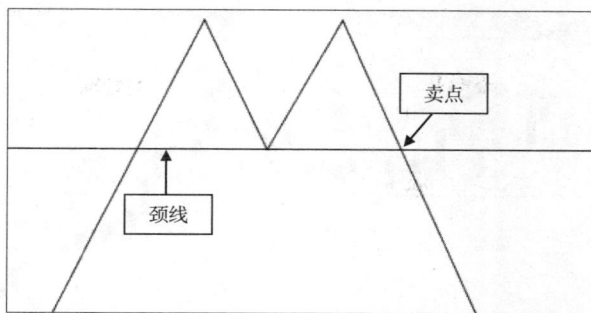

图 3-32　双重顶形态

其形成过程大致如下：股价上涨到一定程度时，一些获利投资者开始卖出筹码，成交量放大，这一股力量致使上涨的行情转为下跌，形成第一个顶部。当股价回落到一定程度时，吸引了部分短线投资者的目光，另外前期获利的投资者也有可能在低点再次买入，于是股价再次上升。股价又涨至与前一个高点几乎相同的位置，而这时，短线获利投资者和一些错过在第一次高点出货的投资者，以及信心产生了动摇的投资者，都在这时开始出货，强大的卖压令股价再次下跌，形成第二个顶部。由于高点两次都受阻而回，给投资者带来了一定的消极影响，认为该股在短期内无法再继续上升，如果越来越多的投资者加入抛售的行列，股价则会跌破前次回落的低点（即颈线），整个M形态便告形成。股价的移动轨迹就像字母M。所以称M顶。M顶的两个最高点不一定要在同一水平线上，二者相差少于3%是可以接受的。

如图 3-33 所示的富奥股份，股价经过一段时间的上涨后，在高位区域出现了回落，此时形成第一个顶部。当股价下降到某一个低点时，吸引了部分短线投资者的兴趣，在买盘的增加下，股价又快速回升。待涨至与前一个高点几乎相同的位置时，一些错过了在第一次高点出货机会的投资者，信心产生了动摇，开始出货，加上在低水平获利回补的投资者亦同样在这水平再度卖出，在卖方的抛压下股价再次下跌，形成第二个顶部。由于高点二次都受阻而回，给投资者带来了一定的消极影响，若越来越多的投资者加入抛售的行列，令股价跌破到前次回落的低点（即颈线），于是整个M形态形成。

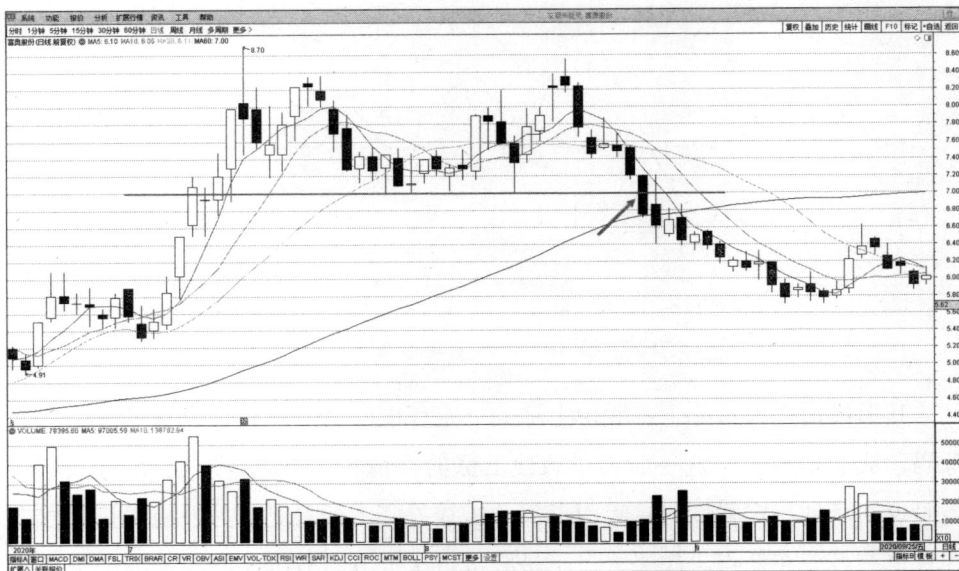

图 3-33　富奥股份 K 线图

操作提示

　　双重顶形态最可靠的卖点是跌破颈线位置时，尽管此前已经有一定幅度的下跌，但通常后期下跌的幅度要大于或等于前期的跌幅。

三、三重顶的卖点位置

　　"三重顶"有三个顶点，但不一定是中间一个顶最高。三重顶的出现，预示着后市看跌，如图 3-34 所示。

　　三重顶的卖点在股价向下跌码颈线的位置，投资者要及时清仓离场。

　　三重项形成过程：通常是股价上涨一段时间后投资者开始获利回吐，形成第一个顶，导致股价下跌。在跌至某一价位后又吸引部分场外资金进场，前期获利抛出的投资者也有可能再次选择在低价时买入，导致行情再度上升，在股价回升至前一高点附近时，错过前期高点获利的投资者以及短线获利投资者开始抛售，股价再度走低，形成第二个顶。之后，股价被错过前一低点买进机会的投资者及短线投资者的买盘再度拉升，但鉴于高点两次都受阻回落，投资者

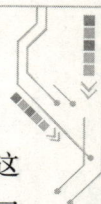

通常会在股价接近前两次高点时纷纷减仓，股价再次跌至前两次低点附近。这时，一些短线投资者开始抛售。如果此时越来越多的投资者意识到股价无力回升，继而将股票抛出，股价将跌破上两次回落的低点，即颈线，整个三重顶形态便形成了。

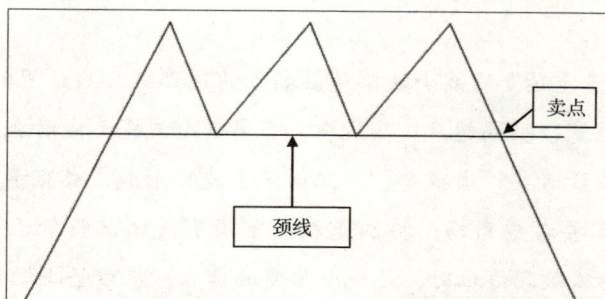

图3-34　三重顶形态

如图3-35所示的掌趣科技，股价在上升一段时间后，前期获利的投资者开始卖出股票，成交量明显放大。大量的卖单使股价回落。这时，看好该股的短线投资者介入，股价再度回升。但是少量短线投资者的介入还不足以支撑股价的持续上涨，所以当股价上涨到前次高点时，再次遇阻回落。当股价跌至上

图3-35　掌趣科技K线图

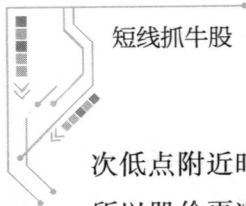

次低点附近时，错过上次短线获利的投资者再次买入，进行最后一轮的拉升，所以股价再次上涨。由于成交量不足，更多投资者意识到该股上涨动能衰竭，开始抛出筹码，股价再次下跌。当股价在下跌过程中，拉出一根长阴线，跌破多头赖以生存的颈线时，三重顶形态正式确立，股价开始大幅度下跌。

操作提示

通常，"三重顶"的最小跌幅是最高点的顶部到颈线位置的垂直距离，且顶部距离越宽，跌幅越大。实战中，当第二个波峰形成时成交量出现顶背离现象，投资者要适当减仓；一旦第三个波峰形成，成交量出现双重顶背离时，则需要考虑离场，特别是在三重顶形成之前股价已经大幅炒高时；而当股价跌破颈线位时，是一个重要的卖点，应该坚决抛售。

四、跌破矩形的卖点位置

跌破矩形和突破矩形类似，也是典型的横盘整理走势，如图3-36所示。其卖点在股价向下跌破箱底的位置。跌破矩形通常出现在下跌的途中，是指股价在下跌到一定阶段后，出现横盘整理，在箱体内上线波动。波动的低点和高点基本处于同一水平位置，分别连接起来就形成箱体的上下边线，亦是整理阶段的阻力线和支撑线。当股价向下跌破支撑线，股价继续原来的下跌走势时，该突破矩形则宣告确立，股价也会随之进入下降通道。

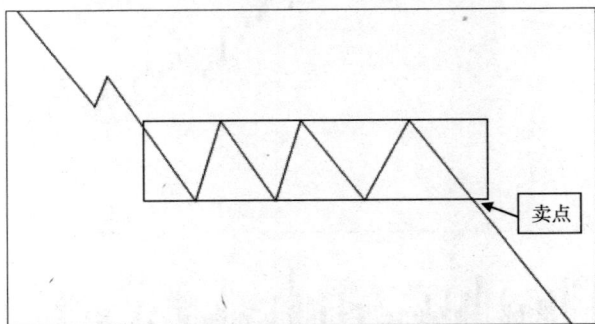

图3-36　跌破矩形形态

如图3-37所示的新华联，自顶部反转后，经过一段下跌，股价横盘整理，

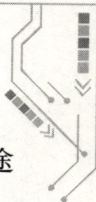

形成一个矩形形态。这通常被投资者认为是底部形态，但实际上更多只是下跌途中的一个中继站。因此股价一旦跌破矩形的下边线应果断出局，以免更大损失。

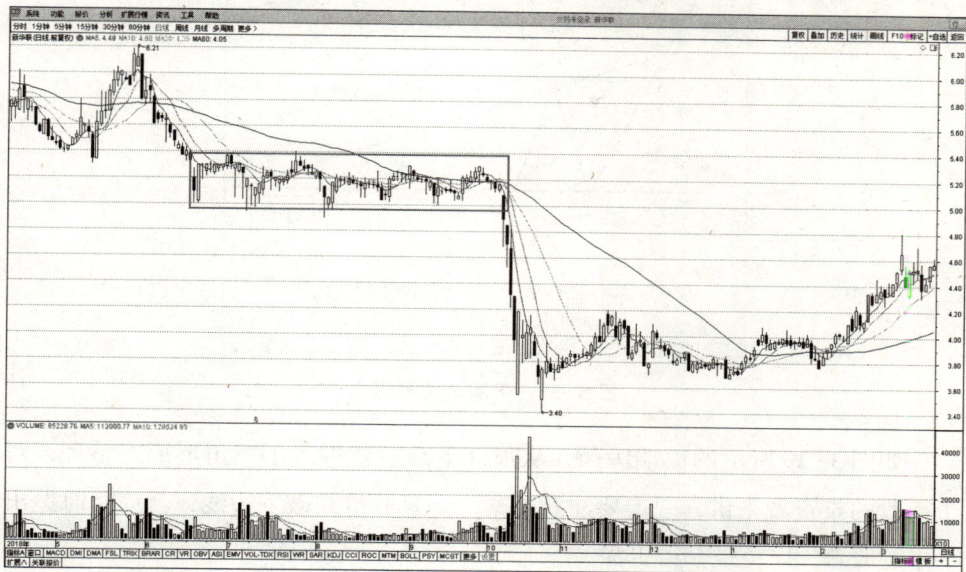

图 3-37 新华联K线图

操作提示

在实战中，投资者在看到股价跌破矩形后，应该果断清仓离场。通常之前的矩形形态有多久，后市的跌幅空间就有多大。

五、下降三角形的卖点位置

"下降三角形"是指当股价持续下跌一段时间后，会出现反弹，但是高点会逐步降低，连接两个高点的连线称为三角形的上边线。在反弹过程中，会反复跌落到某一个低点位附近，连接这些低点连线称为三角形的底边。当上下两条边形成后，会在远处有个交点，该点便是下降三角形的顶点。股价会在该三角形内运行一段时间，当运行到下边线2/3的位置后，就会跌穿下边线随后继续下跌。其形态如图3-38所示。其卖点在股价向下跌破下边线的位置。

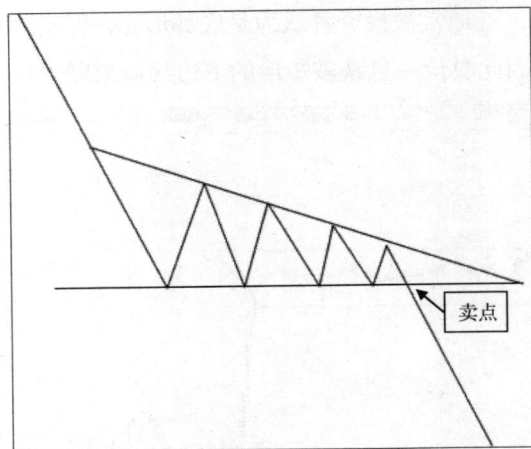

图 3-38　下降三角形形态

如图 3-39 所示的恒瑞医药，从顶部下跌后就进入了三角形形态整理，对于持股的投资者来讲，一定要注意观察，一旦股价跌破下边线，就应及时抛出手中的股票，以免被套得更深。

图 3-39　恒瑞医药 K 线图

操作提示

"下降三角形"属于弱势盘整，投资者在遇到这种情况时，应该坚持做空。理论上的最佳卖点是股价向下跌破下降三角形下边线时。最好是在该下降三角形形成过程中逢高卖出，在跌破下边线时彻底清仓。

六、下跌旗形的卖点位置

下跌旗形和上涨旗形正好相反，是出现在股价下跌过程中的整理形态。当股价出现急速下跌以后，接着形成一个波幅狭窄且略为上倾的价格密集区域，类似于一条上升通道。将高点和低点分别连接起来，就可以画出两条平行线而又上倾的平行四边形，这就是下跌旗形，如图 3-40 所示。其卖点在股价向下跌破下边线的位置。

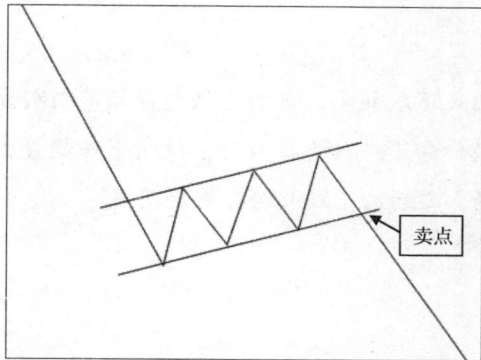

图 3-40 下跌旗形形态

如图 3-41 所示的川能动力，在股价经过前期连续下跌之后形成了一个旗形整理区间。由于在这个过程中，高点不断升高、低点也逐渐升高，因此有些投资者会认为是看涨行情，但我们从图中可以看到，当股价突破 60 日线之后，一直没有突破，几个交易日之后，一根大阴线同时跌破了 60 日线和旗形下边线，是个可靠的卖出信号。

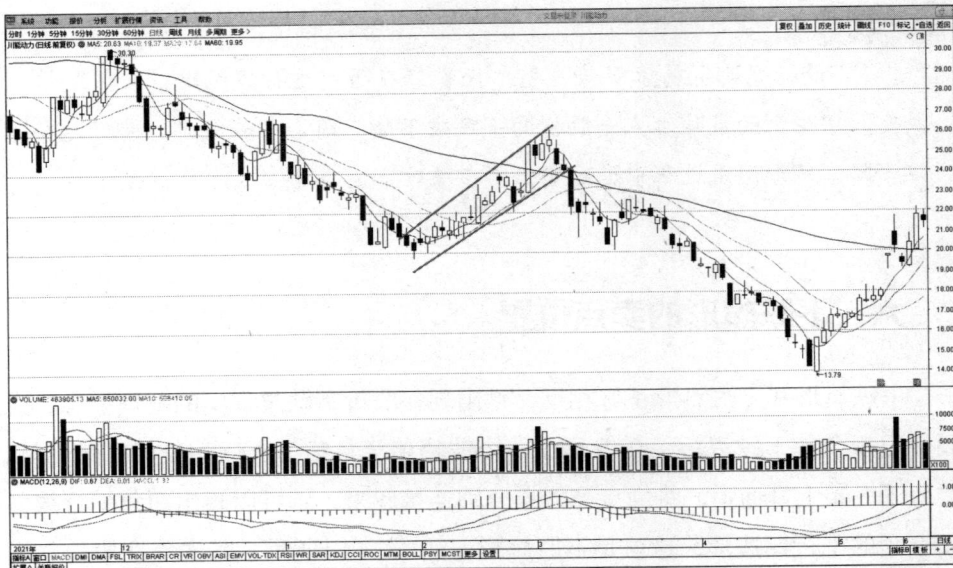

图 3-41　川能动力 K 线图

操作提示

　　在下跌途中出现下跌旗形，说明下跌趋势只是刚刚开始，未来下跌的空间非常大。当股价向下跌破支撑线时，说明下跌趋势已经确立，投资者应该及时清仓离场，之后的下跌趋势会更加明显。

第 4 章　从均线捕捉短线交易良机

　　移动平均线是被广泛应用的技术指标之一，可以用它来显示股价的历史波动情况，帮助我们确认与分析现有的趋势、研判将要出现的趋势等。在短线交易中，均线的作用同样举足轻重，利用均线来判断短线的买卖操作是广大投资者必备的技能之一。本章我们就来共同探讨一些均线战法。

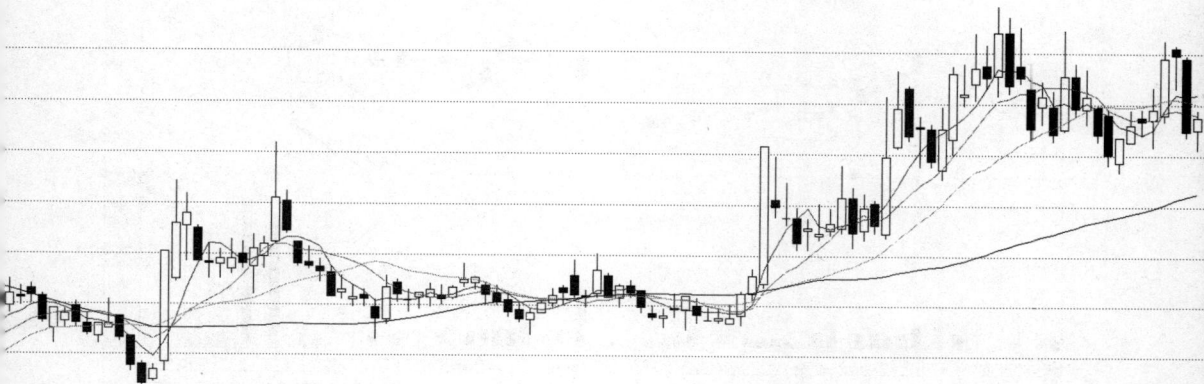

第一节　均线的市场意义

首先，我们来了解什么是移动平均线，移动平均线有哪些优点、缺点以及分类和计算方法等基础知识。

一、什么是移动平均线

移动平均线的英文名称是 Moving Average（MA），以前叫作移动平均，将其制作成线形后就被称为移动平均线，简称均线。简单地说，移动平均线是将某一段时间股指或股价的平均值连成的曲线，主要用以研判股价未来的运动趋势。它以道·琼斯的"平均成本概念"为理论基础，采用统计学中"移动平均"的原理绘制而成。

在行情软件中输入 MA，就可以显示或者隐藏均线，输入 MA2 可以显示较多的均线类型。不同的均线颜色也有所不同，如图 4-1 所示。

图 4-1　多条均线指示图

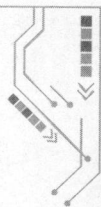

二、移动平均线的计算方法

移动平均线的计算方法是用某一段时间内收盘价相加的总和除以时间周期，即得到这一时间的移动平均线。以 5 日移动平均线为例来说明，5 日平均线就是将近 5 日的收盘价相加除以 5，得到的就是这 5 日股价的平均值。如果用第一个 5 日平均线乘以 5 后减去第一日的收盘价再加上第 6 日的收盘价，得到的结果除 5，就是第二个 5 日的股价平均值。按照这种计算方式，将得到的每个五日股价的平均值连接起来，即得到了股价的 5 日平均线。其他移动平均线也可以用同样的方法计算获得。其计算公式如下：

$$MA = (C_1 + C_2 + C_3 + \cdots\cdots + C_n) / n$$

其中：C 为每日收盘价，n 为时间周期（天数），MA 是平均股价。

以 5 日周期为例，如果连续 5 日的收盘价分别为 10.10、10.50、10.20、10.80、11.20，那么其值 MA=(10.10+10.50+10.20+10.80+11.20)/5，结果为 10.56。

三、移动平均线的分类

常用的移动平均线有 5 日、10 日、20 日、30 日、45 日、60 日、90 日、120 日和 250 日的指标。其中，5 日、10 日、20 日和 30 日是短期移动平均线，是短线投资者的参照指标，也叫作日均线指标；45 日、60 日和 90 日是中期移动平均线，是中线投资者的参照指标，也叫作季均线指标；120 日、250 日是长期移动平均线，是长期投资者的参照指标，也叫作年均线指标。

1. 短期移动平均线

常用的短期移动平均线包括 5 日、10 日、20 日和 30 日均线，主要用于观察大盘或个股短期运行的趋势。

（1）5 日均线。5 日均线对应的是一周股票交易的平均价格，又被投资者称为攻击线，代表个股或大盘的上涨攻击力度，是研判股价短期变化趋势的重要指标。5 日均线很多时候是多方的护盘中枢。当 5 日均线向上运行时有助涨作用，反之则有助跌作用。

（2）10 日均线。10 日均线又称半月线，也被投资者称为操盘线，对应的是

连续两周的股票交易的平均价格，是波段行情的重要指标。10日均线往往是多方的重要支撑线，如果股价在上升过程中受到10日均线的支撑，那么该上升趋势可能会持续一段时间，一旦股价跌破10日均线，则市场很有可能转弱。

（3）20日均线。20日均线又称月线，又被投资者称为辅助线。是10日均线向30日均线的过渡，使整个均线系统更匀称。20日均线是衡量市场中短期的指标，可以给以10日均线为依据的投资者提供趋势指导，也可以在一定程度上弥补30日均线反应迟缓的缺陷。

（4）30日均线。30日均线对投资者来说具有非同一般的意义，通常被称为股价的生命线。在如何规避波段风险以及把握波段收益方面，都能从30日均线的走势中得到重要启示。当30日均线向上运行时，后市行情看好，中、短线投资者可以大胆跟进，反之，则需要及时减仓。

2. 中期移动平均线

常用的中期移动平均线组合有45日、60日和90日均线，主要用于观察大盘或个股中期运行的趋势。

（1）45日均线。45日均线是30日均线向60日均线过渡的指标，相对应的是两个月的股票交易平均价格，对股价的走势往往有着非常重要的预示作用，多在中期均线的组合中使用。

（2）60日均线。60日均线是比较标准的中期均线，对研判股价中期走势具有非常重要的意义，又被投资者称为决策线。60日均线的走势意味着股价中期运行趋势的强弱。当该均线向上运行时，投资者可以积极参与，一旦股价跌破该均线，投资者就应该及时清仓出局。

（3）90日均线。90日均线是中期均线和长期均线的分界线，其走势非常平滑、有规律，一般是多头的中期护盘线。当股价在90日均线之上运行时，表示中期主力进场，则上涨行情仍将持续；但并不一定意味着股价后市一定会下跌，还应该结合其他指标进行判断。

3. 长期移动平均线

常用的长期移动平均线组合有120日和250日均线，主要用于观察大盘或个股的中、长期趋势。

（1）120日均线。120日均线又称半年线，也被称为股价的趋势线，是股价中、长期走势的风向标，在实际操作中具有非常重大的指导意义。120日均线

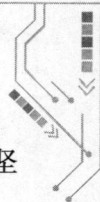

向上运行时，投资者可以放心介入；反之，其下行趋势一旦确立，投资者要坚决清仓离场。

（2）250日均线。250日均线又称为年线，也被称为牛熊走势的分界线，用于判别股票走势的牛熊转换，具有非常重要的技术分析意义。如果股价突破250日均线，表示牛市即将来临；反之，如果股价跌破250日均线，说明熊市即将出现。

四、调整移动平均线

软件中显示的平均线，往往都是默认的周期，如5日、10日等，如果想对这些均线的周期进行调整，可以手动进行修改。

在炒股软件中，右击任意一条均线，选择"调整指标参数"命令（图4-2），在出现的对话框中，可以根据需要来调整平均线的参数，如图4-3所示。

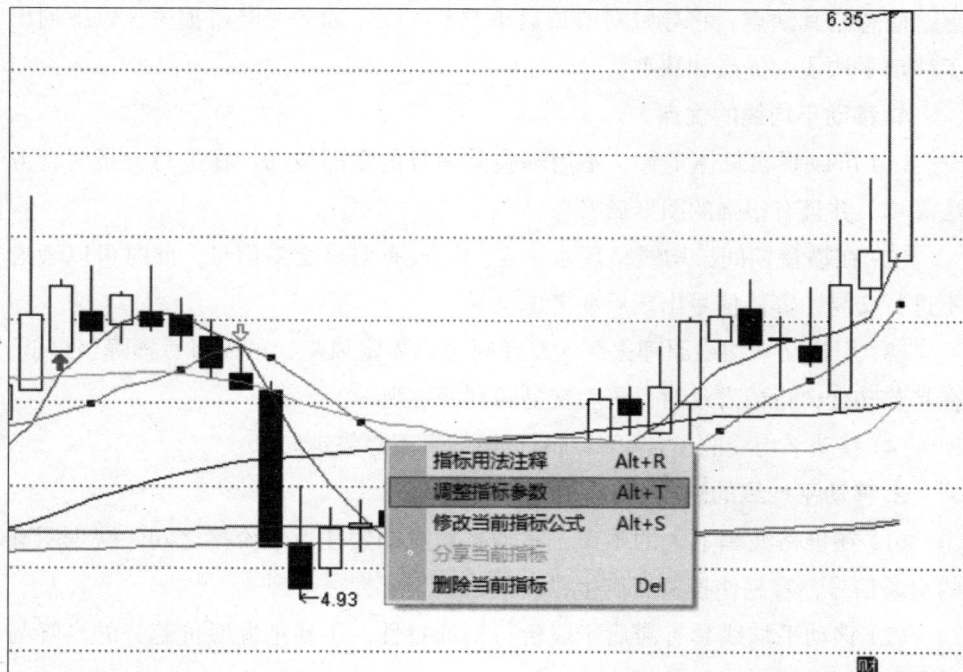

图 4-2　选择"调整指标参数"命令

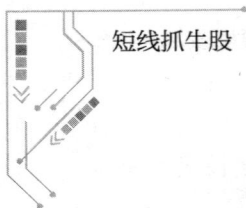

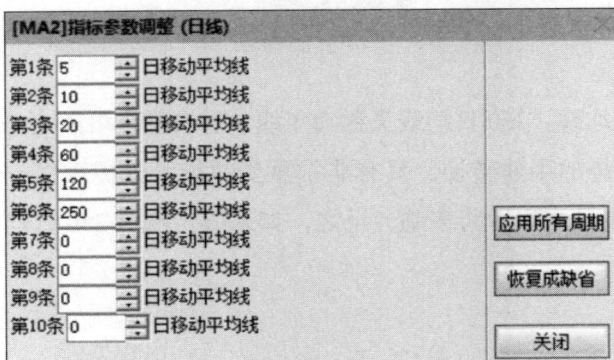

图4-3 修改"移动平均线"参数

五、移动平均线的优缺点

和任何一项技术指标一样,平均线既有优点,也有缺点。如果只知道其优点,而忽略其缺点,将导致对股市后市判断失误,而蒙受经济损失。以下列出了移动平均线的优点和缺点。

1. 移动平均线的优点

(1)可以观察总体走势,不用理会某一日的剧烈波动。在进行分析时,方法简单,并且有很强的图形做参考。

(2)在横盘期间,均线呈现水平走势,没有明显交易信号,此时可以考虑不进行交易,等待信号出现后在考虑交易。

(3)用移动平均线原理去买卖交易时可以界定风险,可以将亏损降至最低。在趋势转变,行情发动时,买卖交易的利润可观。

(4)移动平均线的组合可以判断行情的真正趋势走向。

2. 移动平均线的缺点

(1)在价格波幅不大的牛市,移动平均线频繁往返于价格之间,缺少明确的交易信号,容易使投资者产生错误判断。

(2)移动平均线具有滞后于股价行情的特性,不易把握股价趋势的高峰与低谷。

(3)移动平均线的最优周期需要交易者自行调试和优化,一般需要隔6个月优化一次,看所用移动平均线是否和股价运行趋势保持良好的跟随性。

第二节 均线支撑买入法

当股价在均线上方运行，那么 K 线下方的各条均线都会对股价有一定的支撑作用，而这些均线的支撑也给我们短线交易提供了有利的时机。下面我们来了解几个较为实用的均线支撑战法。

一、股价沿 5 日均线上升

股价在上涨的初期，沿着 5 日均线以小阳线和小阴线的方式向上攀升。每次触及 5 日均线都会受到支撑再次向上反弹。这说明多方在控制着场上的节奏，通常后面会有更大的涨幅。投资者可以逢低买入，持股待涨。

如图 4-4 所示的荣昌生物，经过一段时间的下跌后止跌回升，沿着 5 日均线稳步向上攀升。说明多方已经有效掌握着市场上的节奏，从图中可以看到，后市震荡上涨的空间比较大。

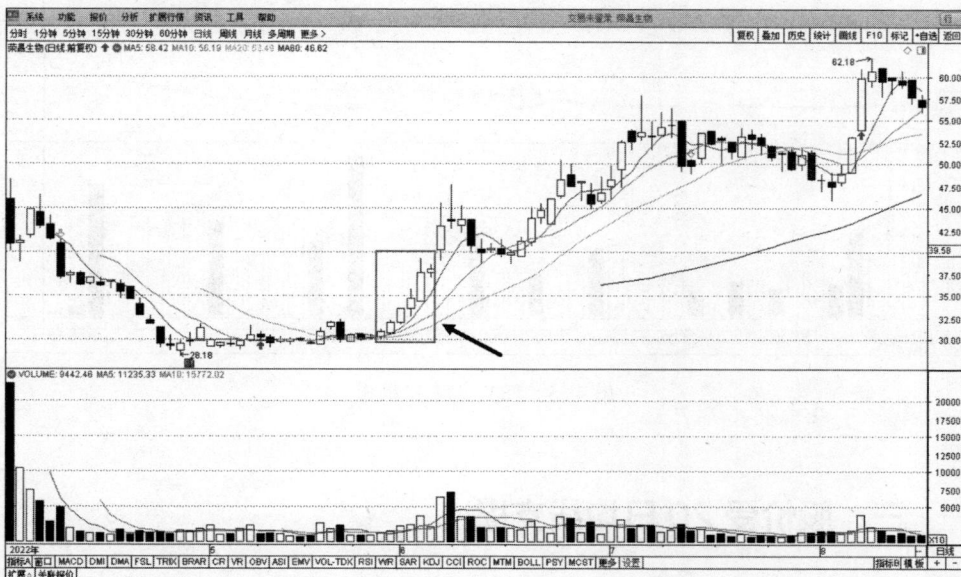

图 4-4 荣昌生物 K 线图

二、股价回调不破 10 日均线

股价在经过一段时间的快速上涨后累积了大量短期获利盘。获利盘的抛售必然会导致股价的短暂回落，但只要股价不跌破 10 日均线且 10 日均线继续上行，就说明该过程是正常的短线强势调整，上涨行情尚未结束。而这个阶段也是投资者介入的一次良机，尤其是股价在 10 日均线获得支撑后再次放量上涨时，代表调整已经结束，新的上升行情展开，此时更是追涨买入的好时机。

如图 4-5 所示的 *ST 中潜，股价自低位向上运行。在上涨过程中，连续几天的整理并没有跌破 10 日均线，说明后市还有上涨空间。从图中可以看出，当股价回调至 10 日均线附近时，受到了 10 日均线的支撑，投资者可以继续持股。

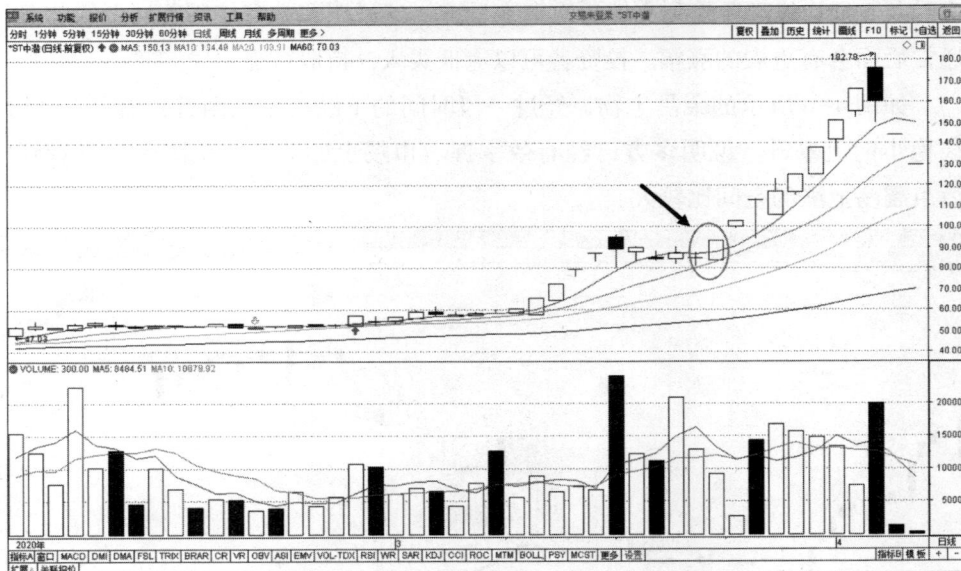

图 4-5　*ST 中潜 K 线图

三、股价受 20 日均线支撑

当股价经过一段时间的上涨后，往往会遇到阻力出现回调。如果股价回调至 20 日均线附近并得到支撑，那么说明涨势并未结束。当股价发生再次反弹时投资者可以适当买入，中线持股者往往会有不小的收益。

如图 4-6 所示的三棵树，股价经过前期的震荡上行，已经有了较大涨幅，由于获利盘的抛压，导致股价出现回调，当股价触及 20 日均线时止跌，随后再次放量向上运行。

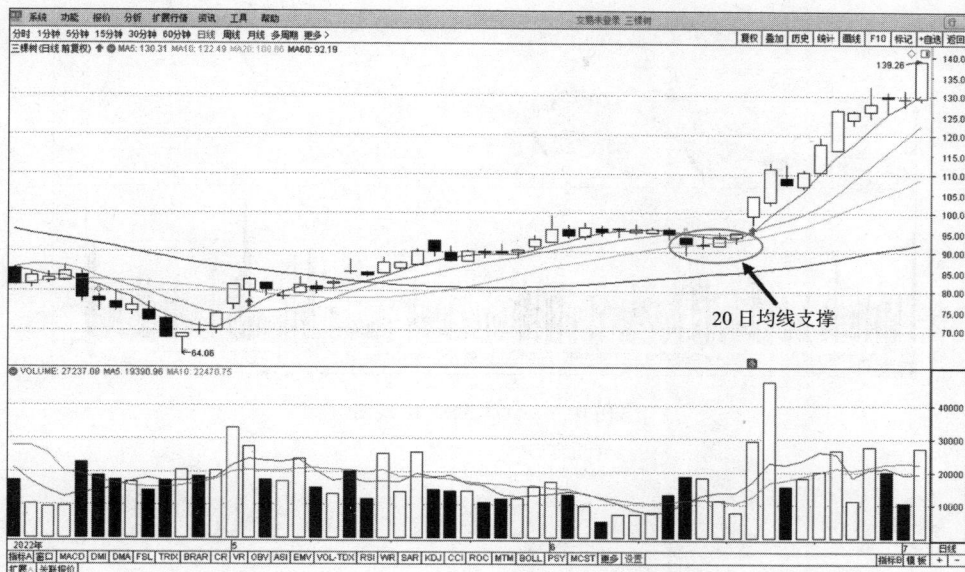

图 4-6 三棵树 K 线图

四、股价回调至 60 日均线反弹

60 日均线是一个重要的中线支撑与压力线。它的走势意味着股价中期运行趋势的强弱。当该均线向上运行时，投资者可以积极参与，一旦股价跌破该均线，投资者就应该及时清仓出局。在上升的趋势中，当股价回调至 60 日均线附近时，往往会受到该线的支撑，且成交量也会有明显的缩量表现。这时投资者可以把握短线买入机会，通常都会有所获利。但是当股价前期涨幅累积过高，且在 60 日均线附近出现放量下跌，则应该回避该股。

如图 4-7 所示的江山欧派，就是在震荡上涨的过程中，每次在 60 日均线附近时都会遇到支撑，投资者若能有效把握机会，就会有一定的获利空间。

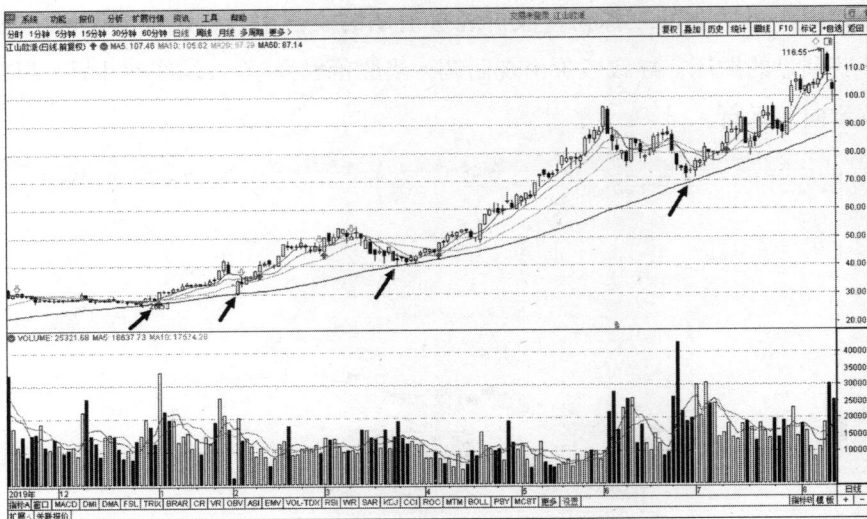

图 4-7　江山欧派 K 线图

第三节 均线突破买入法

当股价在某条均线下方运行，一旦能够有效突破该均线，则说明主力短期有做多的意愿，如果在突破的过程中有明显的放量，投资者则可以适当参与进来。下面我们来了解几种均线突破时的买入方法。

一、一阳穿多线

股价在多条均线以下运行，某天一条放量的大阳线连续突破多条均线，表明多方可能随时发起攻击，后市看涨。该形态既可以出现在筑底之后，也可以出现在洗盘后的拉升阶段，或者出现在长期的震荡整理阶段，如果在股价的低位区域遇到这种趋势，投资者可以大胆介入，甚至是重仓参与。

如图4-8所示的中科云网，前期经过一段时间下跌后，进行短暂的整理后出现了一阳穿多线的形态，股价随即继续展开反弹行情。

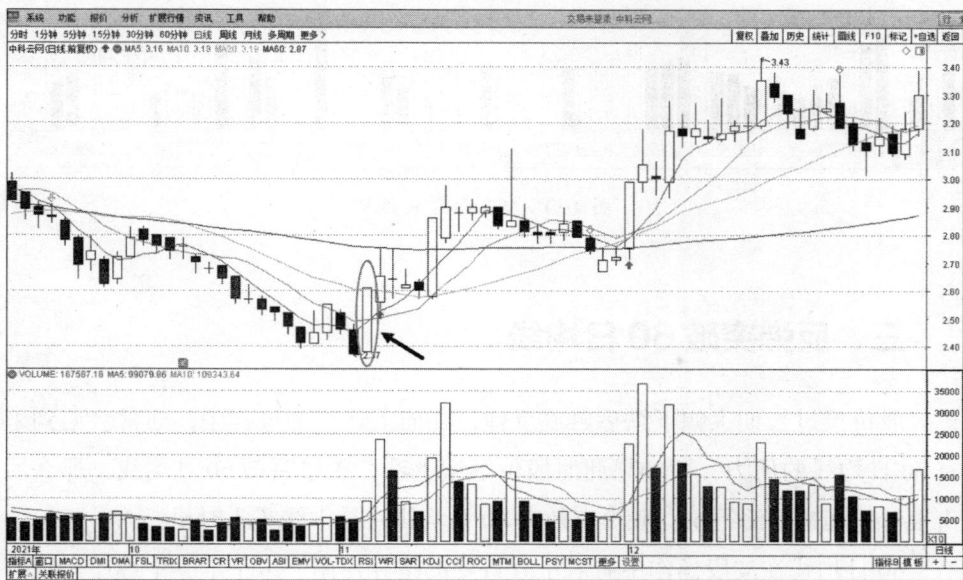

图4-8 中科云网K线图

二、反弹突破 20 日均线

股价从底部向上反弹，依次站稳 5 日均线、10 日均线后，再次突破 20 日均线，说明主力做多欲望较强，短线继续向上的可能性较大。若在突破时有明显的放量，则后市看涨信号更强。投资者可以抓住这种短线操作机会。

如图 4-9 所示的 *ST 西源，就是在上涨的过程中，在 5 日均线的支撑下，放量向上突破了 20 日均线。确立了上涨趋势后，后市又有不小的涨幅。

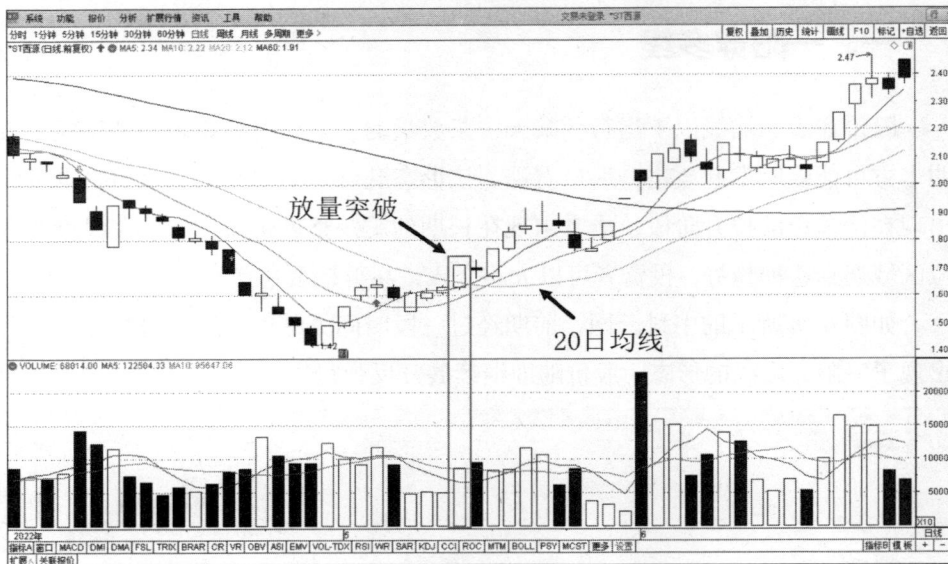

图 4-9　*ST 西源 K 线图

三、反弹突破 60 日均线

股价经过长期大幅下跌后触底反弹，在向上运行的过程中，通常会遇到来自 60 日均线的压力，而如果此时股价继续上涨，放量突破 60 日均线，那么后市很可能迎来上涨行情。股价有效突 60 日均线时是中线买入时机。

60 日均线在波段操作中有着十分重要的指导作用。由于不少中线庄家吸筹的周期都是一个季度左右，所以 60 日均线往往也就成为波段高手操作的利器。当股价有效突破 60 日均线后，如果该均线在横向整理了一段时间后向上运行，且此时短期均线成多头排列，则说明该股的庄家吸筹已经完毕，正在试图拉升股价。这是该股中期行情启动的信号，是投资者参与的最佳时期。

如图 4-10 所示的华联控股，股价探底成功后，在底部整理一段时间之后，某日突然放量向上突破 60 日均线，且之后三天内始终在 5 日均线上方强势运行，没有再试探 60 日均线的支撑，说明多方较为强势，60 日均线后期将可能是转换为一条重要的支撑线，可放心介入。

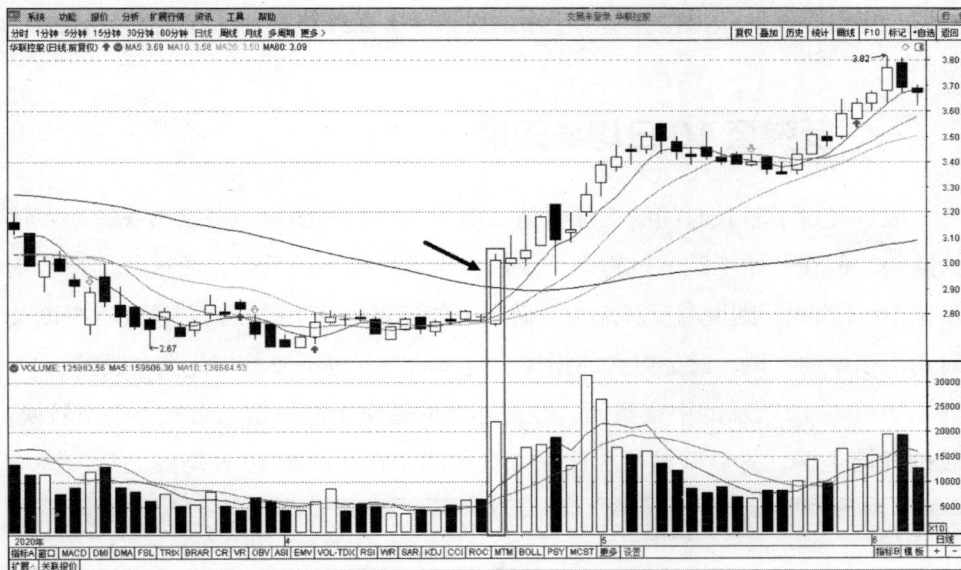

图 4-10　华联控股 K 线图

第四节 均线压力卖出法

当股价在某条均线下方运行，那么这条均线就对股价有着一定的压制作用。如果股价在反弹时无法有效突破这条均线的压制，就说明空方暂时占据一定优势。后市仍可能继续调整，投资者应以观望为主，不宜做买入操作，而持股的投资者则可以在此压力位置卖出手中的股票。下面介绍几种均线压力卖出法。

一、反弹至 10 日均线无量

股价经过了较长时间的上涨行情，由于获利盘的涌出，多空出现转换，转为跌势。但在开始下跌的过程中，往往会出现一些小的反弹，而这些反弹若止步于 10 日均线，则说明反弹无力，后市可能出现加速下跌行情。投资者应该及时卖出手中的筹码，避免更大的损失。持币的朋友也不要参与此类个股。

如图 4-11 所示的中集集团，经过连续的逼空上涨行情，出现了多空转换，股价开始走弱，先后跌破了 5 日、10 日均线，且在跌破 10 日均线之后，该均

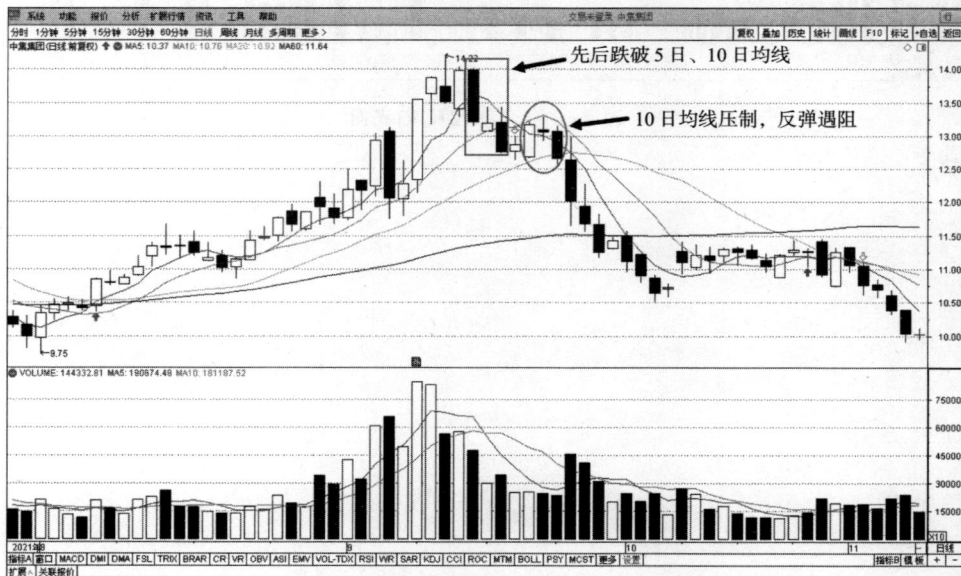

图 4-11 中集集团 K 线图

线成了明显的压力位。这时投资者就要果断出局。

需要指出的是，这种战法仅适用于大幅上涨后股价出现明显走弱迹象时，如果是探底后上涨的初期，或者涨幅不大的上涨过程中，不宜采用此战法。

二、20 日均线阻止反弹

股价在跌破 20 日均线之后向上反弹，但在 20 日均线附近遇阻，或者短暂上穿 20 日均线之后又继续下跌。这说明空方力量强于多方力量，后市将继续看跌，投资者应该尽快获利了结。

如图 4-12 所示的渤海租赁，一波下跌之后开始反弹，但到 20 日均线时却无力突破，又向下继续跌势。投资者遇到这种情况，应该在股价反弹时逢高卖出。

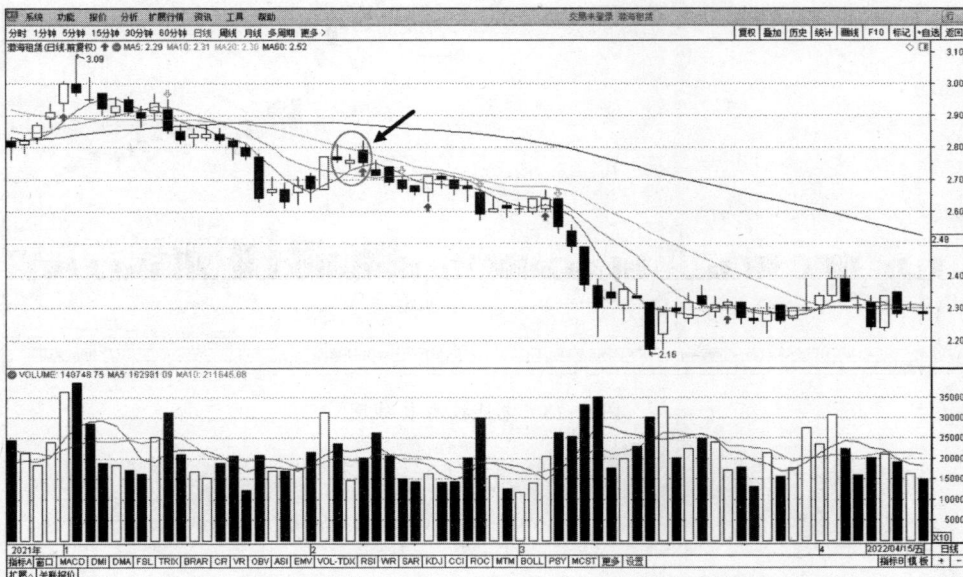

图 4-12　渤海租赁 K 线图

三、60日均线阻止反弹

股价在上涨的过程中，一旦跌破了60日均线，如果不能在短时间内收复，那么该均线就会成为较大的压力位置，也可以视为后面反弹时的卖点位置。当股价由下向上反弹至该位置，若无法实现有效突破，一旦有走弱迹象，则应该立刻出局观望，等待下次买点的到来。

如图4-13所示的电连技术，就是在反弹至60日均线附近时无法向上实现突破，从而继续向下运行。

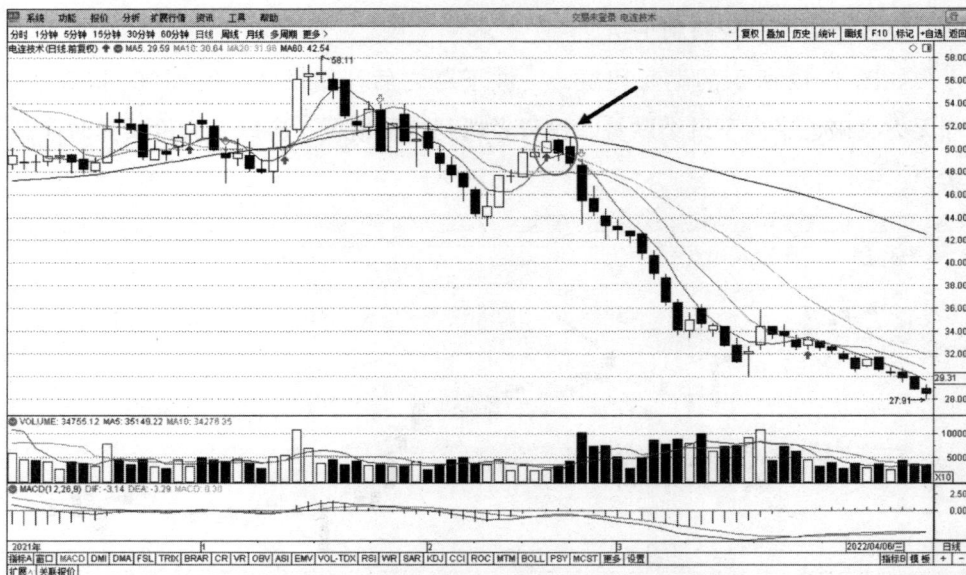

图4-13　电连技术K线图

第五节 均线破位卖出法

所谓的破位就是股价自上向下运行，跌破了某一支撑位置，后市继续下跌的可能性就较大。比如，股价长期沿某条均线震荡上行，一直未曾跌破过该均线；而一旦股价走弱，跌破这条均线时，则说明股价可能要有一波调整。这时投资者就应该考虑卖出手中的筹码。下面我们来了解几种破位卖出法。

一、跌破 10 日均线

在股价上涨的过程中，如果日 K 线一直保持在 10 日均线之运行，那么投资者可以持股待涨，一旦股价以长阴线或盘势跌破 10 日均线，则后市看跌信号强烈，投资者应该果断卖出。如果此时 10 日均线向下运行，则卖出信号更加强烈，投资者应该离场观望，重新等待机会。

如图 4-14 所示的翠微股份，股价自顶部反转向下运行，一根跳空低开的长上影线，顺势跌破 5 日、10 日均线。这种情况下，无论是否放量，短线都要

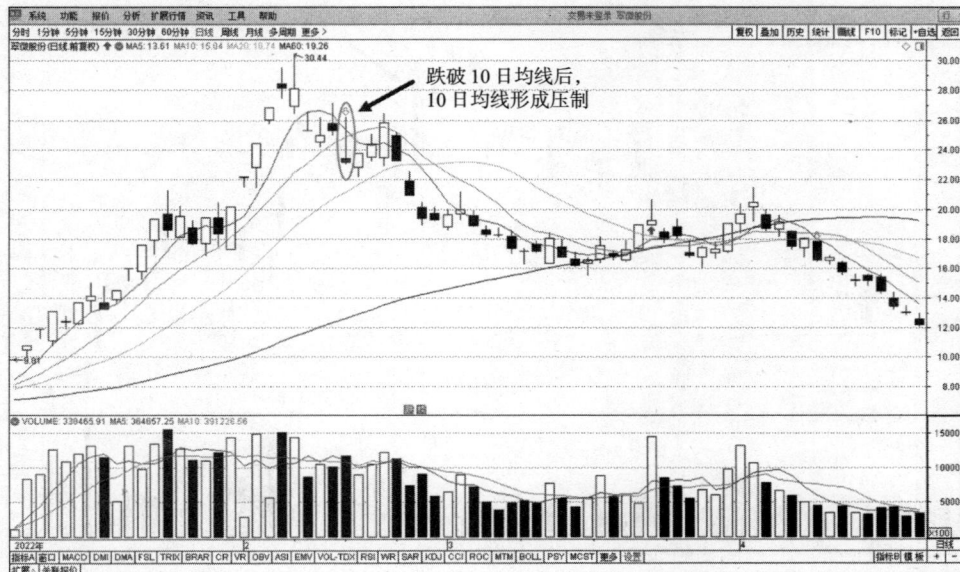

图 4-14 翠微股份 K 线图

回避，待后市股价企稳后再参与。

需要注意的是，这种情况仅适用于股价被快速拉升，股价在所有均线之上运行，并且一度远离 10 日均线距离较大的情况。而对于 5 日、10 日均线经常交叉的时间段来讲并不适合。

另外，当 10 日均线与 20 日均线距离较近时，如果股价在跌破 10 日均线后，中线投资者可以暂时持股观望，如果遇到 20 日均线得到了有力的支撑，则表示这种情况只是多头市场中的技术性回档，跌幅不会太大。投资者可继续持股待涨。

二、断头铡刀

断头铡刀是指当股价在高位区域出现滞涨，不久出现一根大阴线跌破所有短线均线。此形态经常出现在股价经过长期上涨后的高位，或者是下跌的反弹过程中，后市股价往往将会有一轮大的跌势，特别是带有大成交量的中阴线或大阴线时，则中线转弱的信号更强，投资者应趁早离场。

如图 4-15 所示的通策医疗，前期一直沿一条上升通道震荡上行，到了顶

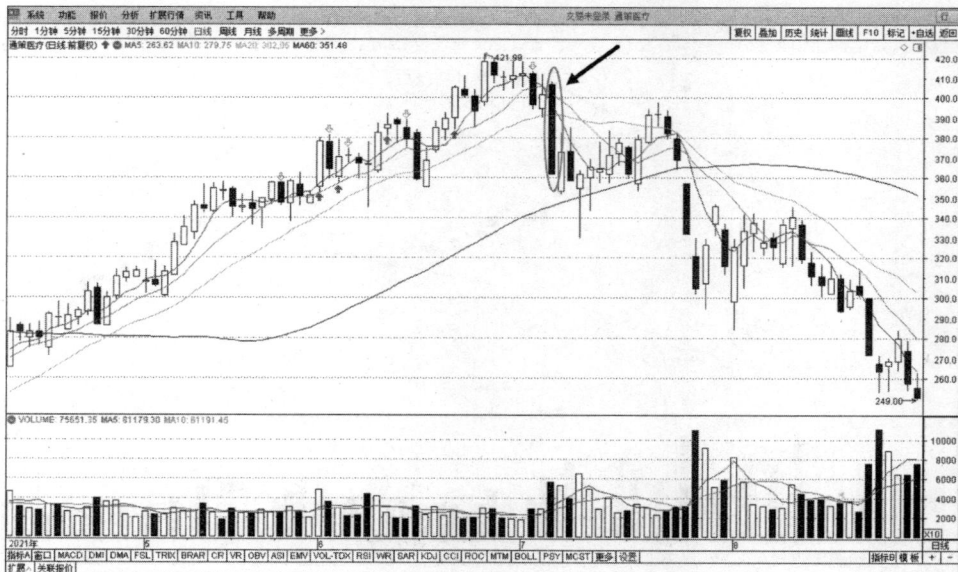

图 4-15　通策医疗 K 线图

端连续收出三根小阳线，出现滞涨，不久便收出一根大阴线扭转了上升趋势。这种情况足以说明空方力量的强大，短期内多方将无法展开有效的反攻，投资者应该尽快卖出股票，避免更大的损失。

三、跌破 60 日均线

股价在运行过程中，继向下跌破 10 日均线之后，又顺次跌破 20 日、60 日均线，这种情况预示着不久股价将有较深的跌幅，是非常重要的卖出信号。60 日均线更是重要的中期指标，股价跌破该线往往代表着中期下跌行情的确立，投资者应择机卖出股票。

如图 4-16 所示的华熙生物，股价在跌破 10 日均线后，又相继跌破 20 日和 60 日均线，可谓跌势凶猛。高位遇到此类走势，切忌盲目抢反弹，通常情况下，根本不会有像样的反弹，往往会出现大幅下跌。

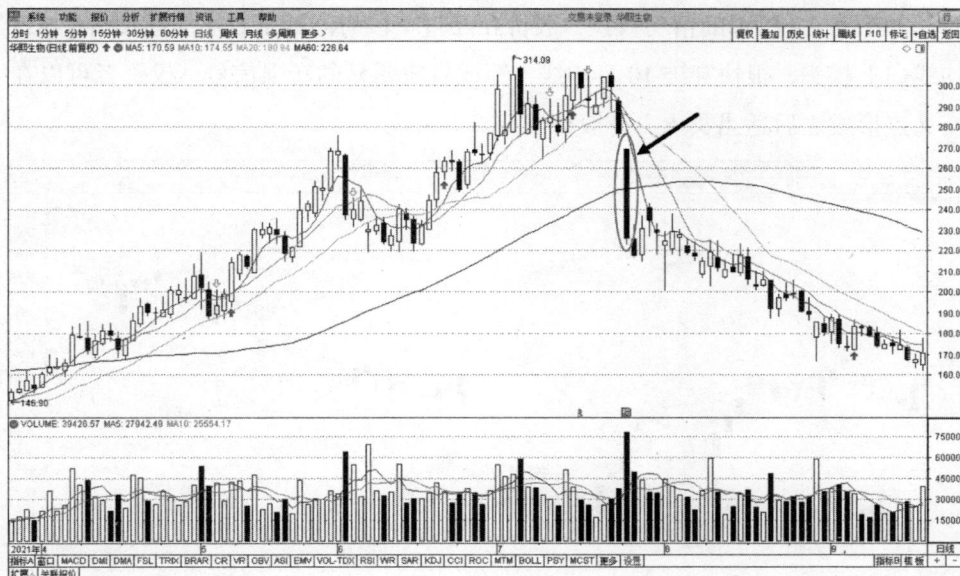

图 4-16　华熙生物 K 线图

第六节　把握均线交叉买卖点

股价自底部向上运行，均线的交叉往往是买入的好时机，而股价自高位向下运行，在顶部形成交叉，则说明股价已经开始走弱，则是卖出时机。下面我们来了解几种均线交叉战法。

一、黄金交叉

股价在经过一段时间的下跌或者整理行情后，由下向上突破 5 日、10 日均线，且 5 日均线在向上运行的过程中突破了 10 日均线，相交于一点。该突破点通常被称为黄金交叉点，表示多方力量增强，已有效突破空方的压力线，后市看涨，是买入信号。

如图 4-17 所示的精功科技，股价在经过一段时间的下跌后企稳回升，5 日均线向上拐头，很快穿破 10 日均线，短线有较明显的转强信号。投资者可以在交叉点形成之后适当买入，持股待涨。

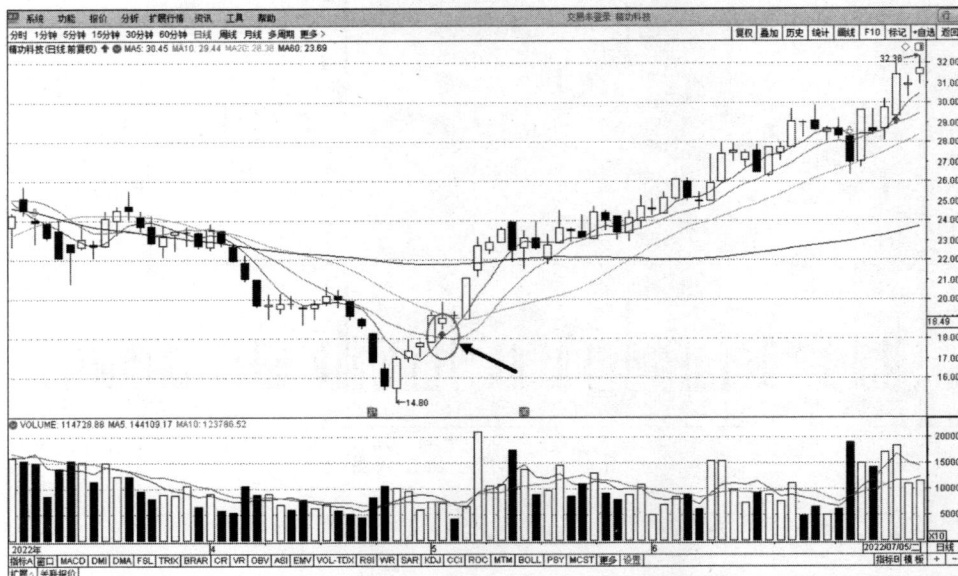

图 4-17　精功科技 K 线图

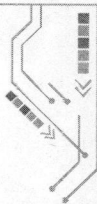

二、10 日均线上穿 20 日均线

股价在运行的过程中,10 日均线和 20 日均线随股价同时向上运行。如果此时 10 日均线向上穿破了 20 日均线,表明多方力量增强,后市继续看涨,投资者可以适当介入。

如图 4-18 所示的中信博,在经过一波下跌行情之后开始大幅反弹,在向上运行的过程中,10 日均线成功上穿 20 日均线,预示着中期将有一波上涨的行情。

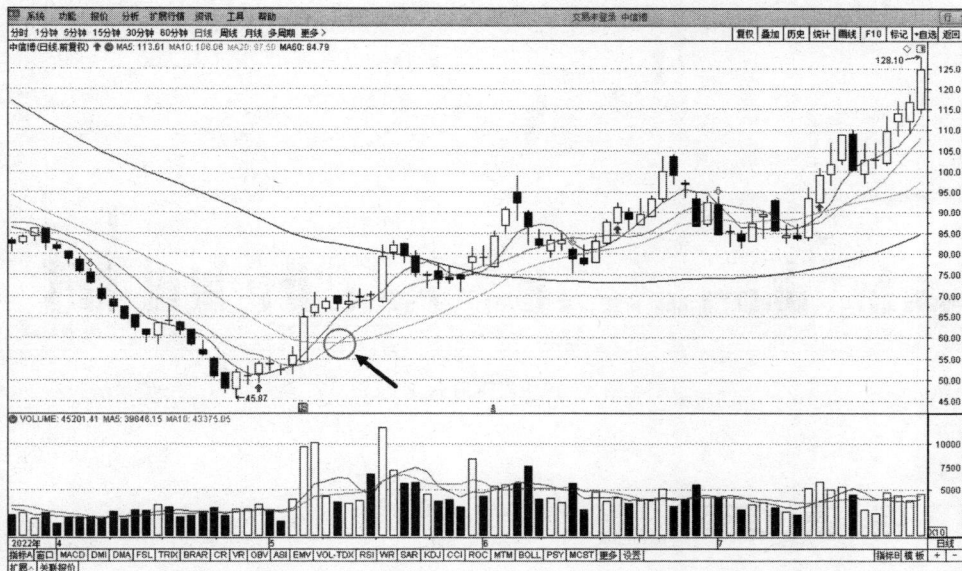

图 4-18 中信博 K 线图

三、底部金三角

股价在经过一波下跌行情之后,5 日均线上穿 10 日均线,随后 10 日均线上穿 30 日均线(或 20 日均线),在相对低位形成封闭的三角。这种形态通常被称为底部金三角。这种形态比黄金交叉的看涨意义更为强烈。遇到此类图形,投资者可以积极买入。

如图 4-19 所示的同飞股份，股价经过前期的下跌后到达底部，开始触底反弹，随后 5 日均线向上与 10 日均线形成交叉，接着 10 日均线又向上突破了 20 日均线。这三条均线在底部形成了一个封闭的三角形。从该股 K 线图上可以看出，在出现该封闭三角形之后，该股的上涨行情持续了较长一段时间。

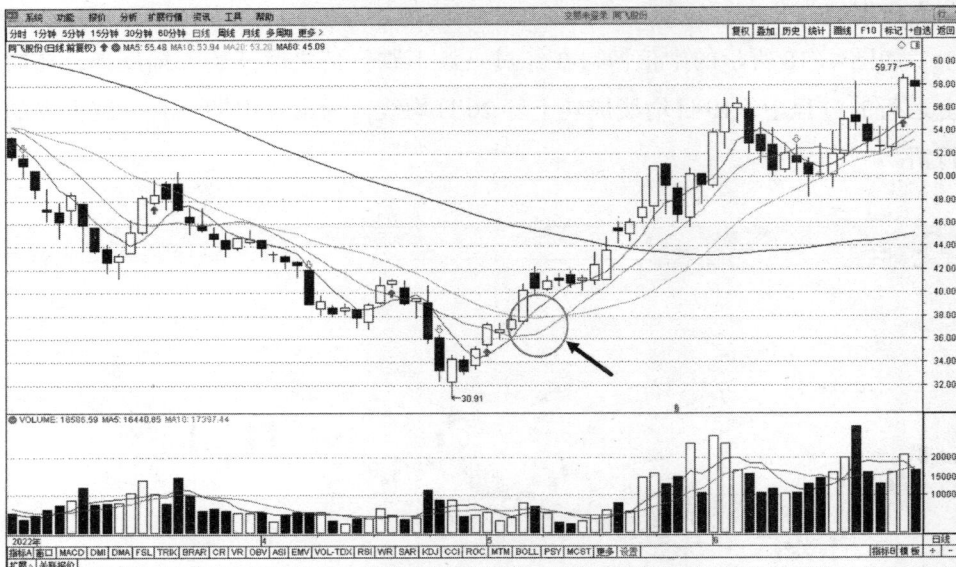

图 4-19　同飞股份 K 线图

四、高位死叉

股价运行到高位后上涨动力开始衰竭，股价由涨转跌。当 5 日均线向下穿破 10 日均线形成一个交点时，后市的下跌行情基本确立。该点称为死叉。在高位遇到这种走势时，投资者应该卖出筹码。

如图 4-20 所示的瑞普生物，股价在上涨到高位后，由于获利盘的抛售导致上涨动力枯竭。随后股价开始走弱，随着 5 日均线向下穿破 10 日均线形成死叉，短线下跌的行情已基本确立。从图中可以看到，在该点形成之后便走出一波下跌行情。

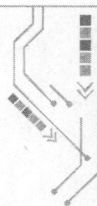

图 4-20　瑞普生物 K 线图

五、10 日均线与 20 日均线死叉

股价在运行过程中，当 10 日均线向下穿破 20 日均线，与此同时，20 日均线也开始向下弯曲时，代表着中期下跌行情的确立，是非常重要的卖出信号。中线投资者遇到这种走势时，应该择机卖出股票。

如图 4-21 所示的翠微股份，股价在到达顶部以后以开始下跌，并在 10 日均线向下穿破 20 均线后正式确立了下跌趋势。投资者应该在 10 日均线下穿 20 均线时及时卖出筹码。

图 4-21　翠微股份 K 线图

六、顶部死三角

在股价运行的过程中，当5日均线下穿10日均线，随后10日均线又下穿30日均线（或20日均线）形成一个封闭的三角形时，预示后市将出现大幅度的下跌行情。这个封闭的三角形被称为顶部死三角。投资者在遇到这种走势时，应该立即斩仓。

如图4-22所示的湖南黄金，股价在经过长期上涨后到达顶部开始下跌。并形成了一个死三角的形态，此后股价随即发生了大幅度下跌。投资者在高位遇到这种情况时，应该及时止损。

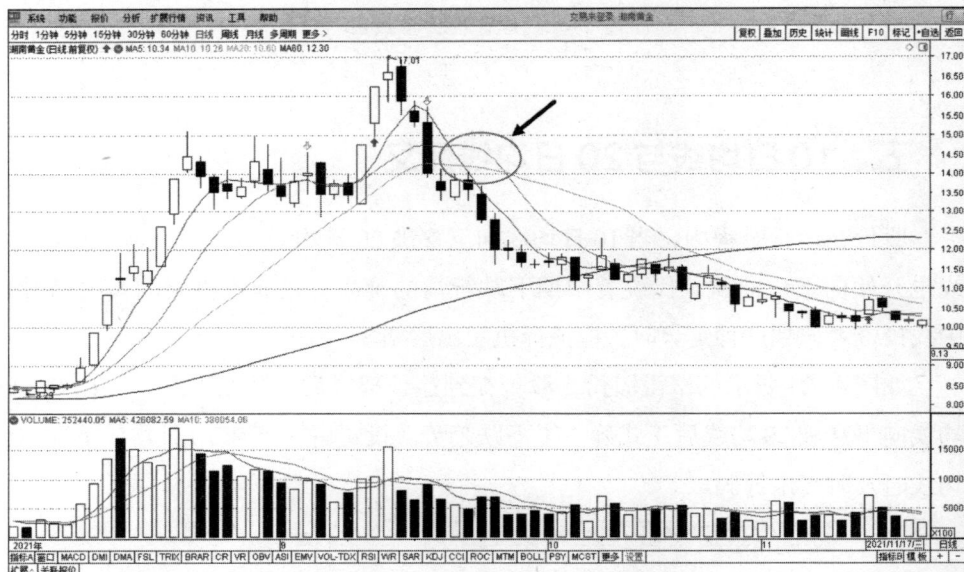

图4-22　湖南黄金K线图

第5章　从成交量把握短线机会

市场人士常说"股市中什么都可以骗人，唯有量是真实的"，可以说，成交量的大小直接表明了多空双方对市场某一时刻的技术形态的最终认同程度。投资者对成交量异常波动的股票应当密切关注。本章我们将探讨如何从成交量中寻找短线交易机会。

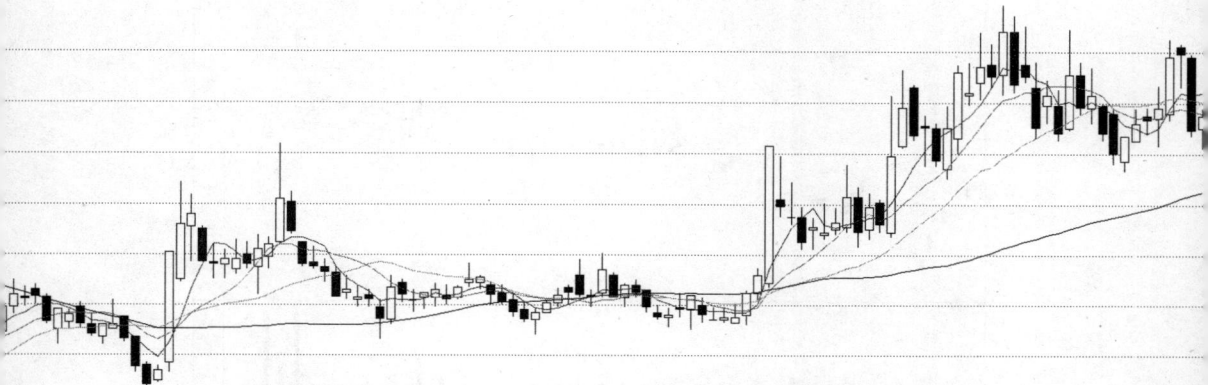

第一节　成交量基本知识

成交量是影响市场的几大要素之一。股市中有句老话："技术指标千变万化，成交量才是实打实的买卖。"可以说，成交量的大小直接表明了市场上多空双方对市场某一时刻的技术形态的最终认同程度，在量价关系中起主导作用。下面我们就来详细了解一下成交量。

一、什么是成交量

股市中的成交量是指单位时间内股票的成交数量，单位一般是手（1手等于100股），用柱状图表示。其中，阳线（一般为红柱）表示当天收盘价高于开盘价个股的成交量；阴线（一般为绿柱）表示收盘价低于开盘价个股的成交量，如图5-1所示。一般情况下，成交量大且价格上涨的股票趋势向好。成交量持续低迷时，说明市场不活跃，一般出现在熊市或股票整理阶段。成交量是判断股价走势的重要依据，为分析主力行为提供了重要线索。多空双方的分歧越大，成交量就越大，股价短期内的涨跌幅度就会较大。反之，成交量较小，则投资者操作不积极，股价短期内很难发生大的变化。

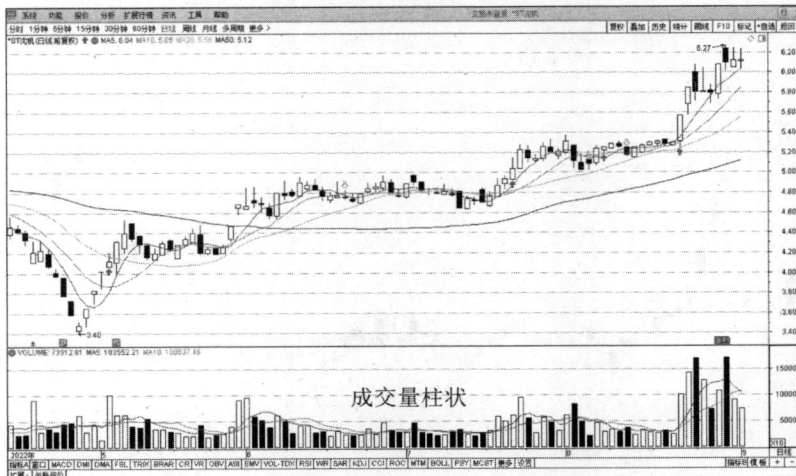

图 5-1　成交量

二、成交量的几种形态

1. 缩量

缩量是指市场上的成交量极为清淡。出现这种情况的原因一般有两个。一是市场人士都十分看淡后市，有人卖，却没有人买，所以成交量急剧缩小；二是市场人士都十分看好后市，有人买，却没有人卖，所以成交量依旧急剧缩小。缩量一般发生在趋势的中期。投资者在遇到这种情况时应该出局观望，等到放量上攻时再重新介入。如图5-2所示的东旭光电，就是在股价上涨到一定阶段后，投资者一致看淡后市，成交量也随着股价的下跌逐渐减少。

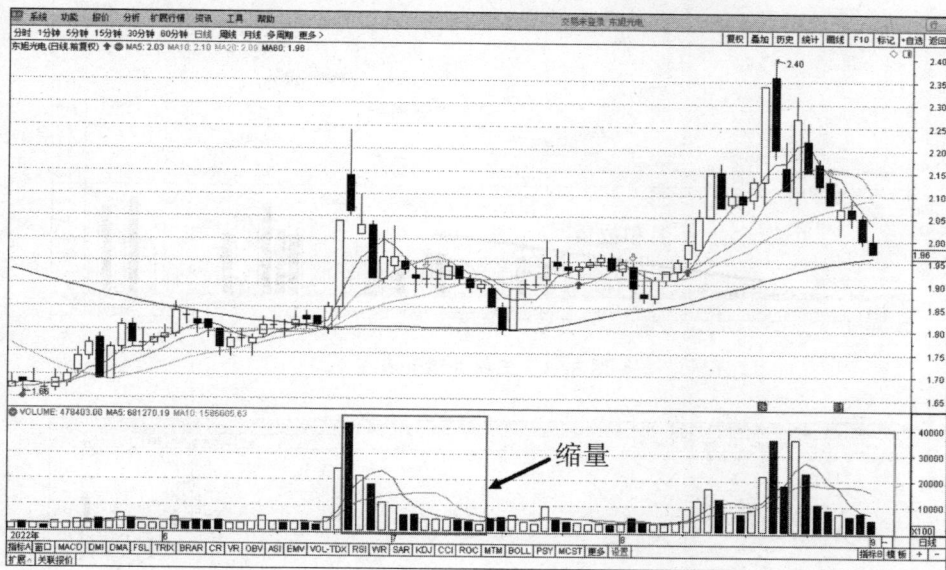

图5-2　东旭光电缩量

2. 放量

放量是指成交量较前段时间有明显放大，分为温和放量和突放巨量。放量一般发生在市场趋势发生转折时。如果出现放量时，股价也出现上涨，那么后市继续看涨。如果出现放量，股价却出现滞涨的情况，则是不祥之兆。尤其是出现放量，但是股价却下挫的时候，是一种非常准确的下跌信号。投资者应该及时止损。

与缩量相比，放量有很大的不真实成分。对于主力来说，利用手中的筹码大笔对倒放出天量是非常简单的事。但是，我们如果能分析清楚主力的意图，就能相对准确地进行有效操作。

如图 5-3 所示的王府井，在底部出现温和放量时，股价也随之逐步攀升。而图 5-4 所示的京城股份，则在触底后出现突放巨量的情况，股价在短期内即出现翻倍行情。

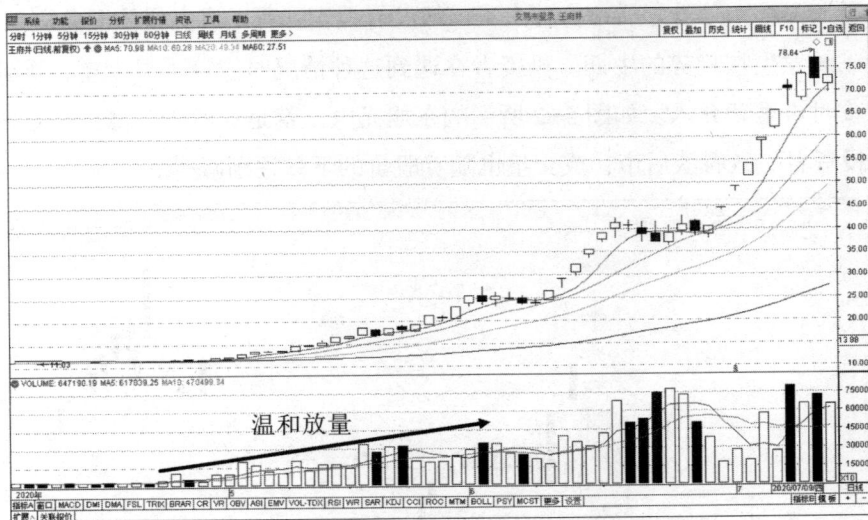

图 5-3　王府井温和放量

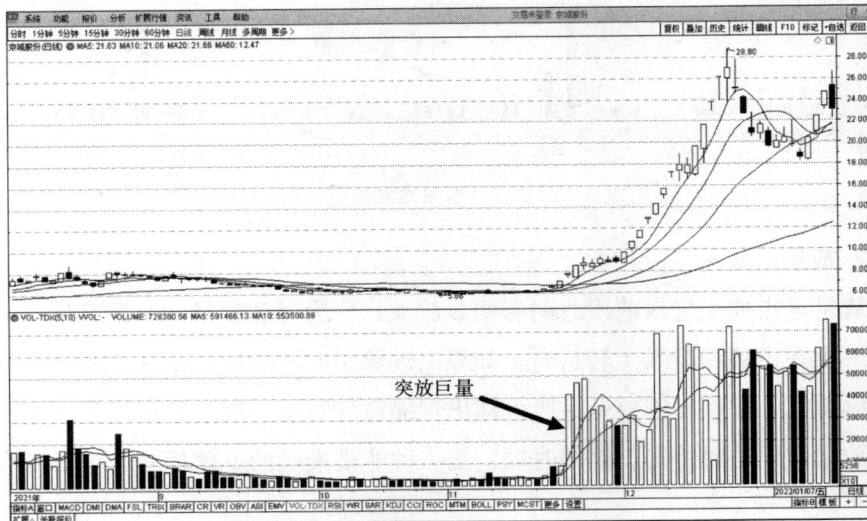

图 5-4　京城股份突放巨量

3. 堆量

当主力意欲拉升股价时，通常会把成交量做得非常漂亮。在几日或几周内，成交量缓慢放大，股价慢慢推高，在近期的K线图上形成一个状似土堆的形态，故称低位堆量。一般情况下，成交量堆得越漂亮，就越可能产生大行情。相反，高位堆量表示主力已不想玩了，在大量出货。

如图5-5所示的常山北明，就出现了低位堆量形态。

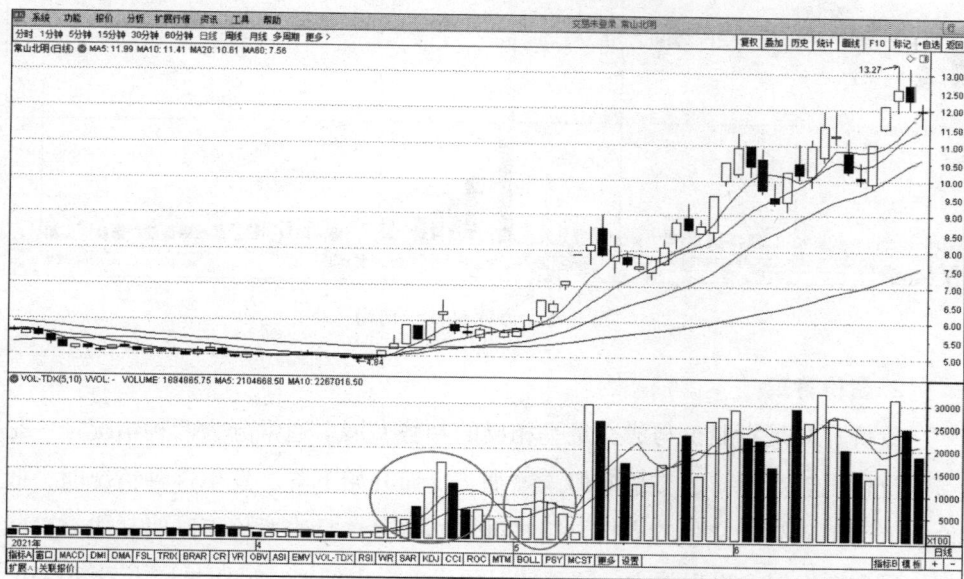

图5-5　常山北明低位堆量

三、量价关系的两种类型

1. 量价同向

量价同向是指股价与成交量变化方向相同。当股价上升时，成交量也随股价增加，是后市继续看好的表现；股价下跌，成交量也随之减少，说明卖方对后市看好，持仓惜售，股价在下跌后很有可能发生反弹。

如图5-6所示的力源科技，成交量与股价的变化方向始终一致。在股价上涨的过程中，成交量也逐渐递增；在回调时，成交量随之缩小，是典型的量价同向现象。

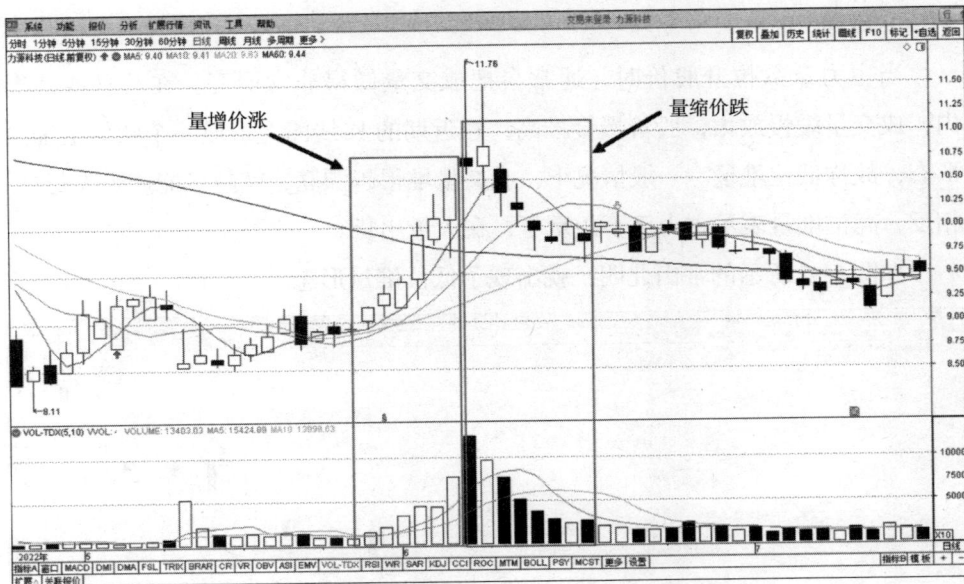

图 5-6　力源科技价同向

2. 量价背离

量价背离是指股价与成交量呈相反的趋势发展。通常分为两种情况：一是当股价创出新高时，成交量非但未增加，反而开始下降。发生这种情况时，股价的上涨得不到成交量的支持，很难继续维持。二是当股价下跌时，成交量却朝相反方向发展，出现放大。这种情况预示着后市低迷，说明投资者看淡后市，很有可能正在进行恐慌性抛盘。

如图 5-7 所示的深纺织 A，由于前面连续的拉升之后，股价出现滞涨，图中三根小阳线出现量缩价涨的背离现象，说明上涨动力不足，而随后股价开始下跌，连收三根阴线，成交量同样出现量增价跌的背离现象。遇到此类情况，投资者就应该及时做出减仓或清仓处理了。

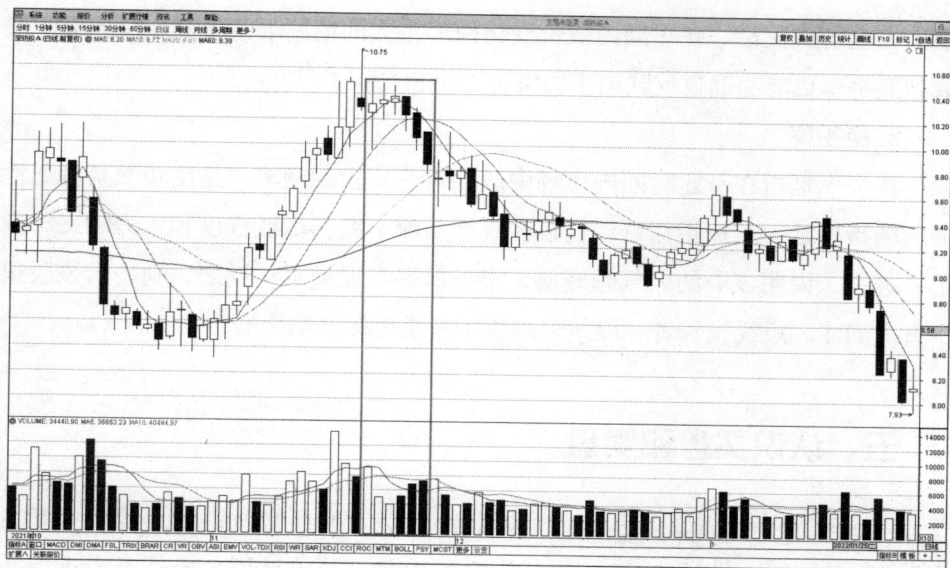

图 5-7　深纺织 A 量价背离

四、反映成交量的指标

市场人士常说："股市中什么都可以骗人，唯有量是真实的。"可以说，成交量的大小直接表明了多空双方对市场某一时刻的技术形态的最终认同程度。但成交量是非常容易造假的，成交量在某种程度上也不能完全反映市场且还会迷惑投资者，因此还要结合实际情况具体分析。常用反映成交量的指标有三个：成交股数、成交金额、换手率。

1. 成交股数

成交股数即成交量中的"量"，是最常见的指标。该指标适合于个股成交量的纵向比较，即观察个股历史上放量与缩量的相对情况。但是，其最大的缺点在于忽略了不同个股之间流通盘大小不一的差别，不适合对不同个股进行横向比较，也无法准确反映出掌握主力的动向。

2. 成交金额

成交金额表示已经成交股票的金额数，直接反映了参与市场资金量的多少。该指标排除了大盘中由于不同个股间的价格差异带来的干扰，可以更直观地显

示出大盘的成交量。在短期内股价变化幅度很大的情况下，成交金额比成交股数和换手率更能明确也反映出主力资金的进出情况。

3. 换手率

换手率是指在一定时间内市场中股票转手买卖的频率，是反映股票流通性强弱的指标之一。该指标可以比较客观地反映个股的活跃程度和主力动态。换手率越高，说明该股的人气越旺盛，市场做多意愿越强；反之，则表示该股很少有人问津。短线投资者一般比较热衷于换手率较高的个股。

五、认识买盘和卖盘

| 净流入额 | 4.3万 | 0% |
| 大宗流入 | 40.7万 | 1% |

14:54	13.62	1	S	1
14:54	13.62	1	S	1
14:55	13.62	1	S	1
14:55	13.62	10	S	2
14:55	13.62	11	S	2
14:55	13.63	5	B	1
14:55	13.63	10	B	1
14:55	13.63	9	B	4
14:55	13.64	1	B	1
14:55	13.63	33	S	1
14:55	13.63	1	S	1
14:55	13.62	30	S	3
14:56	13.62	6	S	1

图 5-8　成交明细

买盘也就是大家经常所说的外盘，而卖盘就是所说的内盘。简单地说，场外资金进场买进成交的申报称为外盘，而场内资金卖出成交的申报称为内盘。而如果股价涨停或者是跌停，那么以跌停板价格成交的申报，都称之为买盘；而在涨停板上成交的申报，都称之为卖盘。在成交明细中会用英文字母"B"和字母"S"来表示，其中"B"是英文 Buy（买进）的缩写，"S"是英文 Sell（卖出）的缩写。如图 5-8 所示。

通过外盘、内盘数量的大小和比例，投资者通常可能发现主动性的买盘多还是主动性的抛盘多，并在很多时候可以发现庄家动向，是一个较有效的短线指标。但投资者在使用外盘和内盘时，要注意结合股价在低位、中位和高位的成交情况以及该股的总成交量情况。因为外盘、内盘的数量并不是在所有时间都有效，在许多时候外盘大，股价并不一定上涨；内盘大，股价也并不一定下跌。在大量的实践中，我们发现如下六种情况：

（1）股价经过了较长时间的震荡下跌，处于较低价位，成交量极度萎缩。此后，成交量温和放量，当日外盘数量增加，大于内盘数量，股价将可能上涨，这种情况较可靠。

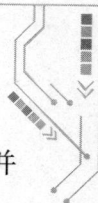

（2）在股价经过了较长时间的上涨，股价处于较高价位，成交量巨大，并不能再继续增加，当日内盘数量放大，大于外盘数量，股价将可能继续下跌。

（3）在股价阴跌过程中，时常会发现外盘大、内盘小，此种情况并不表明股价一定会上涨。因为有些时候庄家用几笔抛单将股价打至较低位置，然后在卖一、卖二挂卖单，并自己买自己的卖单，造成股价暂时横盘或小幅上升。此时的外盘将明显大于内盘，使投资者认为庄家在吃货，而纷纷买入，结果次日股价继续下跌。

（4）在股价上涨过程中，时常会发现内盘大、外盘小，此种情况并不表示股价一定会下跌。因为有些时候庄家用几笔买单将股价拉至一个相对高位，然后在股价小跌后，在买一、买二挂买单，一些投资者认为股价会下跌，纷纷以叫买价卖出股票，但庄家分步挂单，将抛单通通接走。这种先拉高后低位挂买单的手法常会显示内盘大、外盘小，达到欺骗投资者的目的，待接足筹码后迅速继续推高股价。

（5）股价已上涨了较大的涨幅，如某日外盘大量增加，但股价却不上涨，投资者要警惕庄家制造假象，准备出货。

（6）当股价已下跌了较大的幅度，如某日内盘大量增加，但股价却不跌，投资者要警惕庄家制造假象，假打压真吃货。

第二节　成交量与股价的关系

成交量与股价之间的关系主要有量增价平、量增价涨、量增价跌、量缩价涨、量缩价跌、天量天价、地量地价等，下面我们将逐一进行介绍。

一、量增价平

量增价平是指成交量出现放大，但是股价仅维持在原来的水平上，并没得到成交量的支持出现上涨。投资者不宜跟进；如果出现在股价上涨后的高位，则很有可能是主力在出货，在主力出完货后，股价很可能发生反转，投资者应该提高警惕；如果出现在股价下跌后的低位或者在股价上涨的初期阶段，则很有可能是场外资金正在进场，打压建仓，一旦底部形成，股价很有可能出现大幅拉升。投资者可以密切关注，适当参与。

如图 5-9 所示的开开实业，在股价上升到高位时就出现了量增价平的走势。股价随后就走出了一波下跌行情。

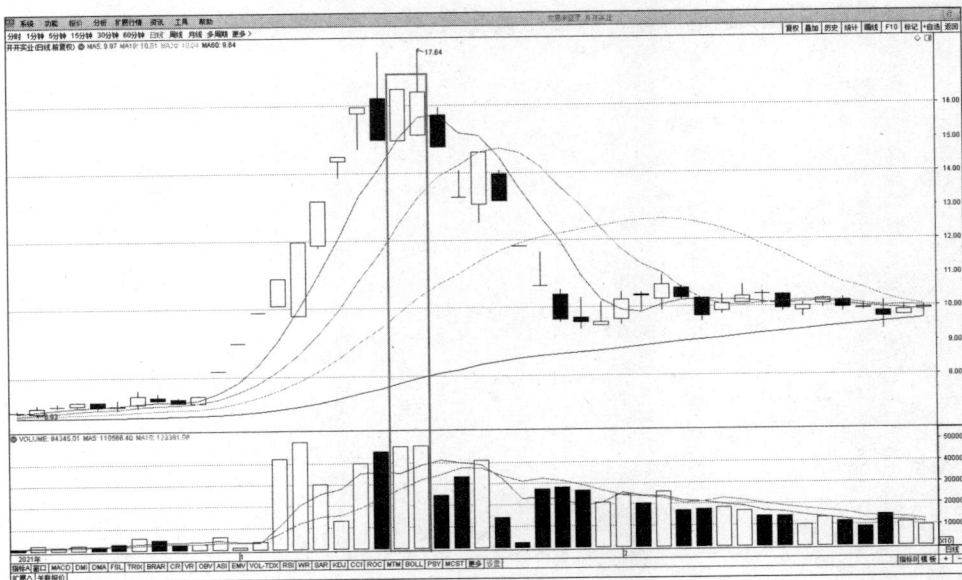

图 5-9　开开实业高位量增价平

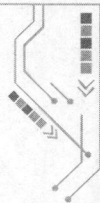

二、量增价涨

量增价涨是指在成交量放大的同时，股价也出现上升行情。这种量价配合的情况如果出现在股价上涨行情的初期阶段，后市一般继续看涨，投资者可以积极介入；若是出现在股价上涨后的高位，一般表示多方力量开始减弱，后市随时可能发生下跌，投资者应该尽快获利了结。

如图 5-10 所示的川能动力，就是出现在行情启动的初期。股价在经过一段时间的下跌触底反弹。此时开始有主力资金进场，成交量随之增加，股价在成交量的配合下向上发展。从图中可以看出，该股后市出现了长期震荡上涨的行情。

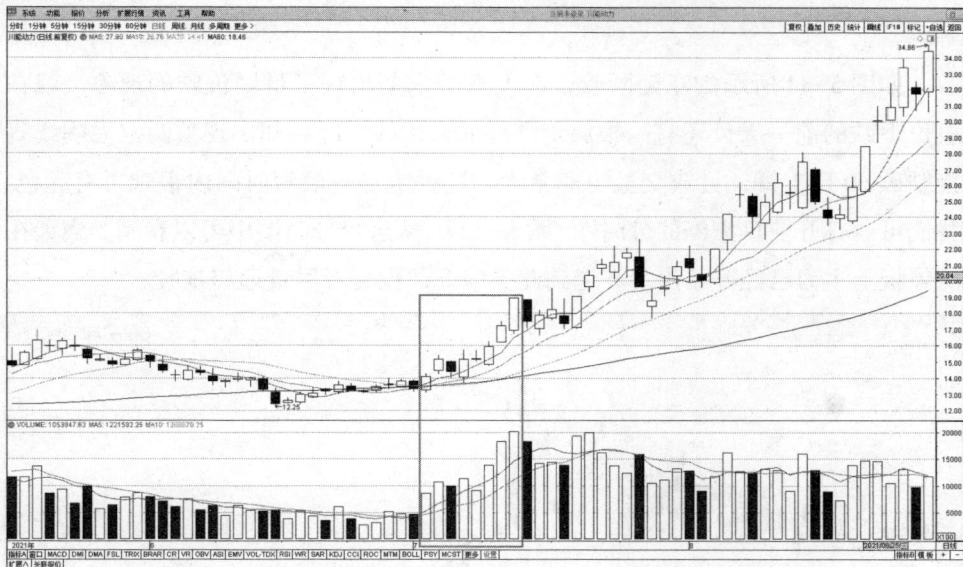

图 5-10　川能动力底部量增价涨

三、量增价跌

量增价跌是指在成交量放大的时候，股价不涨反跌。股价出现与成交量相反的走势。这是一种量价背离的现象，下面分阶段介绍不同情况下出现量增价跌的市场意义。

（1）出现在上涨初期，似乎要重回跌势，而实际上这时的下跌往往是主力刻意打压，自己则在大量吸收筹码，只要不跌破重要支撑位，则可继续持股。

（2）如果出现在上涨的途中，则可能预示着会有深幅的调整，但也有可能是短暂的打压，如果次日股价重回升势，则可以继续持股，否则应该暂时出局观望。

（3）如果出现在上涨的末期，多意味着主力在出货，投资者应该果断出局。

（4）如果出现在下跌的初期，说明主力出逃坚决，甚至引发抛售狂潮，投资者应该当断清仓，避免股价加速下跌带来的损失。

（5）如果出现在股价下跌末期，很有可能是主力正在介入，预示着底部即将形成，这时的价跌往往是最后一跌，股价很快会发生反转，投资者可以买进筹码。

如图 5-11 所示的东阿阿胶，在上涨的末期出现了量增价跌的现象，就在股价下跌的前一天，还有一根放量涨停的大阳线，随后却出现了两根大阴线直接跌破 60 日支撑，且成交量也非常大。这种走势一般短时间内很难再有起色，我们可以打开前日涨停的分时图（图 5-12），从这个分时图中可以看到，当天在涨停板上主力已经开始出货。遇到此类情况，投资者尽量远离该股。

图 5-11　东阿阿胶上涨末期量增价跌

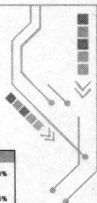

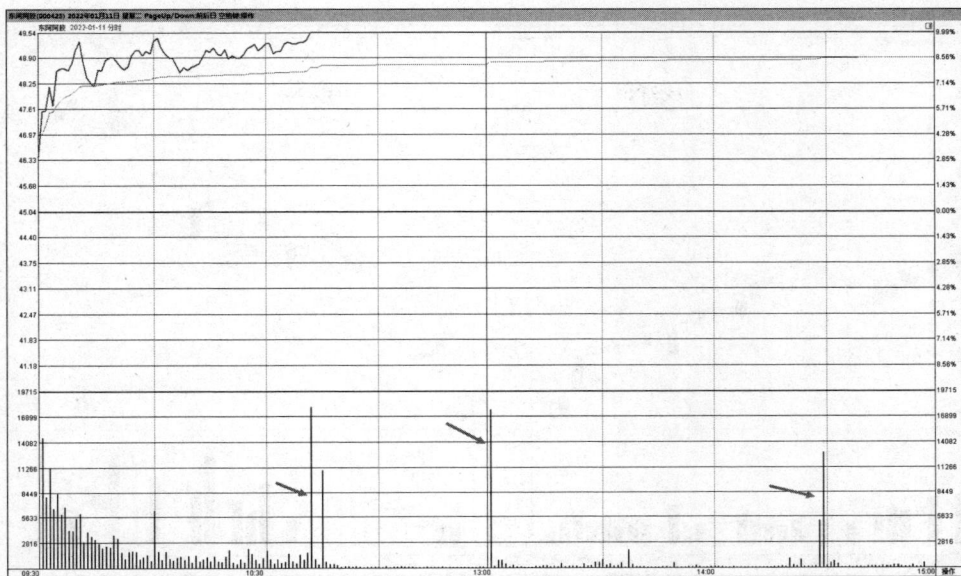

图 5-12　东阿阿胶涨停的分时图

四、量缩价涨

量缩价涨是指成交量出现减少或萎缩，而股价却向相反方向发展，出现上涨。量缩价涨可能出现在任何阶段，当然在不同的阶段，市场含义也不同。如果在经过一波下跌之后，在反弹过程中出现了量缩价涨的现象，说明反弹没有得到市场的认可，通常反弹的高度并不会太高。如果在股价上涨的中途出现量缩价涨，若不是极度萎缩，一般说明庄家把筹码锁定良好，后市仍将上涨，但是此时股价一定不能经过大幅地上涨。而如果在股价刚从底部启动时，出现量缩价涨的走势，有时甚至是一开盘就涨停。这说明庄家把筹码锁定得相当死。出现这种现象时，往往预示着股价后期会出现大涨。投资者可积极介入。

如图 5-13 所示的兴业矿业，就是在底部刚启动时出现了量缩价涨的现象，后期涨幅也非常可观。

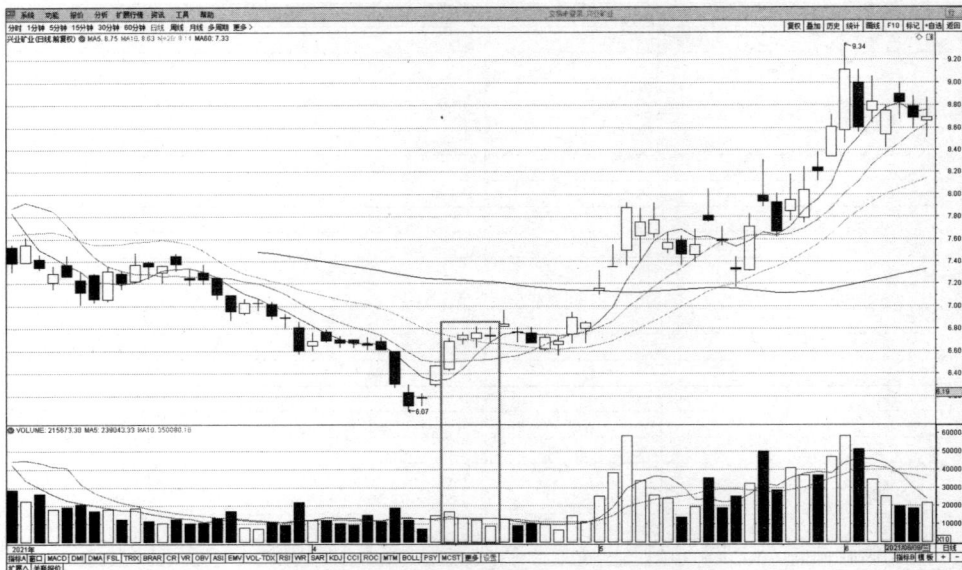

图 5-13　兴业矿业上涨途中的量缩价涨

　　如图 5-14 所示的中兵红箭，在下跌的过程中出现了小幅反弹，由于没有成交量的配合，反弹并没有持续，继续转为下跌行情。

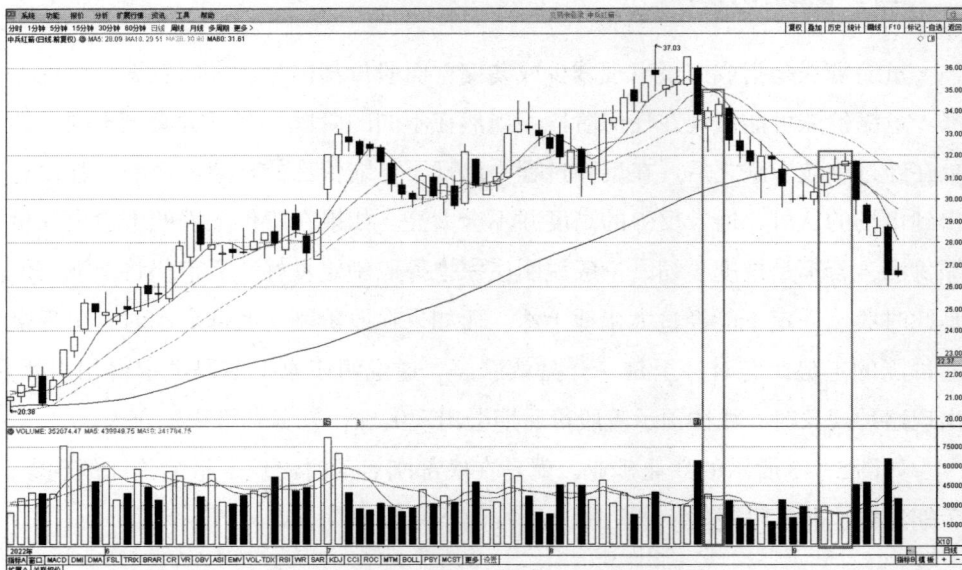

图 5-14　中兵红箭下跌过程中的量缩价涨

五、量缩价跌

量缩价跌是指在成交量减少或萎缩时，股价也发生下跌，量缩价跌也会出现在股价运行的各个阶段，其含义也因其出现的位置不同而不同。如果出现在股价下跌的过程中，通常预示着股价将会继续下跌，因为缩量说明下跌的过程中很少有资金流入抄底。但如果是经历了长期并且是大幅下跌后出现该现象，则预示着空方力量已经耗尽，后市很可能出现反弹或反转。如果股价上涨的高位区出现该走势，预示着股价缺乏上涨的动力。投资者要小心操作，一旦后市出现下跌，其速度将会很快。

如图 5-15 所示的恒瑞医药，在下跌途中就出现了量缩价跌的走势。

图 5-15　恒瑞医药下跌途中的量缩价跌

六、天量天价

天量天价是在股价在上涨到高位后放出巨量，股价也创出新高。这种情况通常出现在股价上涨后的高位，是股价见顶的信号。

如图 5-16 所示的中天金融，股价在经过一段时间上涨后到达高位，某日突然放出巨量，量柱是前一交易日的2～3倍，股价创出新高，但最终却收出一根大阴线。说明当天多空双方发生了巨大分歧，最终空方占据主导地位，股价随即反转下跌。

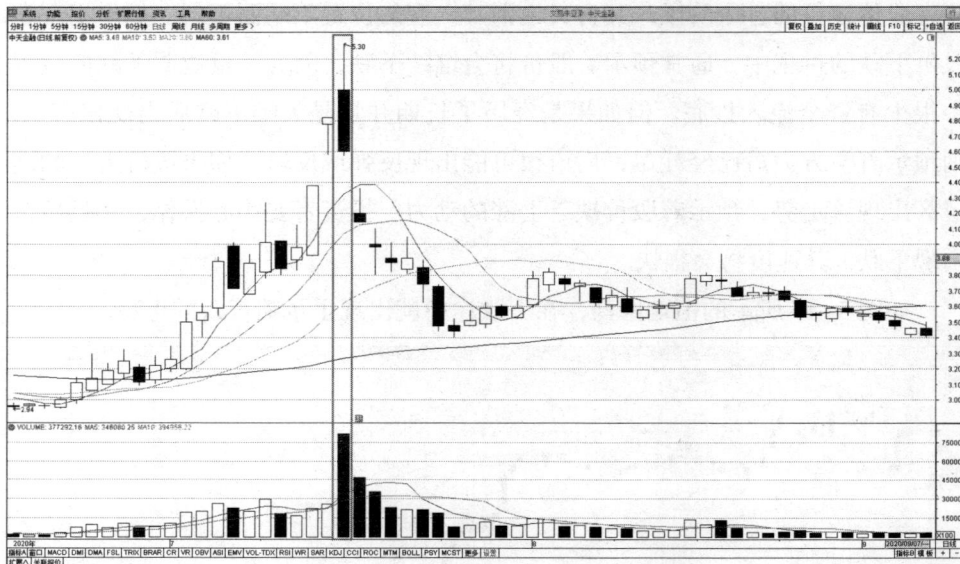

图 5-16　中天金融天量天价

七、地量地价

地量地价是指大盘或个股在市场低迷时，走出最低的价格，形成最低的成交量。此时市场的人气涣散，交投不活跃。如果出现地量地价，往往是长线投资者进场的大好时机。

地量可以出现在任何位置。一般出现在股价即将见底时的地量持续性较强，投资者如果在这一时期介入，只要能坚持一段时间，后市一般都会获利，当然最好是在股价拉升之前介入。在庄家震仓洗盘的末期，也会经常出现地量。这一时期往往是中线进场的好机会。地量也会间断性地出现在股票拉升前的整理阶段，庄家一般通过这种方式进行拉升前的试盘，如果投资者能在这一阶段的末期跟上庄家，后期将获利不小。

如图 5-17 所示的海螺新材，股价在经过一段时间的下跌之后，成交量逐渐萎缩，出现地量，同时股价也到达了底部，随着成交量的突然放大，短期内上涨幅度非常可观，投资者如果在地量持续阶段大量介入，后市将获利不小。

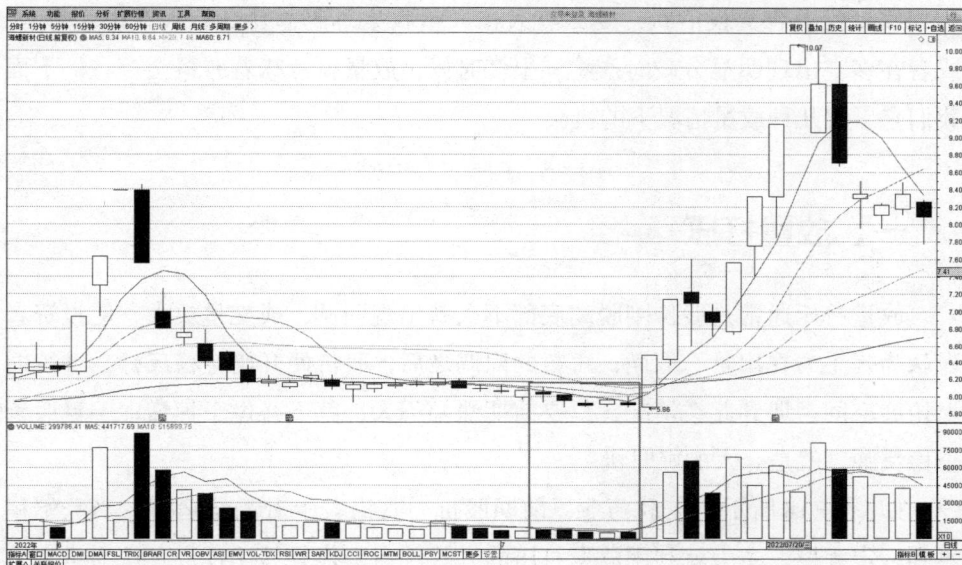

图 5-17　海螺新材地价地量

第三节 从放量中发现黑马

放量代表着交投活跃，要么有人在大量收集筹码，要么有人在甩卖筹码，或者在多空出现明显分歧时产生。很多时候，放量就意味着有机会存在，下面我们来了解几种放量情况下的机会。

一、放量打压

放量打压通常是股价刚脱离底部不久就出现回调，成交量放大，使投资者误认为是主力在出货。然而，短暂的回调之后，股价便开始企稳反弹，继续向上拓展空间。遇到此类情况，只要前期涨幅不大，就不必过于惊慌，一旦股价企稳反弹，就是介入的好时机。

如图 5-18 所示的仁和药业，前期股价一直沿着上升趋势运行，当涨幅积累到一定程度，主力就利用放量打压的方式洗盘，很容易让投资者认为是主力在出货。正确的操作方式是先清仓回避，一旦后市企稳，再入市操作。

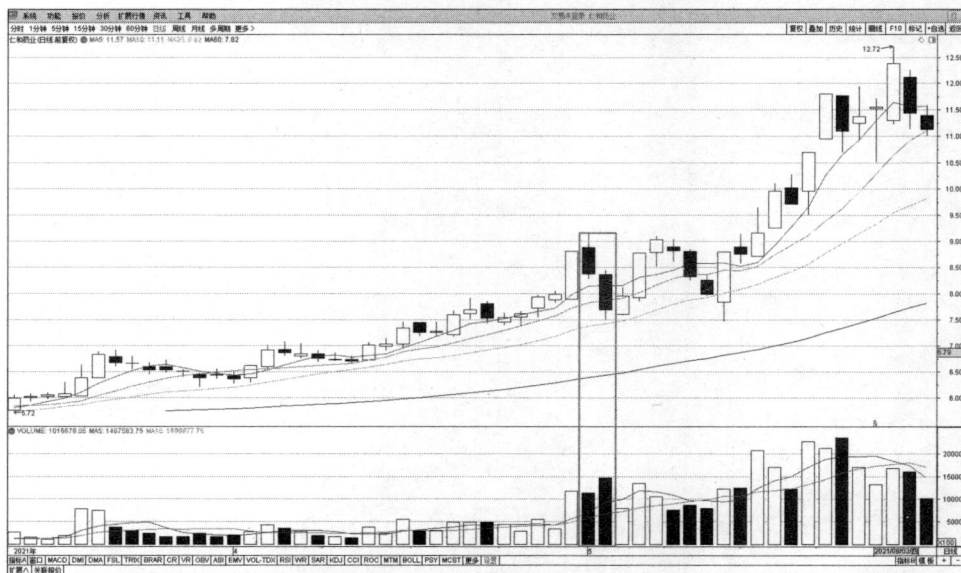

图 5-18 仁和药业放量打压

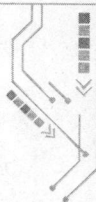

二、放量突破前高

这种情况是指股价处于上升趋势中，中途出现平台整理或者三角形整理等形态，一旦整理结束，股价放量冲过前期高点时，投资者可适当介入。通常，整理期间成交量有明显地萎缩，且整理的时间越长，后市上涨的幅度可能也越大。

如图 5-19 所示的焦作万方，在整理结束之后突然放量突破前高，以大阳线收盘。表明多方做多意愿强烈，后市上涨可期。

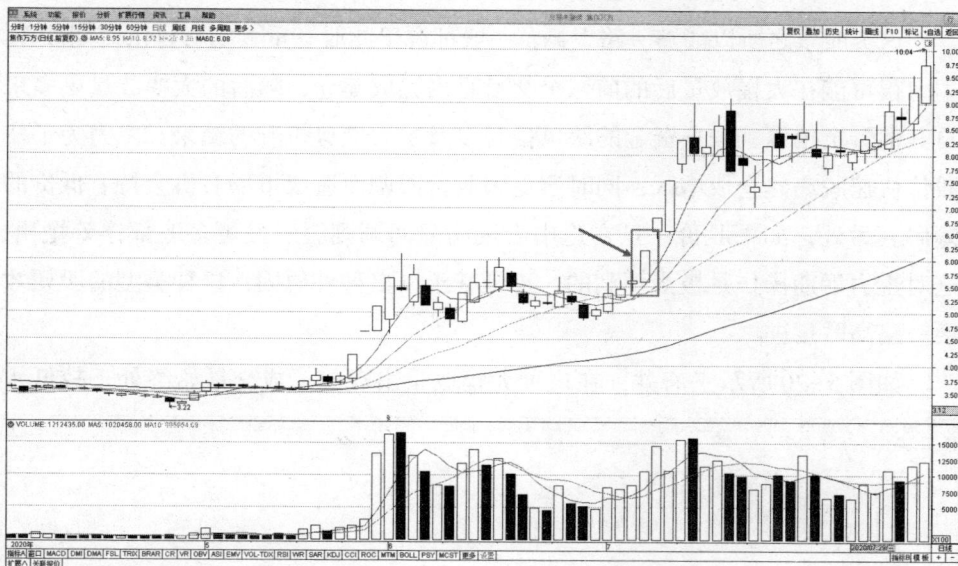

图 5-19　焦作万方放量突破前高

三、连续大幅放量

一只个股前期交投较为平淡，但在某一日内突然出现极为明显的放量，放量前后的成交量效果明显是在两个不同层次上，并且这种放量的效果能够连续维持下去，同时股价在连续大幅放量的背景下出现飙升，这便是连续大幅放量所造就的短线黑马。

连续大幅放量一般出现在个股经历了长时间的大幅下跌后，此前个股也许运行在一个低位的止跌横盘区间内，也许是处于一个大幅下跌的 V 形反转中。这时出现如此大量，若无明确的消息面的支撑，投资者很难判断放量的原因以及维持时间，并且还会担心伴随放量而来的股价暴涨是否是主力对倒出货造成的情况，而正当投资者仍处于犹豫观望时，或者希望在股价回调后介入，该股却不给投资者任何一个回调后买入的机会，一路走高，于是市场专业人士开始注意到此股，在他们的引荐下投资者才恍然大悟，原来此股的暴涨是源于它有重磅的隐含题材，市场投资者的蜂拥而入使得主力可以从容地"顺势"将股价再打高一个台阶，此时的股价相对于启动前很可能已经翻了一倍甚至几倍。

这类股票之所以能够一路上扬，一般都源于此股有重大题材可供短期炒作。主力很可能在大幅放量后的前三个交易日内完成建仓，随后的大幅放量更多来自其他资金抢筹、散户资金的跟风参与以及主力顺势拉升的结果。主力为了使股价快速脱离建仓成本区，同时避免因股价回调而造成市场有机会持有低价的筹码。另外，如果股价一旦在途中出现明显回调则会引发更多底部浮筹抛出，这对主力后期操作是极为不利的，正是基于以上种种原因，这种类型的股票才会一路高歌猛进。

如图 5-20 所示王府井，在这种大幅放量出现前，成交量始终处于较低水

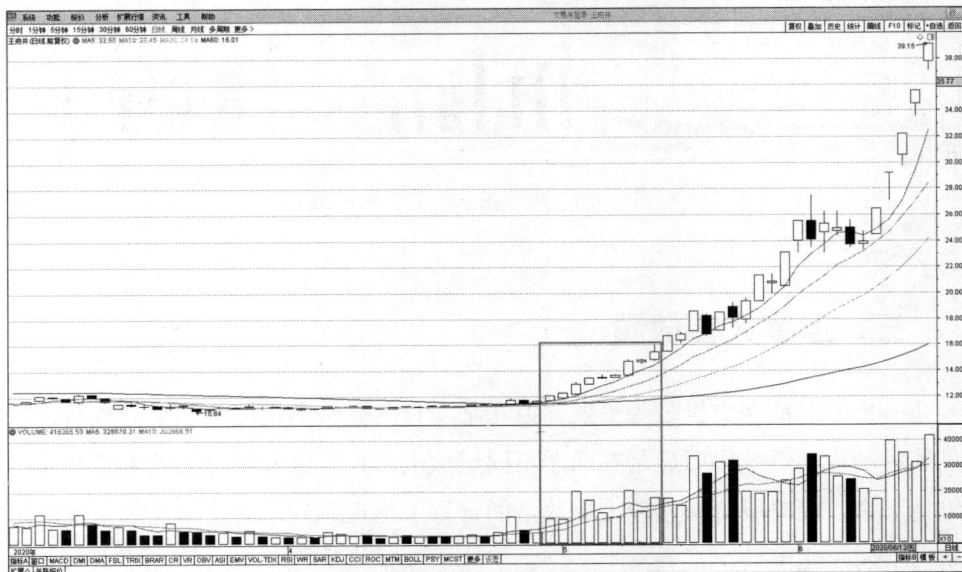

图 5-20 王府井连续大幅放量

平，后在利好的带动下，连续放量上涨，只要这种连续放大的成交量效果不减，股价就会一路上涨。分析这种放量是否具有连续性可以从以下几点入手：

（1）该股是否有符合主力炒作的热点题材。

（2）伴随放量出现的股价波动是否有强势的涨停板收盘。

（3）具有相同题材的其他个股是否也出现了异动。如果是，则可以更准确地说明这是主力拔高建仓导致的；如果不是，则很有可能只是个股主力对倒造成的放量效果。如果这种放量来自主力的对倒而股价又处于高位，则投资者就应注意风险了。

四、后量超前量

后量超前量是指股价处于相对较低的位置，放量反转向上，然后股价回调，回调到位后再度放量上涨，这时的成交量比前一波上涨的成交量还要大，这是良好的上升趋势，也是较好的介入时机。

我们来分析这种现象背后的深层意义：如果说第一次放量上涨是先知先觉者的行为，那么后一次放量则获得了更多的市场认同，介入的力量明显增强。因此，第一次放量上涨不太可能有巨大的量能表现，一般是温和放量，体现的是勇敢者的行为，而第二次放量上涨则体现的是主力和散户共同进场的行为，自然成交量比第一次要放大许多。既然如此，也说明市场开始一致看多，由于此时股价还不是很高，后市当然还有较大的涨升空间，此时进场也就比较安全，成功的可能性很大。

如图 5-21 所示的翠微股份，经过长期底部整理之后出现一波上涨，成交量也有明显放大。当股价经过短暂拉升之后，主力又进行了一次较长的洗盘，随后再次拉升，而这次的拉升成交量明显大于前次的成交量，说明这时场外资金参与热情较高，后市将看涨。对于稳健型的投资者来讲，如果前面的放量上涨没有参与的话，这时就是一个较好的买入时机。

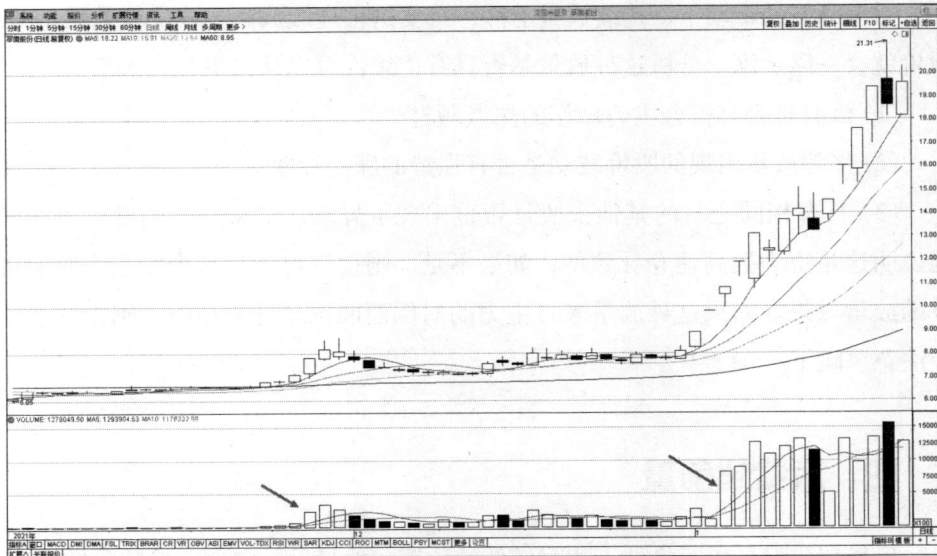

图 5-21　翠微股份后量超前量

五、底部放量涨停

当股价下跌到一定幅度以后，就会吸引庄家入驻建仓，这时，股价的下跌趋势就会逐步减缓。当庄家基本完成建仓任务时，股价会逐步进入筑底阶段，在这个阶段，股价下跌的幅度会明显放缓，有些甚至会出现横盘整理的走势。在筑底阶段时，成交量会呈现萎缩的状态，因为大量的筹码已经被庄家锁定了，而能够坚持下来的投资者，他们持股的信心大都是很坚定的，不会在这个阶段往外抛售筹码，因此成交量就不可能出现放大。筑底成功后，庄家就会向上发动攻击，甚至通过涨停的方式试图快速把股价拉离建仓成本区域。

如图 5-22 所示的京东方 A，经过一轮下跌行情之后，成交量也呈现萎缩的现象。短暂的筑底之后，庄家就开始向上拉升股价，通过涨停的方式快速脱离底部。此时成交量出现了明显放大，这标志着庄家极有可能正式启动行情。投资者遇到此类情况，稳健型的投资者不要在第一天急于入场买进，激进型的投资者可以在出现这样走势的当天轻仓介入。在出现放量阳线的第二天，如果股价能够继续走强，并且收出一个阳线，投资者就可以放心地入场参与操作了。

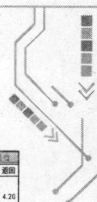

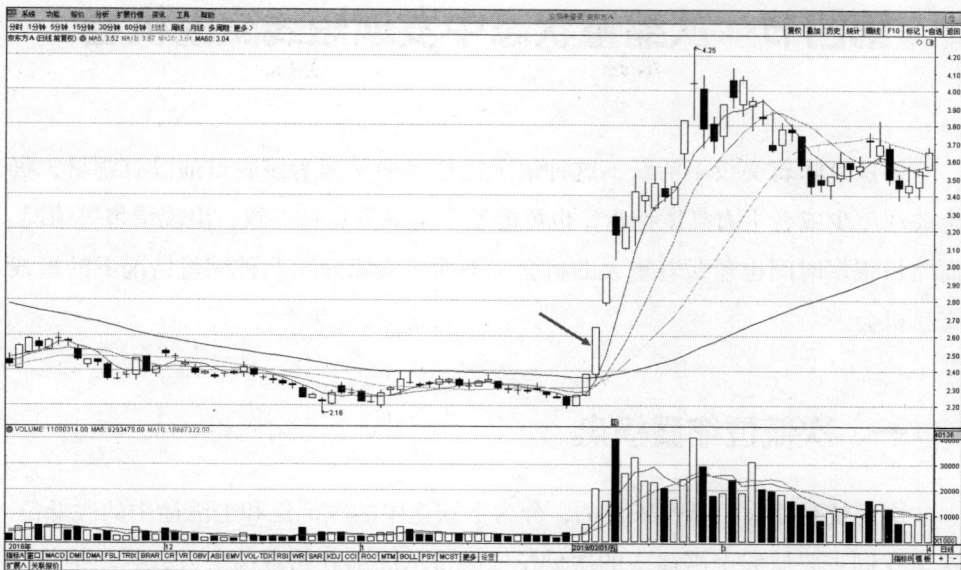

图 5-22　京东方 A 底部放量涨停

第四节　从缩量状态中发现短线交易机会

　　缩量意味着交投不活跃，这种情况往往可能是因为该股目前没有题材，资金关注度少或者主力高度控盘，也可能是多空双方意见一致，出现惜售等情况。而缩量很多时间也蕴藏着重大的机会。下面给大家介绍几种缩量情况下的短线交易机会。

一、次低位缩量横盘

　　次低位是相对于低位来说的，分为下跌途中的次低位和上涨途中的次低位，这里我们主要研究上涨途中的次低位，股价从底部开始震荡上升，到一个价格区间内停止拉升，开始横盘整理，这一区间相对于底部来说是一个"高点"，但从中长线的长期走势来说，则仍然是一个相对的"低点"。通常次低位要比近一段时间最低股价高20%～30%，在中线上看是比较低的位置，从短线上看它又是相对的高位。

　　我们再来看次低位是如何形成的。在次低位形成前，股价很可能经历了较为深幅的下跌，此时市场一片恐慌，中小投资者充斥着悲观的情绪，一般不敢去抄底，但此时股价却出现了一个明显反弹。对于这波小反弹，大部分的市场投资者仍然认为这只不过是下跌过程中的一次小反弹，并不会阻止总体下跌的趋势。可是股价的后期走势出人意料，股价在 V 形反弹后的相对高位的区域并没有出现下跌回调，而是横盘震荡。主力可以利用这个次低位来消磨掉那些没有耐心的散户而达到一次洗盘的目的，从而为后期的股价上涨创造条件。

　　如图 5-23 所示的远兴能源，股价在经历了一波下跌行情之后，股价止跌并开始反弹，在反弹过程中，成交量明显放大，意味着主力开始参与此股。在主力的大力度建仓作用下，出现了明显上涨。但随后股价出现了横盘震荡的走势，并且随着震荡的延续，成交量相比前期的反弹而言明显缩小，这意味着主力在此并没有大量吸筹也没有大量出货，主力采取了较为积极的锁仓策略，主力既然已经在前期的反弹中采用了推高股价建仓的方法，并且在这个离建仓价位接近的平台处积极锁仓，可想而知，这应该是股价上升的一个中继平台，也是一次很好的短线介入机会。从图中也可以看出，该股后期涨势可观。

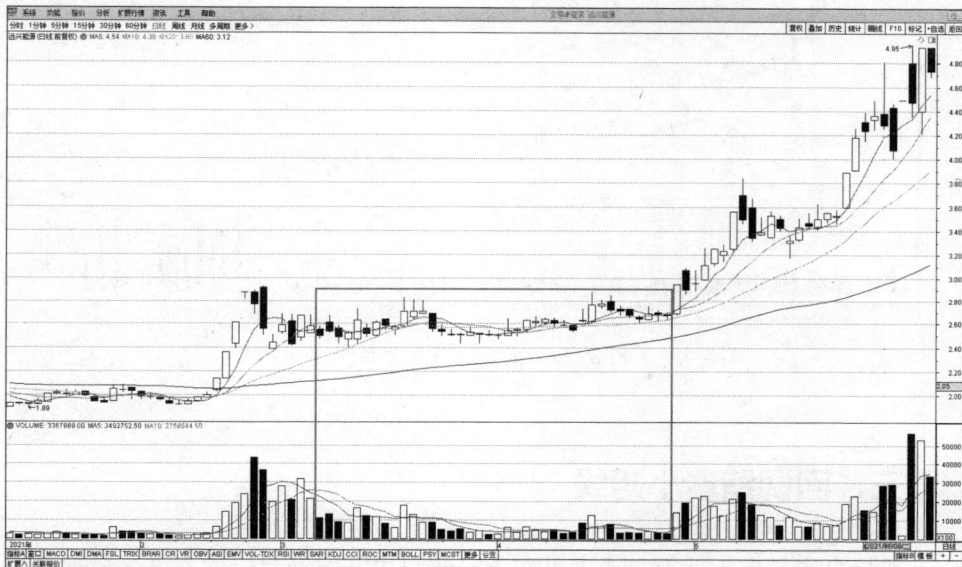

图 5-23 远兴能源次低位缩量横盘

二、底部无量涨停

股价在上升趋势中，涨幅相对不是很大。由于某种利好导致以无量的方式涨停，甚至有的以一字线方式连续涨停。此类情况下，投资者可以排队买进。即使在开板当天买入，后市再创新高的可能性还是非常大的。

如图 5-24 所示的未名医药，就是因为有个业绩修正的利好公告，连续缩量一字涨停，在涨停板打开后，后市仍不断创出新高。

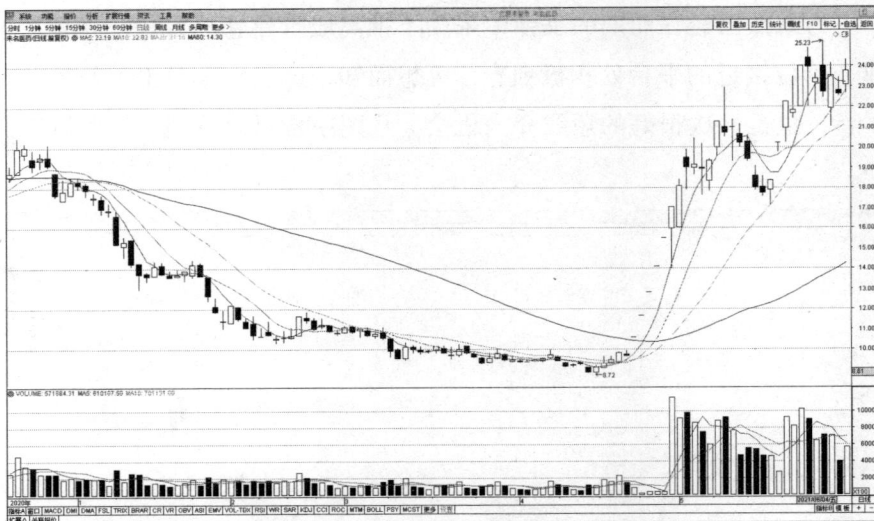

图 5-24　未名医药无量涨停

三、回调缩量小阴线

股价自底部向上运行，或者处在上升趋势中，但绝对价位不高。最近以小阴、小阳线的形式回调，成交量极度萎缩。小 K 线回调本身说明下跌动能不

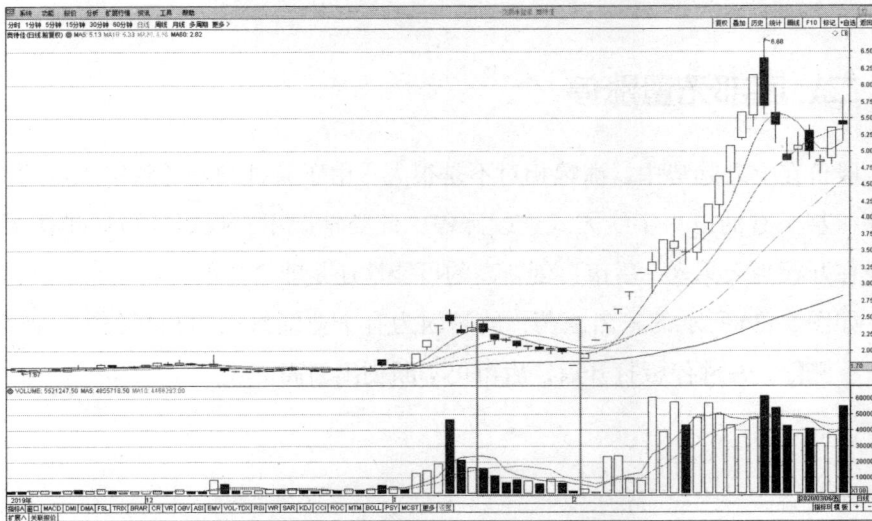

图 5-25　奥特佳回调缩量小阴线

足，投资者应该密切关注此类股票，一旦重新拉出阳线，收复失地，可积极介入。

如图 5-25 所示的奥特佳，就是在股价连续上涨之后进行了几天的洗盘，随后展开拉升的行情。稳健型的投资者可以在股价再次突破前高时买入，激进型的投资者则可以在成交量再度放大时果断买入。

四、下跌末期缩量串阴

股价经过一段时间的下跌之后，下跌的动能减弱，连续走出几根小阴线，成交量也有明显缩小，通常为底部信号，投资者可密切关注，一旦后面出现放量阳线，可逐步买入。

如图 5-26 所示的中京电子，在一段下跌之后，成交量缩至地量标准，而在如此小的成交量之下收出一连串阴线，说明底部已经不远，被套牢的投资者也不愿意割肉卖出，浮动筹码减少，一旦后市有放量上涨现象，就可以积极介入。

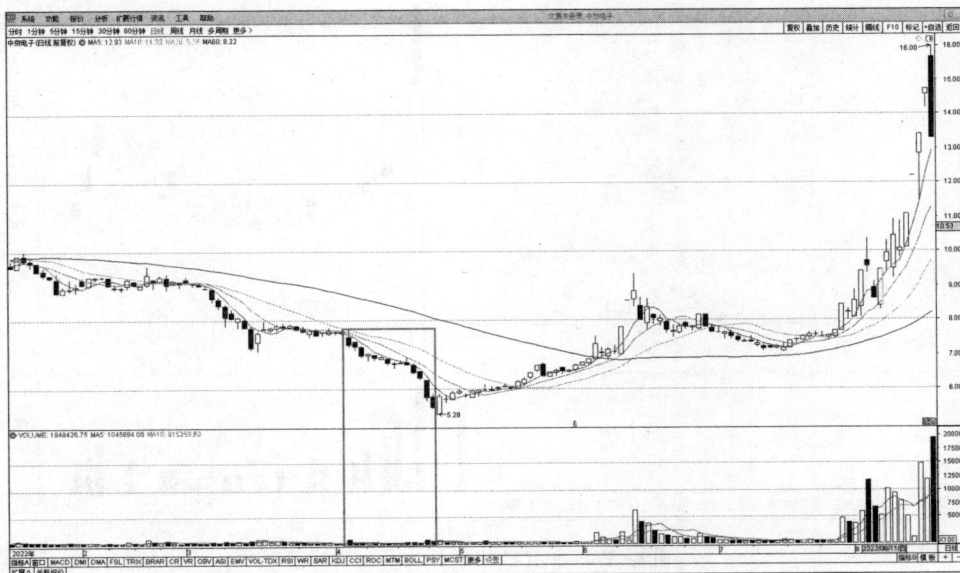

图 5-26　中京电子下跌末期缩量串阴

第五节 根据成交量及时止赢止损

当判断失误，或者出现不可预测的利空情况时，就要及时止赢止损。下面从量价关系的角度来介绍几种需要及时止赢止损的情况。

一、高位放量大阴线

股价前期涨幅较大，运行到相对较高的位置时，突然收出一根放量的大阴线，通常当天的量要超过最近一段时间的最大量，如果确认涨幅已经很高，说明主力在不计成本出逃，投资者应及时出局。

如图 5-27 所示的金智科技，经过前期的震荡向上，突然连续拉升，在收出一根放量的大阴线之后开始迅速转为下跌行情。由于前期的涨幅已经累积较高，因此在遇到此类情形时，投资者应以清仓为主。

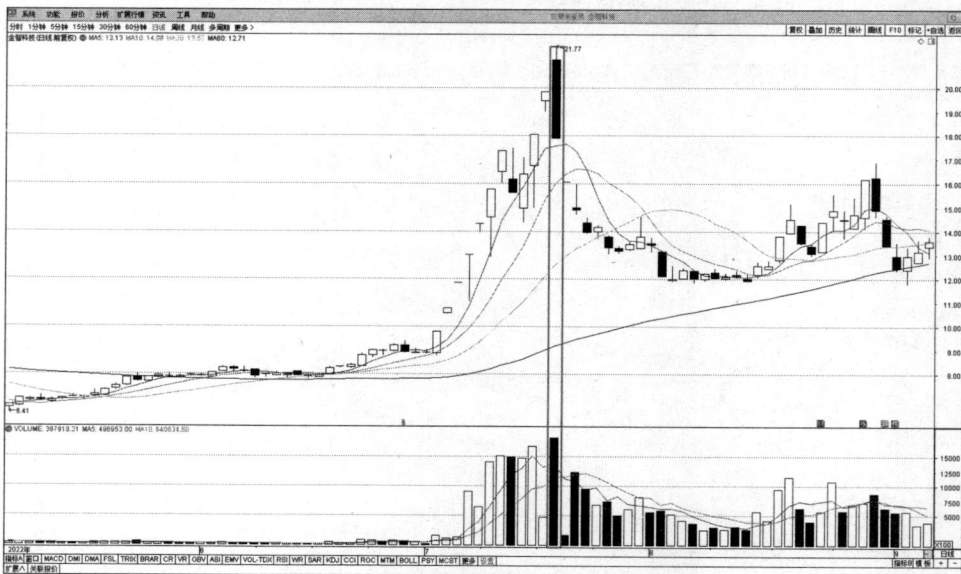

图 5-27 金智科技高位放量大阴线

二、高位放量跳空大阳线

高位放量跳空太阳线出现的前提是，前期股价涨幅已大，获利盘积累很多。但却能在高位放量收出大阳线，一方面说明市场分歧加大，另一方面获利盘可能出现了过多兑现，遇到此类情况，投资者可以考虑逐步减仓。如果次日股价反转，可清仓出局。

如图 5-28 所示的星网锐捷，在股价涨幅过高的情况下出现了这种放量的跳空阳线，从图中可以看出，随后股价在顶部短暂整理几日之后，便开始下跌。

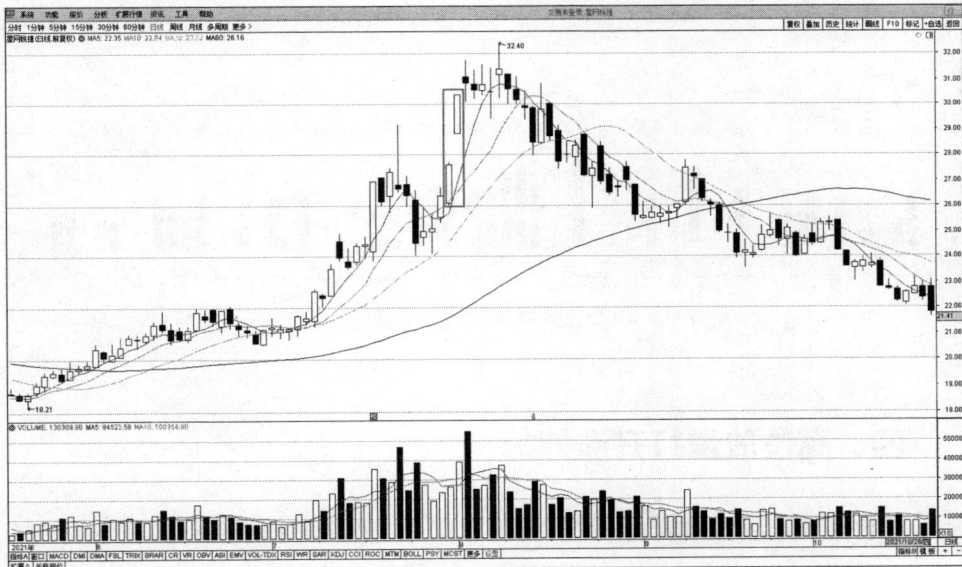

图 5-28　星网锐捷高位放量跳空大阳线

三、高位十字星

股价在连续上涨之后，由于多空分歧加剧，某日多空双方激战，造成盘中大幅波动，但最终以开盘价左右的价位收盘。虽然当天多空打成平手，但却意味着空方在后期可能继续发起攻势，后市大多看跌。投资者应谨慎持股，逐步减仓为宜。

如图 5-29 所示的云图控股，在股价连续上涨之后出现了一个放量的十字星，从图中可以看出，该股后市没有能够再继续上攻，次日便开始反转下跌。

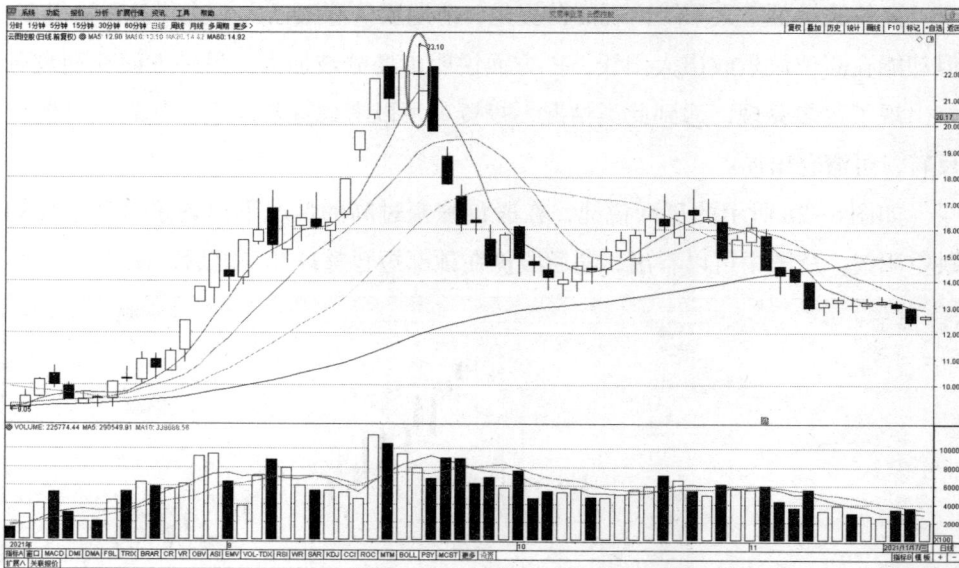

图 5-29 云图控股高位放量十字星

四、高位放量打开涨停板

股价短期连续涨幅较大，某日封上涨停后，盘中出现放量打开涨停板的情况，有的则是尾盘快速跳水，这时就应该考虑主力借涨停板出货的可能性，特别是打开幅度过大，持续时间较长的情况。遇到此类情况，投资者应逐步减仓，如果次日股价反转，应果断清仓出局。

如图 5-30 所示的大悦城，午后开盘一度封住涨停，但是约半小时后开始有大单将涨停板打开，最终以绿盘报收。遇到此类情况，如果当时股价涨幅过高，则应该在当天果断离场。图 5-31 标注为其当日所处 K 线位置。

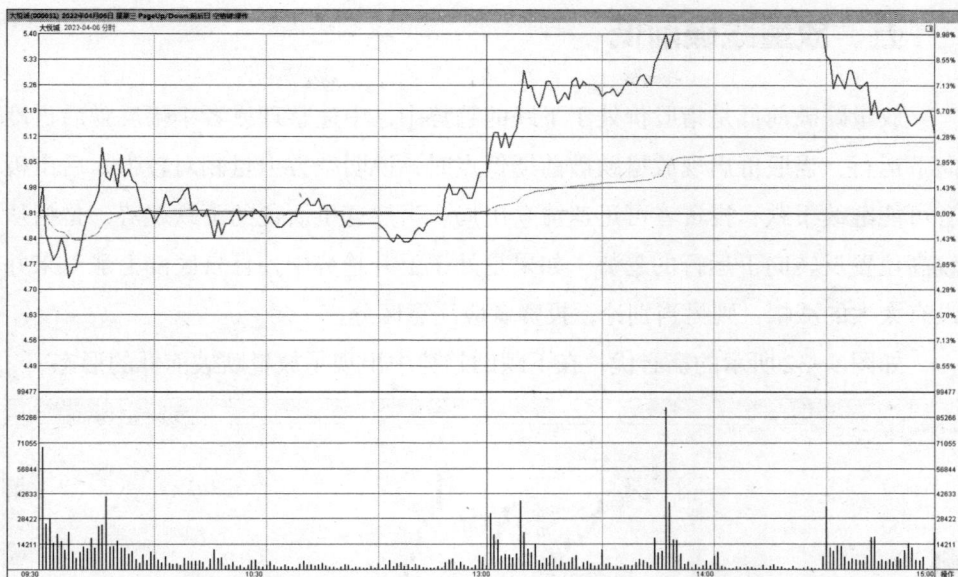

图 5-30　大悦城高位放量打开涨停板

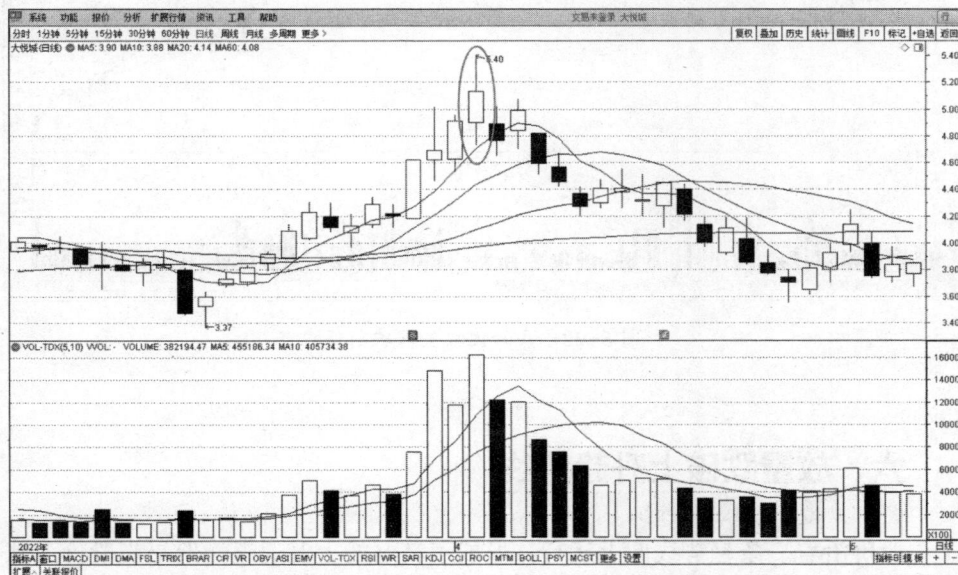

图 5-31　大悦城 K 线图

五、放量跌破前低

放量跌破前低是指股价处于下跌的趋势中，中途整理或者小幅反弹后再度向下运行，当股价出现放量跌破前期低点时，说明空方力量相对较强，后市极有可能继续下跌，投资者可迅速清仓出局。当然这里所说的下跌趋势，是指从较高位置反转向下运行的趋势。如果是处于上升趋势中，且自底部上涨以来并没有太大的涨幅，则另当别论，投资者应注意区分。

如图 5-32 所示的嘉必优，在下跌的趋势中出现了放量跌破前低的形态。

图 5-32　嘉必优放量跌破前低

六、放量跌破上升趋势线

股价沿着一条趋势线向上运行，形成了良好的上升通道，但是当股价上涨到一定幅度，由于获利盘增多，必然会有获利盘涌出，同时主力在达到赢利目标之后也会逐步出货，随着大量卖盘的涌出，股价往往会应声下跌。一旦股价放量跌破趋势线，投资者应出局观望。而如果股价前期涨幅不大，当股价重回趋势线之上时可以再考虑买入，短线操作。

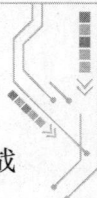

如图 5-33 所示的中原内配，在放量跌破趋势线后，股价一路下跌。实战中，遇到此类情况，一定要果断清仓，特别是跌破了长期的上涨趋势线。

图 5-33　中原内配放量跌破上升趋势线

七、高位放量跌破形态颈线

形态颈线指的"是双顶""三重顶""头肩顶"等形态的颈线位置，一旦股价在这样的位置出现了放量的大阴线，后市走弱的可能性极大。特别是在前期股价涨幅巨大的情况下，投资者应出局观望。如果没有来得及清仓，那么很多情况下会有一个回探颈线的动作，这个时候就是最后的逃命机会。

如图 5-34 所示的信邦制药，在跌破头肩顶的颈线位置后连续暴跌。投资者如果不及时止损，后果不堪设想。

图 5-34　信邦制药高位放量跌破形态颈线

第6章 根据技术指标进行短线操作

技术指标一直是投资者进行交易的参考依据,灵活运用好技术指标可以在很大程度上帮助我们做出正确的投资决策。目前各类指标已达百余种,而且仍有投资者在进行新指标的开发。本章我们节选了一些有代表性的指标进行介绍,不讲其计算方式和生成的方法,只讲其应用方法,希望能消除新朋友对技术指标的恐惧心理,以积累更多实战经验。

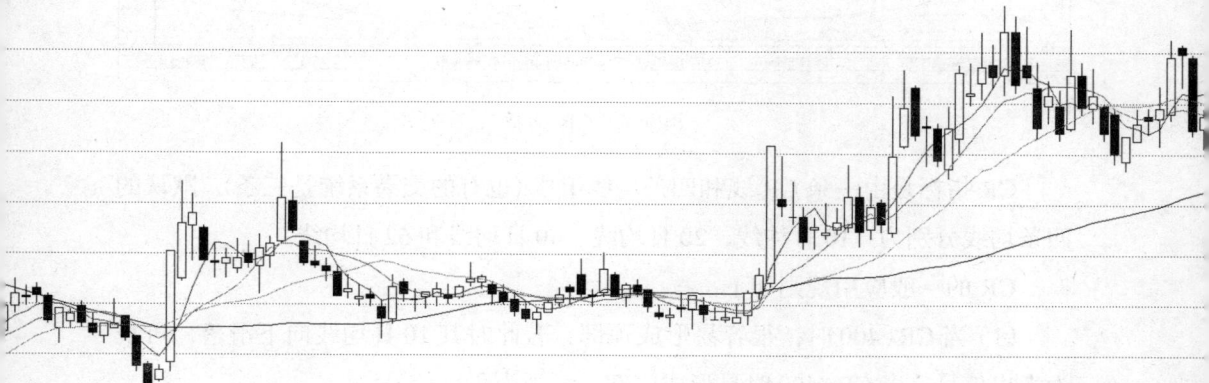

第一节　能量指标

一、带状能量线——CR 指标

CR 指标又叫中间意愿指标，是分析股市多空双方力量对比、把握买卖股票时机的一种技术分析工具。CR 既能够测量价格动量的潜能，又能够测量人气的热度，同时还能够显示压力带和支撑带。在行情软件中，输入 CR 按回车键，可以显示该指标。如图 6-1 所示。

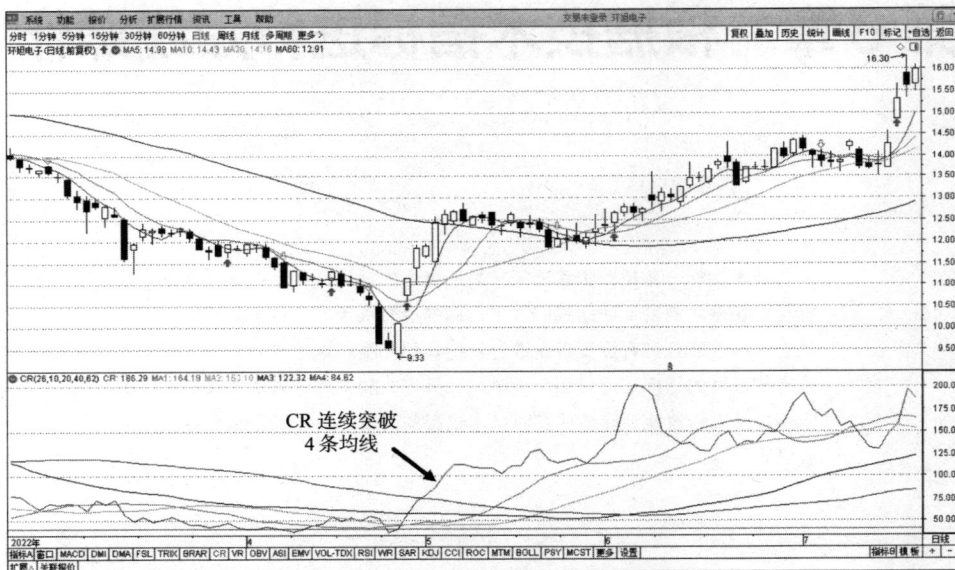

图 6-1　CR 指标

CR 指标是由一条 CR 线和四条均线组成（也有的交易系统是三条），默认的四条均线分别为：10 日均线、20 日均线、40 日均线和 62 日均线。

CR 的一般应用规则如下：

（1）当 CR>400 时，很容易形成顶部，若此时其 10 日均线向下滑落，可视为卖出信号；当 CR<400 时易形成底部，可视为买入信号。

（2）CR 由高点下滑至其四条平均线下方时，股价容易形成短期底部。

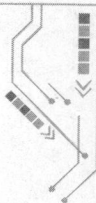

（3）CR 由下往上连续突破其四条平均线时，为强势买进点。

（4）CR 高于 300～400 时，股价很容易向下反转，可波段卖出。

二、正成交量指标——PVI

正成交量指标又称为正量指标，该指标是辨别目前市场行情是处于多头行情还是空头行情，并追踪市场资金流向。识别主力资金是否在不动声色地购进股票或抛出，从而得出市场的操作策略。在行情软件中输入 PVI，可以显示该指标。如图 6-2 所示。

图 6-2　PVI 指标

PVI 指标的使用规则如下：

（1）PVI 指标位于其 N 天移动平均线之上时，表示目前处于多头市场，PVI 指标位于其 N 天移动平均线之下时，表示目前处于空头市场。

（2）PVI 指标由下往上穿越其 N 天移动平均线，是中期买入信号；PVI 指标由上往下穿越其 N 天移动平均线时，是中期卖出信号。

三、负成交量指标——NVI

NVI 指标的作用与正量指标相类似，通常是配合 PVI 同时使用。主要用途除了用于寻找买卖点之外，更是侦测大多头市场的主要分析工具。NVI 指标与 PVI 指标实际上是同样的作用，只是观察的目标不同而已。如果两种指标的信号同时发生，但 NVI 指标结果更为可靠。不过 NVI 指标对买卖点的反应比较迟钝。在软件中输入 NVI 可以显示该指标。如图 6-3 所示。

图 6-3　NVI 指标

NVI 的一般用法如下：

（1）NVI 指标位于其 N 天移动平均线之上时，表示目前处于多头市场；NVI 指标位于其 N 天移动平均线之下时，表示目前处于空头市场。

（2）NVI 指标由下往上穿越其 N 天移动平均线，可视为买入信号；NVI 指标由上往下穿越其 N 天移动平均线时，可视为卖出信号。

（3）当 NVI 指标与 PVI 指标分别向上穿越其 N 天移动平均线时，可视为大多头信号。

四、梅斯线——MASS

MASS 梅斯线最主要的作用是寻找飙涨股或者极度弱势股的重要趋势反转点。它是所有区间震荡指标中风险系数最小的一个。在行情软件中输入 MASS 可以显示该指标。如图 6-4 所示。

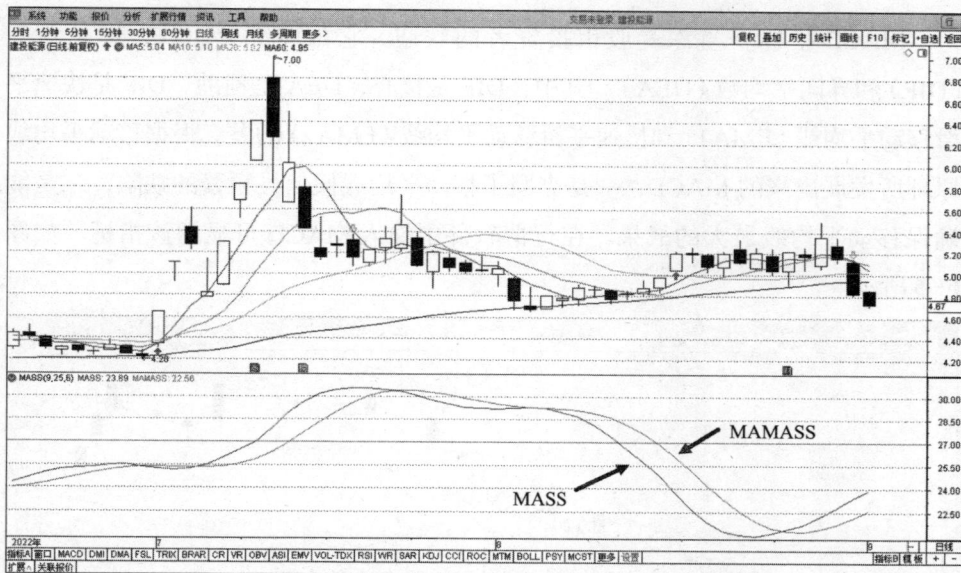

图 6-4　梅斯线

MASS 线是由 MASS 和其均线组成，其使用规则如下：

（1）MASS>27 后，随后又跌破 26.5，此时股价若呈上涨状态，则卖出。

（2）MASS<27 后，随后又跌破 26.5，此时股价若呈下跌状态，则买进。

（3）MASS<25 的行情，不宜进行投资。

第二节　趋势指标

一、平滑异动平均指标——MACD

MACD 指标一直深受股市投资者的欢迎。它由两部分组成，即正负差（DIF）和异同平均数（DEA）。其中，DIF 是核心，DEA 是辅助。DIF 是快速平滑移动平均线（EMA1）和慢速平滑移动平均线（EMA2）的差。根据移动平均线原理所发展出来的 MACD，一是克服了移动平均线假信号频繁的缺陷，二是能确保移动平均线最大的战果。在行情软件中输入 MACD 可显示该指标。如图 6-5 所示。

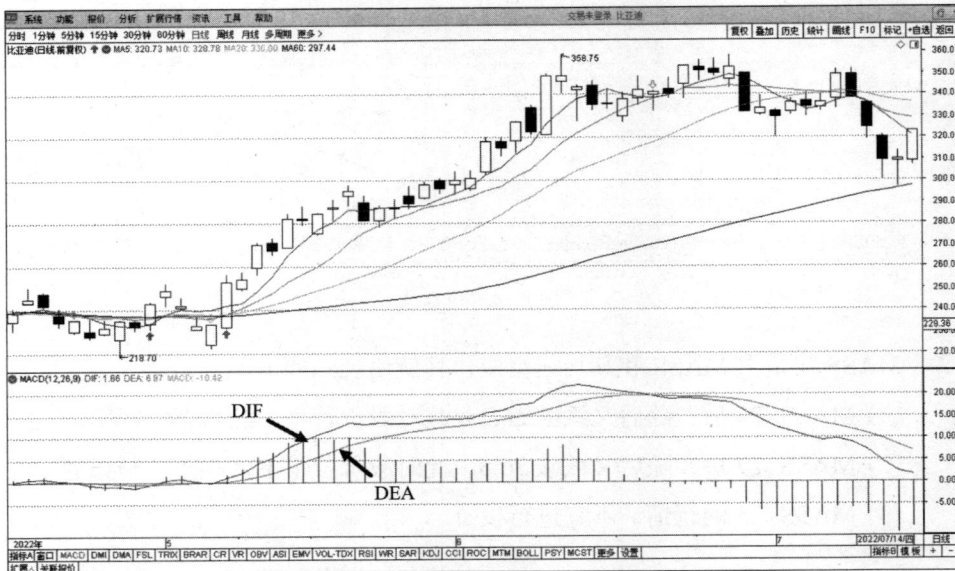

图 6-5　MACD 指标

MACD 是一个中、长期趋势的投资技术工具，DIF 与 DEA 形成了两条快慢移动线，买进卖出信号取决于这两条线的运行趋势和交叉点。DIF 与 DEA 均为正值，即都在零轴线以上时，大势属于多头市场；DIF 与 DEA 均为负值，即都在零轴线以下时，大势属于空头市场。

MACD 使用方法如下：

（1）在 0 轴之上，当 DIF 值向下穿过 DEA 值时为卖出信号。

（2）在 0 轴之下，当 DIF 值向上穿过 DEA 值时为买入信号。

（3）柱状线的持续收缩表明趋势运行的强度正在逐渐减弱，当柱状线颜色发生改变时，趋势确定转折。但在一些时间周期不长的 MACD 指标使用过程中，这一观点并不能完全成立。

MACD 也存在一些缺点：

（1）当股价处于盘整或指数波动不明显时，MACD 买卖信号较不明显。

（2）当股价在短时间内上下波动较大时，因 MACD 的移动相当缓慢，所以不会立即对股价的变动产生买卖信号。

（3）当大盘处于牛皮市时，指标 DIF 线与 MACD 线的交叉将会十分频繁，同时柱状线的收放也将频频出现，颜色也会常常由绿转红或者由红转绿，此时 MACD 指标处于失真状态，使用价值相应降低。

二、平均差指标——DMA

DMA 指标是趋向类指标，也是一种趋势分析指标。它依据快慢两条移动平均线的差值情况来分析价格趋势的一种技术分析指标。即通过计算两条基准周期不同的移动平均线的差值，来判断当前买入、卖出的能量大小和未来价格走势的趋势。在行情软件中输入 DMA 可显示该指标。如图 6-6 所示。

DMA 指标在波段操作中的应用法则：

（1）当 DMA 和 AMA 均大于 0 并向上移动时，表示股市处于多头行情中，可以买入或持股。

（2）当 DMA 和 AMA 均小于 0 并向下移动时，一般表示股市处于空头行情中，可以卖出股票或观望。

（3）当 DMA 和 AMA 均大于 0，但在经过一段比较长时间的向上运动后，如果两者同时从高位向下移动，一般表示股票行情处于退潮阶段，股票将下跌，可以卖出股票和观望。

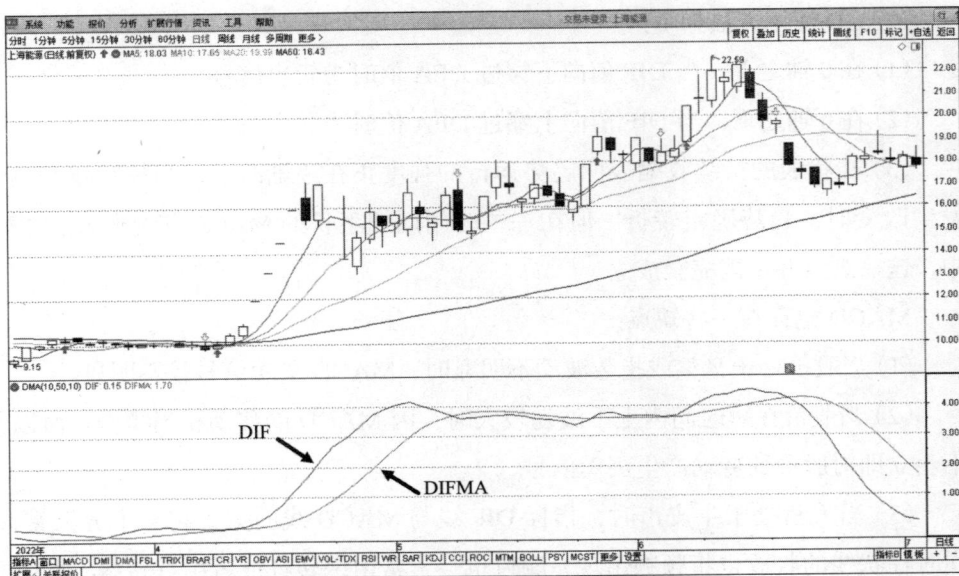

图 6-6　DMA 指标

（4）当 DMA 和 AMA 均小于 0 时，但在经过一段比较长时间的向下运动后，如果两者同时从低位向上移动，一般表示短期行情即将启动，股票将上涨，可以短期买进股票或持股待涨。

（5）DMA 上穿平均线时，为买入信号。DMA 下穿平均线时，为卖出信号。

三、终极指标——UOS

终极指标，由拉里·威廉姆斯（Larry Williams）所创。他认为现行使用的各种震荡指标对于周期参数的选择相当敏感。不同市况、不同参数设定的震荡指标，产生的结果截然不同。因此，选择最佳的参数组合成为使用震荡指标之前最重要的一道手续。

为了将参数周期调至最佳状况，他经过不断测试，先找出三个周期不同的震荡指标，再将这些周期参数按照反比例的方式制作成常数因子，然后，依照加权的方式，将三个周期不同的震荡指标，分别乘以不同比例的常数，加以综合制作成 UOS 指标。

经过一连串参数顺化的过程后，UOS指标比一般单一参数的震荡指标，更能够顺应各种不同的市况。UOS是一种多方位功能的指标，除了趋势确认及超买超卖方面的作用之外，它的"突破"信号不仅可以提供最适当的交易时机，还可以进一步加强指标的可靠度。如图6-7所示。

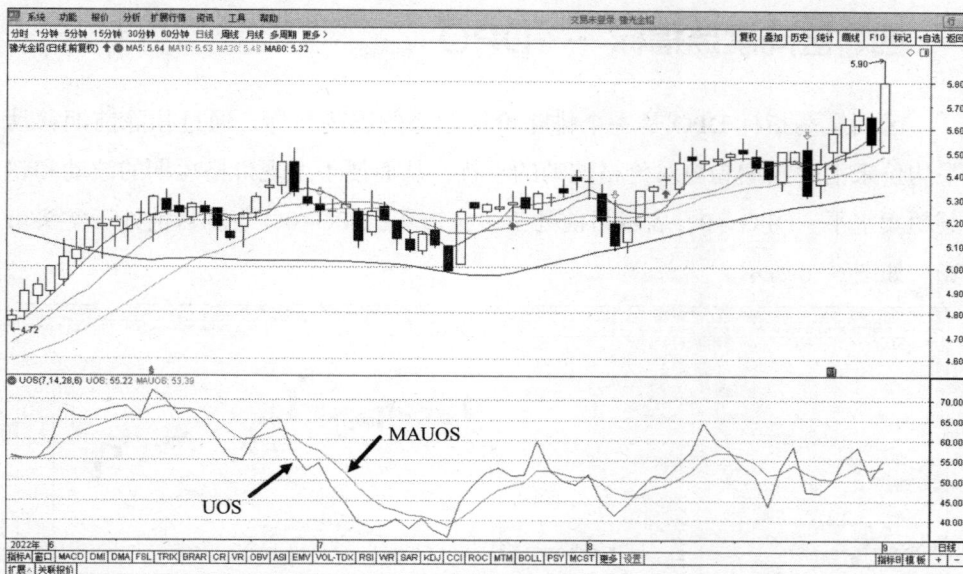

图6-7 UOS指标

UOS指标由UOS线和其均线两条线组成，均线默认为6日线。

UOS指标使用方法如下：

（1）UOS指标上升至50～70，随后又向下跌破50时，是短线卖出信号；当UOS向上突破65时，可作为短线的投机性买进信号。

（2）UOS指标上升至70以上，随后又向下跌破70时，是中线卖出信号；UOS指标下跌至35以下，随后向上回升突破35时，可作为中线买进信号。

（3）股价创新高点，UOS指标并未伴随创新高，两者产生背离时，是多头趋势即将结束的警告信号。注意必须位于50之上，其多头背离信号才可信任。

（4）股价创新低点，UOS指标并未伴随创新低，两者产生背离时，是空头趋势即将结束的警告信号。注意必须下跌至35以下，其空头背离信号才可信任。

（5）多头背离现象发生后，UOS 指标向下跌破其背离区的 N 字波低点时，是中线卖出的确认信号。空头"背离"现象发生后，UOS 指标向上突破其背离区的 N 字形高点时，是中线买进的确认信号。

四、区间震荡指标——DPO

区间震荡指标 DPO 是一个排除价格趋势的震荡指标，通过扣除前期移动平均价来消除长期趋势对价格波动的干扰，从而便于发现价格短期的波动和超买超卖水平。DPO >0，表示目前处于多头市场；DPO<0，表示目前处于空头市场。如图 6-8 所示。

图 6-8　DPO 指标

DPO 指标是由一条区间震荡线和一条均线组成，均线通常取 6 日作为参考。在操作中的应用法则如下：

（1）在 0 轴上方设定一条超买线，当 DPO 波动至超买线时，股价会形成短期高点，应择机卖出。

（2）在 0 轴下方设定一条超卖线，当 DPO 波动至超卖线时，股价会形成短期低点，可择机买入。

五、简易波动指标——EMV

EMV 简易波动指标是指用相对成交量除以相对振幅，作为衡量股价中间价波动百分比的基数，来得到股价中间价的相对波动范围。EMV 值上升代表放量上涨，在价格的上升阶段是正常的信号；EMV 值下降，代表缩量下跌，在价格的下跌阶段，也是一个正常的信号。在行情软件中输入 EMV 可显示该指标。如图 6-9 所示。

图 6-9　EMV 指标

EMV 指标是由一条 EMV 线和一条均线组成。EMV 指标在操作中的应用规则如下：

（1）当 EMV 由下往上穿越 0 轴时，可作为中期买入信号。

（2）当 EMV 由上往下穿越 0 轴时，可作为中期卖出信号。

（3）EMV 的平均线穿越 0 轴，产生假信号的机会较少。

六、布林线指标——BOLL

布林线由约翰·布林先生创造，它是利用统计原理，求出股价的标准差及其信赖区间，从而确定股价的波动范围及未来走势，利用波带显示股价的安全高低价位，因而也被称为布林带。其上下限范围不固定，随股价的滚动而变化。股价波动在上限和下限的区间之内，这条带状区的宽窄，随着股价波动幅度的大小而变化，股价涨跌幅度加大时，带状区变宽，涨跌幅度狭小盘整时，带状区则变窄。从严格意义上讲，布林指标是一种路径指标。这里我们暂且归类为趋势指标。

在 K 线界面中输入 BOLL，就可以将 K 线与 BOLL 线叠加。如图 6-10 所示。

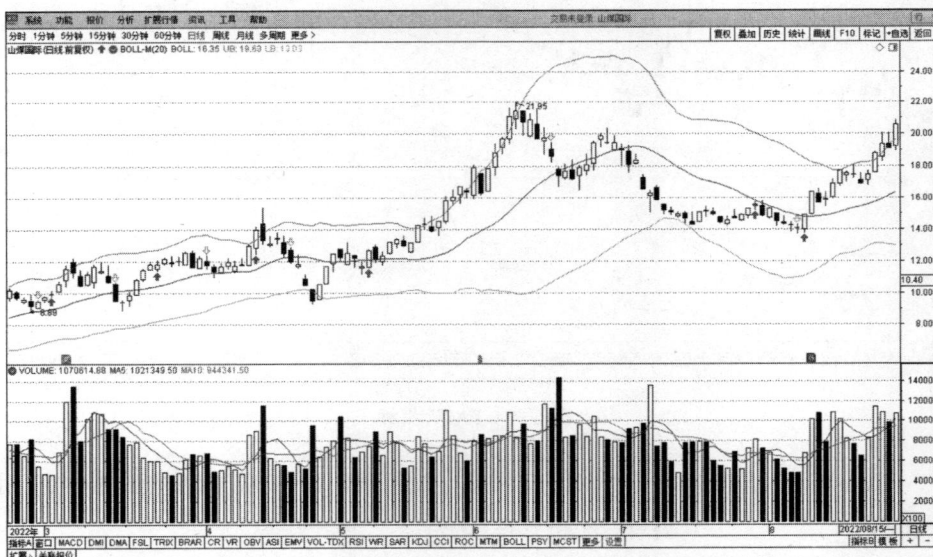

图 6-10　布林线指标

其使用规则如下：

（1）当布林线的上、中、下轨线同时向上运行时，说明股价强势特征非常明显，股价短期内将继续上涨，投资者应坚决持股待涨或逢低买入。

（2）当布林线的上、中、下轨线同时向下运行时，说明股价的弱势特征非常明显，股价短期内将继续下跌，投资者应坚决持币观望或逢高卖出。

（3）当布林线的上轨线向下运行，而中轨线和下轨线却还在向上运行时，说明股价处于整理态势之中。如果股价处于长期上升趋势时，则说明股价是上涨途中的强势整理，投资者可以持股观望或逢低买入；如果股价处于长期下跌趋势时，则表明股价是下跌途中的弱势整理，投资者应以持币观望或逢高减仓为主。

第三节　超买超卖指标

一、商品路径指标——CCI

CCI 指标又叫顺势指标，是指导股市投资的一种中短线指标。通常 CCI 为正值时，为多头市场；CCI 为负值时，为空头市场。常态行情中，CCI 在 ±100之间波动；强势行情中，CCI 会大于 +100；弱市行情中，CCI 会小于 −100。在行情软件中输入 CCI 可以显示该指标。如图 6-11 所示。

图 6-11　CCI 指标

CCI 指标在波段操作中的应用法则：

（1）当 CCI 指标从下向上突破 +100 线而进入非常态区间时，表明股价脱离常态而进入异常波动阶段，中短线投资者可适当买入，如果有较大的成交量配合，买入信号则更为可靠。

（2）当 CCI 指标从上向下跌破 −100 线而进入另一个非常态区间时，预示着股价的盘整阶段已经结束，将进入一个比较长的探底过程，操作上应以持币观

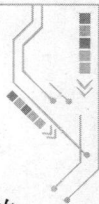

望为主。

（3）当 CCI 指标从上向下突破 +100 线而重新进入常态区间时，表明股价的上涨阶段可能结束，将进入一个比较长时间的盘整阶段，投资者应及时逢高卖出股票。

（4）当 CCI 指标从下向上突破 −100 线而重新进入常态区间时，表明股价的探底阶段可能结束，又将进入一个盘整阶段，投资者可以逢低少量买入股票。

二、资金流量指标——MFI

资金流量指标是指相对强弱指标 RSI 和人气指标 OBV 两者的结合。可用于测度交易量的动量和投资兴趣，而交易量的变化为股价未来的变化提供了线索，所以 MFI 指标可以帮助判断股票价格变化的趋势。在行情软件中输入 MFI 可以显示该指标。如图 6-12 所示。

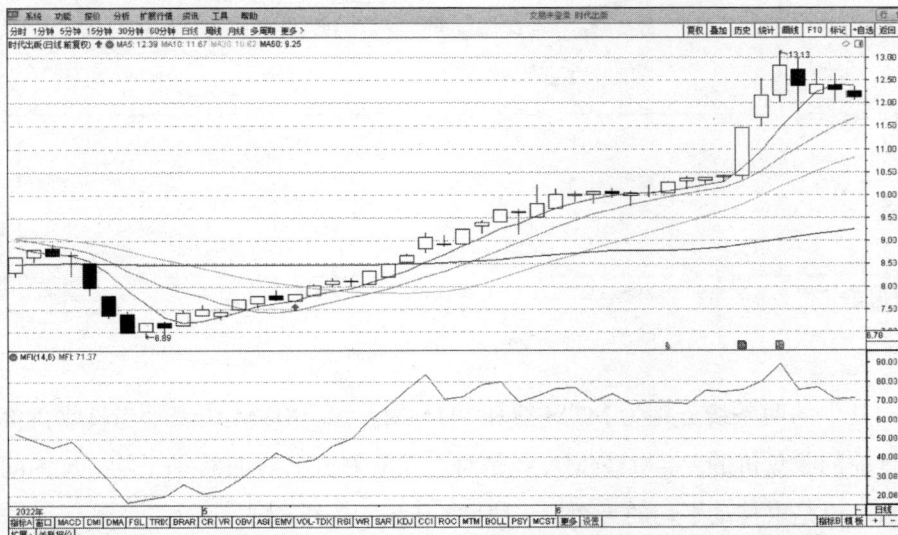

图 6-12　MFI 指标

MFI 最基本的功能是显示超买超卖。其应用法则如下：

（1）当 MFI > 80 时为超买，在其回头向下跌破 80 时，为短线卖出时机。

（2）当 MFI < 20 时为超卖，当其回头向上突破 20 时，为短线买进时机。

（3）当 MFI > 80 而产生背离现象时，视为卖出信号。当 MFI < 20 而产生背离现象时，视为买进信号。

三、动量线指标——MTM

MTM 指标又叫动量指标，是一种专门研究股价波动的中短期技术分析工具。它是从股票市场的恒速原理出发，考察股价的涨跌速度，以股价涨跌速度的变化（匀速、加速或减速）分析股价趋势的指标。如图 6-13 所示。

图 6-13　MTM 指标

其中的两条线分别为 MTM 线和 MTMMA 线。MTM 线表示当日收盘价与 N 日前的收盘价的差，MTMMA 线是对上面的差值求 N 日移动平均。N 为间隔天数，也是求移动平均的天数，一般取 6 天。

MTM 指标使用规则如下：

（1）MTM 从下向上突破 MTMMA，为买入信号。

（2）MTM 从上向下跌破 MTMMA，为卖出信号。

（3）股价续创新高，而 MTM 未配合上升，意味上涨动力减弱，应择机卖出。

（4）股价续创新低，而 MTM 未配合下降，意味下跌动力减弱，可逢低买入。

（5）股价与 MTM 在低位同步上升，将有反弹行情；反之，从高位同步下降，将有回落走势。

四、变动速率线指标——OSC

OSC 也叫震荡指标，从移动平均线原理派生出来的一种分析指标，反映当前价格与一段时间内平均价格的差离值。按照移动平均线的原理，根据 OSC 的值可推断价格的趋势。如果远离平均线，就很可能向平均线回归。

变动速率线指标比较类似于动量指标 MTM，因此在使用方法上两者有相似之处和互补作用。OSC 以 100 为中轴线，OSC >100 为多头市场；OSC<100 为空头市场。

OSC 也有两根曲线，一个是 OSC 线，一个是其移动平均线，周期一般为 6 日。如图 6-14 所示。

图 6-14 OSC 指标

OSC 的使用规则如下：

（1）OSC 线上穿其平均线时，为买进信号。

（2）OSC 线下穿其平均线时，为卖出信号。

（3）OSC 指标的底背离预示股价将上涨，OSC 指标的顶背离预示股价将下跌。

五、变动率指标——ROC

变动率指标 ROC 是以当日的收盘价和 N 天前的收盘价比较，通过计算股价某一段时间内收盘价变动的比例，应用价格的移动比较来测量价位动量，达到事先探测股价买卖供需力量的强弱，进而分析股价的趋势及其是否有转势的意愿。

ROC 也有两根曲线，一个是 ROC 线，一个是其移动平均线，周期一般为 6 日。在行情软件中输入 ROC 可以显示该指标。如图 6-15 所示。

图 6-15 ROC 指标

ROC 的使用规则如下：

（1）当 ROC 由下往上穿破 0 时为波段买进信号。

（2）当 ROC 由下往上穿破 MAROC 时为买进信号；当 ROC 由上往下跌破 MAROC 时为卖出时机。

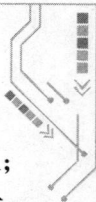

（3）当股价创出新低，而 ROC 未配合下降，表明下跌动力减弱，可买入；当股价创新高点，ROC 未配合上升，表明上涨动力减弱，股价有可能反转向下，应卖出。

六、相对强弱指标——RSI

相对强弱指标最早被应用于期货买卖，后来投资者发现它也适合于股票市场的短线投资，于是被用于股票升跌的测量和分析中。

RSI 指标是通过比较一段时期内的平均收盘涨数和平均收盘跌数来分析市场买卖盘的意向和实力，从而分析未来市场的走势。在行情软件中输入 RSI 可以显示该指标。如图 6-16 所示。

图 6-16　RSI 指标

RSI 有三个指数，其中 RSI1 表示 6 日相对强弱，RSI2 表示 12 日相对强弱，RSI3 表示 24 日相对强弱。

RSI 以 50 为中界线，大于 50 视为多头行情，小于 50 视为空头行情；其使用规则如下：

（1）RSI>80 时为超买，要密切关注，注意风险；RSI<20 时为超卖，股价可能不久会反转，可择机买入。

（2）RSI 在 80 以上形成 M 头或头肩顶形态时，可视为向下反转信号；RSI 在 20 以下形成 W 底或头肩底形态时，可视为向上反转信号。

实战中，当发生单边行情时，该指标在高档或低档时会有钝化的现象，因此会发生过早卖出或买进，容易发出错误的操作信号。

七、随机指标——KDJ

KDJ 主要用于推算行情涨跌的强弱势头，从而找出买点或卖点。KDJ 是一个颇具实战意义的技术指标，因此深受广大投资者的喜爱。

随机指标在图表上共有三根线，即 K 线、D 线和 J 线。其中，K 线为快速指标，D 线为慢速指标，随机指数的最大值为 100，最小值为 0；J 线为方向明暗线，其值可以大于 100 或者小于 0。如图 6-17 所示。

图 6-17　KDJ 指标

KDJ 指标的应用原则如下：

（1）K 线由下转上为买入信号，由上转下为卖出信号。

（2）K 线在低位上穿 D 线为买入信号，K 线在高位下穿 D 线为卖出信号。

（3）指标 >80 时，回档概率较大；指标 <20 时，反弹概率较大。

（4）J>100 时，股价易反转下跌；J<0 时，股价易反转上涨。

八、乖离率指标——BIAS

乖离率 BIAS 指标是指股价与平均移动线之间的偏离程度，通过百分比的形式来表示股价与平均移动线之间的差距。乖离率是由移动平均原理派生出来的一种技术分析指标，它是通过一定的数学公式来计算和总结出价格偏离移动平均线的程度，并指出买卖时机。同样，在行情软件中输入 BIAS 可以显示该指标。如图 6-18 所示。

图 6-18　BIAS 指标

BIAS 指标共有三条指标线，参数 N 的取值有很多种，常见的有两大种。一种是 6 日、12 日、18 日、24 日等，以 6 的倍数为参数；一种是以 5 日、10 日、30 日和 60 日等，以 5 的倍数为参数。不过尽管它们数值不同，但分析方法和研判功能相差无几。

乖离率是测量股价偏离均线大小程度的指标，当股价偏离市场平均成本太大，都有一个回归的过程，即所谓的"物极必反"。

BIAS 的使用方法如下：

（1）BIAS 指标表示收盘价与移动平均线之间的差距。当股价的正乖离扩大到一定极限时，表示短期获利越大，则获利回吐的可能性越高，是卖出信号；当股价的负乖离扩大到一定极限时，则空头回补的可能性越高，是买入信号。

（2）乖离率可分为正乖离率与负乖离率。若股价大于平均线，则为正乖离；股价小于平均线，则为负乖离。当股价与平均线相等时，则乖离率为零。正乖离率越大，表示短期超买越大，则越有可能见顶；负乖离率越大，表示短期超卖越大，则越有可能见底。

（3）股价与 BIAS 指标的关系。在不同市场、不同时期、不同周期，即不同移动平均线算法所得出的 BIAS 值是不同的。在多头行情中，会出现许多高价，太早卖出会错失一段行情，可于先前高价的正乖离率点卖出；在空头市场时，亦会使负乖离率加大，可于先前低价的负乖离点买进。

（4）6 日 BIAS 大于 +5% 为卖出时机，小于 −5% 为买入时机；12 日 BIAS 大于 +6% 为卖出时机，小于 −5.5% 为买入时机；24 日 BIAS 大于 +9% 为卖出时机，小于 −8% 为买入时机。

需要指出的是，BIAS 指标的缺陷是买卖信号过于频繁。所以，在具体使用时应该与其他指标结合使用。

第7章　分时图中的买点与卖点

　　很多人会在同一天交易同一只股票，但是有人可以赚几个点，有人却亏了几个点，其原因当然是没有把握好买点。尽管分时图的走势几乎没有完全一样的（除了一字涨跌停板），但是主力的操盘手法往往是有迹可寻的。对于短线投资者来说，就要学会从这些曲折变幻的曲线中找到投资的买卖点。本章我们就来探讨如何利用分时图把握买点和卖点。

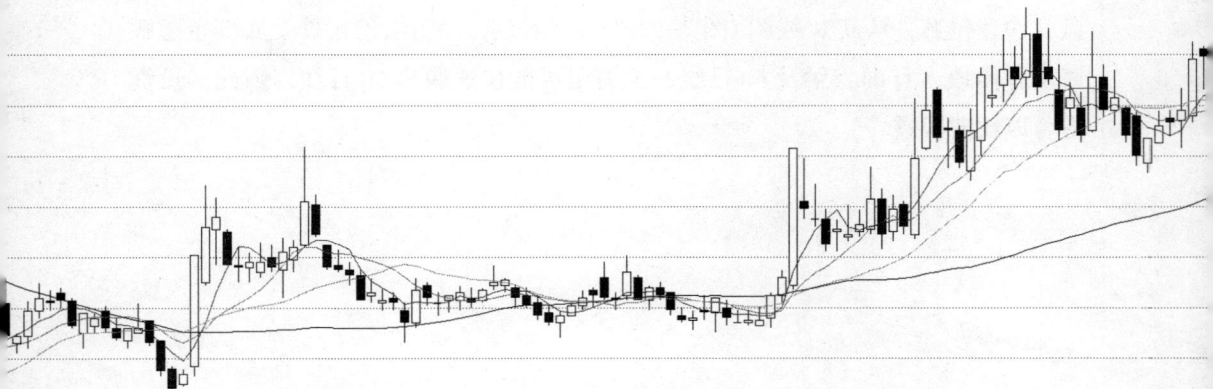

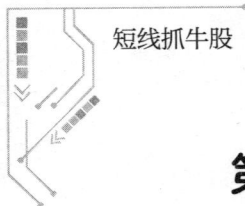

第一节　把握分时图中买点的技巧

因为股价在一天中的波动最大可以达到20%，所以当我们根据K线图寻找到目标股之后，要进行交易，还应该在分时图中找到一个合适的买点和卖点。这样就可以在更大程度上获利，下面我们来看看如何根据分时走势图把握一些买点。

一、放量突破整理平台时的买点

股价在一个平台上长时间整理，不管大盘如何震荡，其波动幅度都不受其影响，突然某一时刻出现放量，向上快速拉升脱离该平台，这时投资者就可以挂高跟进。通常当天就可以获利。

实战的过程中，遇到这种走势，还要注意其出现的位置。如果是股价处于较低的水平或者是上涨的初期，在买入后就可以持有一段时间，如果是在上涨的途中，买入后千万不要恋点，短线获利即出。而如果是出现在大幅上涨的高位，建议投资者不要去追买，因为这极有可能是主力为了吸引买盘进行出货的一种手法。

如图7-1所示的中成股份，早盘就一直在一个平台上小幅波动，午后一开盘就快速拉升，从其K线图（图7-2）中可以看到，当时股价正处于底部企稳触底反弹阶段，且即将触及60日线，主力很可能快速脱离60日线，因此，投资者可以快速跟进。

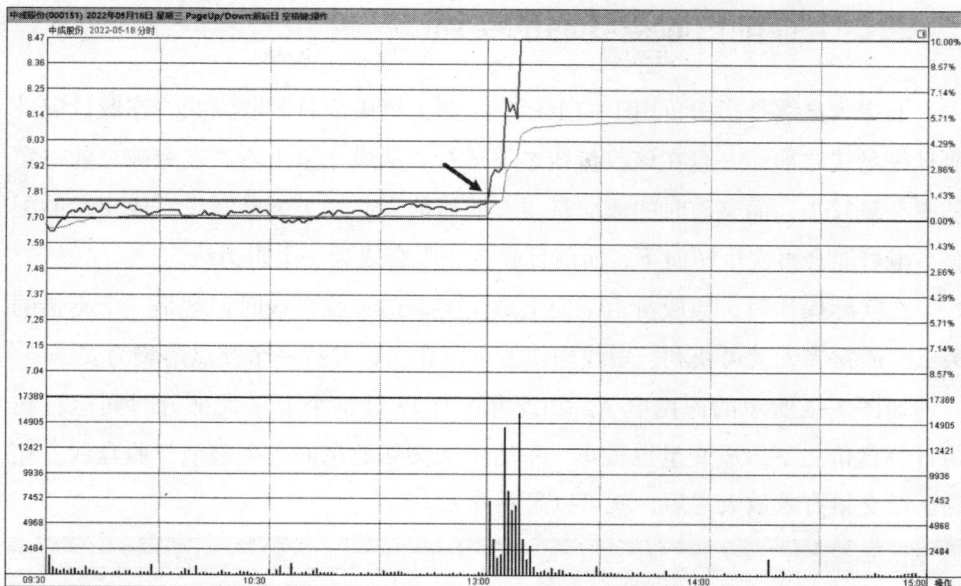

图 7-1　中成股份放量突破平台

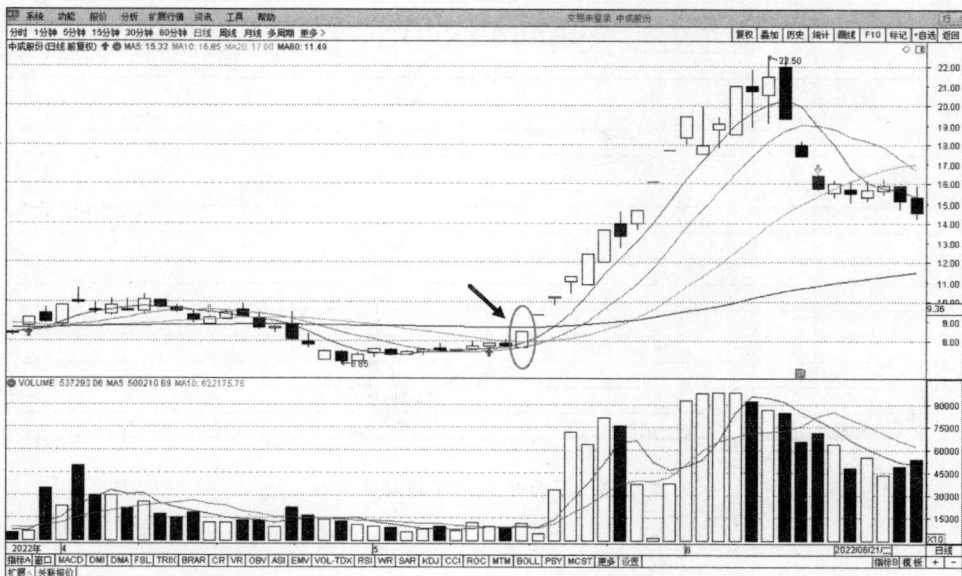

图 7-2　中成股份 K 线图

二、上穿前日收盘线时的买点

上穿收盘线是指股价由下向上运行，向上突破前日的收盘线。在股价突破前日收盘线之前，一直在该收盘线之下运行。从成交量上看，在突破之前一定是成交量较小，而突破时的成交量要有明显放大。如果突破时没有成交量的配合，很可能会再次反转向下，而前日收盘线则会成为一个阻力线。

在实际操作时，当股价由下向上放量突破前日收盘线时，就是一个不错的买点。通常当天就可获利，短线操作者可以在次日寻找一个高点落袋为安。

如图7-3所示的深南电A，2022年5月13日整个上午大部分时间运行在前日收盘价之下，成交量也较小，午后不久突然放量向上突破前日收盘线，在确认成交量有效放大之后，就可以果断介入。

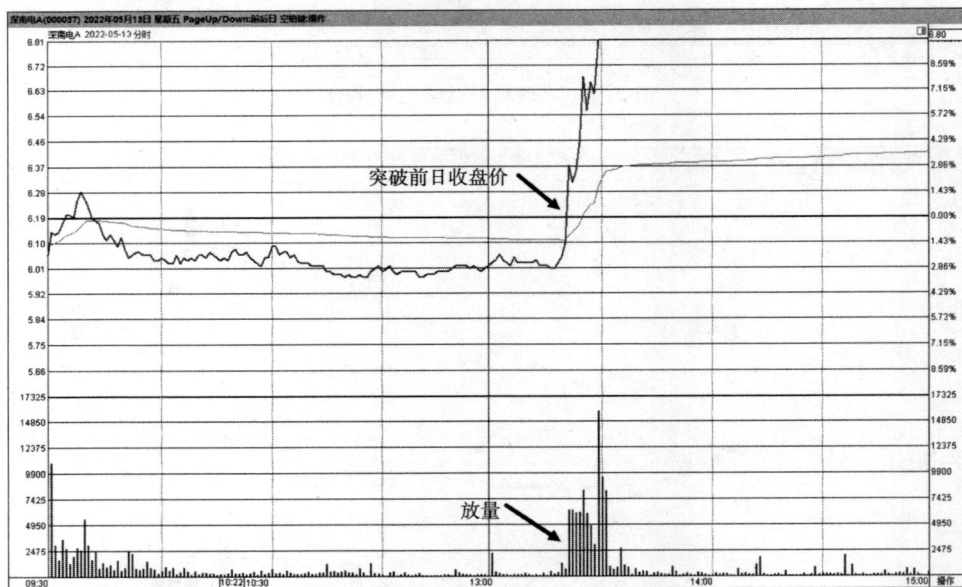

图7-3 深南电A上穿前日收盘线

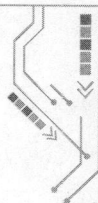

三、均线支撑时的买点

均线支撑是指股价每次下跌到均线附近或者短暂穿越均线就会受到均线的支撑而发生反弹。出现这种走势，表明盘中的买盘比较活跃，多方占据主动，封住了下跌空间。后市继续看涨。对于持股者来说，均线附近无疑是一次波段的好机会。通常股价在运行至均线附近时都会有一波反弹，因此在均线附近买入，然后择机卖出，则可以在当天实现 T+0，从而降低持股成本。如果是想建仓某只股票，那么均线附近也是一个不错的买点。当然，要注意观察成交量的变化，通常回调的过程是缩量的，而反弹的过程往往伴随着成交量的放大，这样的走势比较可靠。

实际操作中，如果出现这种走势时，股价不是处于市场的高位区域。股价在波动过程中回落到分时均线附近时，由于受到买盘的支撑而反弹，就可以放心参与。而如果这种走势出现在大幅度上涨的高位区域，则不建议介入，因为这很可能是主力为了达到出货目的故意设置的陷阱。

如图 7-4 所示的许继电气，2021 年 11 月 12 日在每一次触及均线时，都可以适当买入，完成一次 T+0 操作。

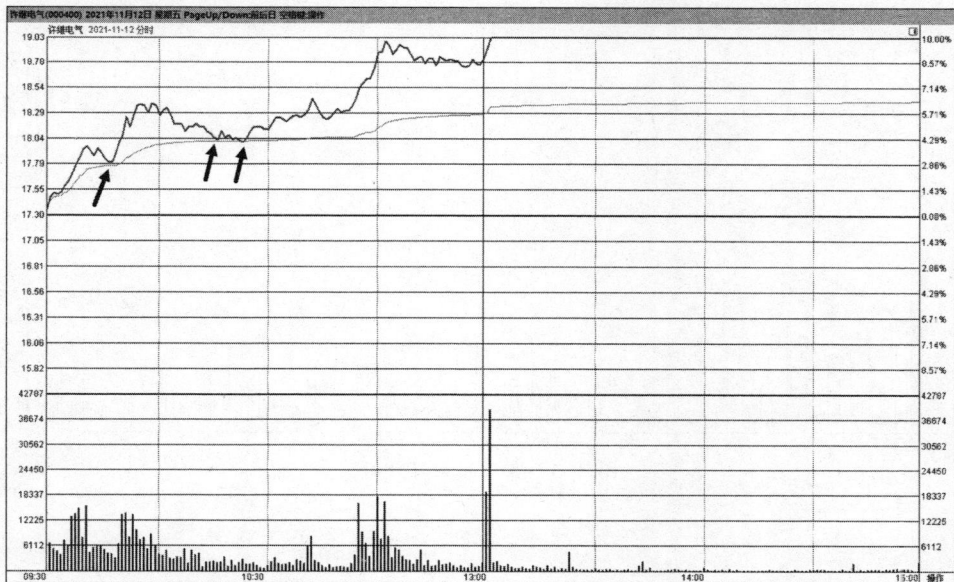

图 7-4　许继电气股价回调均线

四、V字尖底时的买点

V字尖底是股价急跌后又被快速拉起所形成的一个"V"形K线走势。一般是股价开盘后出现急跌后反弹的走势，也有的是在盘中出现急跌反弹形成的走势。该形态最低点的跌幅要大于或者等于2%，股价在低点停留的时间不能超过3分钟，并且股价线应该一直在均价线之下运行，最后形成V字尖底。

这种走势往往是主力通过利空和大盘下跌打压股价，以便清除浮动的筹码。通常出现在一波下跌行情之后的探底过程中，也有的出现在上升的途中。不管是哪个阶段，对于短线投资者来讲，都是一个不错的买入机会，通常次日卖出，都会有一定的获利空间。

如图7-5所示的农产品，就是在早盘收盘前形成了一个明显的V字尖底。股价随后展开反弹。从其K线图（图7-6）中也可以观察到，出现该走势之前，股价已经过一波下跌的行情，此时的急跌很有可能就是一种探底的过程。

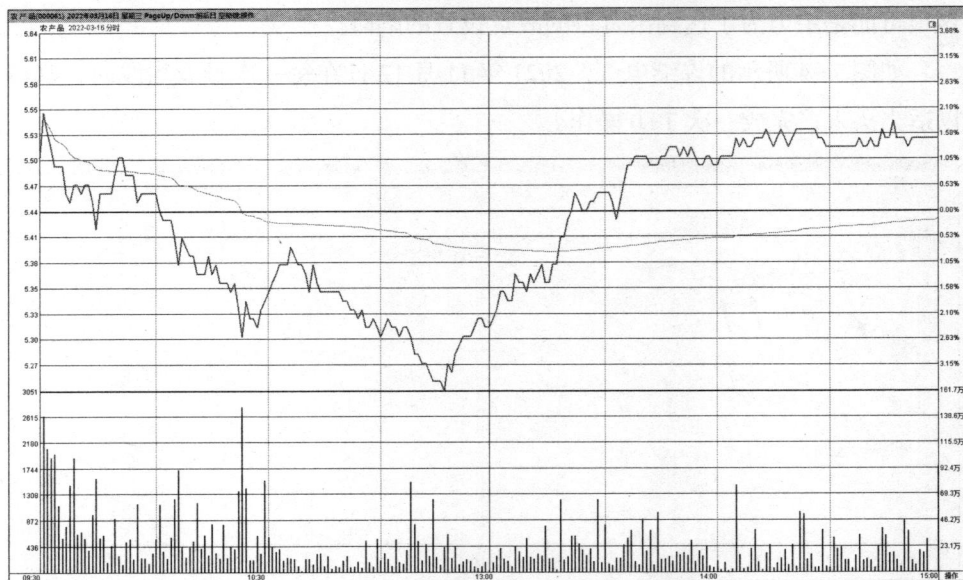

图7-5　农产品某日分时图

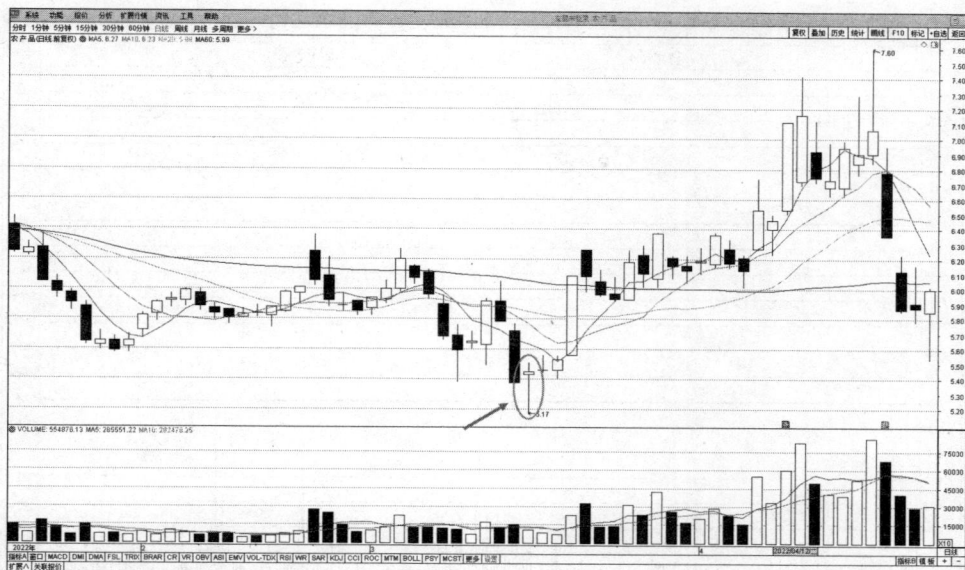

图 7-6　农产品 K 线图

五、台阶式上涨时的买点

台阶式上涨是指股价上升到一个价位之后就开始进入短暂整理阶段，之后再次上升，之后又一次进入整理阶段，如此反复。其主要特征就是每次被拉高的速度比较快，而且每次拉升都有放量配合。这样的情况通常都是非市场所为，多是主力采取对倒的方法把股价拉高。

投资者遇到这种走势，要根据股价所处的区域进行具体分析，如果是在底部刚启动不久，或者是上涨中途，则可以考虑参与。而如果是处于高位，这种拉升则有可能是庄家设下的陷阱，不建议盲目跟盘。另外，还应该注意成交量的变化，股价在短暂整理的阶段中应该是缩量的，而拉升时必须是放量的。

如图 7-7 所示的神州数码分时图，就是一个阶梯上升的走势，节奏感很强。从其 K 线图（图 7-8）中可以看出，该位置正是股价在经过一段时间的整理后向上突破之时，且当天成交量有明显放大，短线通常都会有一定的获利空间，因此可以放心介入。

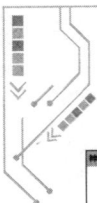

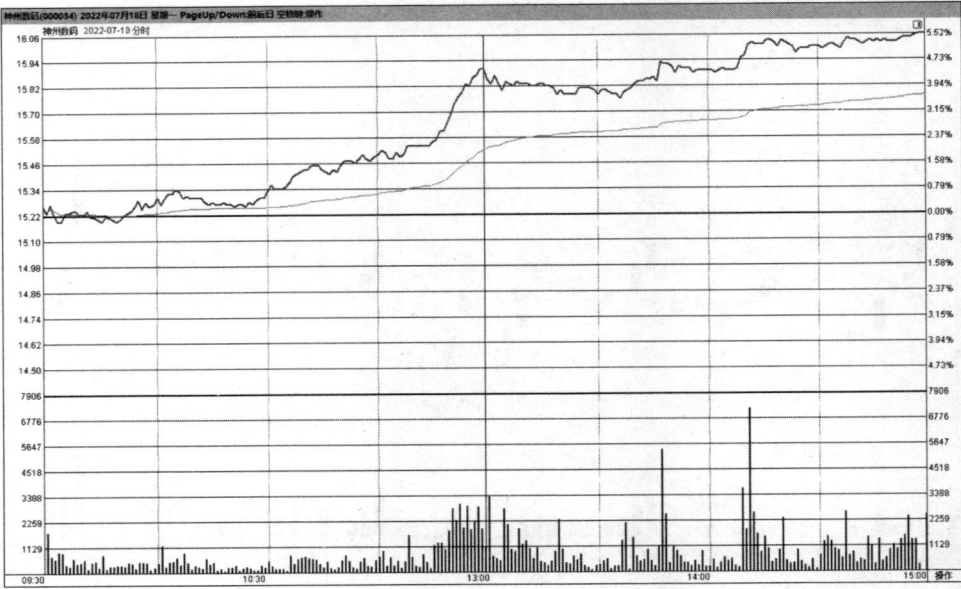

图 7-7　神州数码分时图

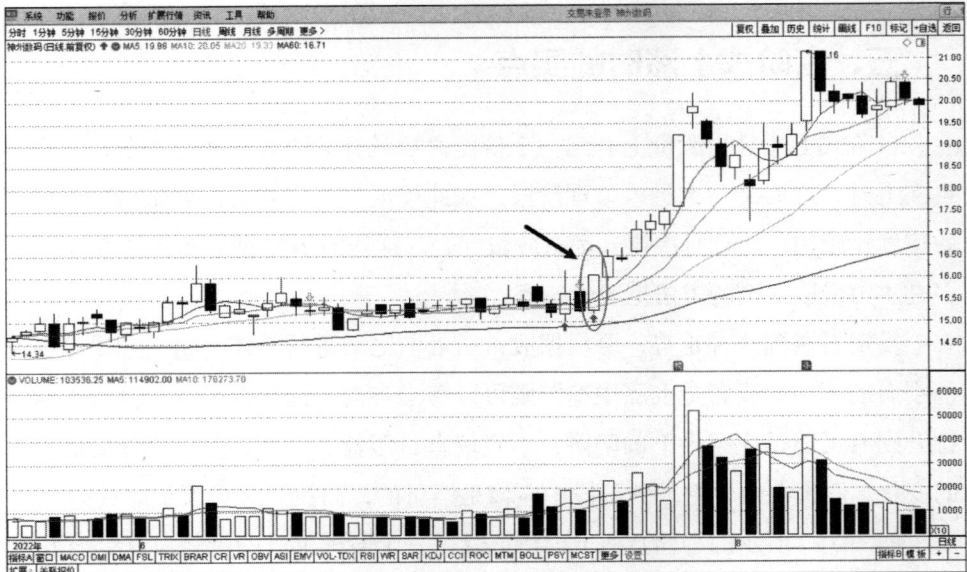

图 7-8　神州数码 K 线图

六、收盘线支撑时的买点

收盘支撑与均线支撑的含义相似，股价全天都运行在前日收盘线之上，偶尔有触及收盘线时，又会很快反弹。同样也说明多方力量占据主动，投资者可以适当关注。但如果这种走势出现在大幅上涨后的高位区域，则有可能是庄家利用这种护盘的方式进行出货。实际操作时，投资者要结合其所处的区域以及成交量等多方因素综合判断。

如图 7-9 所示的特力 A，盘中每次遇到昨日收盘线，都会有所支撑，说明主力在这一位置有一定的护盘动作，如果此时股价没有太大的涨幅，则可以适当买入。若股价前期已经有了较大幅度的上涨，则不宜重仓参与。当然具体还要结合大盘环境等因素综合考虑。

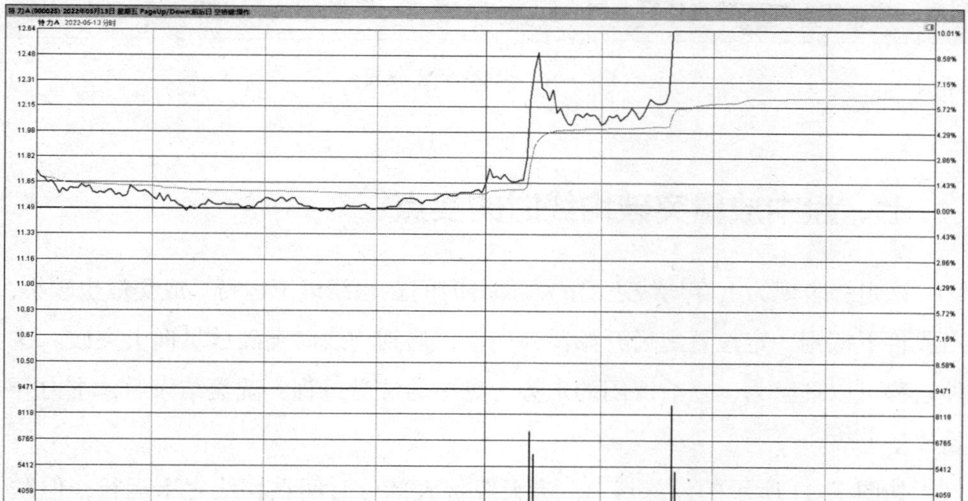

图 7-9 特力 A 某日分时图

从其 K 线图（图 7-10）中可以看到，当时股价所处的位置正好是股价在洗盘之后的反弹初期，此时主力出现明显的护盘，再加上之前的涨幅并不大，因此后市继续上涨的可能性非常大，投资者可以放心参与，积极做多。

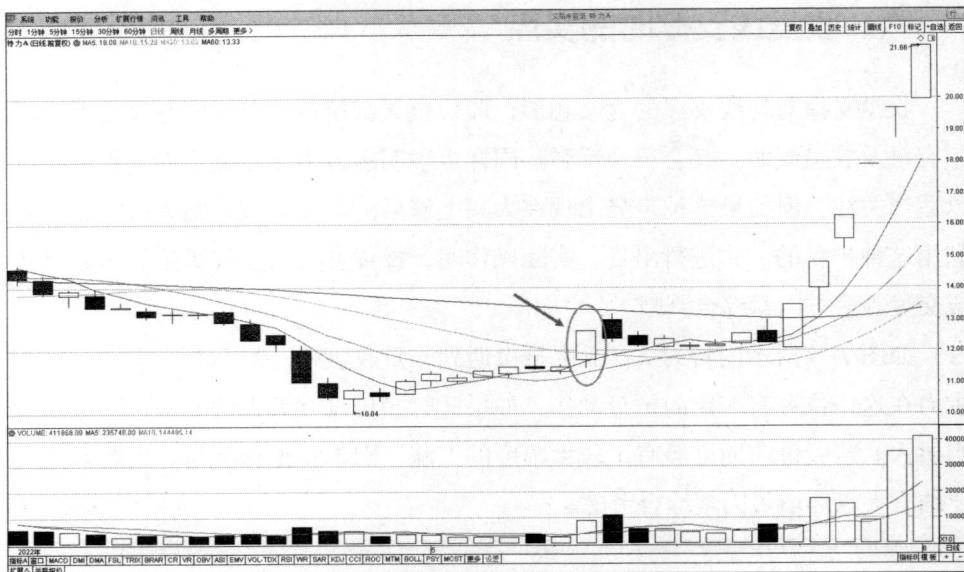

图 7-10　特力 A K 线图

七、盘中放量突破均线时的买点

　　该走势表现为上穿均线之前的大部分时间在均线以下运行，成交量也较小，当股价下探到一定位置之后开始反弹向上，遇到均线时突破放量向上突破。这种走势可以理解为，之前沉闷的走势为盘中的洗盘过程，洗盘结束后，主力开始放量上攻。

　　如图 7-11 所示的深深房 A，当天股价大部分时间在均线之下运行，但跌幅并不大，成交量也较小，直至下午 1：30 分之后开始反弹，出现明显放量，一举突破了均线，此时投资者可以打开其 K 线图（图 7-12），观察其所处位置，若股价处于上升通道中，或者底部初升阶段，就可以适当买入。

　　从其 K 线图中可以看到，股价当天的位置恰逢一波下跌行情的尾声，这个时候介入，获利空间较大，风险则相对较小。投资者可以大胆买入，持股待涨。

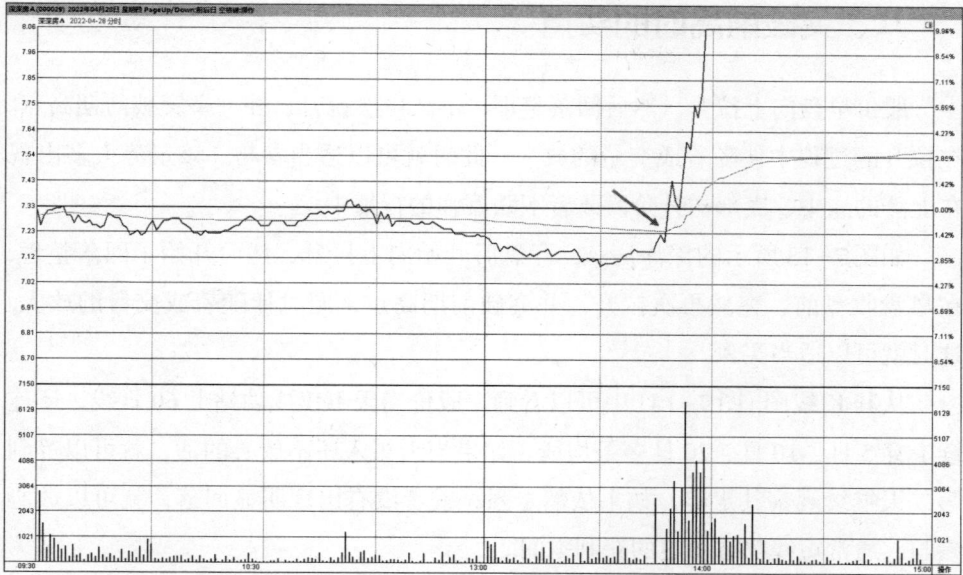

图 7-11 深深房 A 某日分时图

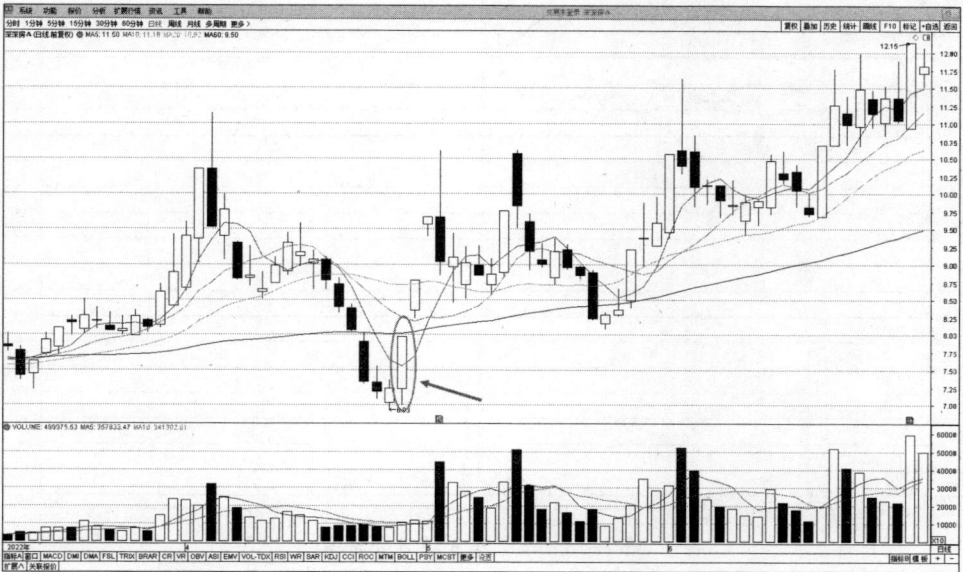

图 7-12 深深房 A K 线图

八、突破前高时的买点

股价早盘向上拉升，然后回落整理，不久再次拉升，并一举突破前期高点。在拉升的过程中伴随着成交量的放大。此时就可以适当参与。该走势大多出现在上涨的途中、底部初升阶段或者下跌反弹的行情中。

如图 7-13 所示的深深房 A，开盘后开始向上拉升，然后开始了回落整理，在早盘收盘前，突然再次拉升，并突破前期高点，同时伴随着成交量的放大。这时就可以适当买入。

从其 K 线图（图 7-14）中可以看到，股价当天不仅成功站上 60 日线，还连续上穿 5 日、10 日、20 日多条均线。如果当天买入还不放心的话，就可以等到第二天继续观察其走势，如果依然走强，或者没有出现明显回落，就可以放心参与，通常短线都有一定的获利空间。

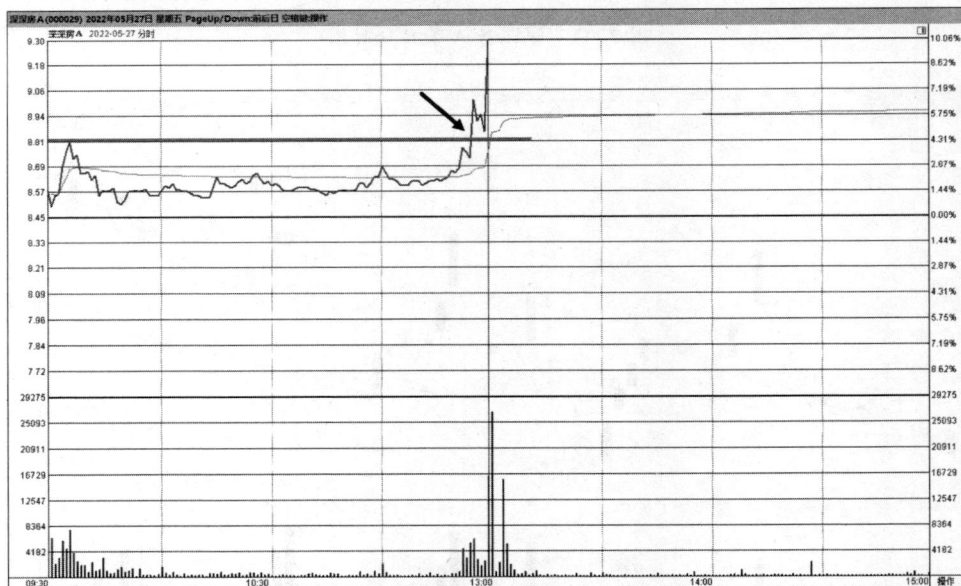

图 7-13　深深房 A 某日分时图

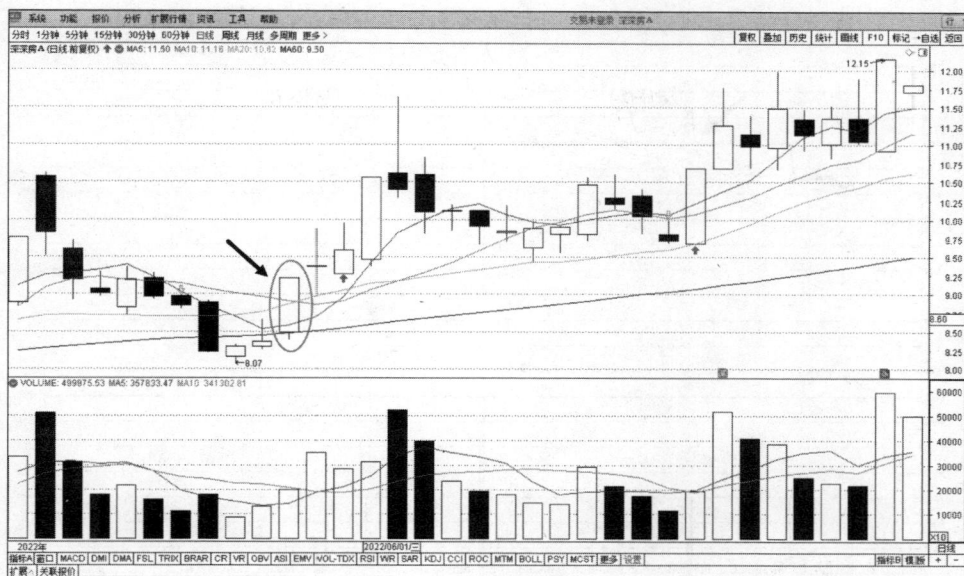

图 7-14　深深房 A K 线图

九、突破第二平台时的买点

股价小幅高开后在一个小平台上来回震荡，随后快速拉升至另一个小平台，同样是小幅震荡，像在蓄势上冲状态，当股价再次突破平台高点，有大的成交量放出时，就可以大胆挂单追入，这类股票当天涨停概念极大。在成交量的变化上，要注意震荡整理时，成交量通常是缩量，而拉升时则会放出较大的量。

如图 7-15 所示的盐田港，开盘后 10 分钟左右围绕前日收盘线窄幅波动，向上拉升后做平台整理，几分钟后又拉升至第二个平台，节奏感非常明显，稳健型的投资者则可以在突破这一平台高点位时追入。图 7-16 为其分时图走势图，可以看到，如果买入及时，两天即可获利十多个点。

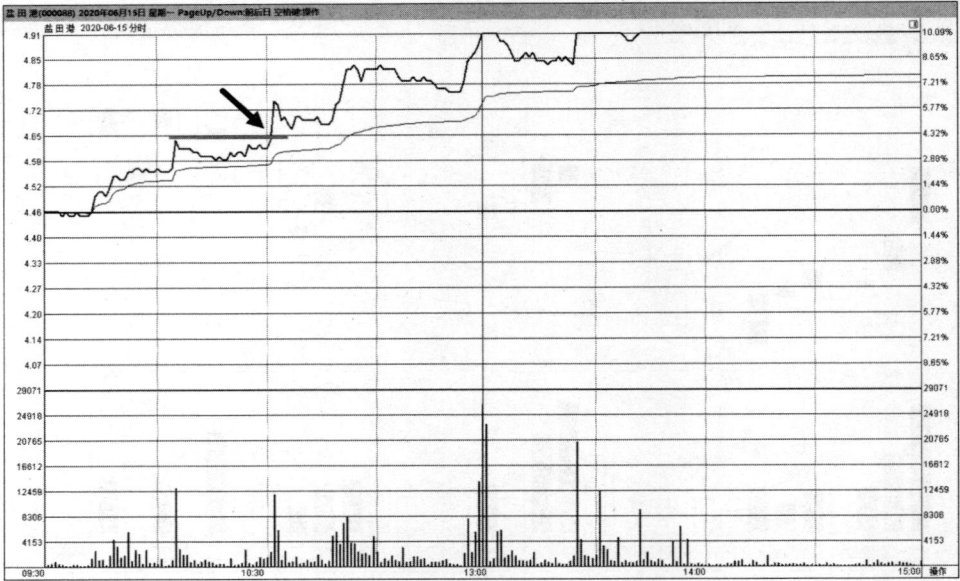

图 7-15　盐田港突破第二平台

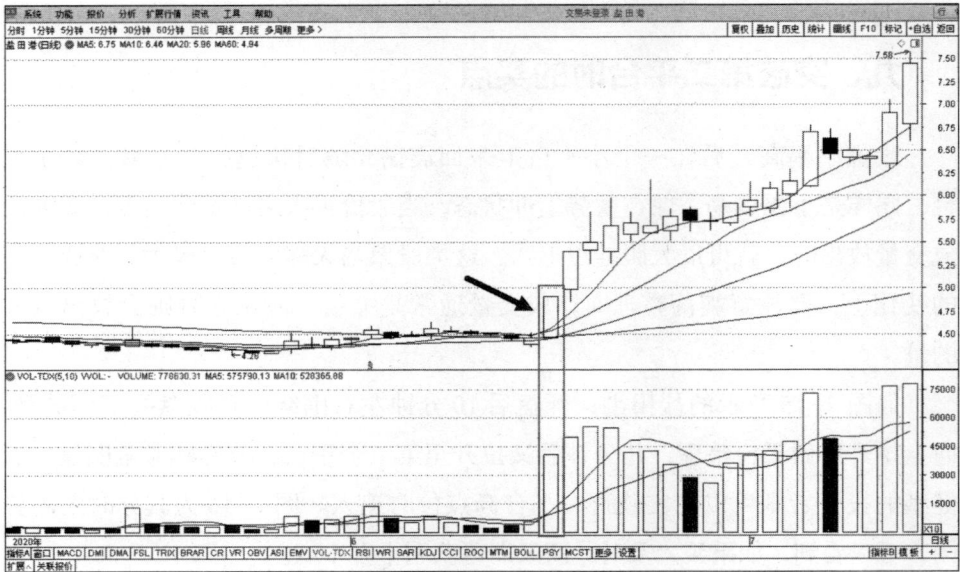

图 7-16　盐田港 K 线图

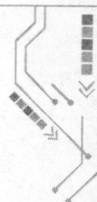

十、单笔冲击涨停时的买点

股价开盘后震荡上行，在经过短暂的整理之后，如果突破一个大单将股价封在涨停板，投资者可以快速追涨停买入，特别是在股价启动的初期。而如果

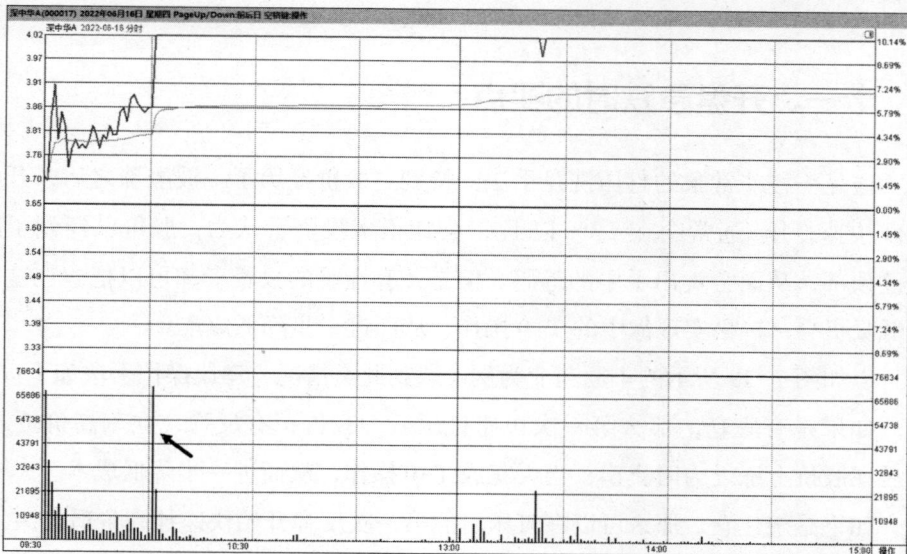

图 7-17　深中华 A 单笔冲涨停

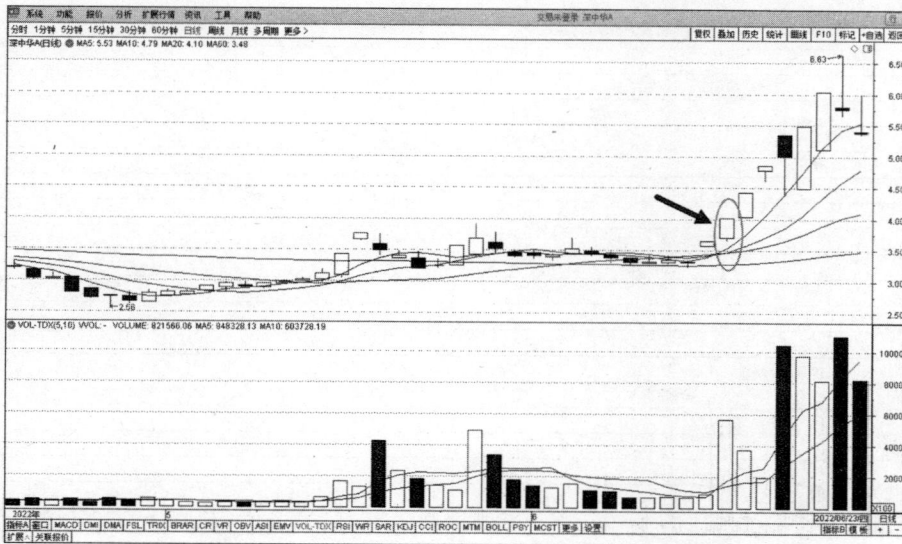

图 7-18　深中华 A K 线图

是在股价大幅上涨的高位区域，且之前的震荡向上过程中成交量很大，则不建议追买。

如图 7-17 所示的深中华 A 就类似这种走势。而图 7-18 是其 K 线图。可以看出，次日股价同样冲击涨停，确立强势形态，短线获利可观。

十一、开盘急跌时的买点

这是一种非常狠的打压洗盘手法，特别是股价经历了一波上涨之后，开盘出现快速打压（通常会在 -3% 以上），会让很多投资者认为，股价已经到了阶段性顶部，从而会卖出手中的筹码。但是，有经验的投资者却可以把握住这样的低吸机会，轻松实现盘中的 T+0 操作，从而进一步降低成本。

以如图 7-19 所示的丰原药业为例，遇到此类情况，建议操作手法如下：

如果是有底仓，那么第一次快速打压后，股价稍有反弹，立刻高价抢入，随后在股价上涨乏力时卖出，当天完成 T+0 操作，从而进一步降低成本。

如果是想建仓，那么可以在打压后的第一次反弹开始快速挂高价适当买入，通常这样的打压往往会有二次下探，如果再次下探不超过第一次的低点，则可

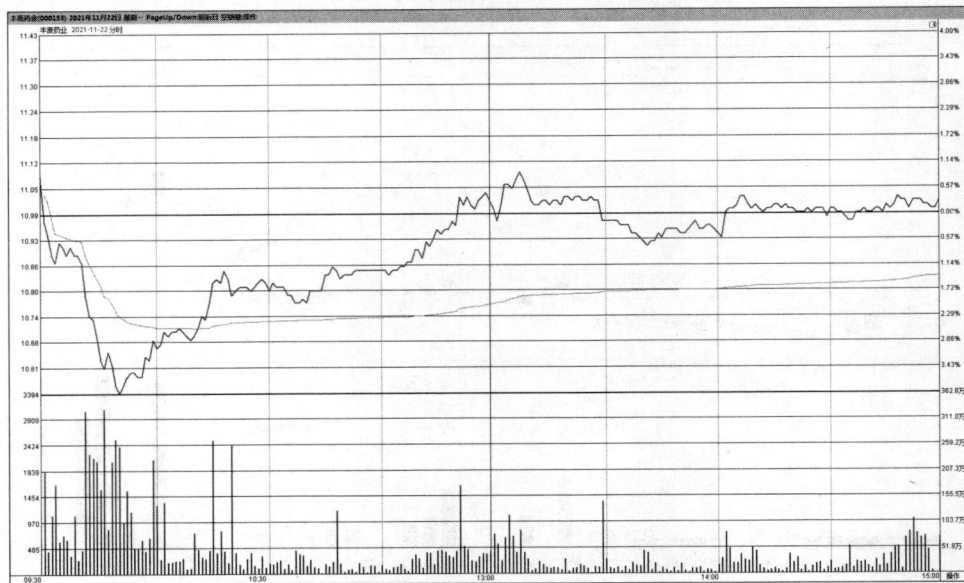

图 7-19　丰原药业开盘快速打压

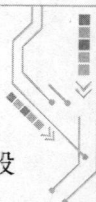

以再次适当加仓，盘中不要再做操作，直到尾盘再决定是否加仓。如果尾盘股价仍没有起色，甚至创了新低，那么当天不要再买入股票。如果尾盘有所回升，则当天即可实现获利，待次日红盘卖出，完成一次超级短线交易。

图 7-20 为丰原药业 K 线图，图中标示了当天的 K 线位置，从图中可以看出随后的几天，股价有了 10 多个点的升幅。

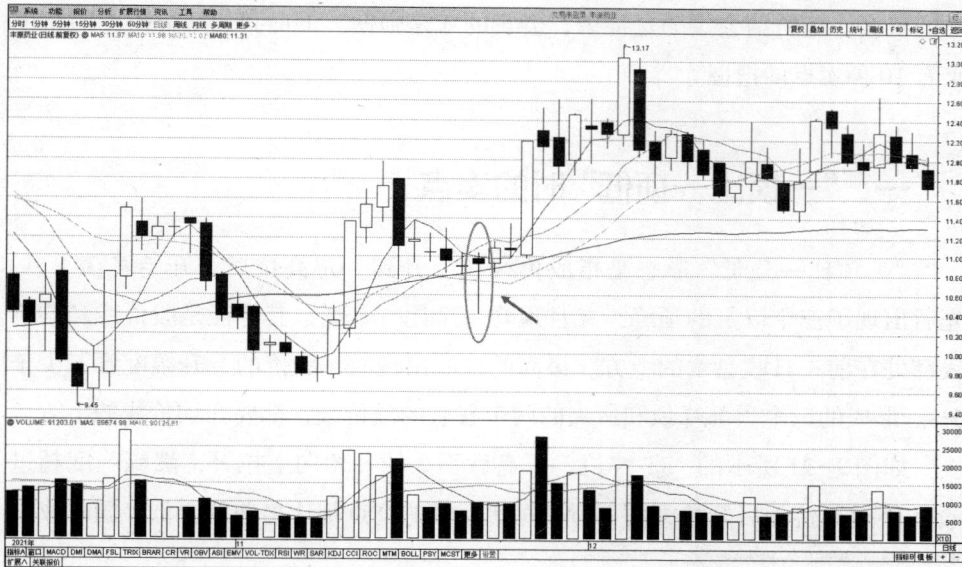

图 7-20　丰原药业 K 线图

第二节　把握分时图中卖点的技巧

与买点相比，选择一个合适的卖点更加重要。如果不懂得把握卖点，有时就会错失挣钱的大好时机，有时会将已经到手的利润拱手相让，有时会错失逃命的机会。正所谓会买的是徒弟，会卖的才是师傅。下面我们从分时图的角度来看 10 种卖点的把握。

一、"一顶比一顶低"时的卖点

"一顶比一顶低"形态是指股价线在上升到一定高位后，开始震荡下跌，先后出现了三个以上的顶峰，并且顶峰一个比一个低，其特征是股价线和均价线都处在前一日收盘线的上方。最高的顶峰出现时，股价的上升幅度要不少于5%。形成的三个顶部峰顶和所夹的两个谷底的股价线，都要在均价线的上方。

如图 7-21 所示的 *ST 沈机，开盘后不久便开始向上拉升，涨幅一度超过9%，不过股价随后开始震荡下行，每次反弹的高点都比之前的要低，同时成交

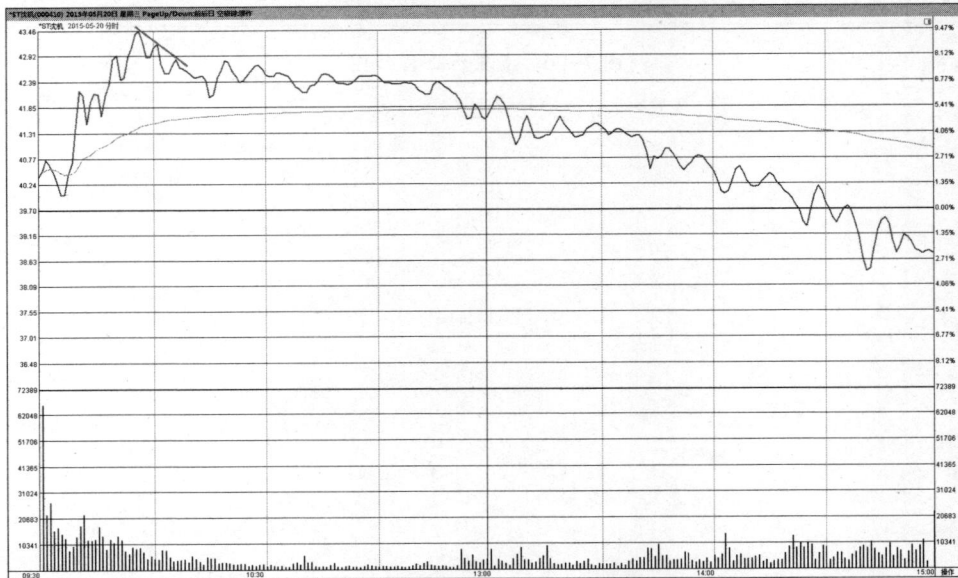

图 7-21　*ST 沈机某日分时图

量也逐渐缩小，说明上涨的动能在减弱，股价呈现出下跌趋势。而从其 K 线图（图 7-22）中可以看出，当时股价正处于连续上涨后的高位区域，如果在随后的几日内无法完成有效的向上突破，股价就很可能转为下跌的走势。投资者应该在盘中逐渐减仓，逢高卖出。

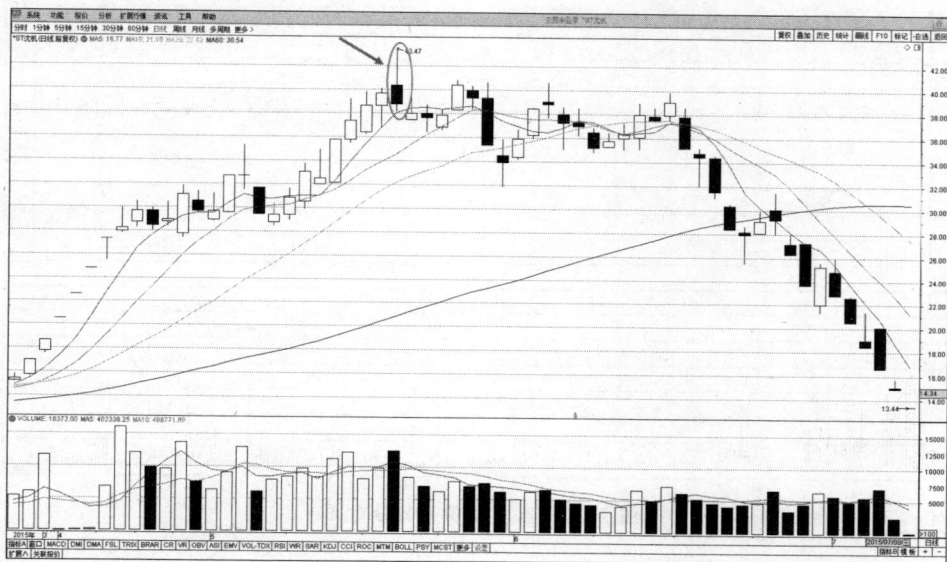

图 7-22　*ST 沈机 K 线图

二、钓鱼线时的卖点

钓鱼线形态往往是主力的一种出货方式，主力通过急拉的方法吸引市场眼球，亮出一根"鱼竿"，然后在跟风盘有所积累的时候，突然反手砸盘，快速出货，致使"鱼钩"沉没水里不见踪影。有的"鱼竿"则要经过半个小时以上的缓推才能形成，后面的结果也不至于这么凶悍。但不管是哪一种，如果主力采用这样的方法也出不了多少货，那么往往又会拉起股价，再往复几次。也有的是在盘中快速急着，亮出一根鱼竿，接着再慢慢出货。

如图 7-23 所示的富奥股份，就是这种出货方式，开盘小幅下探后股价放量向上拉升，最高拉升接近 10 个点。但随后股价便开始震荡下行，表现出冲高无力的势头，显示出多方已经无力再向上拉升股价的意愿。从其 K 线图（图

7-24）中可以看到，该股随后连续出现三根大阴线，之后虽然有反弹，但最终没能扭转颓势行情。

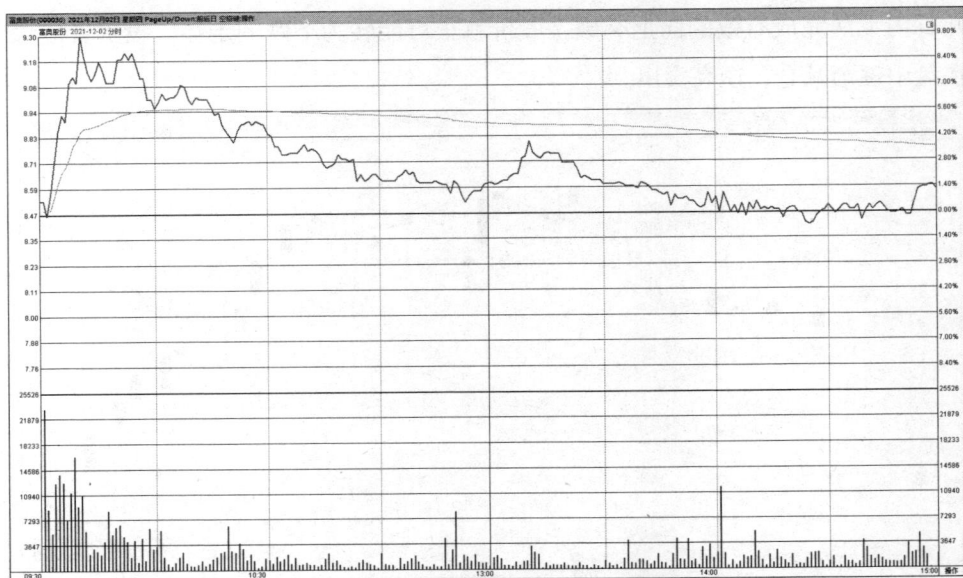

图 7-23　富奥股份某日分时图

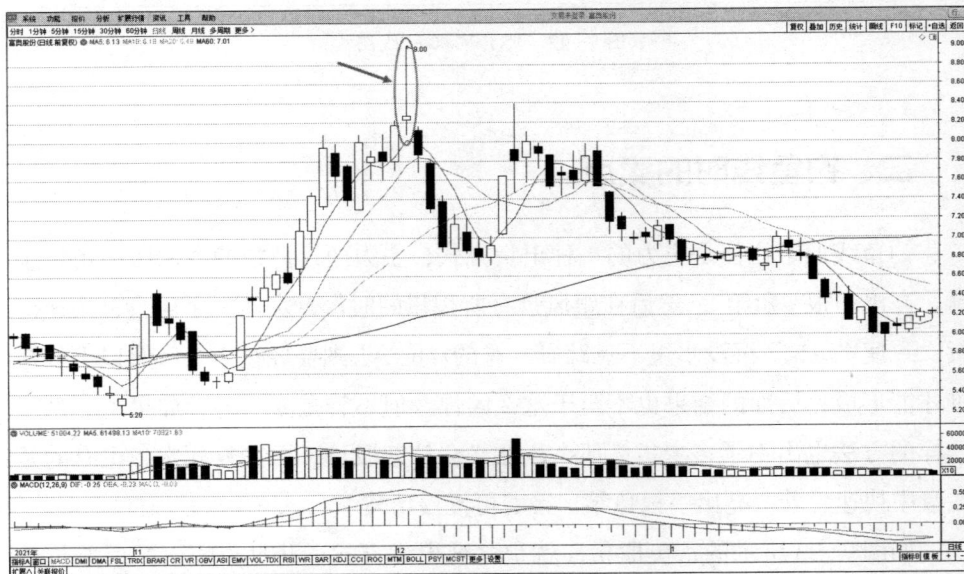

图 7-24　富奥股份 K 线图

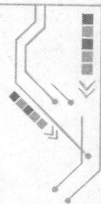

三、受均线压制时的卖点

股价大部分时间在均价线以下运行，偶尔上升到均价线附近或短暂上穿均价线后就会马上掉头下行。股价即使突破均价线，停留的时间也非常短，突破的幅度很小，并且很快跌回到均价线之下。这说明在全天运行过程中，空方力量占据主动。

实际操作中，若遇到该走势的个股，如果是出现在高价位的均线压制，就应该考虑择机卖出筹码。而如果是出现在调整后的低位，则最好持股待涨。股价跌得较深时，可以适当补仓，进行波段操作。另外，如果在接近均线时，突然放量上冲，则应该暂时持股观望。

如图 7-25 所示的德赛电池，就是典型的受均线压制的走势，每次反弹至均线附近都是不错的卖点。而从其 K 线图（图 7-26）中可以看到，当时均线死叉已经形成，且当天又跌破了 20 日均线，因此在操作上应该以减仓和出局为主。

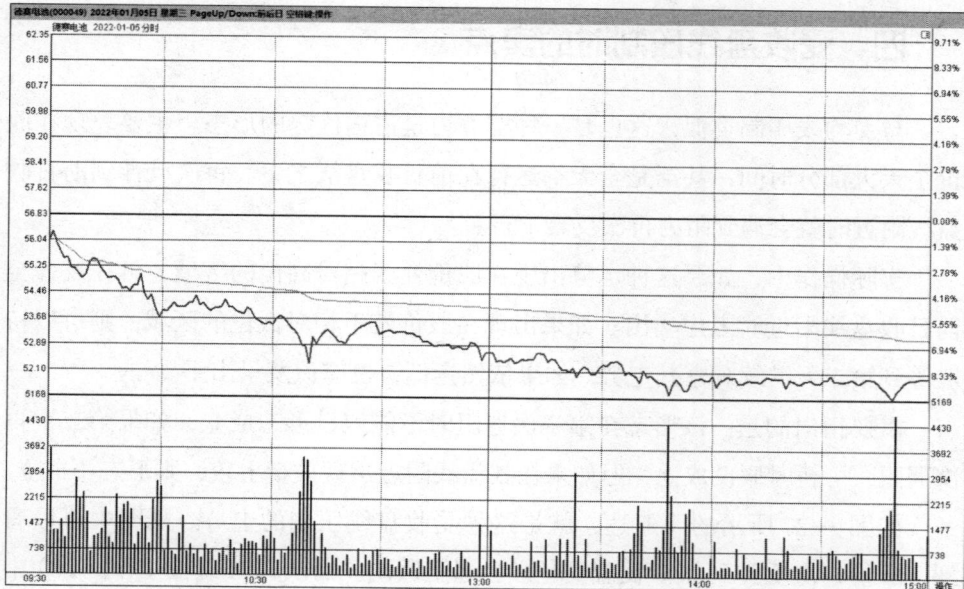

图 7-25　德赛电池某日分时图

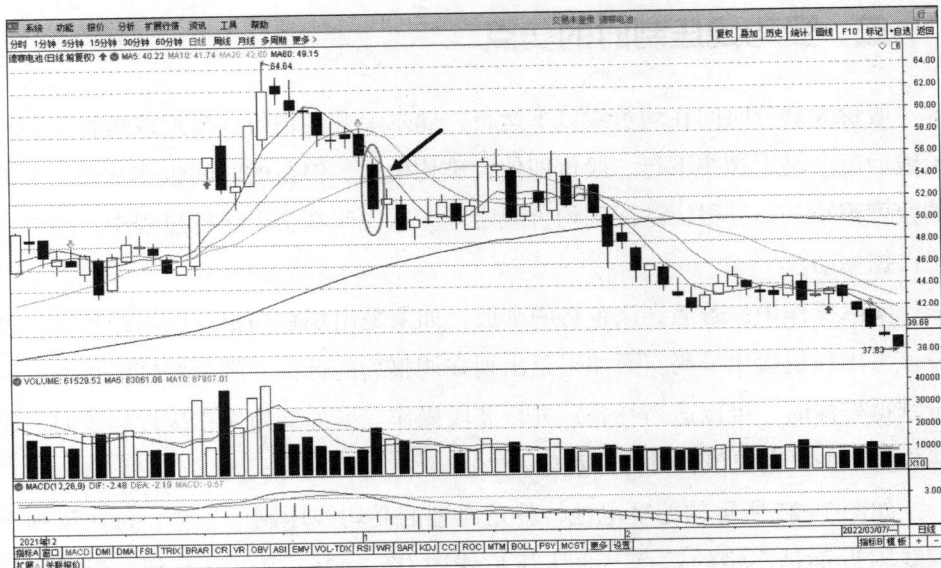

图 7-26   德赛电池 K 线图

四、受收盘线压制时的卖点

与受均线压制类似，这也是一种空方力量占据优势的形态。主要表现在股价全天大部分时间，甚至是全天都运行在前日收盘线之下。每次反弹到前日收盘线附近时就会遇到阻力再次反转下行。

实际操作中，如果这种走势出现在股价处于相对高位的区域，可在反弹至前日收盘线附近时考虑卖出。如果出现在股价处于相对低位的区域，则可以持股等到第二天继续观察其走势，如果依然走低，也应该及早出手。

需要指出的是：该形态在第一次遇阻时不能假设形态成立，如果第二次再次遇阻，可暂时假设成立，但如果在收盘线附近出现放量上攻，则形态不成立。

如图 7-27 所示的飞亚达，就是这种受收盘线压制的走势。从图中可以看到，股价每次反弹到前日收盘线时都会遇阻回调。而从其 K 线图（图 7-28）中可以看到，当时股价正处于前高附近，而此时能否突破，成交量就成了关键指标，当天成交量并没有增加，反而缩小不少。可以打开前两日的分时图，便可以看到明显的出货痕迹，特别是涨停当天，涨停板被巨量打开，临收盘才再

度封死，表明此时主力拉高出货的可能性极大。遇到此类情况，当然以逃生为主。

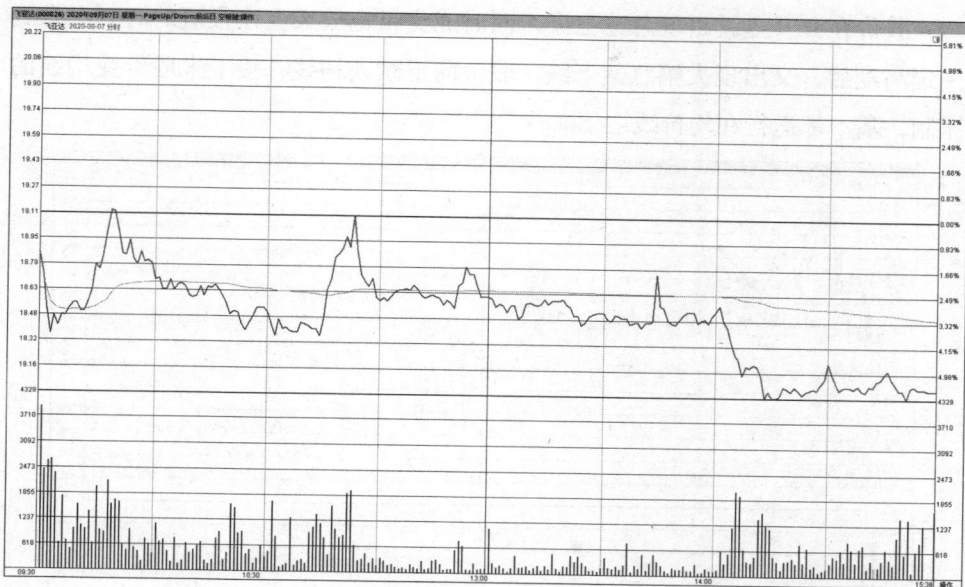

图 7-27　飞亚达某日分时图

图 7-28　飞亚达 K 线图

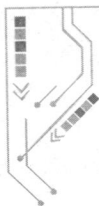

五、早盘冲高后跌破均线时的卖点

股价在一开盘就出现急速上升，同时成交量也放大。在很短的时间上升到一定高度后，又出现大幅急速下跌。股价向下跌破均线，接下来股价受均线的压制，基本都运行在均价线之下。

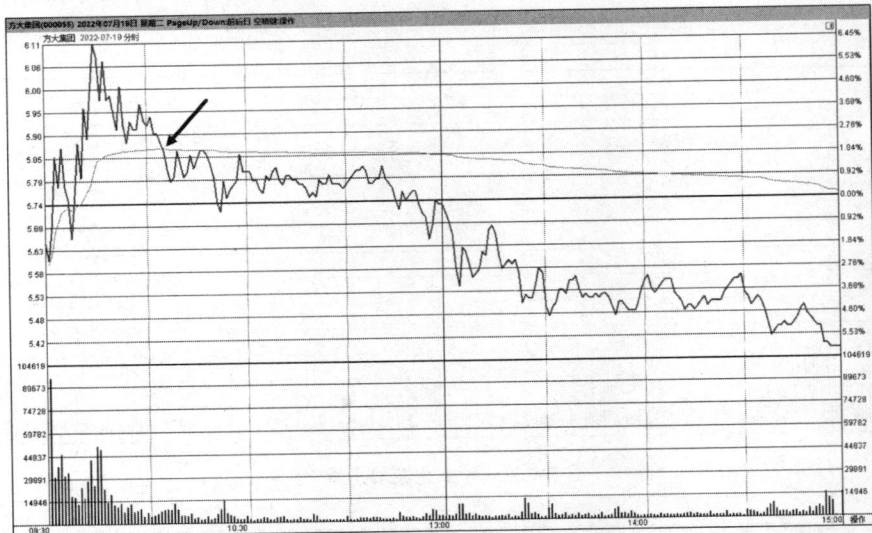

图 7-29　方大集团某日分时图

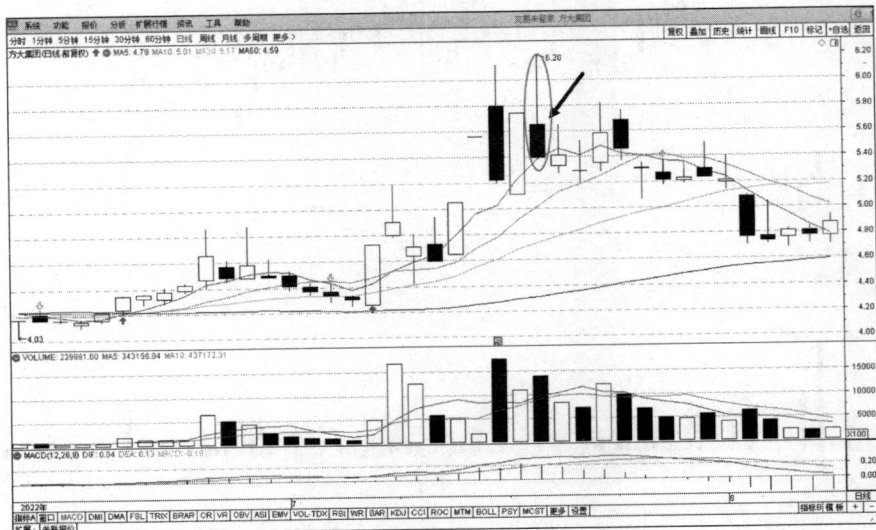

图 7-30　方大集团 K 线图

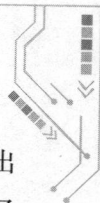

如图 7-29 所示的方大集团，开盘后股价大幅震荡向上放量拉升，之后出现回落，跌破均线，并且在此后几次反弹都没有再能突破均线，说明均线已经起到压制作用。而从其 K 线图（图 7-30）中可以看到，在出现该现象之后，股价也随之开始走弱。如果这种现象出现在大幅上涨后的高位区域，则应该毫不犹豫地卖出股票。而如果是股价在底部启动的初期，则往往是主力试盘的手法，可以暂时持股观望。

六、跌破平台时的卖点

跌破平台是指日 K 线处于高位或下降过程中，股价线在离均价线附近进行长时间的横向整理，然后向下跌破平台。股价线跌破平台的低点后，可能会在短时间内又反弹到平台的低点附近，然后再次跌破平台的低点。

实际操作中，可以在向下跌破平台低点时卖出筹码，或者在反弹到平台的低点附近卖出。最佳买点是在第一次跌破平台时。第二次跌破平台时卖出次之。如果是在高位跌破平台，应坚决卖出。如果平台是在低位，就不应该过早出手，反而应该在破位时买进，第二天选择高点卖出。

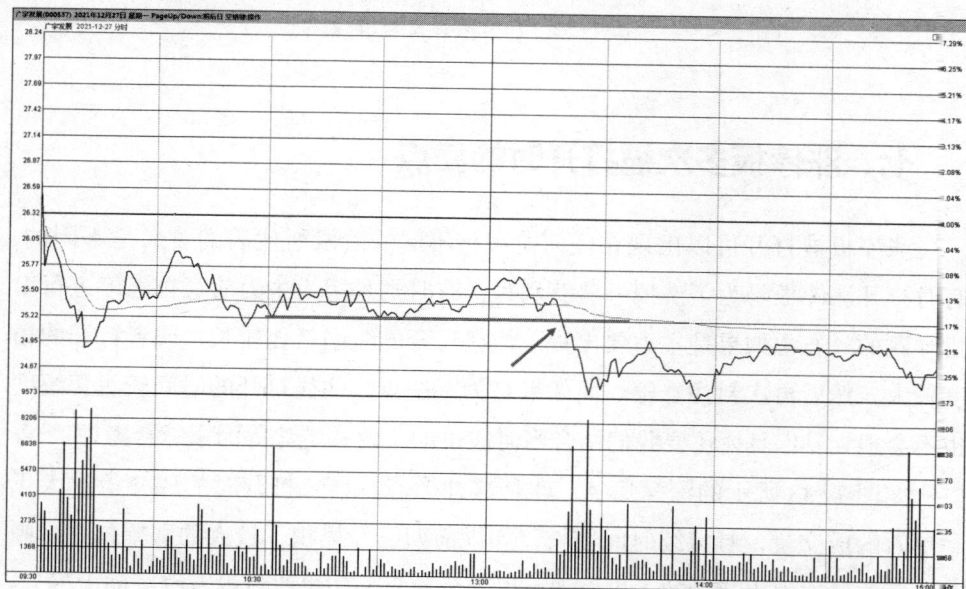

图 7-31　广宇发展某日分时图

如图 7-31 所示的广宇发展，股价从一开盘就一直处于弱势整理，围绕着均线始终不能实现有效地向上突破，并在午后开盘不久出现了放量跌破整理平台的走势，这时就是一个重要的卖出信号。从其 K 线图 (图 7-32) 中可以看出，出现这种走势之后，股份仍然延续着弱势行情。

图 7-32　广宇发展 K 线图

七、涨停板多次被打开时的卖点

涨停板被打开可以出现在任何阶段，不同的阶段所代表的含义是不同的，有时打开涨停板是为了洗掉一些获利盘，有时则是因为主力故意拉涨停进行出货导致的。通常如果是主力要出货，往往打开的时间就比较长，或者打开的幅度较大。然后再次封住涨停。而如果是为了洗盘，往往打开的时间较短，幅度也不会很大。但具体还要我们结合当时股价的位置和走势等因素综合考虑。

如图 7-33 所示的深深房 A，就是这种形态。当天打开时的成交量远大于封单时的成交量，且持续时间较长，如果前期已经累积了较大的涨幅，此时则需要考虑是主力出货所致。投资者可以等到次日，如果股价没有继续向上攀升，

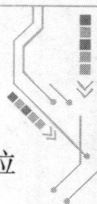

甚至出现低开，则要考虑及时离场。图7-34所示的K线图中标示了当天的位置，可以看到，整理几天后，股价便开始了下跌行情。

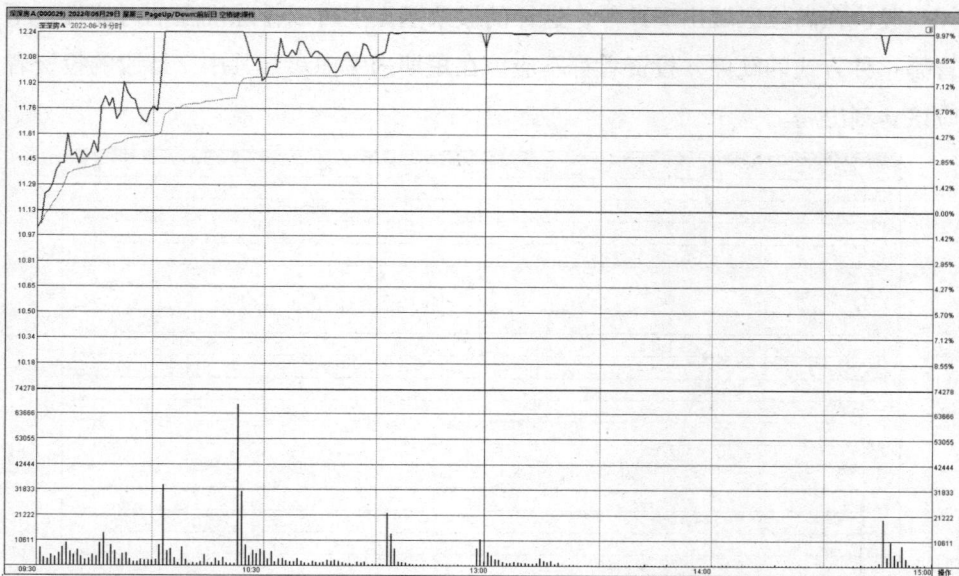

图7-33 深深房A高位多次打开涨停板

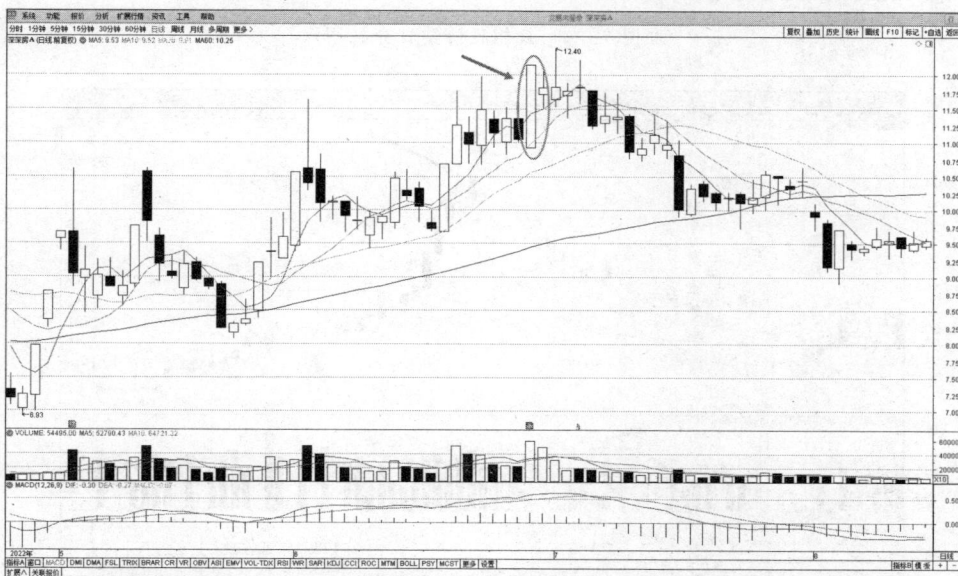

图7-34 深深房A K线图

八、高位区域股价跌停时的卖点

股价在高位区域出现跌停，这样的股票基本上可以排除洗盘的可能性，不管哪一种方式的跌停，投资者都不应该在短期内考虑参与其中，持股的投资者应该立刻出局。

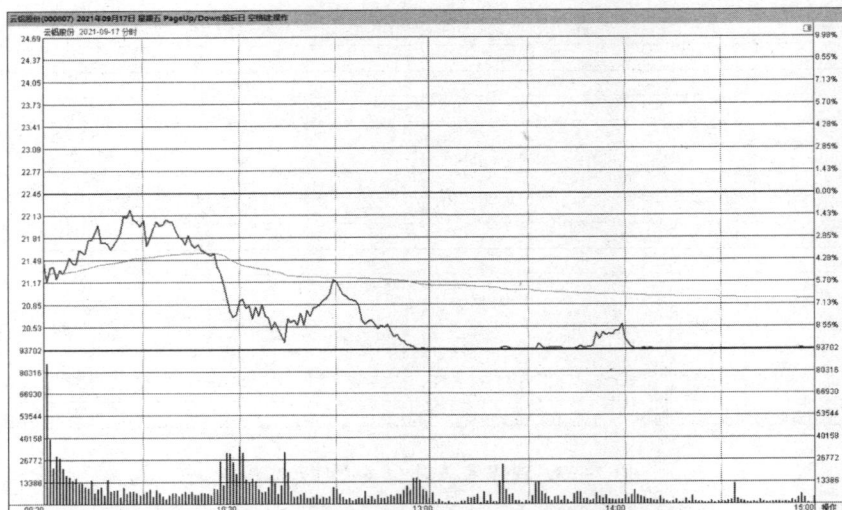

图 7-35　云铝股份某日分时图

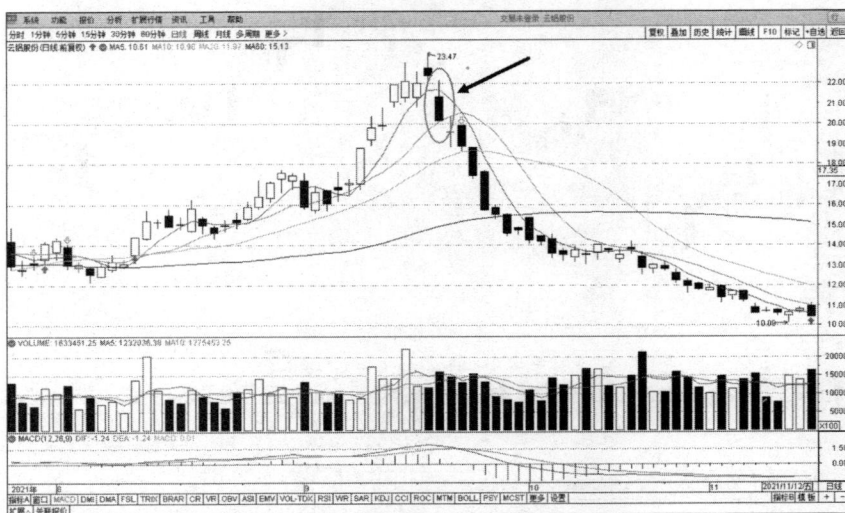

图 7-36　云铝股份 K 线图

如图 7-35 所示的云铝股份，就是在高位区域出现了跌停走势，低开小幅向上反弹，但无法突破前日收盘线，随后便震荡向下，盘中反弹无力，直至封住跌停。从其 K 线图（图 7-36）中也可以看到，当天跳空低开，很快跌破 5 日线，结合前面的涨幅，对于短线投资者来说，这种情况下就不应该继续持有。

九、盘中下穿昨日收盘价时的卖点

在分时走势图中，股价全天大多数时间运行在昨日收盘价之上，午后震荡下跌，跌破昨日收盘价。遇到这种情况，我们一定要先观察其 K 线位置，若是前期涨幅较大，或者股价运行在下跌的通道中，无论跌破均线时是否放量，都应果断卖出。

如图 7-37 所示的中金岭南，股价上午先是在均线之上运行，不久跌破均线，接着跌破了前日收盘价，这可以看作是第一卖点位置，接下来股价出现一波小反弹，但并没有触及昨日收盘价，说明做空的力量非同一般，错过第一卖点的投资者，此时就应该果断卖出。

从其 K 线图（图 7-38）中可以看出，当时 K 线形态已经明显走弱，即使对后市还抱有幻想，也应该先减仓观望。

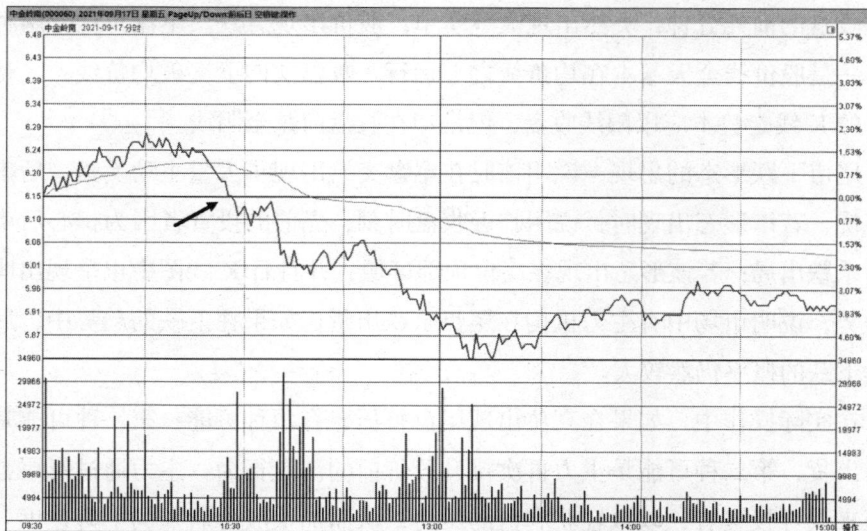

图 7-37　中金岭南某日分时图

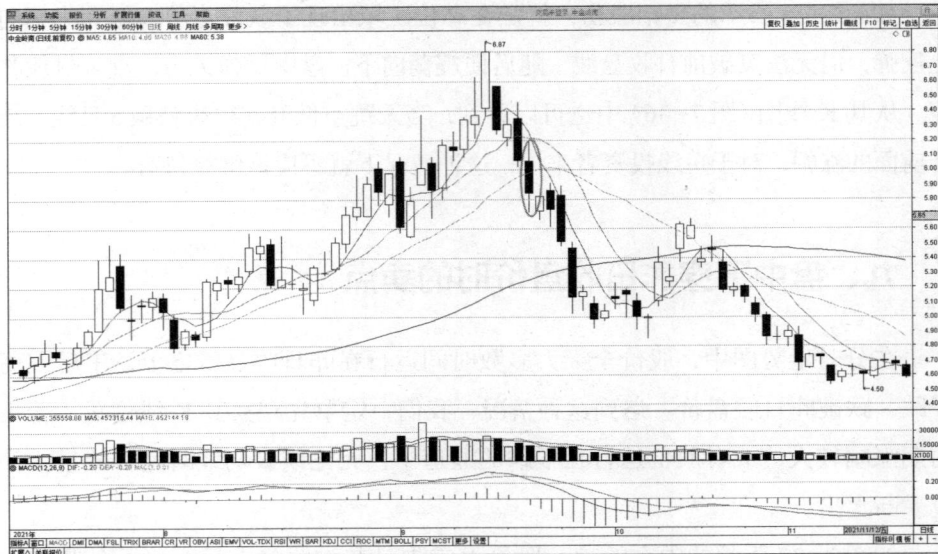

图 7-38　中金岭南 K 线图

十、尾盘打压时的卖点

尾市打压是指股价全天走势基本正常，但是在接近收盘的半小时左右，甚至是收盘的前几分钟，突然出现大笔卖单，股价出现急跌。尾盘打压分两种情况。一是股价线全天基本在均价线之上运行，收盘前向下突破均价线；二是按当日的 K 线走势本应以阳线收盘，但是却在收盘前跌至阴线。

尾市下跌形态的出现，说明该股在尾盘突然出现了大量主动卖盘，后市走势堪忧。若该形态出现时，说明临近收盘时刻，先前的投资者因为担心后市走低而杀跌出局；若该形态出现在高位顶部区域，并且日 K 线图中也呈现出明显的跌势，说明市场中有主力机构在尾盘杀跌出货。如果在下跌的趋势中，后市继续下跌的概率仍然较大。

在实际操作中，如果在高位出现尾盘打压，有两种可能：第一种可能是主力在出货，第二种可能是主力再次拉升股价前的洗盘行为。主力通过对尾盘的打压来误导投资者，以减轻获利盘的压力，从而加快股价后期的上升速度。如果在低位出现尾盘打压，则很有可能是庄家骗取筹码的手段。

如图 7-39 所示的深中华 A，就是在尾盘半小时内加速下跌。从其 K 线图（图 7-40）中可以看到，该股前期连续几个涨停之后，上涨动能已经出现衰竭，上冲无果，出现了一根长上影 K 线，持股者遇到此类情况，可观察次日走势，如果依然没有起色，则应该果断清仓，短期内避开该股。

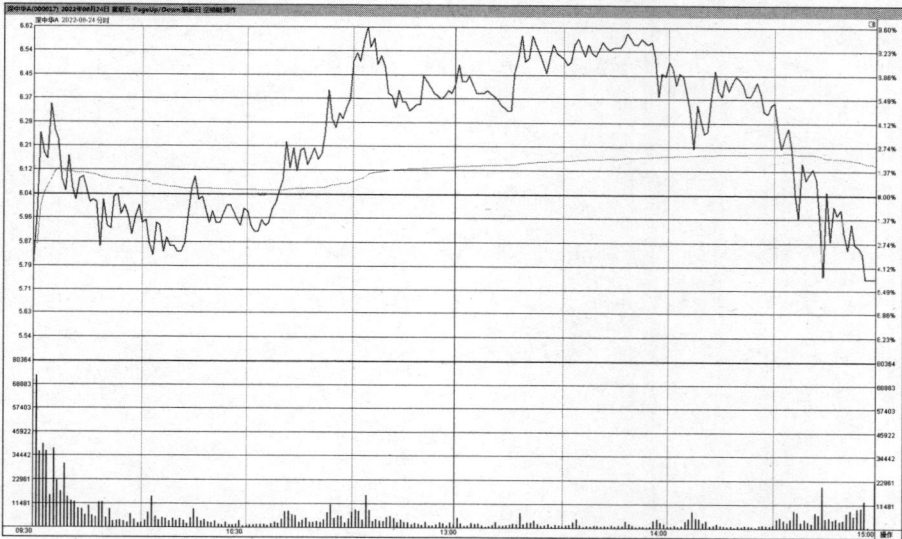

图 7-39　深中华 A 某日分时图

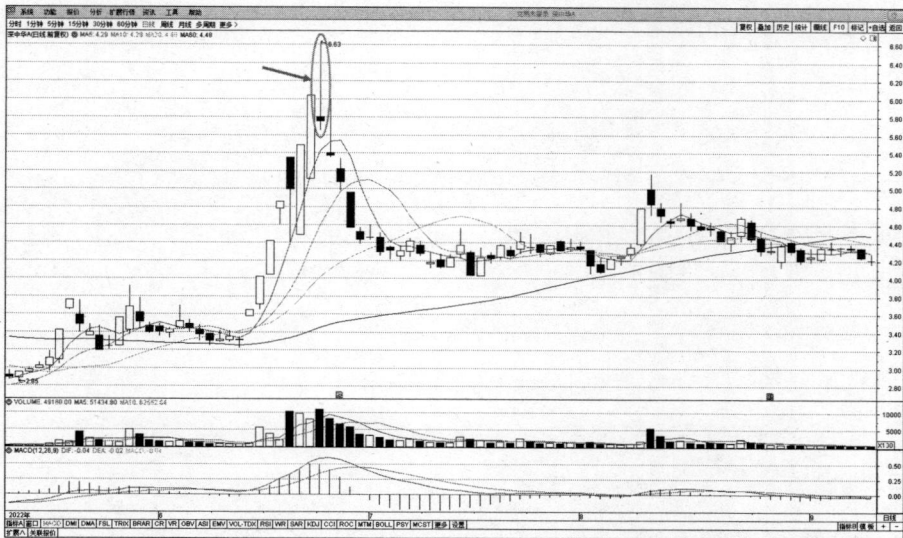

图 7-40　深中华 A K 线图

第8章 抄底与追高战法

短线操作讲究的是在短期获得预期收益，这其中大胆抄底与大胆追高都是不错的选择。如果能够正确判断出底部并且精准抄底，收获自然会不小；同样，如果能够把握追高技巧并且敢于追高，也可以在短期内获得不小的收益。本章我们就来探讨抄底与追高战法。

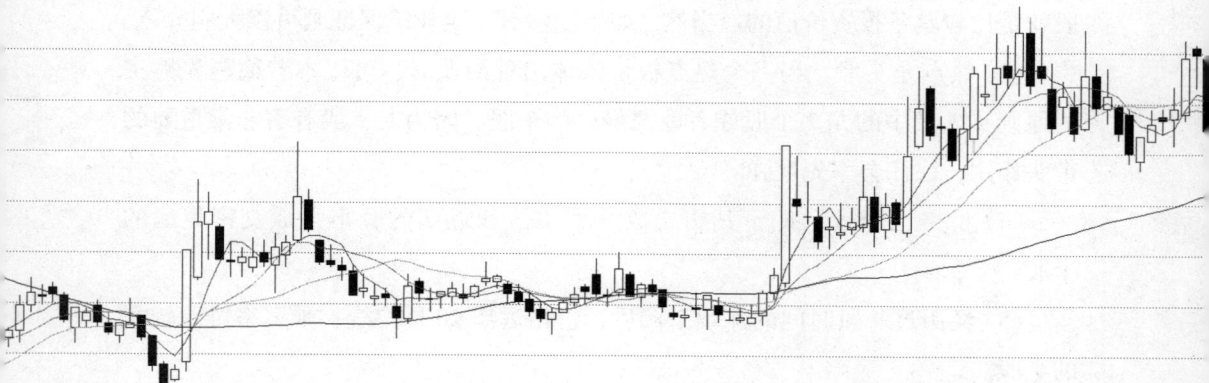

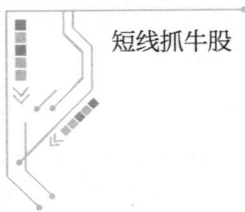

第一节　把握抄底的时机

几乎每个投资者都希望自己买入的位置是一个相对的底部。这样，不仅短期内风险极小，还可能获得较丰厚的利润。如果判断得当，甚至可以在几个交易日内实现资金翻倍。当然，抄底也是有一定技巧的，比如哪些股适合抄底，抄底有哪些原则等，下面我们来逐一探讨。

一、哪些股适合抄底

实战中，投资者往往都希望买在一波行情的最低点，也就是能够抄到一个底。实际上，抄底也是有讲究的，并不是任何个股都可以进去抄底的。比如有的股票是因为主力彻底离场或者基本面的恶化而导致下跌，还有一些跳水的老庄股都要格外小心。下面我们来看看什么样的个股适合抄底：

（1）基金重仓股。这是抄底的最佳选择，因为基金公司在投资前都会进行比较充分地研究和论证，对公司的基本面了解较为深刻，由它把关的个股比较令人放心。加上基金的操盘手法具有明显的追涨杀跌的痕迹。只要对于他的手法有一定的了解就可以进场抄基金重仓股的底。

（2）有发展前景的股票。比如工业 4.0、虚拟现实、新能源汽车等行业的个股就是比较具备投资价值的。当然，如果能够有一定业绩保证则可以大胆介入。

（3）热点龙头股。当一个热点板块整体出现回调时，可以本着擒贼先擒王的原则买入其中的龙头个股或者业绩最好的个股。因为龙头股有着非常重要的带头作用，往往会率先反弹。

（4）价格已经远远低于其历史成交密集区和近期的套牢盘成交密集区的个股。

（5）经历过一段时间的深幅下调后，价格远离 20 日均线、乖离率偏差较大的个股。

在抄底时要注意以下几点：

（1）从成交量分析，股价见底之前，成交量往往持续低迷，当大势走稳之

际，则要根据盘面的变化，选择成交量温和放大的活跃品种。

（2）从形态上分析，在底部区域要选择长期低迷、底部形态构筑时间长，形态明朗的个股。

（3）从个股动向分析，大盘处于底部区域时，要特别关注个股中的先行指标，对于先于大盘企稳、先于大盘启动、先于大盘放量的个股要密切跟踪观察，未来行情中的主流热点往往在这类股票中崛起。

（4）通过技术指标选股时，不能仅仅选择日线指标探底成功的股票，而要重点选择日线指标和周线指标、月线指标同步探底成功的股票，这类个股构筑的底部往往是历史性的底部。

二、如何把握底部

在正常行情下，对于底部的把握，我们可以通过以下几个方面来判断。

（1）股票见底位置的把握。没有只涨不跌的股票，也没有只跌不涨的股票。一般情况下，当股票跌至一定位置，就会出现触底反弹。而这些位置往往可能出现在前期低点、历史底部、重要均线位（如 20 日均线）或者成交密集区。

（2）从成交量来看，当成交量极度萎缩之后，于某一日出现了明显的增量情况，往往预示着反弹行情的到来。如图 8-1 所示。

图 8-1　底部放量

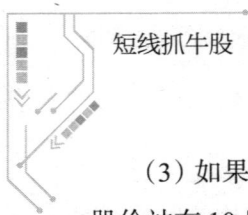

（3）如果突然有一天成交量大增，收出中阳线或大阳线，即突破盘局，且股价站在10日线之上，突破之后均线系统开始转为多头排列。这预示着股价即将脱离底部，开始反弹甚至反转行情。如图8-2所示。

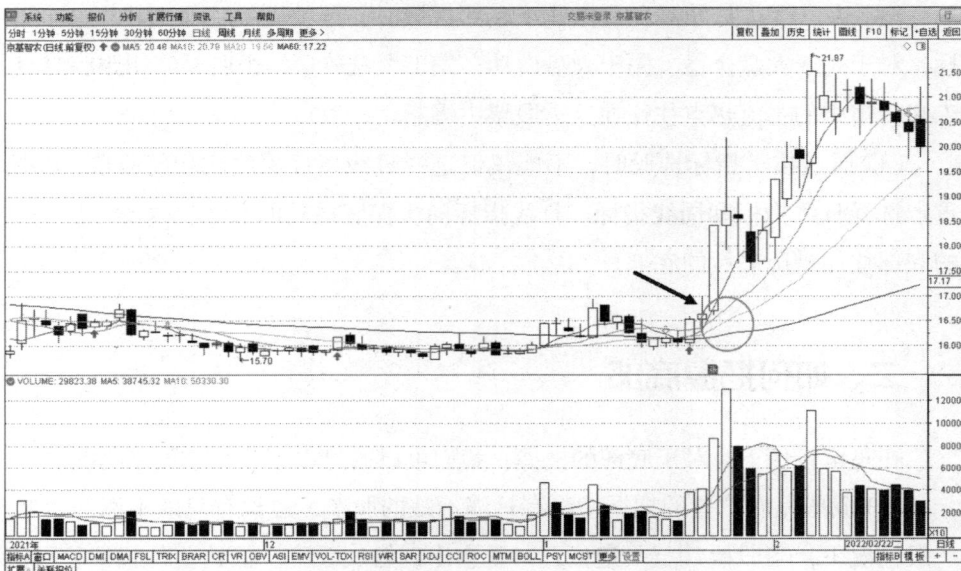

图 8-2　大阳突破后均线多头排列

三、抄底的重要原则

（1）不要满仓抄底。特别是在弱势行情下，满仓操作风险本来就是比较大，满仓操作很容易出现大幅亏损局面。

（2）不抄非热点品种。非热点的品种受资金关注度少，波动幅度也往往很小，是不会给你带来多少利润的，往往会浪费赚钱的时机。

（3）不抄非龙头品种。每个热点都有一个或者多个龙头公司，而其他的相关品种只是跟涨或者跟跌。抄底就要找准龙头公司，不是龙头，也意味着主力实力不强，也不会给你带来丰厚利润。

（4）不能太贪心。有赚就要考虑随时止盈，不要把短线抄成中线甚至长线。特别是在熊市行情，行情会反反复复，且延续性不强，主力拉升力度也不会很大。

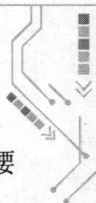

（5）懂得止损。抄底被套也是常见的现象，当判断失误，抄底抄在了山腰上时，要学会认亏止损，一旦达到止损目标位置，立刻止损出局，另觅良股。

四、抄底技巧实战

抄底最重要的是掌握好抄底技巧，但是怎么抄底比较好？接下来给大家介绍几种实战技巧。

1. 底部涨停战法

股价反弹时，能在盘中一鼓作气涨停，是主力实力的势力体现及主力做多的欲望。因此短期内股价有望再度大幅上涨。当底部第一个涨停时，要敢于跟进，超短线投资者可以在次日高开高走时撤退。如果想利润最大化，也可以等到股价上涨无力出现回调时出局。

如图 8-3 所示的深南电 A，在底部逐渐企稳后出现一个放量的涨停，由于前期下跌幅度较大，很可能前期形成的底部就是一个阶段底部。此时就可以大胆跟进，通常行情都会有一定持续。当然，对于短线投资者来讲，只要达到自己的目标价位就可以果断出局。

图 8-3 深南电 A 底部涨停

2. 高换手战法

股价在涨停时，当天换手率要大，至少要达到 5% 以上。这样主力即使要出货，也要连续保持几天震荡盘升诱多行情才行，这也为短线买入者带来了利润空间。如图 8-4 所示的东旭蓝天，在 60 日线上方经过一段时间的窄幅震荡吸筹，终于在某日放量向上突破，并于当天涨停，换手率达到 7.30%，对于此类个股，投资者应该积极跟进，短线都会有一定的获利空间。

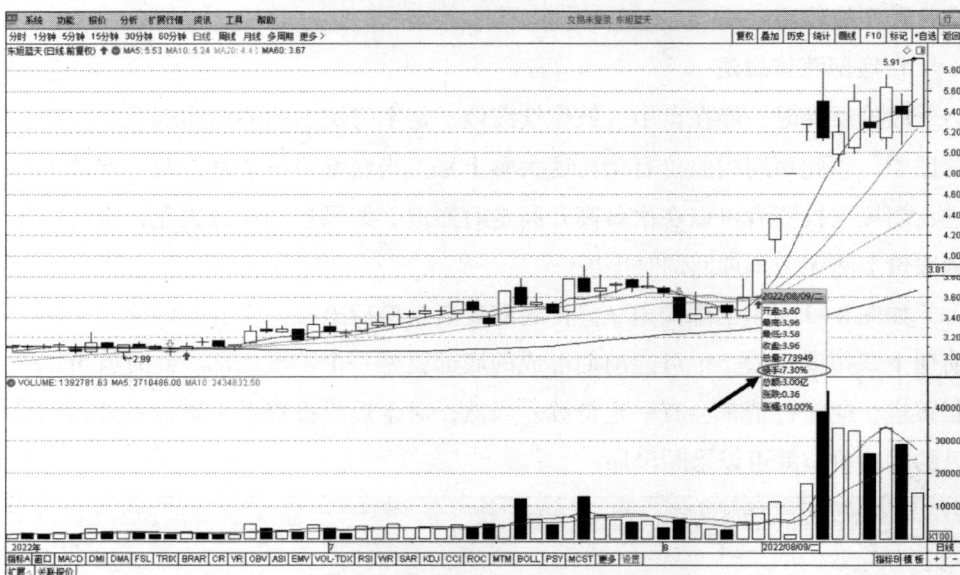

图 8-4　东旭蓝天高换手涨停

3. KDJ 指标战法

KDJ 指标是一个短线指标，对于日 K 线来讲，它的快速变化往往会影响投资者的正确判断。但是对于周 K 线来讲，KDJ 指标却有着相当妙的用处。当周 KDJ 指标在 20 区域以下，J 线开始拐头向上，穿越 KD 线形成金叉时表明机会将来临。

图 8-5 所示是德赛电池的周 K 线图。从其周 KDJ 指标可以看出，在 20 以下，J 线向上穿越 KD 线时，也恰恰是一波短线行情的机会。

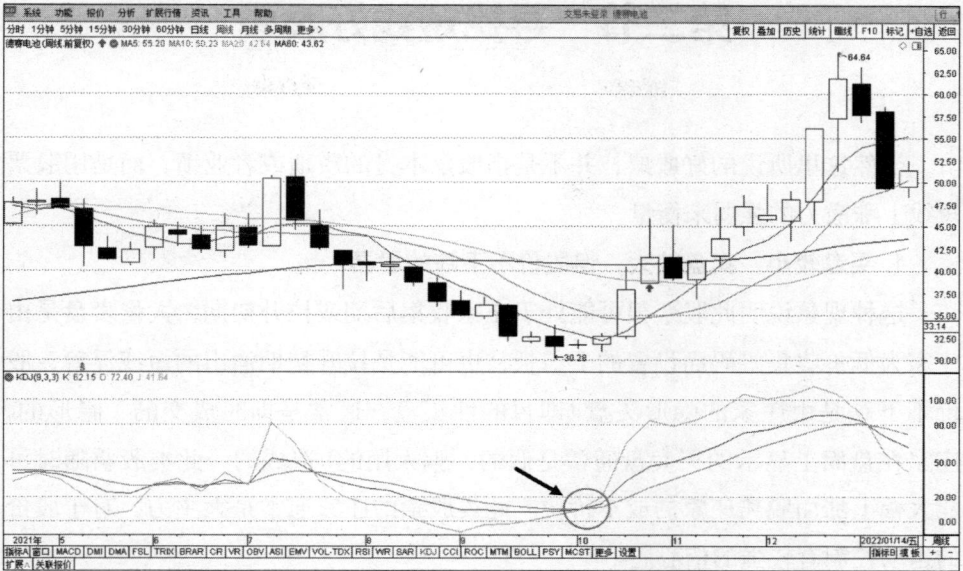

图 8-5 德赛电池 KDJ 指标战法

第二节 寻找短线好股票

当然这里所说的好股票，并不是指股票本身的质地或者业绩，而是用股票短线上涨潜力的强弱来衡量。

1. 买盘较小，卖盘较大，但股价不下跌的股票

这种现象说明此股票很可能处于庄家收集后期或拉升初期，大量卖盘是由庄家为低价收集筹码而设置的上盖板，也可能是拉升初期涌出的短线浮筹，股价不下跌是由庄家的隐形买盘（即目的性买盘，通常是即时成交的、隐形的。庄家在盘面上显示的买卖盘通常是假的，骗人用的）造成的。此类股票随时可能大幅上涨而脱离庄家的成本价位。此类股票的庄家通常是大主力，对于股价的运动控制有较强的信心。

2. 买、卖盘均较小，价轻微上涨的股票

庄家吃货完毕后，主要的任务是提高股价、增大利润，而上述状态是庄家拉升股价的最好机会，投入小，效果大。

3. 放量突破最高价等上档重要趋势线的股票

此举是典型的强庄行为，敢于突破本身就说明庄家有较强的实力，如果不是在大幅上涨的高位区域，这种突破之后买入，短线获利的可能性是非常大的。

4. 前一天放巨量上涨，次日仍强势上涨的股票

这种主力没有太多的耐心，他们信奉资金决定一切。对于他们来讲，时间比资金效率更重要，他们喜欢速战速决，因此通过会采用连续拉升的方式迅速抬高股价，再想办法获利了结。

5. 大盘横盘时微涨，大盘下行时却加强涨势的股票

此类情况是该股票庄家实力较强且处于收集中期，成本价通常在最新价附近，大盘下跌正好是他们加快执行预定计划，显示实力的机会。

6. 遇个股利空且放量而不跌的股票

该跌不跌，必有大涨，这是此类股票庄家的唯一选择。

7. 有规律且长时间小幅上涨的股票

此类股票的庄家有两类，一类是电脑操作盘，另一类是操盘手无决定权，

需按他人计划指示办事，但股票走势通常是涨的时间较长，而且在最后阶段，都要放一个大阳线。在 K 线的表现形式上，通常表现为连续的小阳线或者小阴线、小阳线沿 5 日线向上排列。

8. 无量大幅急跌的股票

买股票的最大乐趣就是买个最低价，对于无量大幅急跌的股票，若能把握好买入时机，短线获利往往也是非常可观的，买入后要做的就是等待套牢的庄家发红包。

第三节　短线追涨技巧

追涨是短线操作常见的一种投资方式，短期表现强势的股票，往往可能会在一段时间内延续这种强势，正所谓强者恒强，因此买入这类股，获利的概率远大于被套的概率。接下来，我们来了解一下哪些股适合追涨，以及追涨的原则和时机等内容。

一、哪些股适合追涨

1. 追涨盘中强势股

盘中追涨那些在涨幅榜、量比榜和委比榜上均排名前面的个股。这类个股已经开始启动新一轮行情，是投资者短线追涨的重点选择对象。在追涨时要注意观察股价所处的位置，如果股价处于相对较低的底部区域，或者是突破平台的关键区域，则可放心追入。如果前期涨幅过高，特别是之前两天已经有过大幅上涨，则要谨慎操作，以免陷入主力设计的拉高出货陷阱。

2. 追涨龙头股

主要是在以行业、地域和概念为基础的各个板块中选择最先启动的龙头股。几乎每炒作一个热点都会有一个或者几个龙头股票。而这些龙头股一旦启动，通常不会是一两天的行情。因此，只要时机把握得当，通常都会在短期内获利颇丰。

3. 追涨涨停股

涨停板是个股走势异常强劲的一种市场表现，特别在个股成为黑马时的行情加速阶段，常常会出现涨停板走势。追涨强势股的涨停板，可以使投资者在短期内迅速实现资金的增值。

4. 追涨成功突破的股票

当个股形成突破性走势后，往往意味着股价已经打开上行空间，在阻力大幅减小的情况下，比较容易出现强劲上升行情。因此，股价突破的位置往往是非常好的买点。

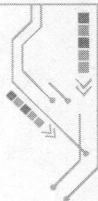

二、追涨选股的原则

对于短线投资者来说，不追涨就无法买到强势股，就无法提高资金的利用效率。但是在动荡的行情中，如何才可以买到强势股，同时避免追高被套呢？接下来给大家介绍几种追涨选股的原则。

1. 选择涨幅靠前的个股，特别是涨幅在第一榜的个股

涨幅靠前，这就给了我们一个强烈的信号：该股有庄，且正往上拉高股价。其意图无非是进入上升阶段后不断拉高股价以完成做庄目标；或是在拉高过程中不断收集筹码，以达到建仓目的。

2. 选择开盘就大幅上扬的个股

因为各种主力在开盘前都会制定好当天的操作计划，所以开盘时的行情往往表现了庄家对当天走势的看法。造成开盘大幅拉升的原因，主要是庄家十分看好后市，准备发动新一轮的个股行情，而开盘大幅拉升，可以不让散户在低位有接到筹码的机会。

3. 选择量比靠前的个股

量比是当日成交量与前五日成交量的比值。量比越大，说明当天放量越明显，该股的上升得到了成交量的支持，而不是主力靠尾市急拉等投机取巧的手法来拉高完成的。

4. 选择股价处于低价圈的个股

股价处于低价圈时，涨幅靠前、量比靠前的个股，说明主力的真实意图在于拉高股价，而不是意在诱多。若在高价圈出现涨幅靠前、量比靠前的个股，其中可能存在陷阱，参与的风险较大。

三、追涨的时机把握

大多数股民都有这样一种体会：一旦有新热点或者新板块出现，如果不敢追，就会失去获利机会。但是追得不好，又会遭受深度套牢。如何才能做到追涨而不会被套呢？这就需要把握追涨的时机。

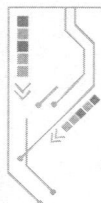

1. 追在股价低位

追涨的最佳境界是个股在低位启动时。尽管在拉高一波后可能会有一定的震荡，但都不会再比你所追入的价位低。当然，对于"低位"如何把握是个问题。一般来说，当个股在一个相对较低的价位时，有较多的投资者愿意在这个价位买入，成交量放大，这个时候就是机会。尤其是一轮大熊市的后期，当个股回到了原来的起涨点时，至少应该是低位了。

2. 追在回落整理阶段

当一只股票已经发动行情，而且连涨几天了，那么就不应再追入，而应该等到该股冲高回落一段后再追入。观察牛股走势，都会有一波波脉冲式的上涨，所以回落后再追入就能够减小风险。通常情况下，一只牛股绝对不会是几天的行情，它会不断上涨，往往是涨一波后回落一段，然后继续上攻。如果是一只大牛股的话，甚至会出现数倍的涨幅。把握牛股运行的特征后，就可以抓住牛股的回落整理阶段追入。

3. 追快速涨停的股票

对于中小投资者来说，追涨停板的个股是非常需要勇气的事情。许多散户投资者不敢追迅速拔高直冲涨停的个股，结果第二天又是高开高走，甚至是直接涨停。这时候就会感叹，昨天要是及时追入就好了。其实，几乎所有的大牛股行情都是从涨停开始的。所以，要关注开盘后不久直接上冲直奔涨停板的个股。当然，并不是所有即将涨停的个股都能够追。如果个股在高位突然放量涨停，就不要盲目追入了，因为后面很可能是高开低走。对于在平台整理较充分的个股，一旦放量冲高，直奔涨停，那么就可以马上追入。

4. 注意盘中的分时变化

当盘中出现上压大单被瞬间吃掉，成交量有明显放大时可以快速跟进，或者当股价放量突破整理平台时也可以快速跟进。

四、追涨失败后的处理

1. 止损

止损也叫"割肉"，是指当某一投资出现的亏损达到预定数额时，及时斩仓

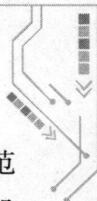

出局，以免造成更大的亏损。其目的就在于投资失误时把损失限定在较小的范围内。股市中无数事实表明，一次意外的投资错误足以致命，但止损能帮助投资者化险为夷。

关于止损的重要性，专业人士常用鳄鱼法则来说明。鳄鱼法则的原意是：假定一只鳄鱼咬住你的脚，如果你试图用手去挣脱你的脚，鳄鱼便会同时咬住你的脚与手。你越挣扎，被咬住得越多。所以，万一鳄鱼咬住你的脚，你唯一的机会就是牺牲一只脚。在股市里，鳄鱼法则就是当你发现自己的交易背离了市场的方向，必须立即止损，不得有任何延误，不得存有任何侥幸。

我们来看一组简单的数字，假设你有10万元本金，当本金亏成了9万元，亏损率是$1÷10=10\%$，你要想从9万元恢复到10万元，则需要上涨约$1÷9=11.1\%$。如果你从10万元亏成了7.5万元，亏损率是25%，若要回本则需要股价上涨约33.3%。如果你从10万元亏成了5万元，亏损率是50%，若要回本就需要上涨100%了。在市场中，找一只下跌50%的个股不难，而要骑上并坐稳一只上涨100%的黑马，恐怕只能靠运气了。俗话说得好，留得青山在，不怕没柴烧。止损的意义就是保证你能在市场中长久地生存。

当然，止损是一把双刃剑，止损毕竟意味着割肉，一旦操作失误，你就会将"肉"割在一个低点而再也捡不回来了，原本可以赚钱的筹码却因为止损而变成了亏损操作。如下三种情况不宜轻易止损。

（1）在上市公司基本面没有发生明显恶化的情况下，历史低价区的筹码不宜于止损。

（2）上升途中的个股不宜于止损。

（3）高位下跌不放量的个股不宜急于止损。

2. 补仓

补仓，是因为股价下跌被套，为了摊低股票成本而进行的买入行为。补仓是被套牢后的一种被动应变策略，它本身不是一个解套的好办法，但在某些特定情况下它是最合适的方法。

原先高价买入的股票，由于跌得太深，难以回到原来价位，通过补仓，股票价格无须上升到原来的高价位，就可以实现平本离场。假如某人以10元买入某只股票10000股。当股价跌至5元，这时你预期该股将会上升或反

弹，再买入 10000 股，此时的买入行为就叫作"补仓"。两笔买入的平均价为
$((10 \times 10000) + (5 \times 10000)) / (10000 + 10000) = 7.5$ 元。

进行补仓操作时要注意以下几点：

（1）熊市初期不能补仓。这道理炒股的人都懂，但有些投资者无法区分牛
熊转折点怎么办？有一个很简单的办法：股价跌得不深坚决不补仓。如果股票
现价比买入价低 5% 就不用补仓，因为随便一次盘中震荡都可能解套。要是现
价比买入价低 20%～30% 以上，甚至有的股价被腰斩时，就可以考虑补仓，后
市进一步下跌的空间已经相对有限。

（2）大盘未企稳不补仓。大盘处于下跌通道中或中继反弹时都不能补仓，
因为股指进一步下跌时会拖累绝大多数个股一起走下坡路，只有极少数逆市走
强的个股可以例外。补仓的最佳时机是在指数位于相对低位或刚刚向上反转时。
这时上涨的潜力巨大，下跌的可能最小，补仓较为安全。

（3）弱势股不补仓。特别是那些大盘涨它不涨，大盘跌它跟着跌的无庄股。
因为补仓的目的是希望用后来补仓的股的盈利弥补前面被套股的损失，既然这
样大可不必限制自己一定要补原来被套的品种。补仓补什么品种不关键，关键
是补仓的品种要取得最大的盈利，这才是考虑的重点。所以，补仓要补就补强
势股，不补弱势股。

（4）前期暴涨过的超级黑马不补仓。历史曾经有许多独领风骚的龙头，在
发出短暂耀眼的光芒后，从此步入漫漫长夜的黑暗中。它们下跌周期长，往往
深跌后还能深跌，探底后还有更深的底部。投资者摊平这类股，只会越补越套，
而且越套越深，最终身陷泥潭。

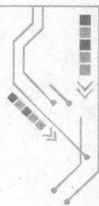

第四节　短线涨跌停战法

一、底部涨停战法

底部涨停战法其实是一种非常典型的短线战法，如果在大盘处于上涨过程中，这种短线战法成功率非常高，并不值得特别说明。但是，一旦大盘处于非常恶劣的下跌状态时，再运用底部涨停战法进行短线操作时，就要从以下几个方面考虑。

（1）看股票的流通股本。建议追买的股票不超过 1 亿股，越少越好，因为股本越小，主力越容易控盘。

（2）看集合竞价。最好高开 2% 以上，开盘后不回调或者回调不破开盘价，如集合竞价平开则开盘后应上拉不破前一天收盘价。

（3）看最近几天的下跌量能。通常量能无明显放大，越缩量越好。

（4）看是否具有突发性题材或者相关板块具有题材。

敢于逆势涨停的股票是最强悍的股票，敢于逆势涨停的资金是最凶猛的资金。因此，一旦出现符合上述情况的股票，可以在股票即将涨停时以涨停价买入。

股价在上升的底部或腰部能涨停，说明该股价已经开始启动，且大部分为强庄股。涨停后，庄家为了清除获利盘，就会震仓，时间在 5 个交易日左右，震仓的幅度为 90% 在 5 日均价附近，即使跌破也会迅速拉起。震仓后，又会展开新一轮上升浪。因此对于这类股票，我们如果能够及时在 5 日均线附近全仓入，一般不出三天就会有厚利。当然，操作前要对大盘近期的走势有所了解。通常只要大盘不处在明显的做头或下跌阶段，就可以展开操作。

如果股价处于高位，且追涨失败，一旦损失 5%，则立即止损离场。当有 5% 涨幅时则要注意上升趋势，一旦回头，立即出局。

二、追涨停的实战要领

当市场处于大牛行情中，尤其是每天都有大量股票涨停的情况下，要大胆追涨停板。而极弱的市场则不建议去追涨停板，因为这种行情下，连续上涨的概率相对偏小一些。

追涨停板要选有题材的股票，一是某一天忽然跳空高开并涨停的；二是选股价长期在底部盘整，未大幅上涨涨停的；三是要强势股上行一段时间后强势整理结束而涨停的。

一定要涨停，未达到涨停时不要追，一旦发现主力有三位数以上的量向涨停板进立即追进，动作要快、狠。买涨停股需要注意以下几点：

（1）整个板块启动，要追先涨停的即领头羊，在大牛市或极强市场中更是如此。

（2）盘中及时搜索涨幅排行榜，对接近涨停的股票翻看其现价格，前期走势及流通盘大小，以确定是否可以作为介入对象。当涨幅达9%以上时应做好买进准备，以防主力大单封涨停而买不到。

（3）要坚持这种操作风格，不可见异思迁，以免当市场无涨停时手痒介入其他股被套而失去出击的机会。

尽管无法保证百战百胜，但是当一只个股符合我们出击的全部条件时，就要大胆买进，这样成功的概率会非常大。

三、如何识别涨停出货

尽管涨停表明股票处于强势状态，但有些时候主力却是在利用涨停板大肆出货。这就需要我们投资者擦亮双眼，明察秋毫，不要被看到的假象所迷惑。下面几种情况极有可能是主力在利用涨停板出货。

1. 利好封不住涨停

出利好涨停开盘但却放量高开低走的股票，很多都是短线出货形态，所以当出现利好时，一开盘就涨停的股票不要争着去追。所谓利好出尽是利空，如果利好出来主力都不敢拉涨停，那么出货的嫌疑就很大了。

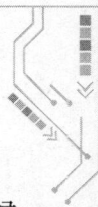

2. 先挂单后撤单

对于涨停板，我们要随时观察盘面的变化，比如主力刚拉到涨停板的时候会挂上几十万手的封单，因为这个时候刚刚涨停，主力利用高封单造成实力强悍的假象，随即快速撤掉封单，但这之后封单却逐步增加，这就很可能是大量散户看到巨单封涨停后认为该股实力很强，于是跟风挂单，而主力撤单后却开始大量将筹码抛在涨停价位上。这个时候往往会有很多几千手的大卖单出现，但涨停价也不打开，因为主力在封单力量不足时不再抛售，而是等封单增加后再继续出货。这类个股一般当天成交量会收出天量，所以面对这样的个股，只有靠实盘观察才能发现主力的出货伎俩。

3. 直冲涨停未果

如果一只股票早盘直接拉直线冲着涨停板去，一般是比较强势的个股。如果封到涨停板才几分钟就被打开，然后开始回落的股票，就要特别小心，因为早盘的快速冲击涨停很可能是主力的自弹自唱，吸引散户跟风，然后到涨停板上实现出货。

4. 早晚停，中途落

早盘涨停，然后打开涨停板开始回落，中途股价在低位反复震荡，到收盘时又快速拉升至涨停板的股票往往也是出货的征兆。主力利用早盘拉涨停，拉出了较大的空间，然后利用散户跟风心理不断出货，尾盘又利用人气快速拉至涨停，日后继续出货。

四、跌停的应对策略

跌停本身是一种弱势的表现，后市继续下跌的可能性极大，虽然不排除极个别的跌停洗盘，但次日低开的概率仍非常高。因此当遭遇股价跌停的我们要理性分析，果然操作。

1. 挂单卖出

当股价处于高位，随大盘走势打至跌停的位置，或者处于整理区的后期向下以跌停方式跌破平台。这个时候，投资者以清仓为宜。还有一种情况，由于某种利空导致跌停开盘，那么在竞价期间就应该排队挂单卖出。因为这种情况

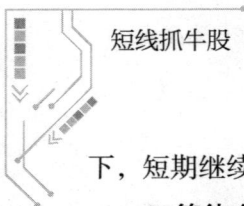

下，短期继续向下运行的可能性几乎达到了100%。

2. 等待企稳补仓

这种情况适合于股价的低位区域，特别是已经处于较长一段时间的历史低位区域，如果不是实质性的利空而导致的股价跌停，则可以考虑暂时持有，等股价企稳后再做补仓操作，以摊平成本。还有一种情况就是在低位区域出现了利空而导致股价连续跌停，投资者无法卖出，这个时候只能等待股价企稳时补仓波段操作，以尽快解套。